命理學通論 Ⅰ

未來를 읽는 힘과 智慧

鄭昌根 著

장원
도서출판

머 리 말

인간(人間)은 자연(自然)에서 태어나서 자연에 의거하여 살다가 자연으로 돌아간다고 전제할 때에 누구나 한번쯤은 어디에서 와서, 무엇을 어떻게 하다가 어디로 가는 것일까, 오늘을 살고 있는 「나」라는 존재는 무엇일까, 하는 의혹을 품어 보기도 하고 생각해 보기도 한다.

그래서 일찍이 한(漢)나라 유향(劉向)은 「지명자불원천(知命者不怨天), 지기자불원인(知己者不怨人)」이라. "운명(運命)을 아는자(者)는 하늘을 원망(怨忘)하지 아니하고 자기(自己)를 아는자(者)는 남을 원망(怨望) 하지 아니한다"라고 했으며 유안(劉安)은 「지도자불혹(知道者不惑), 지명자불우(知命者不憂)」이라 "바른길을 알면 헤매일 것이 없고 자기의 그릇(器)을 알면 걱정할 일이 없다"고 하였다.

그러면 인간은 무엇 때문에 태어났으며 운명(運命)이란 과연 무엇인가, 인간은 어디로부터 왔느냐, 하는 것을 연구하는 것이 우주(宇宙)라고 하는 기공문제(氣空問題)이고 어떻게 살다가 어디로 가는가, 하는 것이 삶의 종착지(終着地)인 인생문제(人生問題)라고 할수 있다.

우주(宇宙)와 인생의 문제는 언제나 상관관계(相關關係)를 가지고 있으면서도 사실 이해하기 어렵다는 것이 공통된 견해이다. 그래서 동양(東洋)에서는 오래전부터 이 문제를 해결하려는 연구(硏究)가 있었으니 이것이 역(易) 또는 명리학(命理學) 이라고 한다.

명리학(命理學)은 운명을 예지(豫知)하기 위하여 선현(先賢)들에 의해 꾸준하게 인간의 생활속에서 함께 이어 나온 학문이다.

이 세상 우주는 창조 초기 때부터 눈에 보이지 않는 무형질(無形質)과 눈에 보이는 유형질(有形質)의 이원소(二元素)로 이루어 졌다.

그 이원소의 원천(源泉)을 알아내고자 하는 것이 음양(陰陽)의 학문(學問)이자 동양철학(東洋哲學)의 근원(根源)인 것이다.

명리학(命理學)은 약 5,000여년의 역사를 가지고 내려오면서 학문지리(天文地理), 의학(醫學), 약학(藥學), 인간운명(人間運命)의 길흉화복(吉凶禍福)등에 이르기까지 다양하고 깊은 뜻이 들어있지만 궁극적인 명제(命題)는 우주(宇宙)의 영원성(永遠性)과 인간의 유한성 (有限性)에 대한 갈등(葛藤)을 해결하려고 노력하는 전통적인 학문(學問)으로 선현(先賢)들에 의해 꾸준하게 이어왔다.

또한 명리학(命理學)은 일종의 기상학(氣象學)으로서 기후(氣候)에 따라 자연만상(自然萬像)은 물론 인간도 역시 계절(季節)에 따라 생노병사(生老病死)와 영고성쇠(榮枯盛衰)가 있게되어 전통적인 동양의학(東洋醫學)에 까지 접목시켜 인간의 수명(壽命)을 연장시켜 유한성(有限性)에 대한 갈등을 해소 시켜왔다.

오늘날 한의학(韓醫學)에서도 음양오행(陰陽五行)은 자연계(自然界)의 현상을 관찰(觀察)하는데서 시작하여 그 자연현상을 인체의 5장6부(五臟六腑)와 연관시켜 사상의학(四象醫學)까지 적용(適用)하였다.

한의학(韓醫學)의 성전(聖典)인 황제내경소문(黃帝內經素問)의 음양응상대론(陰陽應象大論)에 의하면 「하늘에 사시오행(四時五行)이 있어 이것이 생장수장(生長收藏)으로 풍서습조한(風暑濕燥寒)이라는 오운(五運)을 순환하게 하고 인간의 오장(五臟)에도 오기(五氣)로 작용하여 노희우비공(怒喜憂悲恐)의 감정을 나타낸다」

이와 같이 오행(五行)을 중심으로 계절의 변화, 오기(五氣), 오색(五色), 오미(五味)등에 결부시켜 인체와 자연을 우주적(宇宙的)인 통일체(統一體)로 인간을 축소된 소우주(小宇宙)로 보아 왔다.
그래서 황제내경소문(黃帝內經素問)에 「의자필구어음양(醫者必求於陰陽), 역지연후의술(易知然後醫術)이라고 논한 것을 보아도 의사가 환자의 정확한 질병원인(疾病原因)을 알아낸다면 병(病)의 치료는 훨씬 용이(容易) 하다는 것이다.」

동양(東洋)의 음양오행(陰陽五行)사상은 동도서기(東道西器)라는 말이 의미하듯이 서양의 기술(技術)보다 한 차원 높은 우주적(宇宙的)인 법칙이기에 구태여 과학적(科學的) 증명이 필요하지 않는 실생활의 기술이기도 하였다.

그러나 몇 천년의 세월이 흐르는 동안에 우리의 비전(秘典)을 제대로 발전(發展) 시키지 못하였을 뿐만 아니라 변질(變質)되고 왜곡(歪曲)되어 비제도권(非制度權) 내에서 겨우 명맥(命脈)을 유지하며 내려왔다.

지금 서양의 과학과 물질문명(物質文明)이 고도로 발달하고 있는 시기에 이러한 개념을 연구해야 할 필요성(必要性)이 있는 것인가, 하는 의구심(疑懼心)이 생길 수 있다.

그래서 선현(先賢)들은 주역(周易)을 풀이한 학문(學問)으로 명리학(命理學)이란 역서(易書)를 만들어낸 것이 약 1,000여 년전 중국의 서자평(徐子平)에 의해 지금의 음양오행(陰陽五行)을 응용한 명리학(命理學)을 정착시킨 최초의 사람이다.

명리학(命理學)은 태양을 중심으로 한 지구의 공전(空轉)과 자전(自轉)의 관계에서 생년(生年), 월(月), 일(日), 시(時)에 비장(秘藏)된 태양의 기(氣)와 땅의 질(質)을 음양오행의 이치에 준하여 인간의 운명(運命)을 추구하려는 상수학(象數學)이다.

과학문명(科學文明)이 발달하면서 명리학(命理學)에 대환 관심은 소외(疏外)되어 왔지만 최근에는 국내외 학계에서도 명리학을 학문적(學問的)으로 연구하고 현대적(現代的)으로 조명(照命)하는 작업이 활발하게 진행되고 있는 것이 다행이라고 생각한다.

이책을 완성하기 까지 지도하여 주신 김윤신(金潤信)교수님과 한국 명리학회 회원들게 감사드리고 임동명(林東明), 김상길(金相吉) 후배, 김화선(金花善) 교수, 장홍준(張哄準)에게도 감사를 드린다.

2008년 2월 26일

한양대학교 명리학 연구실 虛竹 鄭 昌 根

목 차

Ⅰ 劵

제1장 명리학(命理學)의 개요

제1절 명리학(命理學)의 근원(根源)

새벽과 저녁, 똑같은 어둠이지만 새벽에는 일하러 밖으로 나가고 저녁에는 집으로 돌아와 쉬고, 개구리와 벌레들은 똑같은 추위인데도 봄에는 숨어있던 구멍으로부터 나오고 가을에는 추위를 피해 돌아갈 생각을 한다.

이것은 하루가 낮과 밤으로 이루어져 낮이 지나면 밤이 되고, 밤이 지나면 낮이 된다는 것을 아는 까닭이다. 또 한해에는 사계절이 있어 봄이 지나면 여름이 오고, 가을이 지나면 겨울이 온다는 것을 미물(微物)일지라도 느낄 수 있기 때문이다.

이렇게 계절(季節)의 변화(變化), 한 나라의 흥망성쇠(興亡盛衰), 만물(萬物)의 생사(生死) 등에 모두 일정한 법칙이 있는데 명리학(命理學)은 바로 이러한 일정한 법칙을 연구하여 미래(未來)를 예측(豫測)하는 틀이다.

또한 자연법칙(自然法則)을 연구하여 그 법칙에 순응(順應)하여 사는 동시에 때로는 어두운 밤에 불을 밝히고 추운 겨울에 온상을 만들어 사용하듯 순응과 예측을 통해 인간의 활동영역을 넓히고 음(陰)과 양(陽)이라는 상대적(相對的)이면서도 상호보완적(相互補完的)인 개념으로써 우주만물(宇宙萬物)의 현상을 풀이하는 학문이다.

명리학(命理學)을 일반적으로 역학(易學)이라고 부르기도 한다. 사서삼경(四書三經) 중의 하나인 역경(易經)은 주역(周易)이라 불리기도 하는데, 역경(易經)은 역(易)을 하나의 경전(經典)으로 높이는 명칭이고, 주역은 주(周)나라의 역(易)이라는 뜻이다.

이것은 오늘날 전해지는 역(易)이 주역(周易)뿐이기 때문에 역(易)과 주역(周易)은 동일어로 쓰인다. 주(周)나라 이전에도 역서(易書)가 있었는데 하대(夏代)에는 「연산(連山)」 은대(殷代)에는 「귀장(歸藏)」 이라는 역서(易書)가 있었으나 주역(周易)만 현존한다.

역(易)의 의미는 동한(東漢) 허신(許愼)의 「설문해자(說文解字)」에서 찾아 볼 수가있다. 이 책(冊)은 중국 최초의 자전(字典)으로서 학자들이 가장 소중하게 읽어온 것인데, 여기에서는 세 가지 의미로 해석하고 있다.

첫째, 「역석역(易蜥易), 척석(蜴蜥), 수궁야상형(守宮也像形)」이라고 하였는데, 역석역, 척석, 수궁은 모두가 도마뱀을 말하는 것으로 도마뱀의 모양을 따라서 만든 글자라는 것이다.

둘째, 「비서설왈(秘書設曰), 일월위역(日月爲易), 상음양야(象陰陽也)」라고 기술되어 있는 것은 역(易)의 위(上)는 일(日)이고 아래(下)는 월(月)이라는 것으로 일월음양(日月陰陽)을 의미하는 것이다.

셋째, 「일일종물(一日從勿), 우일설기물지물(又一設旗勿之物)」이라고 하였다. 물(勿)은 일(日)자 아래 삼유지기(三遊之旗)가 있다는 뜻으로 글자형태로 깃발을 쉬지 않고 움직이는 것으로 한곳에 멈추지 않는 현상으로 해석할 수 있다.

따라서 역(易)은 바뀌는 것이니 밤이 낮으로 바뀌고, 낮은 밤으로 바뀌며 시대가 바뀌고 인물이 바뀌고 물건이 바뀌는 모든 과정을 포함하여 천지자연(天地自然)의 변화(變化)의 원리를 말하는 것이다.

역(易)의 유래는 삼황오제(三皇五帝)시대 복희씨(伏羲氏BC1195-1080)가 창시한 것으로 알려져 있다. 통설에 의하면 5600년전 황하(黃河)에서 나타난 용마(龍馬)의 등에 있는 그림의 형상을 보고 8괘(八卦)를 만들고 후에는 64괘를 창시했다는 「왕필(王弼)」의 설과 복희씨가 8괘를, 문왕(文王)이 64괘를 만들었다는 「사마천(司馬遷)」의 설이 있다.

우리나라에서 주역(周易)을 처음 접(接)하게 된 것은 한무제(韓武帝) 원년(BC 108)에서 서진(西晉) 말까지 400년 간 중국의 군현(郡縣)이었던 이 무렵에 아주 일찍 전해졌을 것으로 보인다. 그 이후 고구려 소수림왕 2년(372)에 태학(太學)을 세워 역경(易經)을 주교재(主敎材)로 사용하였다.

백제에서는 384년에 처음으로 태학을 세웠고, 513년에는 백제의 오경박사(五經博士)「단양이(段煬爾)」가 일본에 건너가 역경을 포함한 오경(五經)을 처음으로 일본에 전하였다. 554년에도 역박사「왕도량(王道良)」과「왕류귀(王柳貴)」가 일본으로 건너갔다는「일본서기(日本書紀)」에 의하면 백제의 역학이 성하였음을 알 수 있다. 신라는 675년에 삼국을 통일하고 682년에 처음으로 당제(唐制)를 모방하여 경주(慶州)에 국학(國學)을 설립하여 주역(周易)을 주교재(主敎材)로 사용하였다.

고려 왕조때 국학을 확충하여 칠제(七齊)를 설치하고「주역(周易)」은 려택제(儷澤齊)라 하여 경학(經學)의 첫번째 강좌에 위치하였고 그 뒤 제생(諸生)의 과목으로 규정하여 2년간 공부하도록 하였고 과거(科擧)의 시험과목에 포함시켰다.

조선시대에는 태조 7년(1398)에 성균관(成均館)에서 「주역(周易)」을 가르쳤는데 대학 1개월, 중용 2개월, 논어와 맹자를 각각 4개월, 주역은 7개월이나 가르친 것을 보면 주역을 얼마나 중요시했던가를 알 수 있다.

일반적으로「역(易)」은「주역(周易)」,「역경(易經)」이란 명칭과 혼용되기도 한다.「역」이라 하면 고대 중국에서 천신(天神), 지지(地祇), 종묘(宗廟) 에 제사 지내기 전에, 또는 전쟁과 같은 중대사를 치르기 전에 점(卜)을 쳐서 결정했던 점서(占筮)의 도구를 통틀어 말한다.

하남성(河南省) 안양현(安陽顯) 은허(殷墟)에서 대량의 갑골문자(甲骨文字)가 발견되고, 주(周)나라때에는 서죽(筮竹)을 이용하여 점을 친 사실이 입증되기도 하였는데 역(易)은 복서(卜筮)를 바탕으로 이루어진 것이다.

주역(周易)은 주(周)나라의 역(易)이라는 뜻이므로 주역(周易)을 그냥 역(易)이라고만 불러도 그다지 혼란은 없다. 주역은 본래의 본문과 뒷사람의 해설부분이 합해져 있어 본래의 본문을 경(經)이라 하고, 해설부분을 전(傳)이라고 하였는데, 한대(漢代)에 이르러 전(傳)이 경(經)의 지위로 격상되어 주역을 역경(易經)이라고 부르는 명명법(命名法)이 일반화되었다.

따라서 역(易)을 역사적으로 엄밀하게 연구 할 때에는「역(易)」,「주역(周易)」「역경(易經)」의 명칭을 혼용해서는 안되지만 역(易) 전체의 의리(意理)를 연구하여 인간사와 천지자연(天地自然)의 법칙을 이해하고자 하는 때에는 명칭을 혼용해도 무방하다.

제2절 명리학(命理學)의 현대적(現代的) 의미(意味)

바야흐로 현대(現代)는 동양전래(東洋傳來)의 정신문명(精神文明)과 서구현대(西歐現代)의 과학문명(科學文明)이 상호융화(相互融和) 되어가는 단계(段階)에 도달(到達)한 것이 사실이다.

동양문화(東洋文化)를 알고자 하면 먼저 동양적(東洋的)인 사고방식(思考方式)을 해득(解得)하지 않고서는 불가(不可)한 것이니 동양문화(東洋文化)를 연구(硏究)하려는 사람이 서구적(西歐的)인 방법만을 고집(固執)한다면 이것은 도덕(道德)이나 종교(宗敎)나 철학(哲學)을 연구하는 데 있어 물리적(物理的)인 법칙(法則)을 연구하는 태도(態度)로 임(臨)하는 것과 다를 것이 없다.

그러므로 명리학(命理學)을 연구하려면 먼저 음양오행적(陰陽五行的)인 연구태도(硏究態度)를 갖는 것이 필요(必要)하다. 먼저 명리학(命理學)의 원리(原理)는 동양철학(東洋哲學)의 기상학(氣象學)에 근거(根據)하여 풀지 않으면 안되는 바 기상학(氣象學)의 원리(原理)를 충분(充分)히 이해(理解)한다는 것은 명리학(命理學)을 연구하는 데 무엇보다도 중요한 기본과제(基本課題)라고 할 수 있다.

지구(地球)가 태양(太陽)의 주위(周圍)를 순환(循環)하는 가운데 생기는 기후상(氣候上)의 변화(變化)가 사시(四時)이고 지구(地球)가 자전(自轉)하는 데 생기는 기후상(氣候上)의 변화(變化)가 주야십이시(晝夜十二時)이다.

주야(晝夜)가 거듭되고 사시(四時)가 계절적(季節的)으로 운행(運行)됨에 따라 만물(萬物)은 발아(發芽)하고 생장(生長)하며 화실(花實)되는 것이다. 이때에 모든 만물(萬物)은 기후(氣候)의 영향(影響)과 밀접(密接)한 관계(關係)를 가지면서 질적변화(質的變化)를 이루게 되는 만큼 변화(變化)하는 기후(氣候)에 대하여 물리적(物理的) 화학적(化學的)으로 분석(分析)하는 것은 만물(萬物)의 성장상태(成長狀態)를 파악(把握)하는 것이다.

그러나 기상상태(氣象狀態)를 변화(變化) 시키는 요인(要因)은 모든 물체(物體)가 양전자(陽電子), 음전자(陰電子), 중간자(中間子)로 구성되어 전자기력(電磁氣力)으로 상호(相互) 연쇄관계(聯鎖關係)를 가지고 있는 것 이다.

이말은 동양학적(東洋學的)으로 말하면 모든 물체(物體)는 기(氣)로 이루어져 있고 이 기(氣)는 기상학적(氣象學的)으로 상호연관(相互聯關)되어 있다는 말이 된다.

따라서 명리학(命理學)은 육십갑자(六十甲子)와 음양오행(陰陽五行)이 우주(宇宙)의 이면(裏面)인 기(氣) 의 작용을 표시(表示)한 법칙(法則)에는 틀림없지만 미묘(微妙)한 운명(運命)의 내용(內容)을 세밀(細密)하게 안다는 것은 용이(容易)한 일이 아니다.

사시(四時)가 변(変)하고 주야(晝夜)가 바뀜을 보는 것은 용이(容易)하게 알아볼수 있는 것과 같이 운명(運命)도 이와 마찬가지다. 그러나 하나에서 백(白)가지 모든 것을 알아낸다는 것은 우주(宇宙)의 절대신(絶對神) 밖에 없을 것이다.

그것은 여름이 오면 더운 것은 알지만 얼마나 덥고 어떻게 더우며 비가 어떻게 오고 언제 장마나 홍수가 날지의 문제(問題)는 범인(凡人)이 알 수 없다.

그렇지만 상당한 연구(硏究)와 노력(勞力)을 한다면 미묘(微妙)하고 세밀(細密)한 길흉(吉凶)까지는 모르나 길흉(吉凶)의 시기(時期)와 내용(內容)에 대한 전반적인 분별(分別)을 예지(豫知)할 것 이며 처세상(處世上) 소극적(消極的)으로 활동(活動) 해야하는 시기(時期), 적극적(積極的)으로 활동(活動)할 수 있는 시기(時期), 자기능력(自己能力)의 한계(限界)와 소질(素質), 자기자신(自己自身)의 장단점(長短點)을 파악(把握)함으로서 인격도야(人格陶冶)와 사업흥망(事業興亡), 배우자선택(配偶者選擇),자녀적성(子女適性), 친우교제(親友交際),사건사고예방(事件事故豫防)등 생활전반(生活全般)에 걸쳐 예측(豫測)하는 학문(學問)이다.

또한 명리학(命理學)은 의사(醫師)가 과거(過去)의 병(病)에 대한 조사를 하여 미래(未來)에 어떤 부위(部位)에서 병(病)이 걸릴것이라고 추정(推定) 할 수 있는 것과 같고, 기상학(氣象學)에서 과거(過去)의 날씨 상태를 근거로 하여 미래(未來)의 날씨가 어떻게 변화할 것인가를 예측(豫測) 할 수 있는 일기예보(日氣豫報)와 같으며, 배가 망망대해(茫茫大海)를 항해(航海)할 때 방향(方向)을 유도해주는 나침반과 같은 역할을 하며, 산악인(山岳人)이나 등산객(登山客) 또는 여행자(旅行者) 등이 필요한 지도(地圖)와 같은 역할(役割)을 하는 것과 같다.

따라서 인간(人間)의 운명(運命)도 이와 같이 추정(推定)할수 있는 것이다.

제3절 명리학(命理學)의 발전사(發展史)

음양사상(陰陽思想)과 오행사상(五行思想)은 음양오행설(陰陽五行說)이라는 이름으로 바늘과 실처럼 결합되어 있다. 음양(陰陽)과 오행(五行)은 처음부터 결합되어 있는 것은 아니고 역사적인 출발점이 다르다.

음양(陰陽)이라는 용어는 주역(周易) 계사전에는 음양이라는 개념에 대한 언급이 전혀 없다. 문헌상 최초로 오행(五行)이라는 개념이 표출된 기자(箕子) 홍범구주(洪範九疇)에도 음양(陰陽)에 대한 언급은 없다.

한(漢)나라 동중서(董仲舒 BC 179-104)에 의해 음양(陰陽)과 오행(五行)이 체계적으로 결합된 음양오행설이 확립된 후에 음양오행설을 동양의 기본적 논리체계의 하나로 자리잡게 되었으며, 음양이론(陰陽理論)은 우주의 발생을 설명하는 기틀이 되었고 오행(五行)의 상극 상생상극론(相生相剋論)은 우주의 변화를 이해하는 기틀이 되었다.

3000년 전 주(周)나라를 세운 무왕(武王)이 기자(箕子)를 찾아가서 백성을 위한 지혜를 청하여 얻은 아홉 가지 큰 법이 홍범구주(洪範九疇)이다. 그중 처음에 나오는 것이 오행(五行)이며, 홍범구주(洪範九疇)에 나오는 우주의 다섯 가지 운행(運行)에는 상생상극개념이 없고 오행의 순서도 水, 火, 木, 金, 土로서 지금에 쓰고 있는 순서와는 다르다.

지금 우리가 쓰고 있는 음양오행의 체계를 집대성한 사람은 한(漢) 나라의 동중서(董仲舒)이다. 그는 "천지의 기는 합하면 하나가 되고 나누면 음양이 되며, 갈라지면 사시(四時)가 되고, 벌려놓으면 오행이 된다. 오행의 행(行)은 간다는 뜻이니, 그 가는 것이 다르기에 오행이라 한다."고 하였고, 오행을 오늘날과 같은 木, 火, 土, 金, 水의 순으로 두었다.

그는 "목(木)은 동쪽에 있으면서 봄기운을 주관하고, 화(火)는 남쪽에 있으면서 여름의 기운을 주관하며, 금(金)은 서쪽에 있으면서 가을의 기운을 주관하고, 수(水)는 북쪽에 있으면서 겨울 기운을 주관한다. 토(土)는 중앙에 있으면서 하늘을 윤택하게 한다." 고 하여 오행을 방위와 사시에도 연관시켰으며, 운행의 원리인 상생상극의 개념도 동중서(董仲舒)에 의해 체계화되었다.

명리학(命理學)은 글자 그대로 명(命)에 대한 이치를 탐구하는 분야로서 명리학을 추명(推命)하는데 사용하는 기초 중 가장 기초적인 것이 십간(十干) 십이지(十二支)이다. 천간(天干)과 지지(地支)를 발명한 사람은 4-5천년 전 헌원씨(軒轅氏)시대에 살았던 대요씨(大撓氏)라고 한다.

처음에는 날짜를 기록하는 방편으로 삼았는데, 발전을 거듭하여 생년(生年), 월(月), 일(日), 시(時) 전체를 간지(干支)로 기록할 수 있는 완전한 체계로 자리잡았으며 중국에서는 전국시대(戰國時代)의 초(楚)나라 귀곡자(鬼谷子)가 그의 비전을 제자인 소진(蘇秦)과 장의(張儀)에게 천리법(天里法)과 신법(神法)을 전수하면서 지대한 관심을 갖게 되었다.

당대(唐代)에 나진인(羅眞人)이란 신선(神仙)이 일월성신(日月星辰)과 조화운행(造化運行)을 제자들에게 전하면서 당사주(唐四柱)란 학설이 되었고, 이때부터 일반 서민들도 연구를 하게 되었다.

이허중(李虛中)은 년(年), 월(月), 일(日) 삼주(三柱)를 이용한 산명법(算命法)을 만들었으며 이후 송초(宋初)의 서자평(徐子平)에 의해 오늘날의 일간(日干)을 중심으로 한 명리학의 개념이 확립되었다.

명대(明代)의 장남(張楠)이 자평학(子平學)을 발전시켜 명리정종(命理正宗), 유백온(劉伯溫)의 적천수(滴天髓)가 나오면서 많은 발전을 하였고, 청대(淸代)에는 작자미상의 궁통보감(窮通寶鑑)과 심효첨(沈孝瞻)의 자평진전(子平眞詮), 임철초(任鐵樵)의 적천수천미(滴天髓闡微)가 근래에 와서는 서낙오(徐樂伍), 원수산(袁樹珊), 위천리(韋千里) 등이 체계적인 명맥을 유지하여 우리나라에서 많은 연구의 참고자료로 활용하여 명리학(命理學)을 한 단계 높여가고 있다.

우리나라의 명리학이 소개된 것은 중국의 문물, 한자가 전해지면서부터 전래되었다고는 하나 정확한 자료는 없다. 다만 불교를 통한 중국 유학승려들의 발자취를 통해 유추할 수 있다.

신라 말 도선국사(道詵國師)의 경우가 대표적인데, 일찍이 불법에 뜻을 두어 15세 때에 중국에 유학하여 일행선사(一行禪師)의 문하에서 구도(求道)하여 34년 간 불교와 지리학을 공부하였다. 귀국 후 삼천리 곳곳을 편력하면서 중생을 제도하였고, 지금 남아있는 「도선비기(道詵秘記)는 우리나라 최고(最古)의 고전이다.

고려때에 이르러 명리학에 능통한 학자들로 최충(崔沖), 안유(安裕), 백이정(白頤正), 최성지(崔誠之), 우탁(禹倬), 정몽주(鄭夢周), 길재(吉再), 강석덕(姜碩德), 박상충(朴常忠), 권근(權近)등이 있다. 이때에는 주자학의 연구와 함께 명리학의 발전도 있었다고 본다.

조선시대가 되면서 무학대사(無學大師 1327-1405)는 불경, 지리, 역학에 정통하였다. 정도전(鄭道傳)은 조선조의 개국공신(開國功臣)으로 유학(儒學)과 역학(易學)에도 능통하였고 경복궁 건립때 무학대사(無學大師)와 의견이 맞지 않았으나 자기 고집대로 주장하여 추진한 일화가 있다.

그 외에도 안식(安埴), 서경덕(徐敬德), 김인후(金麟厚), 홍계관(洪繼寬) 등이 있으며 남사고(南師古), 이번신(李翻身), 전우치(田禹治), 이지함(李芝涵), 이황(李滉), 이이(李珥). 정약용(丁若鏞), 정두(鄭斗), 사명(四溟), 서산(西山) 등이 있다. 근대의 저서로는 자강(自彊) 이석영(李錫英) 선생의 사주첩경(四柱捷徑). 도계(陶溪) 박재완(朴在玩)선생의 명리요강(命理要綱), 백영관(白靈觀)선생의 사주정설(四柱定說) 등이 있다.

최근에는 명리학을 관련시켜 제도권에서 인정받기 위한 노력의 흔적들이 많은 것은 다행한 일이다. 일례(一例)로 명리학(命理學)과 관련된 논문(論文)으로 학위(學位)를 취득(取得)한 사람은 신상춘(申相春), 이선종(李善鍾), 윤태현(尹太鉉), 정창근(鄭昌根), 정국용(鄭國鎔) 등 다수가 있다. 앞으로 명리학의 발전을 위하여 새시대에 맞는 새로운 이론과 체계가 이루어져 장구한 명리학(命理學) 연구자들의 업적을 바탕으로 이론체계(理論體系)를 정립시켜나가는 계기를 마련하는데 일조가 되었으면 하는 바램이다.

제2장 음양오행(陰陽五行)의 원리

제1절 음양(陰陽)의 기원

음양(陰陽)의 기원은 자평(子平)에서 「천지(天地)의 문호(門戶)가 닫고 열림이 아직 나누어지지 않았음을 혼돈(混沌)이라 하고 하늘과 땅이 분리되지 않는 것을 배운(胚腪)이라 이름하니 일월성신(日月星辰)이 아직 태어나지 않았고 음양한서(陰陽寒暑)가 아직 분류되지 않았던 때였다.」라고 하였다.

그 이후 혼돈(混沌)이 갈라지고 배운(胚腪)이 나뉘어지면서 무량(無量)의 긴세월에 의하여 가볍고 더운 기운은 위로 올라가서 하늘(天)이 되었고 무겁고 차가운 기운은 밑으로 내려와서 땅(地)이 되었다.

이와같이 천지창조(天地創造)가 될 때에 생긴 이기(理氣)를 음양(陰陽)이라고 하며 음양(陰陽)이 생기면서 음양의 변화(變化)운동이 일어나게 되는데 이때 다섯가지의 기운(氣運)이 생겨나는데 이것이 곧 수(水), 화(火), 목(木), 금(金), 토(土)의 기운(氣運)이다. 이 다섯가지의 기운(氣運)을 오행(五行)이란 부호(符號)로 사용하게 되었다.

제2절 음양(陰陽)의 특성

우주 대자연의 섭리는 무(無)에서 유(有)가 창조되었고 유(有)는 다시 무(無)로 귀일(歸一)하게 되는 것이며 음(陰)과 양(陽)은 별개로 존재하는 것이 아니라 항상 공존하며 혼자서는 존재할 수 없으며 상대성 원리에 의한 작용을 하고 있는 것이다.

음(陰)과 양(陽)을 개별적으로 논하면 양(陽)은 태양(太陽)이요, 낮이며 조(燥)한 것이며 더운 것이요, 여름이요, 밝은 것이요, 동(動)한 것이요, 적극적인 것이며 음(陰)은 달(月)이요 밤이며, 습(濕)한 것이며, 추운 것이요, 겨울이요, 어두운 것이요, 정(靜)한 것이요, 소극적인 것이다.

음(陰)과 양(陽)이 공존(共存)하는 이치는 양(陽)이 있기에 음(陰)이 있고 음(陰)이 있기에 양(陽)이 존재한다.

다시 말하면 태양이 있기에 달이 있고 하늘이 있기에 땅이 존재하는 것이며 양(陽)인 아버지가 있기에 음(陰)인 어머니가 있는 것이며 양(陽)인 낮이 있기에 음(陰)인 밤이 있는 것이며 양(陽)인 정신이 있기에 음(陰)인 육체가 있는 것이다.

이와같이 음(陰)과 양(陽)은 어느 하나만이 존재할 수 없는 것이다. 음(陰)과 양(陽)의 구분을 도표로 예시하면 다음과 같다.

〈표 2-1〉 음양(陰陽) 도표

양(陽)	음(陰)	양(陽)	음(陰)
하늘(天)	땅(地)	외(外)	내(內)
해(日)	달(月)	정신(情神)	육체(肉體)
남자(男)	여자(女)	양전자(陽電子)	음전자(陰電子)
부(父)	모(母)	직선(直線)	곡선(曲線)
부(夫)	부(婦)	선(善)	악(惡)
동쪽(東)	서쪽(西)	불(火)	물(水)
남쪽(南)	북쪽(北)	문(文)	무(武)
앞(前)	뒤(後)	나타나다(顯)	숨다(隱)
밝다(明)	어둡다(暗)	크다(大)	작다(小)
맑다(淸)	탁하다(濁)	많다(多)	적다(少)
따뜻하다(暖)	춥다(寒)	마음(心)	몸(身)
건조하다(燥)	습하다(濕)	나간다(進)	물러간다(退)
강하다(强)	약하다(弱)	움직인다(動)	고요하다(靜)
단단하다(剛)	부드럽다(柔)	삶(生)	죽음(死)
봄(春)	가을(秋)	시작(始)	끝(終)
여름(夏)	겨울(冬)	허(虛)	실(實)
두텁다(厚)	얇다(薄)	내쉬다(呼)	들이쉬다(吸)
가볍다(輕)	무겁다(重)	주다(與)	받다(受)
길다(長)	짧다(短)	동양(東洋)	서양(西洋)
아침(朝)	저녁(夕)	백(白)	흑(黑)
오전(午前)	오후(午後)	귀하다(貴)	천하다(賤)
좋다(吉)	나쁘다(凶)	젊다(少)	늙다(老)
위(上)	아래(下)	산(山)	바다(海)
낮(晝)	밤(夜)	홀수(奇數)	짝수(偶數)

제3절 오행(五行)의 원리

오행(五行)이란 목(木), 화(火), 토(土), 금(金), 수(水) 다섯가지를 말한다. 명리학(命理學)은 열개(十個)의 천간(天干)과 열두개(十二個)의지지地支)를 음(陰)과 양(陽) 및 오행(五行)으로 분류하여 그 상호관계(相互關係)에 의하여 사람의 운명(運命)을 예지(豫知) 하는 학문(學問)이다.

일찍이 우리의 동양(東洋)의 전통적(傳統的) 사상(思想)은 우주만상(宇宙萬象)이 오행(五行)에 의하여 이루어졌다고 믿어왔으며 연해자평(淵海子平)은 오행(五行)의 발생에 대하여 「태역(太易)이 생(生)하여 수(水)가 되었고 태초(太初)가 생(生)하여 화(火)가 되고, 태시(太始)가 생(生)하여 목(木)이 되고 태소(太素)가 생(生)하여 금(金)이 되고, 태극(太極)이 생(生)하여 토(土)가 되었다」 고 하였다.

그러나 오늘날 오행(五行)은 역경(易經)에서 유래한 것이라고 믿어지고 있다. 즉「화(火)는 태양(太陽)에서. 목(木)은 소양(小陽)에서 수(水)는 태음(太陰)에서 금(金)은 소음(小陰)에서 유래하고 토(土)는 모든 것을 포함한 것」이라고 하였다.

또한 역경(易經)에 의한 오행설(五行說)은 다음과 같다.

(1) 목(木) : 목(木)의 방위(方位)는 동(東)이고, 계절(季節)은 봄(春)에 해당하고 하루로 치면 아침(朝)에 해당한다. 기(氣)는 생기(生氣)이고 색(色)은 청색(青色)이며, 성정(性情)은 인(仁)이다.

(2) 화(火) : 화(火)의 방위(方位)로 남(南)이고 계절(季節)은 여름(夏)에 해당하고, 하루로 치면 낮(午)에 해당한다. 기(氣)는 왕기(旺氣)이고, 색(色)은 적색(赤色)이며 성정(性情)은 예(禮)이다.

(3) 금(金) : 금(金)의 방위(方位)는 서(西)이고, 계절(季節)은 가을(秋)에 해당하고, 하루로 치면 저녁(夕)에 해당한다. 기(氣)는 숙살지기(肅殺之氣)이고 색(色)은 백색(白色)이며 성정(性情)은 의(義)이다.

(4) 수(水) : 수(水)의 방위(方位)는 북(北)이고, 계절(季節)은 겨울(冬)에 해당하고 하루로 치면 밤(夜)에 해당한다. 기(氣)는 사기(死氣)이고 색(色)은 흑색(黑色)이며 성정(性情)은 지(智)이다.

(5) 토(土) : 토(土)의 방위(方位)는 동서남북(東西南北)의 사방위(四方位)이며 중앙(中央)에 해당하며 계절(季節)은 사계절(四季節)에 해당한다.
하루로 치면 해가 중천에 와 있는 것을 말한다. 기(氣)는 둔하고 색(色)은 황색(黃色)이며 성정(性情)은 신(信)이다.

제4절 오행(五行)의 작용과 법칙

세월이 지나면서 밝(明)고, 맑고(淸), 가벼운(輕) 기(氣)는 위로 올라가서 하늘(天)이 되었고 어둡고(暗) 탁(濁)하고 무거운(重) 기(氣)는 땅(地)이 되었다.

그러므로 하늘과 땅 및 모든 우주의 만물은 끊임없이 발전하고 변화하면서 다섯가지 형상(形象)의 기(氣)로 충만한 우주의 질서가 생기는데 이것이 목(木), 화(火), 토(土), 금(金), 수(水) 곧 오행(五行)이라고 하는 것이다.

이 오행(五行)은 작용(作用)을 서로 도와주는 상생법칙(相生法則), 서로 견제하고 대립하면서 다스리는 상극법칙(相剋法則), 항상 대립관계에 있으면서 견제를 당하고 있다가 변화하는 환경요소에 의하여 역(逆)으로 다스리게 하는 역극법칙(逆剋法則)과 자기희생(自己犧牲)의 계기로 타(他)에게 간접상생(間接相生)하여 주는 역생법칙(逆生法則)이 있다.

상생법칙(相生法則)과 같은 작용(作用)의 경우 생(生)하는 쪽에서 과잉 공급할 때에는 오히려 받는 쪽에서 감당하지 못하고 피해를 보는 경우가 있다.

즉 목(木)이 화(火)를 생(生)하나 목(木)이 너무 많으면 오히려 불(火)이 꺼져버리고, 화(火)가 토(土)를 생(生)하나 화(火)가 너무 많으면 흙(土)이 타버린다.

토(土)가 금(金)을 생(生)하나 흙(土)이 너무 많으면 금(金)이 묻혀 버리고, 금(金)이 너무 많으면 물(水)이 맑지 못하고, 수(水)가 너무 많으면 나무(木)의 뿌리가 썩어 물위에 뜨는 이치와 같은 것으로 왕쇠강약(旺衰强弱)과 생극제화(生剋制化)에 대해서는 앞으로 상세하게 설명이 될 것이다.

1. 상생 법칙(相生法則)

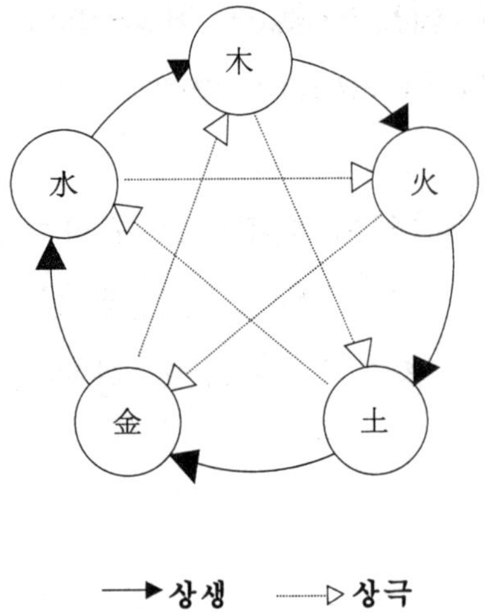

- 목 생 화 (木 生 火)
- 화 생 토 (火 生 土)
- 토 생 금 (土 生 金)
- 금 생 수 (金 生 水)
- 수 생 목 (水 生 木)

〈그림 2-1〉 상생법칙도(相生法則圖)

<그림 2-1>에서 상생(相生)이란 서로 공생(共生)하면서 서로서로 도와주는 법칙을 상생법칙(相生法則)이라고 한다. 그림에서와 같이 목생화(木生火) 즉 나무(木)는 자신을 태워 불(火)을 일으키고, 화생토(火生土) 즉 불(火)은 모든 것을 태워 흙(土)으로 돌아가게 하고 다시 태양의 빛을 받아 흙을 도우며, 토생금(土生金) 즉 흙은 응집되어 땅속의 쇠(金)를 보호해주며, 금생수(金生水) 즉 쇠(金)는 땅속에 묻혀 있으면서 스스로 물(水)을 만들어 광물질 성분의 물을 바위틈으로 흐르게 한다. 수생목(水生木) 즉 물(水)은 땅위에 자라고 있는 나무(木)에게 영양을 주어 생육(生育)하게 된다. 이것이 상생법칙(相生法則)이다.

이 오행(五行)의 상생법칙(相生法則)에서 도와주는 데 부족함도 과다함도 해로움이 된다는 것이다. 과다한 것은 더욱 더 그렇다. 예컨대 불이 타고 있는데 나무의 도움이 적으면 불꽃이 활활 타오르지 못하고 불로서 역할을 못하게 된다. 반대로 타오르는 불꽃에 몇 배에 달하는 나무를 한꺼번에 넣어버리면 그 불꽃은 꺼지게 되는 것이다. 나무가 성장함에도 물이 부족하면 나무의 성장이 잘 이루어지지 않지만 물이 너무 많으면 뿌리가 썩어 버리는 것과 같은 것이다.

2. 상극 법칙(相剋法則)

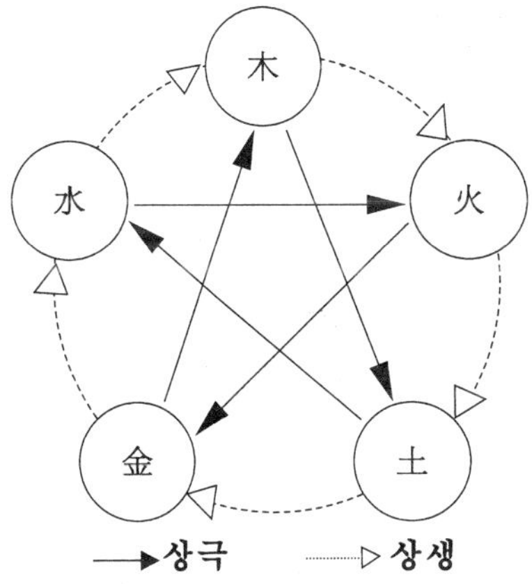

- 목 극 토 (木 剋 土)
- 토 극 수 (土 剋 水)
- 수 극 화 (水 剋 火)
- 화 극 금 (火 剋 金)
- 금 극 목 (金 剋 木)

〈그림 2-2〉 상극법칙도(相剋法則圖)

<그림 2-2>에서 상극(相剋)이라 함은 서로 대립하고 모순되는 것으로 우주의 만물이 무한히 성장하고 번식하는 것을 가로막아 견제하는 것과 같다.

상극(相剋)은 서로를 극(剋)하니 불길(不吉)하게만 볼 수도 있겠으나 적당한 극(剋)은 오히려 결과적으로 성장을 돕는다.

아람드리나무를 베는 데는 조그마한 실톱이나 과도로써 자른다면 나무를 자르기도 전에 톱이나 과도가 먼저 망가지게 되는 것이다. 그렇다고 어린 나무를 자르는 데 고성능의 전기톱을 이용한다면 더욱 비능률적일 것은 틀림없다.

과수원의 사과나무 등 적당한 가지치기를 한다면 곧고 크게 성장 할 뿐 아니라 충실한 열매를 맺을 수 있는 것이다.

그림에서 나무는 흙을 뚫고 나와 자라며(木剋土), 흙은 물의 흐름을 막고(土剋水), 물은 불을 끄고(水剋火), 불은 쇠를 녹이며(火剋金), 쇠는 다시 목을 잘라(金剋木) 조화로운 성장을 하게 하는 것이다.

3. 역극법칙(逆剋法則)

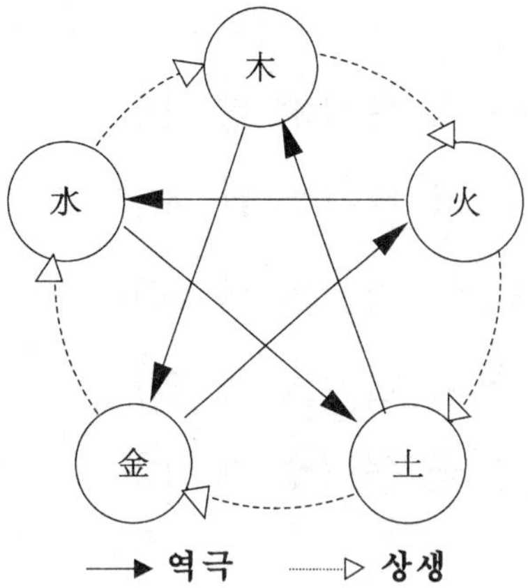

- 토 극 목 (土 剋 木)
- 금 극 화 (金 剋 火)
- 수 극 토 (水 剋 土)
- 목 극 금 (木 剋 金)
- 화 극 수 (火 剋 水)

〈그림 2-3〉 역극법칙도(逆剋法則圖)

<그림 2-3>에서 역극(逆剋)이라는 것은 상극작용(相剋作用)과 유사(類似)하나 천적과 같은 것이 있어 항상 대립(對立) 관계에 있으면서도 언제나 패배만 당하여 왔지만 주위 환경 요소에 의하여 상황이 급변하여 수극화(水剋火)가 아니라 화극수(火剋水)로 되어 물이 불을 끄는 것이 아니라 오히려 불이 물을 말려 버리는 이치와 같은 것이다. 다른 말로 표현하여 상모작용(相侮作用) 이라고도 한다.

그림에서 목극토(木剋土)가 아니라 토모목(土侮木)이 되어 나무가 약하고 오히려 흙의 세력이 강하여 흙이 나무를 이기는 것이며 화극금(火剋金)이 아니고 금모화(金侮火)가 되어 불이 약한데 오히려 금의 세력이 강하여 불이 쇠를 녹이지 못하는 것이다.

토극수(土剋水)가 아니고 수모토(水侮土)가 되어 흙이 약한데 물의 세력이 강하여 흙이 물에 씻겨 내려가 버리는 것이며 금극목(金剋木)이 아니고 목모금(木侮金)이 되어 쇠가 약한데 오히려 나무의 세력이 강하여 쇠가 나무를 자르지 못하고 쇠의 끝이 무디어 지거나 부러지는 것이다.

수극화(水剋火)가 아니고 화모수(火侮水)가 되어 물이 약한데 오히려 불의 세력이 강하여 물은 증발되어 버리는 것이다.

4. 역생법칙(逆生法則)

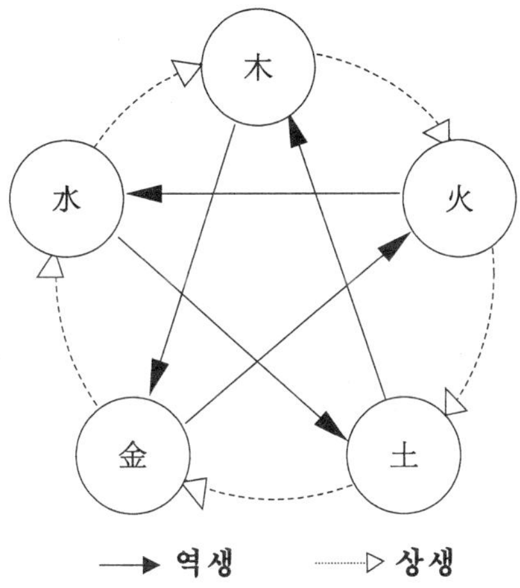

- 수 생 토 (水 生 土)
- 화 생 수 (火 生 水)
- 금 생 화 (金 生 火)
- 목 생 금 (木 生 金)
- 토 생 목 (土 生 木)

〈그림 2-4〉 역생법칙도(逆生法則圖)

<그림 2-4>에서 역생(逆生)이란 토(土)가 수(水)를 극(剋)하지만 토(土)가 너무 조(燥)하면 오히려 수(水)를 좋아한다. 즉 조토(燥土)에 수(水)가 들어가면 윤토(潤土)가 되니 토극수(土剋水)가 아니라 수생토(水生土)가 되는 이치다.

수(水)가 화(火)를 극(剋)하지만 겨울에 수(水)가 냉(冷)하면 만물이 얼어 죽게 되니 수(水)가 화(火)를 좋아한다. 조후(調候)가 되어야 수(水)가 생기(生氣)를 얻어 만물을 키울 수 있다. 이때에는 수극화(水剋火)가 아니라 화생수(火生水)와 같은 이치다.

화(火)가 금(金)을 극(剋)하지만 쇠붙이는 불이 없으면 그릇이 될 수가 없다. 그래서 금(金)은 불(火)을 좋아한다. 이때에는 화극금(火剋金)이 아니라 금생화(金生火)가 되는 이치와 같다.

금(金)이 목(木)을 극(剋)하지만 나무는 금(金)이 없으면 동량지재(棟樑之材)가 되지 못한다. 그래서 나무는 금(金)을 반긴다. 이때에 금극목(金剋木)이 아니라 금생목(金生木)이 되는 이치다.

목(木)이 토(土)를 극(剋)하지만 토(土)는 나무가 있어야 수분도 잘 조절하고 나뭇잎에 의한 거름으로 옥토(沃土)가 되는 것이다. 이때에는 목극토(木剋土)가 아니라 토생목(土生木)이 되는 이치다.

제5절 오행(五行)의 왕상휴수사(旺相休囚死) 원리

1. 오행(五行)의 왕쇠(旺衰)

오행(五行)은 계절(季節)에 따라 왕성(旺盛)해지기도 하고 쇠약(衰弱)해지기도 한다.

(1) 목(木)은 봄(春)에 해당하는 인묘진월(寅卯辰月)에 가장 왕성(旺盛)하고, 겨울(冬)에 해당하는 해자축월(亥子丑月)에도 수생목(水生木)으로 상생(相生)이 되어 왕성(旺盛)하다.

여름(夏)에 해당하는 사오미월(巳午未月)에는 화기(火氣)가 성(盛)하는 계절이므로 목생화(木生火)로 화(火)에게 기운(氣運)을 빼앗기므로 쇠약(衰弱)해지고 가을(秋)에 해당하는 신유술월(申酉戌月)에는 금기(金氣)가 성(盛)하는 계절이므로 금극목(金剋木)이 되어 금(金)의 극(剋)을 받아 가장 쇠약(衰弱)하다.

(2) 화(火)는 여름(夏)에 해당하는 사오미월(巳午未月)에 가장 왕성(旺盛)하고, 봄(春)에 해당하는 인묘진월(寅卯辰月)에 목생화(木生火)로 상생(相生)되니 왕성(旺盛)하다. 가을(秋)에 해당하는 신유술월(申酉戌月)에는 화극금(火剋金)으로 쇠약(衰弱)해지며 겨울(冬)에 해당하는 해자축월(亥子丑月)에 수(水)의 극(剋)을 받아 가장 쇠약(衰弱)하다.

(3) 금(金)은 가을(秋)에 해당하는 신유술월(申酉戌月)에 가장 왕성(旺盛)하다. 사계토왕절(四季土旺節)에는 토생금(土生金)하므로 왕성(旺盛)하다.

여름(夏)에는 화기(火氣)가 성(盛)하므로 화극금(火剋金)되어 가장 쇠약(衰弱)하고 겨울(冬)에는 금생수(金生水)로 기운(氣運)을 설기(泄氣)하므로 쇠약(衰弱)하며 봄(春)에는 금극목(金剋木)으로 금(金)이 목(木)으로부터 극제(剋制)되어 쇠약(衰弱)하다.

(4) 수(水)는 겨울(冬)에 해당하는 해자축월(亥子丑月)에 가장 왕성(旺盛)하고 가을(秋)인 신유술월(申酉戌月)에 금생수(金生水)로 상생(相生)되어 왕성(旺盛)하다. 봄(春)에는 수생목(水生木)으로 수(水)가 기(氣)를 설기(泄氣)하므로 쇠약(衰弱)하다.

여름(夏)에는 수극화(水剋火)로 쇠약(衰弱)하며 사계토왕월(四季土旺月)인 진술축미월(辰戌丑未月)에는 토극수(土剋水)로 토(土)의 극(剋)을 받아 가장 쇠약(衰弱)하다.

2. 오행(五行)의 왕상휴수사(旺相休囚死)

〈표 2-2〉 오행(五行)의 왕상휴수사(旺相休囚死)

강약 / 오행	왕(旺)	상(相)	휴(休)	수(囚)	사(死)
木(甲乙)	봄(寅卯)	겨울(亥子)	여름(巳午)	사계절(辰戌丑未)	가을(申酉)
火(丙丁)	여름(巳午)	봄(寅卯)	사계절(辰戌丑未)	가을(申酉)	겨울(亥子)
土(戊己)	사계절(辰戌丑未)	여름(巳午)	가을(申酉)	겨울(亥子)	봄(寅卯)
金(庚辛)	가을(申酉)	사계절(辰戌丑未)	겨울(亥子)	봄(寅卯)	여름(巳午)
水(壬癸)	겨울(亥子)	가을(申酉)	봄(寅卯)	여름(巳午)	사계절(辰戌丑未)

위의 도표(圖表)에서 왕상휴수사(旺相休囚死)란 일간(日干) 이 어느 계절에 태어났을때 강(强)하며 약(弱)한가를 표시한 것이라고 할 수 있다.

먼저 월지(月支)가 무엇인가를 보아야 하는데 월지(月支)가 인묘진월(寅卯辰月)은 봄(春) 으로 목왕절(木旺節)이고 동방목국(東方木局)이라고 한다.

사오미월(巳午未月)은 여름으로 화왕절(火旺節)이고 남방화국(南方火局)이라 하고 신유술월(申酉戌月)은 가을(秋)로 금왕절(金旺節)이고 서방금국(西方金局)이라고 한다.

해자축월(亥子丑月)은 겨울(冬)로 수왕절(水旺節)이고 북방수국(北方水局)이라 하고 진술축미월(辰戌丑未月)은 토왕절(土旺節)이고 각 사계절(四季節)에 분산(分散)되어 있다. 따라서 태어난 월지(月支)와 일간(日干)의 오행(五行)과 대조(對照)하여 왕상휴수사(旺相休囚死)를 결정하는 것이다.

왕(旺)은 일간(日干)과 오행(五行)이 같은 계절(季節)에 태어난 것을 말한다. 목일간(木日干)이 인묘월(寅卯月)에 출생(出生)하였다면 왕(旺)이 되고 이를 득령(得令) 하였다고 하며, 일간(日干)이 신왕(身旺)하게 되는 것이다.

상(相)은 일간(日干)을 생(生)하여 주는 것으로, 일간(日干)이 목(木)이라면 월지(月支)가 수월(水月)인 해자월(亥子月)이 되어 수생목(水生木)이 되는 것이니 이때에도 신강(身强) 하게 된다.

휴(休)란 일간(日干)이 태어난 월(月)의 오행(五行)을 생(生)하여 주는 것으로 목일간 (木日干)이라면 사오월(巳午月)에 출생(出生)하여 목생화(木生火)가 되는 것을 말한다. 이때는 목(木)의 기운이 설기(泄氣)되니 신약(身弱)하게 되는 것이다.

수(囚)는 일간(日干)이 생월(生月)의 지지(地支)를 극(剋)하는 것으로 목일간(木日干) 이라면 목극토(木剋土)가 되는 것을 말한다. 이때에도 신약(身弱)하게 된다.

사(死)는 일간(日干)이 생월(生月)의 지지(地支)로부터 극(剋)을 받는 것으로 목일간 (木日干)이 신유월(申酉月)에 출생(出生)하여 금극목(金剋木)이 되는 것을 말한다.

여기에서 왕(旺), 상(相)을 득령(得令)하여 신강(身强)하다고 하며 휴(休), 수(囚), 사(死)는 실령(失令)하여 일간(日干)이 신약(身弱)하게 되는 것이다.

3. 오행속성(五行屬性)의 특성과 분류

〈표 2-3〉 오행속성(五行屬性)의 특성분류표(特性分類表)

<table>
<tr><th colspan="2">五行 / 區分</th><th>木</th><th>火</th><th>土</th><th>金</th><th>水</th></tr>
<tr><td rowspan="13">기본성</td><td>절기(節氣)</td><td>봄(春)</td><td>여름(夏)</td><td>사계(四季)</td><td>가을(秋)</td><td>겨울(冬)</td></tr>
<tr><td>방위(方位)</td><td>동(東)</td><td>남(南)</td><td>중앙(中央)</td><td>서(西)</td><td>북(北)</td></tr>
<tr><td>조후(調候)</td><td>온(溫)</td><td>열(熱)</td><td>조습(燥濕)</td><td>냉(冷)</td><td>한(寒)</td></tr>
<tr><td>천간(天干)</td><td>갑을(甲乙)</td><td>병정(丙丁)</td><td>무기(戊己)</td><td>경신(庚辛)</td><td>임계(壬癸)</td></tr>
<tr><td>지지(地支)</td><td>인묘(寅卯)</td><td>사오(巳午)</td><td>진술축미
(辰戌丑未)</td><td>신유(申酉)</td><td>해자(亥子)</td></tr>
<tr><td>괘상(卦象)</td><td>진(震)손(巽)</td><td>이(離)</td><td>간(艮),곤(坤)</td><td>건(乾),태(兌)</td><td>감(坎)</td></tr>
<tr><td>구성(九星)</td><td>삼벽(三碧)
사록(四綠)</td><td>구자(九紫)</td><td>이흑(二黑)
오황(五黃)
팔백(八白)</td><td>육백(六白)
칠적(七赤)</td><td>일백(一白)</td></tr>
<tr><td>오기(五氣)</td><td>풍(風)</td><td>열(熱)</td><td>습(濕)</td><td>조(燥)</td><td>한(寒)</td></tr>
<tr><td>오색(五色)</td><td>푸른색(靑)</td><td>붉은색(赤)</td><td>노랑색(黃)</td><td>흰색(白)</td><td>검은색(黑)</td></tr>
<tr><td>오상(五常)</td><td>인(仁)</td><td>예(禮)</td><td>신(信)</td><td>의(義)</td><td>지(智)</td></tr>
<tr><td rowspan="2">오음(五音)</td><td>아(牙)</td><td>설(舌)</td><td>후(喉)</td><td>치(齒)</td><td>순(脣)</td></tr>
<tr><td>ㄱ,ㅋ</td><td>ㄴ,ㄷ,ㄹ,ㅌ</td><td>ㅇ,ㅎ</td><td>ㅅ,ㅈ,ㅊ</td><td>ㅁ,ㅂ,ㅍ</td></tr>
<tr><td>오미(五味)</td><td>신맛(酸)</td><td>쓴맛(苦)</td><td>단맛(甘)</td><td>매운맛(辛)</td><td>짠맛(鹹)</td></tr>
<tr><td rowspan="5">기능</td><td>오장(五臟)</td><td>간(肝)</td><td>심(心)</td><td>비(脾)</td><td>폐(肺)</td><td>신(腎)</td></tr>
<tr><td>육부(六腑)</td><td>담(膽)</td><td>소장(小腸)</td><td>위(胃)
삼초(三焦)</td><td>대장(大腸)</td><td>방광(膀胱)</td></tr>
<tr><td>오체(五體)</td><td>힘줄(筋)</td><td>맥박(脈)</td><td>피부(膚)</td><td>피부털(皮毛)</td><td>뼈(骨)</td></tr>
<tr><td>오관(五官)</td><td>눈(眼)</td><td>혀(舌)</td><td>입(口)</td><td>코(鼻)</td><td>귀(耳)</td></tr>
<tr><td>오각(五覺)</td><td>시(視)</td><td>미(味)</td><td>촉(觸)</td><td>취(嗅)</td><td>청(聽)</td></tr>
</table>

기능	오액(五液)	눈물(淚)	땀(汗)	군침(涎)	콧물(涕)	가래(唾)
	오취(五臭)	누린내(臊)	탄내(焦)	향내(香)	비린내(腥)	썩은내(腐)
	오지(五志)	성냄(怒)	기쁨(喜)	생각(思)	근심(悲)	놀램(恐)
	인생(人生)	유년기(幼年期)	소년기(少年期)	청년기(靑年期)	장년기(長年期)	노년기(老年期)
	오형(五形)	|	△	○	□	—
	위치(位置)	왼편(左)	위편(上)	가운데(中)	오른편(右)	아래편(下)
	수리(數理)	3 · 8	2 · 7	5 · 10	4 · 9	1 · 6
성정	국가(國家)	한국	일본,동남아	중국	미국	유럽,러시아
	오수(五獸)	청룡(靑龍)	주작(朱雀)	구진(句陳)	백호(白虎)	현무(玄武)
	종교(宗敎)	유교(儒敎)	불교(佛敎)	토속(土俗) 무속(巫俗)	기독교(基督敎) 천주교(天主敎)	도교(道敎)
	신체계통 (身體系統)	제독분비계통 (除毒分泌系統)	순환기계통 (循環器系統)	소화기계통 (消化器系統)	호흡기계통 (呼吸器系統)	배설기계통 (排泄器系統)
	성정 (性情)	자상,다정	명랑, 활달	과묵, 중후	용감, 예리	비상, 지혜
		유순,평화	성급, 열광	중립, 중용	정의, 의협	냉정, 비밀
		희망적	정열적	사교적	혁신적	현실적
		굴복, 불안	위험, 폭발	우유부단	극단타산	권모술수

제3장 천간(天干) 지지(地支)의 원리(原理)와 작용

제1절 천간(天干) 지지(地支)의 기원

천간(天干)이란 갑(甲), 을(乙), 병(丙), 정(丁), 무(戊), 기(己), 경(庚), 신(辛), 임(壬), 계(癸)를 말하며 하늘(天)을 뜻하고 강(强)하며 양(陽)을 의미(意味)하며 지지(地支)란 자(子), 축(丑), 인(寅), 묘(卯), 진(辰), 사(巳), 오(午), 미(未), 신(申), 유(酉), 술(戌), 해(亥)를 말하며 땅(地)를 뜻하고 지(支)는 나뭇가지(枝)의 뜻으로 약(弱)하며 음(陰)을 의미(意味)하는데, 천간(天干)과 지지(地支)를 줄여 간지(干支)라고 말하며 천간 10자와 지지 12자로 구성되어 십간(十干)십이지(十二支)라고도 부른다.

천간(天干)에서 이루어지는 여러 가지 현상(現象)은 하늘에서 변화하는 이치(理致)가 담겨져 있고 지지(地支)에서 일어나는 각가지 현상(現象)은 땅에서 변화하는 삼라만상(森羅萬象)의 무궁무진(無窮無盡)한 변화의 이치가 담겨져 있다.

간지(干支)의 사용은 중국의 은(殷)나라에서 발달하였던 것으로 10간(十干)과 12지(十二支)를 조합(組合)한 60간지(六十干支)로 날짜를 세는 데 쓰인 것이 그 기원이다. 10간(十干)은 날(日)을 가르키기 위해서이고 12지(十二支)는 달(月)을 가르키기 위하여 만들어진 것이고, 전한(前漢)시대에서는 12지(十二支)를 하루의 시간에 맞추어 사용하였다.

천간(天干)은 양(陽)에 속하면서 음(陰)과 양(陽)을 가지고 있다. 양간(陽干)은 갑병무경임(甲丙戊庚壬)이고 음간(陰干)은 을정기신계(乙丁己辛癸)이다.

또한 지지(地支)는 음(陰)에 속하면서 역시 음(陰)과 양(陽)을 가지고 있다. 양지(陽支)는 자인진오신술(子寅辰午申戌)이고 음지(陰支)는 축해유미사묘(丑亥酉未巳卯)이다.

제2절 천간(天干)의 특성(特性)

〈표 3-1〉 천간(天干)의 성정(性情)

구 분	甲	乙	丙	丁	戊	己	庚	辛	壬	癸
季節	春	春	夏	夏	四季	四季	秋	秋	冬	冬
方向	東	東	南	南	中央	中央	西	西	北	北
陰陽	陽	陰	陽	陰	陽	陰	陽	陰	陽	陰
五行	陽木	陰木	陽火	陰火	陽土	陰土	陽金	陰金	陽水	陰水
五常	仁	仁	禮	禮	信	信	義	義	智	智
職業	教育者 公務員	教育者 研究員	名譽職 宗教	科學者 哲學	不動産 農水産	開發員 研究員	生殺權 武官	經營職 半導体	教育者 學園	藝能 技術
形象	大林木 棟樑木	柔木 枝葉木	光線 太陽火	星座 燈燭火	高原 山野	柔土 田畓	剛金 丈鐵	製鍊金 金銀	湖水 海水	流水 柔水
性情	正直 剛直 誠實 進取的 意志强 鬪志力	忍耐力 持久力 生命力 柔弱 依他心 虛榮心	正義感 名譽心 强靭性 率直 淡白 讓步心	禮儀 社交的 自尊心 執念 精神力 犧牲的	信義 溫厚 厚德 誠實 責任感 包容力	努力性 忍耐力 創意力 意志力 研究心 革新的	創造 開拓 開發 義俠心 正義感 責任感	溫順 柔弱 纖細 銳敏 正確性 緻密性	聰明 智慧 研究心 包容力 努力型 豫知力	智謀 藝術 技術 文學 環境力 服從心

1. 갑목론(甲木論)

갑목(甲木)은 계절(季節)로 보면 찬 기운(氣運)이 감도는 이른 봄(春)이요, 방향(方向)은 동방(東方)에 속하고 양(陽)에 해당한다. 오행(五行)은 목(木)에 속하고 인(仁)을 주도하며 성장(成長)과 발전(發展)을 뜻하고, 또한 대림목(大林木), 동량지목(棟樑之木), 양목(陽木), 강목(剛木)에 비유(比喩)하기도 한다.

갑일(甲日)에 태어난 사람은 대체로 어질고 착한 선비정신을 갖추고 있으며 직업(職業)으로는 교육자(敎育者), 지휘관(指揮官), 지도자(指導者), 제조업(製造業)등 두령격(頭領格)이다.

갑일(甲日)에 태어난 사람의 성정(性情)은 정직(正直)하고 강직(剛直)하며 성실(誠實)한 것을 근본(根本)으로 삼고 있다. 또한 성질(性質)이 진취적(進取的)이고 이상(理想)이 높아 남에게는 의지(意志)가 꺾이거나 굴복(屈服)하지 않는다. 그렇기 때문에 다른 사람들로부터 공격(攻擊)의 대상이 되거나 경쟁(競爭)의 대상이 되기 때문에 항상 겸손(謙遜)하고 타인(他人)의 의견을 존중(尊重)하고 포용(包容)하는 자세가 필요하다.

오행적(五行的)으로는 갑목(甲木)은 순수한 양목(陽木)으로 몸체가 단단하고 그 기세(氣勢)가 하늘을 찌르며, 또한 웅장함이 극에 달하지만 초봄에 나면 목(木)이 어리고 기(氣)가 추우니 화(火)를 얻어야만 영화(榮華)를 보며 2월(卯月)에 태어나면 세력(勢力)이 왕성(旺盛)하다. 그래서 왕성(旺盛)한 기(氣)를 설기(泄氣)하거나 금(金)으로 극제(制)해 주어야 한다. 목(木)이 가을에 태어나면 때를 잃어 쇠약(衰弱)하다. 목(木)이 겨울에 태어나면 목에 범람하는 물에 뜨게 되며 부목(浮木)이 되니 화(火)나 토(土)가 반드시 있어야 한다.

2. 을목론(乙木論)

을목(乙木)은 계절(季節)로 보면 새싹이 돋아나는 봄(春)이요, 방향(方向)은 동방(東方)에 속하고 음(陰)에 해당한다. 오행(五行)은 목(木)에 속하고 인(仁)을 주도하며 갑목(甲木)과 같이 성장(成長)과 발전(發展)을 뜻한다. 또한 을목(乙木)은 화초(花草), 유실수(有實樹), 넝쿨식물, 곡식, 채소, 잔디, 생목(生木), 묘목(苗木), 습목(濕木)등을 나타낸다.

을일(乙日)에 태어난 사람은 대체로 심성(心性)이 어질고 착하여 부드럽고 연한 기(氣)의 뜻을 가지고 있어 교육자(敎育者)나 종교가(宗敎家), 철학자(哲學者)가 적합하다.

외면(外面)으로는 환경(環境)에 적응력(適應力)이 강(强)하고 내면(內面)에는 강인성(强靭性)이 내포되어 있어 의외로 고집(固執)이 강(强)하다. 화려함과 사치, 첨단 유행 등에 현혹되기 쉬우며 직물(織物), 예능(藝能)에 관계가 깊다.

두령격(頭領格)보다는 참모(參謀)나 보좌관(輔佐官)역할이 좋으나 자기의 주관(主觀)을 살려 나가야 한다.

을일(乙日)에 태어난 사람의 성정(性情)은 부드럽고 유약(柔弱)하게 보이나 끈질긴 생명력(生命力)이 있으며 인내력(忍耐力)과 지구력(持久力)이 있어 어떠한 난관(難關)도 헤쳐나간다. 그러나 다른 사람을 이용하려 하거나 의지(依支)하는 경향이 있어서 사치(奢侈)나 허영심(虛榮心)을 이겨 나가야 한다.

오행적(五行的)으로는 을목(乙木)은 봄에 태어나서 화(火)가 필요한 것은 꽃이 피는 것을 기뻐하기 때문이고, 여름에 태어나서 수(水)가 필요한 것은 건조한 땅을 적셔주기 때문이다. 가을에 태어나서 화(火)가 필요한 것은 금(金)을 제거(除去)하여 목(木)을 보호해주기 때문이다. 겨울에 태어나서 화(火)가 필요한 것은 한파(寒波)로부터 추위를 풀어주기 때문이다.

3. 병화론(丙火論)

병화(丙火)는 계절(季節)로 보면 여름(夏)이요, 방향(方向)은 남방(南方)에 속하고 양(陽)에 해당한다. 오행(五行)은 화(火)에 속하고 예의(禮儀)를 뜻한다. 또한 병화(丙火)는 태양(太陽), 전기(電氣), 연료(燃料), 화약(火藥), 폭발물(爆發物), 방사선(放射線), 화공약품(化工藥品) 등에 비유(比喩)하기도 한다.

병일(丙日)에 태어난 사람의 직업(職業)은 만인(萬人)에게 밝게 비추어 어둠을 물리쳐 주고 모든 생명(生命)과 초목(草木)을 기르는 지도자(指導者)이므로 명예직(名譽職), 개혁자(改革者), 조직관리(組織管理), 종교(宗敎), 철학(哲學)에 소질이 있다.

병일(丙日)에 태어난 사람의 성정(性情)은 타인(他人)의 부정(不正)과 불의(不義)를 못보는 강인성(强靭性)을 가지고 있으면서 모든 사람들에게 평등(平等)하게 대해주고 솔직(率直)하고 담백(淡白)하며 양보심(讓步心)이 대단하다.

한편, 자기를 너무 과신(過信)하여 타인(他人)을 무시(無視)하거나 바른말을 잘하며 자기 속마음을 그대로 노출시킬 뿐만 아니라 간혹 감정(感情)을 누르지 못하고 물불을 가리지 않고 결단을 내려야 속이 시원하기 때문에 구설수(口舌數)가 따르고 미움을 사기도 한다.

병화(丙火)는 매사에 정열적(情熱的)이고 적극적(積極的)이며 헌신적(獻身的)인 면도 있지만 인내심(忍耐心)을 기르고 속마음을 너무 노출시키지 말고 타인(他人)의 의견(意見)을 경청(傾聽)하고 포용(包容)하는 습관을 길러야 한다.

오행적(五行的)으로는 병화(丙火)는 순수(純粹)한 양화(陽火)이므로 그 기세(氣勢)가 맹렬(猛烈)하여 서리와 눈을 업신여기며 추위를 제거(除去)하고 언 것을 녹이는 공(功)이 있다. 그래서 경금(庚金)을 능히 녹일수 있으며 신금(辛金)을 보면 병신합(丙辛合)하여 양(羊)처럼 순해지고 화평(和平)하게 된다. 토(土)가 있으면 자애심(慈愛心)이 생겨 금(金)을 공격(攻擊)하지 않는다. 수(水)가 있으면 충절(忠節)을 지켜 수화기제(水火旣濟)가 되어 대적(對敵)하지 않는다.

4. 정화론(丁火論)

정화(丁火)는 계절(季節)로 보면 여름(夏)이요, 방향(方向)은 남방(南方)에 속하고 음(陰)에 해당한다. 오행(五行)은 화(火)에 속하며 예의(禮儀)를 뜻한다. 정화(丁火)는 살아있는 생화(生火)로서 작은 빛이나 열(熱)을 나타내며, 등불이나 촛불, 화롯불, 난로 외에도 전자제품과 금속을 녹이는 용광로(鎔鑛爐)등에 비유(比喩)하기도 한다.

정화(丁火)는 순수(純粹)한 열기(熱氣)로서 어둠을 수호(守護)하는 화신(化身)에 비유(比喩)할 수 있고 정(情)으로 뭉쳐진 글자로서 하늘에서는 별이며 은하계를 상징한다.

정일(丁日)에 태어난 사람은 대체로 예의(禮儀)가 바르고, 호소력(呼訴力)이 강(强)하고 인기(人氣)가 뛰어나고 순간적인 비난(非難)의 화살이 되기도 한다. 그래서 사교적인 직업과 관계되는 유흥업(遊興業), 기도(祈禱)와 명상(冥想)을 하거나 종교(宗敎), 철학자(哲學者), 미래(未來)에 대한 연구(硏究)를 하는 과학자(科學者)나 운명학자(運命學者), 칼을 차고 권력(權力)이나 사회질서(社會秩序)를 이끌어 가는 법조계(法曹界)도 인연(因緣)이 있다.

정일(丁日)에 태어난 사람의 성정(性情)은 외면(外面)으로는 조용하고 약하게 보이나 내면(內面)에는 자존심(自尊心)과 집념(執念)이 대단하고 정신력(精神力)도 강(强)하다. 자신을 희생(犧牲)하면서 헌신적(獻身的)이고 봉사정신(奉仕精神)이 강하다. 반면에 부정(不正)한 행위나 이해관계가 없는 일에도 옳고 그름을 따지는 성격(性格)으로 미움을 사기도 한다. 그래서 병화(丙火)와 같이 인내심(忍耐心)과 포용력(包容力)이 필요하다.

오행적(五行的)으로 정화(丁火)는 신금(辛金)이 을목(乙木)을 상(傷)하지 못하게 하는 것은 정화(丁火)가 나서서 지켜주고 정임(丁壬)이 합(合)하여 합목(合木)으로 무토(戊土)가 임수(壬水)를 상(傷)하지 않도록 막아주는 충성심(忠誠心)이 있다. 갑(甲)이나 을(乙)이 천간(天干)에 있다면 가을에 태어나도 금(金)을 두려워하지 않고, 지지(地支)에 인(寅)이나 묘(卯)가 있다면 수(水)를 두려워하지 않는다.

5. 무토론(戊土論)

무토(戊土)는 계절(季節)로 보면 4계(四季)요, 방향(方向)은 중앙(中央)에 속하고 양(陽)에 해당한다. 오행(五行)은 토(土)에 속하고 신의(信義)를 뜻한다. 또한 무토(戊土)는 높고도 큰 산, 넓은 들판, 강과 호수를 막는 제방(堤防), 높은 언덕이나 고개, 성곽(城廓)이나 축대(築臺)에 비유(比喩)하기도 한다.

무토(戊土)는 항시 신의(信義)을 위주로 근본(根本)이 바르게 살려고 하는 기질(氣質)이 있으며 태산처럼 믿음직 스럽고 똑똑하며 언행(言行)이 신중(愼重)하고 온후(溫厚)하면서도 후덕(厚德)하다.

무일(戊日)에 태어난 사람의 직업(職業)은 토지(土地)와 관계(關係)있는 부동산(不動産)이나 농수산계통(農水産系統)에 인연(因緣)이 있고 성실(誠實)하고 책임감(責任感)이 강하여 신용(信用)을 중히 여기고 매사에 생각이 깊어 모든 사람을 포용(包容)하며 중용(中庸)을 지키기 때문에 중재(仲裁)를 요하는 자문역할(諮問役割)이 적합(適合)하다. 또한 사물(事物)을 관찰(觀察)하고 사람을 파악(把握)하는 능력(能力)과 멀리 내다보는 예측력(豫測力)을 가지고 있기 때문에 세속(世俗)과 멀리하는 종교(宗敎), 철학(哲學)방면에도 소질(素質)이 있으나 대체로 어떤 직종(職種)이든 적응력(適應力)이 강하다.

무일(戊日)에 태어난 사람의 성정(性情)은 주관(主觀)과 개성(個性)이 강하여 사리(事理)를 판단(判斷)하는 능력(能力)이 탁월(卓越)하나 주위사람과 잘 어울리어 동화력(同化力)이 풍부한 것은 좋으나 지나친 자기 과신(過信)과 아집(我執)은 독선(獨善)과 교만(驕慢)의 오해(誤解)를 초래하는 경우가 있다.

오행적(五行的)으로는 무토(戊土)가 봄이나 여름에 태어나서 화(火)가 왕성(旺盛)하면 마땅히 수(水)를 적셔주어야 만물(萬物)이 소생하는 법이고 건조(乾燥)하면 시들게 되는 것이다. 가을과 겨울에 태어나고 수(水)가 많으면 무토(戊土)를 화(火)로 따뜻하게 해주어야 한다. 너무 습(濕)하면 뿌리가 썩거나 만물이 병(病)들게 된다.

또 무토(戊土)가 사계인 진술축미(辰戌丑未)월에 태어나면 금(金)을 가장 반기게 되는 것은 강(强)한 토기(土氣)를 설기(泄氣)시켜 유행하게 되어 귀격(貴格)이 되기 때문이다.

6. 기토론(己土論)

기토(己土)는 계절(季節)로는 4계(四季)에 속하며 방향(方向)은 중앙(中央)에 속하고 음(陰)에 해당한다. 오행(五行)은 토(土)에 속하는 것으로 신의(信義)를 뜻한다. 또한 기토(己土)는 전답(田畓), 옥토(沃土), 윤토(潤土), 습토(濕土), 전원(田園), 정원(庭園), 화원(花園), 평야(平野), 분지(盆地), 사토(沙土) 등에 해당한다.

기토(己土)는 곡식을 심을 수 있는 논밭을 나타내며 만물(萬物)을 성장시키는 배양토(培養土)와 같다. 그래서 끈질기고 끈끈한 노력(努力)과 참고 견디는 인내력(忍耐力)이 대단할 뿐만 아니라 만물(萬物)의 열매를 잉태(孕胎)하고 생명(生命)을 창조(創造)하는 힘이 강하다.

기일(己日)에 태어난 사람의 직업(職業)은 참고 견디는 자기본능(自己本能)의 기질(氣質)을 지키려는 강한 의지(意志) 때문에 훌륭한 아이디어를 창출(創出)하는 개발(開發)이나 혁신(革新)을 요하는 반도체(半導體)사업, 참모직(參謀職), 연구원(研究員) 등이 적합(適合)하다.

기일(己日)에 태어난 사람의 성정(性情)은 순박(淳朴)하고 부드러우며 조용한 가운데 자기 표현(表現)을 잘 드러내지 않으며 어머니와 같은 자애(慈愛)로움과 포용역(包容力)를 가지고 있다.

또한 남을 잘 이해하여 주며 항상 대의(大義)와 중용(中庸)을 지키며 언행(言行)이 일치하고 신중(愼重)하게 처신하며 자기일에 충실(忠實)하다. 그러나 순진하고 어수룩한 행동으로 자기 실속을 챙기는 이기주의적인 성격이 있으며, 자기 속마음을 보이지 않으며 매사에 의심이 많고 신경이 예민(銳敏)하며 까다로운 면이 내포되어 있다.

오행적(五行的)으로는 기토(己土)는 습토(濕土)로서 목(木)이 성(盛)해도 기토(己土)의 성품(性品)이 부드럽고 화목하여 오히려 목(木)을 배양(培養)하니 목(木)이 극(剋)하지 못한다고 하는 것이며 수(水)가 왕(旺)해도 두렵지 않는 것은 기토(己土)가 엉기는 성질(性質)이 있어 오히려 수(水)를 저장한다. 음토(陰土)는 화(火)를 어둡게 하고 금(金)이 많아도 빛이 나는 것은 습토(濕土)는 능히 금(金)을 생(生)할 수 있는 것이다. 병화(丙火)가 있으면 음습(陰濕)한 기(氣)를 제거(除去)해주어 만물(萬物)은 충분한 자생력(自生力)을 얻게 되는 것이다.

7. 경금론(庚金論)

경금(庚金)은 계절(季節)로 보면 가을(秋)이요, 방향(方向)은 서방(西方)에 속하고 양(陽)에 해당한다. 오행(五行)은 금(金)에 속하는 것으로 의리(義理)를 뜻한다.

또한 경금(庚金)은 물상학적(物像學的)으로는 백운(白雲), 달(月), 은하수(銀河水), 성좌(星座), 서리(霜), 강철(鋼鐵), 무쇠나 원석(原石), 기계(機械), 총포(銃砲), 검인(劒刃), 무관(武官), 깡패 등을 나타낼 뿐만 아니라 경금(庚金)은 오행(五行) 중 가장 강한 뜻을 가지고 있기 때문에 권력(權力)이나 명예(名譽), 생살권(生殺權), 변혁(變革), 강제(强制), 흉폭(凶暴) 등을 나타낸다.

경금(庚金)은 곡식(穀食)과 의식(依食)이 풍요(豊饒)함을 나타내고 완숙(完熟)한 과실(果實)이나 열매를 나타내기도 한다. 그래서 무한(無限)한 의식(依食)의 보고(寶庫)로서 창조(創造), 개척(開拓), 개발(開發), 연구(硏究)하는 뜻도 포함되어 있다.

경일(庚日)에 태어난 사람의 직업(職業)은 법조(法曹), 의약(醫藥), 군경(軍警)등 생살지권(生殺之權)를 장악하는 직업이 적합(適合)하다.

경일(庚日)에 태어난 사람의 성정(性情)은 의협심(義俠心)이 강(强)하고 정의(正義)롭고 용감(勇敢)한 기질(氣質)로 책임감(責任感), 소속감(所屬感)이 강(强)하여 강자(强者)에게는 대항(對抗)하고 약자(弱者)는 도와주는 희생정신(犧牲精神)이 강할 뿐만 아니라, 공사(公私)를 분명히 가리고 지도력(指導力)과 통솔력(統率力)이 뛰어나며 결단력(決斷力)과 소신이 강하여 한번 결정(決定)한 일은 끝까지 밀어붙이는 추진력(推進力)이 강(强)하다.

그래서 한편으로는 성격(性格)이 조급(躁急)하거나 난폭(亂暴)하고 명예욕(名譽慾)이 강해 독선적(獨善的)인 면이 있고 과격하게 일을 처리하기 때문에 대인관계(對人關係)가 원만하지 못하여 스스로 재앙(災殃)을 불러 일으키는 경향이 있다. 이것은 똑같은 칼이라도 장수(將帥)가 쓰면 나라를 구하고 악마(惡魔)가 쓰면 인명(人命)을 해치는 이치(理致)와 같은 것이다.

오행적(五行的)으로는 경금(庚金)은 임수(壬水)를 얻어 맑아지는데 임수(壬水)는 강한 살(殺)의 기운(氣運)을 설기(泄氣)시켜 유통(流通)시키면 옥빛으로 투명하여 맑아진다. 경금(庚金)이 정화(丁火)를 얻으면 음기(陰氣)가 부드러워 꾸미고 녹여서 홍로(紅爐)속에 제련(製鍊)시켜 칼과 창을 만든다. 경금(庚金)이 봄, 여름에 태어나면 기가 약해지는데 습토(濕土)인 축(丑)이나 진(辰)을 만나면 생조(生助)를 받지만 조토(燥土)인 미(未)나 술(戌)을 만나면 도움을 받지 못하고 쇠약(衰弱)해진다.

8. 신금론(辛金論)

신금(辛金)은 계절(季節)로 보면 가을(秋)이요, 방향(方向)은 서방(西方)에 속하고 음(陰)에 해당한다. 오행(五行)은 금(金)에 속하는 것으로 정의(正義)를 뜻하며, 신금(辛金)은 완성(完成)된 보석(寶石)이나 광명(光明)과 빛남의 뜻이 숨어 있다.

또한 신금(辛金)은 물상학적(物像學的)으로 금은(金銀), 칼이나 장식품, 숙과(熟果), 종자(種子)등에 비유(比喩)하기도 한다.

신일(辛日)에 태어난 사람의 직업(職業)은 기획(企劃)이나 계산능력(計算能力)이 뛰어나 경영(經營), 경제(經濟), 금융(金融), 무역(貿易), 전자(電子), 전기(電氣), 금속(金屬) 등 재정(財政)과 반도체계통(半導體系統)에 적합(適合)하다.

신일(辛日)에 태어난 사람의 성정(性情)은 온순(溫順)하면서도 부드러우며 섬세(纖細)하고 깔금하게 보이지만 속은 굳고 단단하며 야무진 성격일 뿐만 아니라 감수성(感受性)이 예민(銳敏)하고 정(情)에 치우치기 쉬우나 매사를 처리할 때 정확(正確)하고 치밀(緻密)하며 단호하게 처리하는 편이다. 그러나 자존심(自尊心)이 강하고 욕심(慾心)이 많고 유아독존(唯我獨尊)에 빠져 타인(他人)으로부터 비난을 사기도 한다. 또한 행동(行動)과 실천(實踐)이 강하여 항상 새로운 것을 추구하는 장점이 있다. 그래서 항상 겸손(謙遜)한 태도와 부드러움을 유지하는 데 노력해야 한다.

오행적(五行的)적으로는 무토(戊土)가 많으면 수(水)가 마르고 금(金)이 묻히기 때문에 두려워한다. 임수(壬水)가 충분하면 토(土)가 습(濕)하여 신금(辛金)을 생조(生助)하기 때문에 좋은 것이다. 병화(丙火)와 신금(辛金)이 합(合)하여 수(水)가 되면 병화(丙火)는 갑목(甲木)을 태우지 못한다. 여름에 태어나 화(火)가 많으면 기토(己土)가 설기시켜 어둡게 하고 금(金)을 생조(生助)해야 좋고 겨울에 태어나서 수(水)가 왕(旺)하면 정화(丁火)가 수(水)를 줄여 금(金)을 생조(生助)해야 좋은 것이다.

9. 임수론(壬水論)

임수(壬水)는 계절(季節)로 보면 겨울(冬)이요, 방향(方向)은 북방(北方)에 속하고, 양(陽)에 해당한다. 오행(五行)은 수(水)에 속하고 지혜(智慧)를 뜻한다.

임수(壬水)는 물상학적(物像學旳)으로 큰 강물이나 바다, 호수와 같이 많은 양(量)의 물을 의미(意味)하며, 열매가 익어 씨앗이 되어 땅속에서 다시 새로운 생명(生命)을 잉태(孕胎)하는 뜻이 내포되어 있다.

임일(壬日)에 태어난 사람의 직업(職業)은 대체로 총명(聰明)하고 지혜(智慧)로워 지식(知識)을 필요(必要)로 하는 학문(學問)으로 교수(敎授), 연구원(硏究員), 학원경영(學園經營)이 적합(適合)하다.

임일(壬日)에 태어난 사람의 성정(性情)은 두뇌(頭腦)가 총명(聰明)하고, 창의력(創意力)이 뛰어나고 앞을 내다보는 예지력(豫知力)을 지니고 있다. 또한 성품(性品)이 물처럼 깨끗하고 바다처럼 마음이 넓으며 모든 것을 수용(受用)하는 포용력(包容力)을 가지고 있으며, 항상 꾸준히 노력하며 새로운 것을 탐구하여 지식이 풍부하며 매사에 서두르지 않고 침착하게 전진한다.

한편으로는 깊은 물속을 제대로 알 수 없듯이 속마음을 잘 드러내지 않아 비밀(秘密)이 많다는 오해를 받기 쉬우며 너무 머리가 비상하여 남을 무시하거나 자기 자신을 너무 과신(過信)하여 자기 꾀에 넘어가는 경우가 있다.

오행적(五行的)으로는 임수(壬水)는 양수(陽水)이며 수많은 하천(河川)의 근원(根源)이 되어 나아가기는 쉬우나 물러서기는 어려운 것이다. 지지(地支)에 신자진(申子辰)수국(水局)을 이루고 천간(天干)에 계수(癸水)가 있으면 기세(氣勢)가 범람(氾濫)하여 무기토(戊己土)가 있더라도 그 흐름을 막을 수 없다. 이때는 반드시 목(木)이 설기(泄氣)하여 다스려야 한다. 여름에 태어나고 지지(地支) 화토(火土)가 왕성(旺盛)하고 천간(天干)에 화(火)가 나타나면 화(火)를 따르게 되어 종화(從火)가 되고 왕성(旺盛)한 토(土)가 천간(天干)에 나타나면 토(土)를 따르게 되어 종토(從土)가 되는 것이다.

10. 계수론(癸水論)

계수(癸水)는 계절(季節)로 보면 겨울(冬)이요 방향(方向)은 북방(北方)에 속하고 음(陰)에 해당한다. 오행(五行)은 수(水)에 속하고 지혜(智慧)를 뜻하며, 우리가 살고 있는 우주(宇宙)나 지구(地球)의 모든 냉기(冷氣)와 습기(濕氣)로 통한다.

계수(癸水)는 물상학적(物像學的)으로 산골짜기에서 흘러내리는 작은 계곡물이나 새벽에 오솔길을 걸을 때 옷깃에 스며드는 아침이슬이나 땅에서 졸졸졸 흐르는 시냇물이나 샘물과 같은 생수(生水), 원천수(源泉水)로서 정지하거나 모여 있지 않고 항상 흘러내리는 물로서 만물(萬物)을 자양(滋養)하는 근본(根本)이다. 그래서 종자(種子), 정자(精子), 원자(原子), 분자(分子), 전자(電子) 등에 수(水)에 해당하는 자(子)를 사용하는 것이다.

계수(癸水)에 태어난 사람의 직업(職業)은 미래(未來)에 대한 설계(設計), 개발(開發), 의학(醫學), 예능(藝能), 기술(技術), 문학(文學) 등에 인연(因緣)이 깊다.

계일(癸日)에 태어난 사람의 성정(性情)은 지모(智謀)가 뛰어나고 준법정신(遵法精神)이 강하고 환경대응능력(環境對應能力)이 뛰어나다. 그러므로 지도자(指導者)가 되기 보다는 참모(參謀)나 보좌관(輔佐官)역할이 좋다.

또한 매사에 조용하게 노력하고 순종하는 자세와 애교를 겸비하여 상대방의 심리파악을 잘하고 자상한 인정(人情)은 특이한 장점이 있다. 그래서 자칫하면 변덕스럽고 지조(志操)가 없으며 비밀스럽게 보이는 오해를 받을 소지가 있다.

오행적(五行的)으로는 계수(癸水)는 음수(陰水)이며 약(弱)한 성질(性質)이다. 그래서 화토(火土)가 많으면 오히려 계수(癸水)는 탁(濁)하게 된다. 만약 금수(金水)의 왕지(旺地)인 가을과 겨울에 태어나면 천간(天干)에 병정화(丙丁火)가 있더라도 종수(從水)해야 한다.

이상에서 10간(十干)의 오행(五行)에 따른 성정(性情)으로 생일(生日)의 천간(天干), 오행(五行)을 위주로 하여 일반적으로 살펴보았으나, 타주(他柱)의 삼간(三干), 사지(四支)에 의하여 달라지기 때문에 단편적인 판단은 금물이다.

즉 생시(生時)와 월지(月支)에 따라 오행(五行)의 기운(氣運)이 왕성(旺盛), 너무지나침(太過), 부족함(不及)에 따라 변화된 성정(性情)을 예측(豫測)하는 것이다.

다시 한번 오행(五行)의 성정(性情)을 살펴보면 다음과 같다.
갑목(甲木)이나 을목일(乙木日)에 태어난 사람은 성품(性品)이 온순(溫順)하고 부드러우며 강직(强直)하고 화평(和平)과 질서(秩序)를 좋아하고 인정(人情)이 많다.

병화(丙火)나 정화일(丁火日)에 태어난 사람은 성품(性品)이 명랑(明朗)하고 예의(禮儀)가 바르며 원칙론적이면서 조급(躁急)하다.

무토(戊土)나 기토일(己土日)에 태어난 사람은 신의(信義)가 있고 책임감(責任感)이 강하며 신앙심(信仰心)이 있고 도량(度量)이 넓고 관대(寬大)하며, 포용력(包容力)이 있다.

경금(庚金)이나 신금일(辛金日)에 태어난 사람은 성품(性品)이 강렬(强烈)하고 모든 일에 대하여 과단성과 결단성이 있으며, 의리(義理)를 중히 여기고 신체가 건장하고 정신이 맑다.

임수(壬水)나 계수일(癸水日)에 태어난 사람은 지혜(智慧)롭고 원만하다. 한편 마음이 넓고 깊어서 속마음의 깊이를 알 수 없고, 책략(策略)이 원대하며 총명(聰明)하나 한번 화가 나면 노도(怒濤)와 같이 무서운 사람이다.

제3절 십이지지(十二地支)의 특성

1. 십이지지(十二地支)의 의미

지지(地支)란 천간(天干)의 상대적(相對的) 개념이라 할 수 있다. 천간(天干)은 한가지의 순순한 기운(氣運)이지만 지지(地支)는 2-3개의 기운(氣運)이 항상 같이 존재하기 때문에 세력(勢力)의 강약(强弱)을 판단(判斷)하기가 쉽지 않다. 이것은 하나의 지지에 천간이 암장되어 있기 때문이다.

지지(地支)는 상하유정(上下有情)하여 천간(天干)과 상응(相應)하여 기운(氣運)이 상생(相生)하거나 상극(相剋)하기도 하며 지지(地支)는 서로가 좌우정협(左右情協)되어 합(合)하거나 서로 충(沖)하여 분열(分裂)이 심하다. 그래서 세력(勢力)의 균형(均衡)과 조화(調和)의 변화(變化)가 대단하다.

삼라만상(三羅萬像)은 대별(大別)하여 하늘(天)과 땅(地)의 양대요소(兩大要素)로 분리(分離)하였고, 우리 인간(人間)도 정신(精神)과 육체(肉體)로 양분(兩分)하였다. 이것을 명리학(命理學)에서는 천지(天地)를 음양간지(陰陽干支) 또는 천간지지(天干地支)로 칭(稱)하였다.

지지(地支)의 부호(符號)를「子丑寅卯辰巳午未申酉戌亥」12개로 설정(設定)하여 모든 만물(萬物)의 형체(形體), 양질(量質)을 총망라하여 응용(應用)되고 있다. 12지지(十二地支)에서 음양(陰陽)으로 구분(區分)하며 양지(陽支)와 음지(陰支)로 양분(兩分)되고 다시 양지(陽支)중에서도 양지(陽支)와 음지(陰支)로 구분(區分)되고 있다.

양지(陽支)는「子丑寅卯辰巳」이고 음지(陰支)는 「午未申酉戌亥」이다. 또 양지(陽支)중에서도 양분(兩分)하면 양지중양지(陽支中陽支)는「子寅辰」이고 양지중음지(陽支中陰支)는「午申戌」이다. 또한 음지중양지(陰支中陽支)는「丑卯巳」이고 음지중음지(陰支中陰支)는「未酉亥」이다.

계절(季節)에 따라 구분(區分)하면 양(陽)은「寅卯辰巳午未」이고 음(陰)은「申酉戌亥子丑」이다. 조습(燥濕)으로 구분(區分)하면「寅卯巳午未戌」은 건조(乾燥)하고「子丑辰申酉亥」는 한습(寒濕)하다.

2. 12지지(十二地支)의 방위(方位)와 계절(季節)

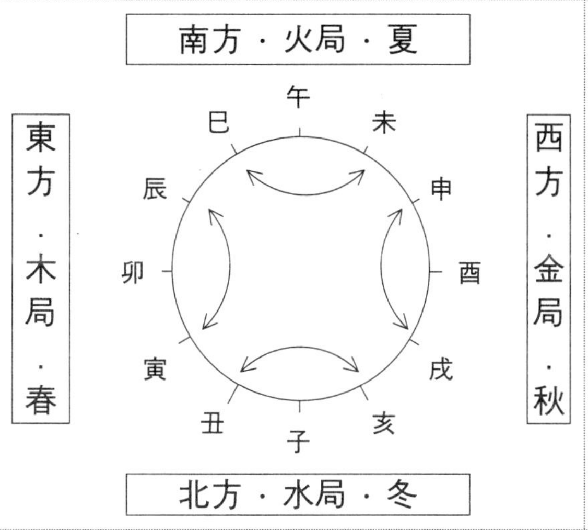

- 寅卯辰 : 東方, 春
- 巳午未 : 南方, 夏
- 辰戌丑未 : 中央, 四季
- 申酉戌 : 西方, 秋
- 亥子丑 : 北方, 冬

〈그림 3-1〉 방위(方位) 계절도(季節圖)

<그림 3-1>에서 보는 바와 같이 지지(地支)도 천간(天干)과 같이 인묘목(寅卯木)은 계절로는 봄(春)이요, 동방(東方)에 속하고, 사오화(巳午火)는 계절로는 여름(夏)이요, 남방(南方)에 속하고, 신유금(申酉金)은 계절로는 가을(秋)이요, 서방(西方)에 속하고, 해자수(亥子水)는 계절로는 겨울(冬)이요, 북방(北方)에 속한다.

다만 천간(天干)과 다른점은 토(土)가 목화(木火)와 금수(金水)의 중간에서 균형(均衡)을 유지하는 역할(役割)을 하지만 지지(地支)에서는 계절과 계절 사이에서 계절의 변화에 따라 중화(中和)작용을 하고 있는 것이다.

이것은 춘절(春節)과 하절(夏節)사이에는 진토(辰土), 하절(夏節)과 추절(秋節)사이에는 미토(未土), 추절(秋節)과 동절(冬節)사이에는 술토(戌土), 동절(冬節)과 춘절(春節)사이에는 축토(丑土)가 위치하여 각각 계절과 계절을 조절(調節)하고 있는 것이다.

또한 천간(天干)은 토(土)가 둘이지만 지지(地支)는 토(土)가 넷이 되어 천간(天干)보다 둘이 더있어 12지지(十二地支)가 되는 것이다. 즉 자(子), 축(丑), 인(寅), 묘(卯), 진(辰), 사(巳), 오(午), 미(未), 신(申), 유(酉), 술(戌), 해(亥)로 순환하고 있는데, 그 이유는 일년의 시작인 자월(子月)부터 시작하고 하루의 시간도 자시(子時)부터 시작이 되기 때문에 지지(地支)의 시작이 자(子)로부터 시작되는 것이다.

3. 천간지지(天干地支)의 오색(五色)과 오미(五味)

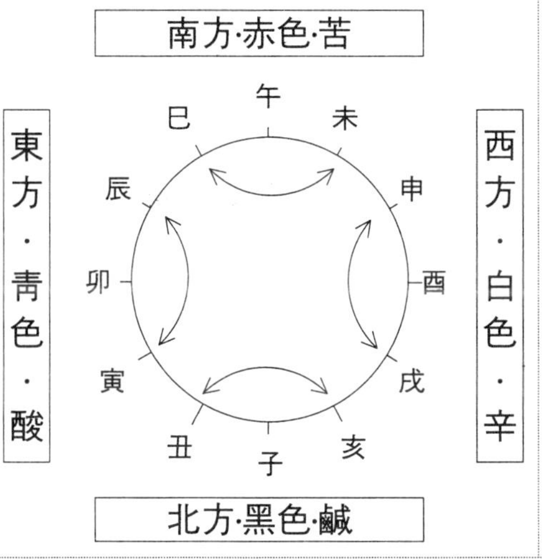

- 甲乙,寅卯 : 青色·酸
- 丙丁,巳午 : 赤色·苦
- 戊己,辰戌丑未 : 黃色·甘
- 庚辛,申酉 : 白色·辛
- 壬癸,亥子 : 黑色·鹹

〈그림 3-2〉 간지(干支)의 오색(五色)오미도(五味圖)

<그림 3-2>에서 보는 바와 같이 동방(東方)에 속하는 갑을(甲乙), 인묘(寅卯)는 목(木)이며 청색(青色)에 속하고 맛은 신맛(酸)을 나타내고 남방(南方)에 속하는 병정(丙丁), 사오(巳午)는 화(火)이며 적색(赤色)에 속하고 맛은 쓴맛(苦)을 나타낸다.

서방(西方)에 속하는 경신(庚辛), 신유(申酉)는 금(金)이며 백색(白色)에 속하고 매운맛(辛)을 나타낸다. 북방(北方)에 속하는 임계(壬癸), 해자(亥子)는 흑색(黑色)에 속하며 짠맛(鹹)을 나타낸다.

그리고 무기(戊己), 진술축미(辰戌丑未)는 토(土)이며 황색(黃色)에 속하고 단맛(甘)을 나타낸다.

오색(五色)과 오미(五味)는 개인마다 좋아하는 색깔과 음식이 다르기 마련이다. 따라서 타고난 오행(五行)의 왕쇠강약(旺衰强弱)과 생극제화(生剋制化)를 분석하여 필요한 오행(五行)에 따라 색깔과 음식을 섭취하여야 건강하게 장수할 수가 있다. 여기에서 필요한 오행(五行)이라는 것은 용신(用神)을 말하는 것이다.

4. 12지지(十二地支)의 월(月)과 음양체용변이(陰陽體用變異)

〈표 3-2〉 12지지(十二地支)의 월(月)과 음양체용변이(陰陽體用變異)

季節	春			夏			秋			冬		
月別	1월	2월	3월	4월	5월	6월	7월	8월	9월	10월	11월	12월
地支	寅	卯	辰	巳	午	未	申	酉	戌	亥	子	丑
陰陽 体	+	−	+	−	+	−	+	−	+	−	+	−
陰陽 用	+	−	+	+	−	−	+	−	+	+	−	−
五行	木	木	土	水	水	土	金	金	土	水	水	土

<표 3-2>에서 보는 바와 같이 월별(月別)로는 인목(寅木)은 1월(一月)이요, 묘목(卯木)은 2월(二月), 진토(辰土)는 3월(三月), 사화(巳火)는 4월(四月), 오화(午火)는 5월(五月), 미토(未土)는 6월(六月), 신금(申金)은 7월(七月), 유금(酉金)은 8월(八月), 술토(戌土)는 9월(九月), 해수(亥水)는 10월(十月), 자수(子水)는 11월(十一月), 축토(丑土)는 12월(十二月)에 속한다.

지지(地支)의 음양(陰陽)은 자축인묘진사(子丑寅卯辰巳)를 양(陽)으로 하고 오미신유술(午未申酉戌)를 음(陰)으로 하는 것은 동지(冬至)에서 양(陽)이 생(生)하고 하지(夏至)에서 음(陰)이 생(生)한다는 이론이며, 인묘진사오미(寅卯辰巳午未)를 양(陽)으로 하고 신유술해자축(申酉戌亥子丑)을 음(陰)으로 하는 것은 목화(木火)는 양(陽)이고 금수(金水)는 음(陰)이라 구분한 것에 기인(起因)된 것이다.

그런데 <표 3-2>에서 음양(陰陽)의 체용(體用)관계에서는 자인진오신술(子寅辰午申戌)을 양(陽)으로 하고 축해유미사묘(丑亥酉未巳卯)를 음(陰)으로 하여 순환하는데, 여기에서 주의(注意)할 점은 자수(子水)와 오화(午火)는 양(陽)이면서도 음(陰)으로 사용(使用)하게 되며, 또 해수(亥水)와 사화(巳火)는 음(陰)이면서도 양(陽)으로 사용(使用)하게 된다는 것이다.

그 이유는 자수(子水)와 오화(午火)는 외양내음(外陽內陰)이기 때문이고, 해수(亥水)와 사화(巳火)는 외음내양(外陰內陽)이기 때문이다.

여기에서 외양내음(外陽內陰)이라는 것은 자수(子水)의 지장(支藏)속에는 천간(天干)의 임계(壬癸)가 암장(暗藏)되어 있으며, 오화(午火)의 지장(支藏)속에는 천간(天干)의 병기정(丙己丁)이 암장(暗藏)되어 있어 자(子)는 계(癸)를 따르고 오(午)는 정(丁)을 따르는 것은 체(體)는 양(陽)인데 용(用)은 음(陰)이기 때문이다.

마찬가지로 외음내양(外陰內陽)이라는 것은 해수(亥水)의 지장(支藏)속에는 천간(天干)의 무갑임(戊甲壬)이 암장(暗藏)되어 있으며 사화(巳火)의 지장(支藏)속에는 천간(天干)의 무경병(戊庚丙)이 암장(暗藏)되어 있어 해수(亥水)는 임수(壬水)를 따르고 사화(巳火)는 병화(丙火)를 따르는 것은 역시 체(體)는 음(陰)인데 용(用)은 양(陽)이기 때문에 체용(體用)의 변이(變異)를 분별(分別)할 줄 알아야 한다. 이것은 지지(地支)에 들어 있는 천간(天干)을 사용할 때는 본기(本氣)를 위주로 우선해야 한다는 것이다.

다시 말해서 외음내양(外陰內陽)에서는 해(亥)는 임(壬)을 우선한 후에 갑(甲)을 생각하고 사(巳)는 병(丙)을 우선한 후에 경(庚)을 생각한다는 이치로 보아야 한다.

제4절. 십이지지(十二地支)의 성정(性情)

〈표 3-3〉 지지(地支)의 성정(性情)

區分	子	丑	寅	卯	辰	巳	午	未	申	酉	戌	亥
字源	孕	紐	演	柳	震	起	矢	味	伸	酒	絨	核
季節	冬	冬	春	春	春	夏	夏	夏	秋	秋	秋	冬
月	11	12	1	2	3	4	5	6	7	8	9	10
節氣	大雪	小寒	立春	驚蟄	淸明	立夏	芒種	小暑	立秋	白露	寒露	立冬
時間	23-01	01-03	03-05	05-07	07-09	09-11	11-13	13-15	15-17	17-19	19-21	21-23
方位	北	北東	東北	東	東南	南東	南	南西	西南	西	西北	北西
五行	水	土	木	木	土	火	火	土	金	金	土	水
陰陽	陽	陰	陽	陰	陽	陰	陽	陰	陽	陰	陽	陰
五色	黑	黃	靑	靑	黃	赤	赤	黃	白	白	黃	黑
動物	鼠	丑	虎	兎	龍	巳	午	未	猴	鷄	戌	亥
臟器	腎臟	脾臟	膽	肝臟	胃腸	小腸	心臟	脾臟	大腸	肺	胃腸	膀胱
數理	1	10	3	8	5	2	7	10	9	4	5	6
藏干	壬 癸	癸 辛 己	戊 丙 甲	甲 乙	乙 癸 戊	戊 庚 丙	丙 己 丁	丁 乙 己	戊 壬 庚	庚 辛	辛 丁 戊	戊 甲 壬
性情	智慧 銳智 忍耐	勤勉 犧牲 奉仕	勇氣 推進 計劃	活動 上昇 自慢	意慾 創意 藝能	實行 精神 學問	情報 教育 文化	忍耐 溫順 研究	過敢 勇氣 聰明	冷徹 藝術 自慢	教導 宗教 哲學	智慧 學問 豫知

1. 자수론(子水論)

고서(古書)에서 자수(子水)는 잉자(孕字)에서 자(子)만 취(取)하였고 만물(萬物)의 씨앗을 의미하여 잉태(孕胎)하여 새로운 생명(生命)이 땅속에서 자란다는 뜻이다.

계절(季節)로는 겨울(冬)이요, 월(月)로서는 11월이며 대설절(大雪節)이다. 하루로서는 한밤중 0시(零時)를 기준하였으니 전일(前日)밤 11시부터 당일 새벽 1시 사이를 말하며, 0시(時)를 기점(起點)으로 새날이 되므로 극음지기(極陰之氣)에서 음(陰)의 최극(最極)을 넘어서 새날이 되는 일양시생(一陽始生)이 된다.

방위(方位)는 정북방(正北方)이며, 천간(天干)의 계수(癸水)는 지상(地上)에서 유동(流動)하는 습기(濕氣)요, 자수(子水)는 지면(地面)의 천(川), 지하(地下)의 수맥(水脈) 등 흘러내리는 상태의 수(水)로서 유천(流川)이라고 한다. 오행(五行)으로는 수(水)에 속하며 양(陽)이다. 색채(色彩)는 흑색(黑色)이며, 동물(動物)로는 쥐(鼠)가 되며, 인체(人體)로는 작은골과 신경선(神經線)이요, 요도(尿道), 혈관(血管)을 포함한 신장(腎臟)이요, 수리(數理)는 1이 된다.

쥐(子)는 눈이 작지만 밤에는 빛을 내고 양(陽)에 속하지만 실제로는 일음일양(一陰一陽)으로서 앞발가락은 4개이니 음(陰)에 속하고, 뒷발가락은 5개이니 양(陽)에 속한다.

성정(性情)은 항상 움직이고 있어서 만물(萬物)에 희망을 주고 새로운 정신을 갖게 하는 정중동(靜中動)의 작용(作用)을 한다.

그래서 지혜발상(智慧發想)을 하니 예감(豫感), 촉감(觸感), 생각 등의 시발점(始發點)이 되는 것이다. 또한 계획성(計劃性)이 있고, 항상 끈질지게 일어나려는 지구력(持久力)이 대단하며, 새로운 생명체(生命體)를 조성(造成)할 수 있는 능력(能力)을 갖추고 있다.

2. 축토론(丑土論)

축토(丑土)는 뉴자(紐字)에서 축(丑)만을 취(取)하였고, 얽매인 상태나 묶여 있는 상태에서 지기(地氣)가 열린다는 뜻이다.

축토(丑土)는 토기(土氣)요, 음토(陰土)이며, 한냉지토(寒冷之土)이며 동토(凍土)요, 이양지기(二陽之氣)에 해당하며 계절(季節)로는 4계(四季)이며, 월(月)로는 12월이요, 동지(冬至)에 속(屬)하여 년중한기(年中寒氣)가 극심(極甚)한 달(月)이다.

하루로서는 새벽 1시부터 3시 사이를 말하며 하루 기간중 기온(氣溫)이 가장 내려간 시간(時間)이다. 년중(年中)에서 축인월(丑寅月)이 가장 춥고 하루는 3시를 중심(中心)으로 축인시(丑寅時)가 가장 추운것이다.

방위(方位)로는 동북간방(東北艮方)이요, 오행(五行)으로는 토(土)에 속하고, 색(色)으로는 황색(黃色)이며, 동물(動物)로는 소(丑)가 되며, 인체(人體)로는 자(子)와 연결되어 있는 습지(濕地)로서 흑색모전(黑色毛田)과 연결되어 있는 땀이 흐르는 곳을 말하며, 뒷목부위(脊椎上部位)를 말하며, 수리(數理)는 10이다. 또한 사타구니, 겨드랑이 등 땀이 많이 나는 곳이다.

소(丑)은 어금니가 없지만 입술이 발달되어 있으며 발톱이 두쪽으로 양분(兩分)되어 있어 음(陰)에 속한다.

성정(性情)은 축(丑)으로서 근면성을 말하며, 축일생(丑日生)은 부지런하고 타인(他人)에게 도움을 많이 주지만 자신(自身)은 받지 못한다. 즉 궂은 일은 도맡아 하면서도 결과에 대한 잘못은 본인이 송두리째 부담하는 일이 많다. 외적(外的)으로는 조용하면서도 만물(萬物)에게 소생(蘇生)의 기쁨을 주지만, 내적(內的)으로는 냉정(冷情)하고 고독(孤獨)하므로 참모격(參謀格)으로는 적당하다.

3. 인목론(寅木論)

인목(寅木)은 연자(演字)에서 인(寅)만을 취(取)하였고 지렁이처럼 꿈틀거리며 나오는 형상으로 만물(萬物)이 생성(生成)되어 활동(活動)하는 때를 의미한다.

방위(方位)로서는 동방(東方)이요, 오행(五行)은 목(木)에 속하여 따스한 봄기운이 스며드는 때이다. 계절(季節)로는 봄(春)이요, 월(月)로서는 정월(正月)이고 입춘절(立春節)이다. 동풍(東風)으로 해빙(解氷)하고 지중제충(地中諸蟲)이 시동(始動)을 준비하고 초목(草木)이 맹아(萌芽)하는 청양지절(淸陽之節)이며 삼양지기(三陽之氣)에 해당한다.

하루로서는 새벽 3시부터 5시 사이를 말하며 해(日)는 보이지 않지만 전광(前光)에 의하여 밝아오는 상태로서 만물(萬物)의 변동(變動)이 처음 보이기 시작한 때를 말한다.

즉 만물시견(萬物始見)하는 시간이기 때문에 새벽잠에서 일어나 하루의 계획을 세우는 시간이다. 그래서 하루의 계획(計劃)은 인시(寅時)에 년중(年中)의 계획(計劃)은 인월(寅月)에 세우는 것이다. 색(色)은 청색(靑色)이며 동물(動物)로는 범(虎)이며 인체(人體)는 척추(脊椎), 팔과 다리를 말하며 수리(數理)는 3이다.

호랑이(寅)는 목이 없으면서도 잘 달리고, 발가락이 다섯이나 되어 양(陽)에 속한다.

성정(性情)으로는 용기(勇氣)와 추진(推進), 인내(忍耐)를 말하며 만물(萬物)의 계획(計劃)이며 시작을 뜻한다. 매사에 자신감(自信感)이 있고 진취적(進取的)이며 양기(陽氣)가 충만(充滿)하여 포부(抱負)가 크고 인정(人情)이 많다.

그러나 순진(純眞)하여 남에게 잘 속고 자기 꾀에 넘어가는 경우가 많으며 너무 과신(過信)하여 실패(失敗)하거나 허망(虛妄)함을 당하는 경우가 많으니 겸양지덕(謙讓之德)을 쌓는 수양(修養)이 요구된다.

4. 묘목론(卯木論)

묘자(卯字)는 류자(柳字)에서 묘(卯)만을 취(取)하였으며 묘목(卯木)은 씨앗이 땅을 뚫고 나와 흙을 뒤집어 쓰고 나오는 상태를 의미(意味)하며 계절(季節)로는 봄(春)이요, 방향(方向)은 동방(東方)에 속한다. 월(月)로는 2월이요, 절기(節氣)로는 경칩절(驚蟄節)이다.

또한 오행(五行)은 목(木)에 속하는 것으로 대지를 뚫고 나오는 싱싱한 식물의 기운이 풋풋한 냄새를 물씬 풍기며 자라는 작고 연약한 풀뿌리와 같다.

생물(生物)의 시생(始生)이라 하는 묘(卯)는 묘(苗)로서 '싹'을 말한다. 묘목(卯木)은 음목(陰木)이며, 생목(生木)이요, 활목(活木), 습목(濕木), 유목(柔木), 초근목(草根木)이며 사양지기(四陽之氣)이다.

하루로서는 오전 5시부터 오전 7시 사이를 말하며 태양(太陽)이 지면(地面)을 비추기 시작한 시간(時間)이다. 그래서 색(色)은 청록색(青綠色)을 의미하며 동물(動物)로는 토끼(兎)에 속하고 인체(人體)로는 활동(活動)이 많은 부위로서 사지말미(四肢末尾)와 수족(手足)을 의미하며 수리(數理)는 8이다.

토끼(卯)는 입술이 없지만 무엇이든지 잘 뜯어먹고, 발가락이 넷이므로 음(陰)에 속한다.

성정(性情)은 끝없이 뻗어나가려는 활동성(活動性)이 강(强)하고 기회만 있으면 상승(上昇)하려는 과욕(過慾)이 잠재(潛在)되어 있다. 그래서 자만심(自慢心)이 넘쳐 유아독존격(唯我獨尊格)으로 자아성찰(自我省察)이 필요(必要)하며 자제력(自制力)이 부족(不足)하니 인내심(忍耐心)을 길러야 한다.

5. 진토론(辰土論)

진토(辰土)는 진자(震字)에서 진(辰)만을 취하였으며 만물이 활기차게 움직여 욱일승천(旭日昇天)하는 좋은 때를 의미한다. 진토(辰土)는 양토(陽土)요, 습토(濕土)요, 왕토(旺土)요, 제방(堤防)이요, 산(山) 등에 해당되며 오양지기(五陽之氣)로서 만춘지절(滿春之節)이다.

오행(五行)은 토(土)에 속하며 양(陽)이다. 계절(季節)로는 4계(四季)요, 청명절(淸明節)이다. 춘기(春氣)가 상승(上昇)하여 인묘(寅卯)에서 올라온 묘엽(苗葉)이 활착(活着)하는 계절(季節)이다. 하루로는 오전 7시부터 9시 사이를 말한다.

색(色)은 황색(黃色)을 의미하며 동물(動物)로는 용(龍)이며 인체(人體)로는 위장(胃腸)에 속하고 수리(數理)는 5이다.

용(龍)은 귀가 없어도 청각이 발달하여 만리의 음향을 듣고, 발가락이 다섯 개나 있으니 양(陽)에 속한다.

성정(性情)은 이상(理想)과 꿈이 높고 활기(活氣)차고 의욕(意慾)이 넘치고 창의력(創意力)이 뛰어나고 논리(論理)가 정연하며 풍류낙천적(風流樂天的)이고 해외여행(海外旅行)이나 외국(外國)과 관련된 직업(職業)에 인연(因緣)이 있다.

욕심(慾心)이 과다(過多)하고 이상(理想)이 높기 때문에 자기 자신을 지키기 위한 수비(守備)와 투쟁(鬪爭)의 기질이 있으며 색정(色情)도 강(强)하다. 진토(辰土)는 깨끗한 성격에 신경(神經)이 예민(銳敏)하고 화려(華麗)함이 감추어져 있어 예능(藝能)에 특출(特出)한 기질(氣質)이 있다.

그러므로 진토(辰土)가 있는 사람은 과욕(過慾)을 부리지 말고 침착성을 가지고 타인(他人)을 포용(包容)하면서 희생심(犧牲心)과 봉사정신(奉仕精神)을 키워야 한다.

6. 사화론(巳火論)

사화(巳火)는 기자(起字)중에서 기(己)의 원자(原字)인 사(巳)만을 취(取)하였다고 하며 이미 지나갔다는 뜻으로 만물(萬物)이 무성(茂盛)해진 상태를 의미한다.

사화(巳火)는 화기(火氣)요, 양화(陽火)이며 왕화(旺火)이다. 또한 강화(剛火)요, 강렬지화(强烈之火)로서 육양지기(六陽之氣)이다.

계절(季節)로는 초하(初夏)요, 방향(方向)은 남방(南方)이고 오행(五行)은 화(火)에 속하며 음(陰)에 해당하는 것으로 초여름 더위가 땅속에서 뿜어져 나오는 지열(地熱)과 같은 의미이다. 월(月)로는 4월이요, 입하절(立夏節)이다.

하루로는 오전 9시부터 11시 사이를 말하며 자기 일에 활발하게 열중하고 욕망(慾望)을 불태우는 시간이다.

색(色)은 적색(赤色)이며 청색(青色)이 약간 섞인 분홍색에 가까운 색이다. 동물(動物)로는 뱀(蛇)이 되며 인체(人體)로는 심장계통(心臟系統), 치아(齒牙), 좌우 다리와 오른손발을 의미한다. 수리(數理)는 2이다.

뱀(巳)은 발이 없어도 행동이 민첩하고, 발가락이 없는 대신에 혀가 양분(兩分)되어 있어 음(陰)에 속한다.

성정(性情)은 소리 없이 진행(進行)하는 뱀(蛇)과 같다. 뱀(蛇)은 수족(手足)이 없으면서 움직이는 진행파(進行波)요, 정신적(精神的)인 발전을 추구하는 본질(本質)을 가지고 있으므로 학구적(學究的)인 면도 있다. 만사(萬事)에 호기심(好奇心)이 많아서 항상 변화(變化)가 많다.

그래서 직업(職業), 환경(環境), 심지어 배우자(配偶者)까지도 바뀌는 경우가 있다. 또한 외적 성질에 한번 성질이 나면 좌우(左右)를 살피지 않는다. 그래서 인내심(忍耐心)과 수양지기(修養之氣)가 필요하다.

7. 오화론(午火論)

오화(午火)는 시자(矢字)에서 오(午)만을 취(取)하였다고 하며「거슬린다」라는 뜻으로 양기(陽氣)가 극(極)에 달하여 음기(陰氣)가 아래에서 올라와 양기(陽氣)를 거슬린다는 뜻이다.

오화(午火)는 화기(火氣)요, 음화(陰火)이며 생화(生火)요, 등촉지기(燈燭之氣)로서 일음지기(一陰之氣)이다.

계절(季節)로는 중하(仲夏)가 되며 방향(方向)은 정남(正南)이고 오행(五行)은 화(火)에 속하고 양(陽)에 해당 하는 것으로 한여름 태양이 작열(灼熱)하는 폭염(暴炎)속의 햇볕과 같다.

월(月)로는 5월이요, 망종지월(芒種之月)이다. 하루로는 오전 11시부터 오후 1시까지이며 일광(日光)이 최상(最上)에 있는 시간이다. 사(巳)는 광채(光彩)에서 오는 밝음이지만 오(午)는 광열(光熱)로서 최고기(最高氣)를 말한다. 색(色)은 적색(赤色)이며 동물(動物)로는 말(馬)이며 인체(人體)로서는 심장(心臟)이며 수리(數理)는 7이다.

말(午)은 겁이 많지만 항상 서서 잠을 자며 발굽이 하나로 양(陽)에 속한다. 성정(性情)과 관련하여 고서(古書)에서 오화(午火)는 로대(爐擡)라고 하였는데 이는 봉화대(烽火臺)와 통한다. 그래서 새로운 소식을 전하는 통신용(通信用)으로 사용(使用)하게 되니 새로운 소식과 관련이 있는 정보통신(情報通信)과 신문방송(新聞放送)에 인연(因緣)이 있다.

새로운 것에 민감(敏感)하고 포부(抱負)가 대단하여 높이 솟아 올라가려는 기질(氣質)이 있다. 또한 고집(固執)도 강하다. 매사에 변화가 많아「풍운아」(風雲兒)이면서 학구열(學究熱)이 높아 교육(敎育), 문화(文化), 언어(言語) 등의 사업과 관련이 많다.

한편 너무 화끈하고 솔직하여 남에게 이용을 잘 당할 수도 있으니 주위 환경에 신중(愼重)을 요(要)한다.

8. 미토론(未土論)

미토(未土)는 미자(味字)에서 미(未)만을 취(取)하였고 만물(萬物)이 이루어져 그 열매가 맛이 있다는 뜻이다.

미토(未土)는 토기(土氣)요, 음토(陰土)요, 왕토(旺土)이고 조토(燥土)로서 이음지기(二陰之氣)이다. 미토(未土)는 유월(六月)의 흙이며 진토(辰土)에서 넘어온 토기(土氣)이니 진월(辰月)부터 사오월(巳午月)을 지나오면서 수분(水分)을 다 사용(使用)하여 조토(燥土)가 된 토(土)이다.

계절(季節)로는 4계(四季)에 속하며 방향(方向)은 중앙(中央)에 속하고 오행(五行)은 토(土)에 해당하며 음(陰)에 속하는 것으로 더위가 한풀 꺾여 늦은 여름이라 물이 부족한 메마른 흙과 같다.

월(月)로는 6월이요, 염천지절(炎天之節)이며 처서절(處暑節)이다. 하루로는 오후 1시부터 3시까지이며 하루 중에 가장 기온이 높은 시간이다. 일년 중에 미신월(未申月)이 가장 덥고 축인월(丑寅月)이 가장 춥다.

색(色)은 본래 황색(黃色)이나 적색(赤色)에 가까운 적황색(赤黃色)이며 동물(動物)로는 양(羊)이며 인체(人體)로서는 비장(脾臟)이며 수리(數理)로는 10이다.

양(羊)은 눈동자가 없지만 죽어도 눈을 감지 않으며 발굽이 두쪽으로 양분(兩分)되어 음(陰)에 속한다.

성정(性情)은 일반적으로 미각(味覺)이 발달하였으며 대인관계(對人關係)가 원만하다. 미토(未土)에 을목(乙木)이 있어 인내심(忍耐心)이 있고 화초(花草)를 가꾸는 정원(庭園)과 같으니 교육자(敎育者)나 연구원(硏究員)이 적합하다. 또한 온순(溫順)하면서도 고집(固執)이 강하여 이성교제(異性交際)에 인기(人氣)가 있으나 쉽게 싫증을 느낀다.

9. 신금론(申金論)

신금(申金)는 신자(伸字)에서 신(申)자만을 취(取)하였고 펼쳐진다는 뜻으로 양(陽)의 기운(氣運)이 꺾이고 음(陰)의 기운이 성(盛)하여 진다는 의미이다.

신금(申金)은 금기(金氣)요, 백기(白氣)요, 양금(陽金)이요, 강금(剛金)이며 완금장철(頑金丈鐵)로서 삼음지기(三陰之氣)에 해당한다. 또한 완숙(完熟)된 과실(果實)이나 쇠(鐵)를 의미하며 만물(萬物)이 팽창되어 있고 확산되어 있음을 정리하는 단계로서 질서를 유지시키려는 관공서(官公署)와 같은 역할을 한다.

계절(季節)로는 가을(秋)이요, 방향(方向)은 서방(西方)에 속하고 양(陽)에 해당한다. 오행(五行)은 금(金)에 속하는 것으로 초가을 숲 속의 습(濕)한 기운(氣運)이 약간 감돌 때 만져보는 철광석(鐵光石)과 같은 것이다.

월(月)로는 7월이요, 낮에 불볕더위가 작열(灼熱)하고 밤에는 양풍(涼風)이 부는 계절로서 오곡(五穀)이 영글어가는 달이기도 하며 입추절(立秋節)이다. 하루로는 오후 3시부터 5시까지를 말하며 하루의 일과를 정산하여 거두어들일 준비를 하는 시간(時間)이다.

색(色)은 본래(本來) 백색(白色)이나 붉은색이 가미(加味)되어 있는 황색(黃色)과 백색(白色)의 중간색(中間色)이다. 동물(動物)로는 원숭이(猴)이며 인체(人體)로서는 신장(腎臟)을 보육(保育)하며 폐(肺)와 대장(大腸)을 의미한다.

원숭이(猴)는 지라(脾)가 없지만 과일을 먹기 좋아하고, 발가락이 다섯 개이니 양(陽)에 속한다.

성정(性情)은 용기(勇氣)와 용단(勇斷)에 비유(比喩)하기도 한다. 이것은 성품(性品)이 우직(愚直)하고 단순(單純)하고 환경(環境)에 대한 적응력(適應力)이 약(弱)하다. 또한 꿈과 이상이 뛰어나고 머리가 총명(聰明)하다. 반면 언제나 양면성(兩面性)을 지니고 있으나 목적(目的)은 하나로 통일(統一)하려는 데 있다.

10. 유금론(酉金論)

유자(酉字)는 주자(酒字)에서 유(酉)자만을 취(取)하였고 술 단지를 형상화시킨 것으로 술을 담근다는 뜻이며 신금(申金)은 청과(靑果)에 비유한다면 유금(酉金)은 숙과(熟果)와 같다.

유금(酉金)은 금기(金氣)요, 백기(白氣)이며 음금(陰金)이요, 생금(生金)이며 사음지기(四陰之氣)로서 유금(柔金)이요 연금(軟金)이요, 결실(結實)에 해당한다.

계절(季節)로는 가을(秋)이요, 방향(方向)은 서방(西方)에 속하고 음(陰)에 해당한다. 오행(五行)은 금(金)에 해당하는 것으로 가을철 차갑고 습(濕)한 기운(氣運)이 감돌 때의 귀금속(貴金屬)과 같은 것이다.

월(月)로는 8월이요, 청량지절(淸涼之節)이며 중추절(仲秋節)이고 백로절(白露節)이다.

하루로는 오후 5시부터 7시 사이를 말하며 모든 일을 마치고 가정(家庭)으로 돌아와서 저녁밥을 먹는 시간이다.

색(色)은 백색(白色)으로 청명(淸明)하고 소박(素朴)함을 나타낸다. 동물(動物)로는 닭(鷄)이요, 인체(人體)로는 폐장(肺臟)이나 코를 의미한다.

닭(鷄)은 콩팥이 없고, 절개가 없으며 발가락이 네 개이니 음(陰)에 속한다. 성정(性情)은 냉철(冷徹)하여 맺고 끊음이 분명(分明)하다. 타산적(打算的)이면서 실리적(實利的)이다. 그래서 냉정(冷情)하고 까다롭다. 유금(酉金)은 추한 것을 싫어하여 청결(淸潔)하고 정직(正直)하다.

자신(自身)이 깨끗하기 때문에 남을 탐색(探索)하는 능력(能力)이 있어 예술적(藝術的)인 감각(感覺)이 뛰어나다. 반면에 정의(正義)롭고 자만심(自慢心)이 강(强)하여 남으로부터 소외(疏外)되기 쉽고 고독(孤獨)하다.

11. 술토론(戌土論)

술토(戌土)는 융자(絨字)에서 술(戌)자만을 취(取)하였다고 하며 베로써 자루를 만들어 곡식(穀食)을 담는다는 뜻도 있다.

술토(戌土)는 토기(土氣)요, 양토(陽土)이며 강토(剛土)요, 제방(堤防)이며 산(山)이다. 오음지기(五陰之氣)에 해당한다.

양기(陽氣)가 무덤에 들어가니 만물(萬物)의 생장(生長)이 쇠멸(衰滅)하는 때이다.

술토(戌土)는 계절로는 4계(四季)이며 방향(方向)은 중앙(中央)에 속하고 양(陽)에 해당한다. 오행(五行)은 토(土)에 속하는 것으로 늦가을 만물을 수확하여 저장할 때인 가을철의 흙과 같으며 모닥불, 화롯불로 비유(比喩)하기도 한다.

월(月)로는 9월이요, 낙엽지절(落葉之節)이요, 한로시생(寒露始生)이다. 하루로는 오후 7시부터 9시 사이를 말하며 조용하게 하루 일과를 반성(反省)하는 시간이다.

색(色)은 본래 황색(黃色)이나 백색(白色)과 흑색(黑色)의 중간이 되는 회색(灰色)에 가깝다. 동물(動物)로는 개(戌)이며 인체(人體)에서는 식도(食道), 기관지(氣管支)등을 의미하며 수리(數理)로는 5이다.

성정(性情)으로 술토(戌土)는 화기(火氣)를 수장(收藏)하고 수기(水氣)를 생(生)하는 곳이니 반성(反省)과 수양(修養)을 동시에 하는 곳이며 교도소(矯導所), 교회(教會), 학교(學校), 고산(高山)이나 사찰(寺刹)로서 과거(過去)의 잘못을 뉘우치고 참회하며 새로운 정신개조(精神改造)를 할 수 있는 도장(道場)이라 직업(職業)으로는 종교(宗教), 철학(哲學), 역사(歷史)와 인연(因緣)이 깊다.

개(狗)는 밥통이 없으나 더러운 것도 잘 소화시키고, 발가락이 다섯 개이니 양(陽)에 속한다.

술토(戌土)는 이렇게 바른 지혜(智慧)를 일깨우는 곳으로서 만법(萬法)의 진리(眞理)를 터득하는 곳이기에 성불도량(成佛道場)이라고도 한다. 그래서 술토(戌土)를 가진 사람에게는 강제성(强制性)을 띠고 성질(性質)을 건드리면 크게 노(怒)하기도 잘한다. 한편 수비(守備)의 본성(本性)으로 자신을 잘 감추고 정보능력(情報能力)도 강(强)하고 풍류(風流)에도 소질(素質)이 있다.

12. 해수론(亥水論)

해수(亥水)는 핵자(核字)에서 해(亥)자만을 취(取)하였으며 뿌리 속에 보관되어 있는 것을 의미한다.

해수(亥水)는 수기(水氣)요, 양수(陽水)이며 해수(海水)요, 호수(湖水)이며 정지수(停止水)요, 강수(剛水)요, 육음지수(六陰之水)로서 음(陰)의 극(極)에 해당한다.

계절(季節)로 보면 겨울이요, 방향(方向)은 북방(北方)에 속하고 음(陰)에 해당한다. 오행(五行)은 수(水)에 해당하는 것으로 언 땅에 고인 작은 물이며 생물의 배아(胚芽)를 돕는 작은 분량의 물이다.

월(月)로는 10월이요, 분설시강(粉雪始降)하니 입동절(立冬節)이라고도 한다.

하루로는 밤 9시부터 11시 사이를 말하며 고요하고 안정하며 잠드는 시간(時間)이며 만물(萬物)의 정(情)과 핵(核)이 내포(內包) 하고 암장(暗藏)되어 있는 상태를 말한다. 색(色)은 흑색(黑色)이며 동물(動物)로는 돼지(亥)이며 인체(人體)로는 생식기(生殖器), 자궁(子宮), 방광(膀胱), 뇌(腦) 등을 의미(意味)한다.

돼지(猪)는 근육이 없으며 발굽이 양분(兩分)되어 있어 음(陰)에 속한다. 성정(性情)은 지혜(智慧)가 뛰어나고 인정(人情)이 많다. 고서(古書)에서 음(陰), 화(和) 등의 의미(意味)가 있으나 매우 순진(純眞)하고 전문성(專門性)을 요(要)하는 학문(學問)과 예술적(藝術的) 감각이 발달하였다. 또한 창의력(創意力), 혁신(革新) 등 남이 하지 못하는 특이한 소질(素質)이 있다.

해수(亥水)는 천문성(天門星)이 있어서 종교(宗教), 철학(哲學), 명상(瞑想) 등 정신세계(精神世界)와 인연(因緣)이 있어 신앙심(信仰心)이 독실(篤實)하고 예지력(豫知力)이 발달하고 식복(食福)을 많이 타고났다.

제4장 사주명리(四柱命理) 작성법

제1절 년주(年柱) 세우는 법

년주(年柱)	생년(生年)의 천간(天干)과 지지(地支)
월주(月柱)	생월(生月)의 천간(天干)과 지지(地支)
일주(日柱)	생일(生日)의 천간(天干)과 지지(地支)
시주(時柱)	생시(生時)의 천간(天干)과 지지(地支)

명리학(命理學)은 사람의 태어난 생년(生年), 생월(生月), 생일(生日), 생시(生時)를 천간(天干)과 지지(地支)로 표출하여 운명의 길흉화복(吉凶禍福)을 예측하는 것이다.

사람의 운명을 감정하기 위해서는 우선적으로 만세력(萬歲曆)이 필요하며 생년간지를 년주(年柱), 생월간지(生月干支)를 월주(月柱), 생일간지(生日干支)를 일주(日柱)라고 하여 사주(四柱)를 세워야 한다.

먼저 년주(年柱)를 세우는 방법은 출생한 년도(年度)를 그대로 기록하면 되는 것이다.

달력으로는 12월이나 1월이라 하여도 명리학(命理學)으로는 반드시 입춘절(立春節)을 기준으로 하여 정하는 것이므로 1월이라 하더라도 입춘절(立春節)이 들기 전 시간까지는 전년도(前年度) 태세(太歲)로 정하는 것이며, 또 12월이라 하더라도 입춘절(立春節)이 이미 지났으면 신년도(新年度) 태세(太歲)로 정하는 것이다.

입춘절(立春節)은 양력으로 매년 2월4일이나 5일에 해당한다.

(1) 만약 당해년도 정월 입춘 후에 출생한 사람은 당해년도의 간지(干支)를 쓴다.

예를 들면 음력 2006년 1월8일에 출생하였다면 절기(節氣)로는 입춘(立春)이 지났기 때문에 년주(年柱)는 병술(丙戌)이 되는 것이다. 2006년도 입춘(立春)은 음력 1월6일 오전 8시51분이므로 당연히 입춘(立春) 후에 태어났다.

(2) 만약 당해년도 정월 입춘 전에 출생한 사람은 전년도의 간지(干支)를 쓴다.

예를 들면 음력 2006년 1월3일에 출생하였다면 입춘(立春)이 1월6일이므로 당연히 입춘 전에 태어나 전년도 간지(干支)인 정해(丁亥)가 되는 것이다.

(3) 만약 당해년도 12월 입춘 전 출생한 사람은 당해년 간지(干支)를 쓴다.

예를 들면 음력 12월20일에 출생하였다면 입춘(立春)이 음력 2002년 12월23일이므로 2001년 간지(干支)인 신사(辛巳)를 쓴다.

(4) 만약 당해년도 12월 입춘 후 출생한 사람은 신년도 간지(干支)를 쓴다.

예를 들면 음력 2001년 12월25일에 출생하였다면 입춘(立春)이 2001년 12월23일이므로 입춘이 지났기 때문에 다가오는 신년도의 간지(干支)인 임오(壬午)를 쓴다.

제2절 월주(月柱) 세우는 법

1. 년두법(年頭法)

갑기지년(甲己之年)	병인두(丙寅頭)
을경지년(乙庚之年)	무인두(戊寅頭)
병신지년(丙申之年)	경인두(庚寅頭)
정임지년(丁壬之年)	임인두(壬寅頭)
무계지년(戊癸之年)	갑인두(甲寅頭)

갑기지년 병인두(甲己之年 丙寅頭)라고 하는 것은 갑년(甲年)이나 을년(乙年)에 출생한 사람은 1월을 병인(丙寅)으로 시작하여 2월은 정묘(丁卯), 3월은 무진(戊辰), 4월은 기사(己巳), 5월은 경오(庚午), 6월은 신미(辛未), 7월은 임신(壬申), 8월은 계유(癸酉), 9월은 갑술(甲戌), 10월은 을해(乙亥), 11월은 병자(丙子), 12월은 정축(丁丑)으로 순행한다.

을경지년 무인두(乙庚之年 戊寅頭)는 을년(乙年)이나 경년(庚年)에 출생한 사람은 1월을 무인(戊寅)으로 시작하여 2월은 을묘(乙卯), 3월은 경진(庚辰), 4월은 신사(辛巳), 5월은 임오(壬午) 순으로 순행한다.

병신지년 경인두(丙申之年 庚寅頭)는 병년(丙年)이나 신년(辛年)에 출생한 사람은 1월을 경인(庚寅)으로 시작하여 2월은 신묘(辛卯), 3월은 임진(壬辰), 4월은 계사(癸巳), 5월은 갑오(甲午)의 순으로 순행한다.

정임지년 임인두(丁壬之年 壬寅頭)는 정년(丁年)이나 임년(壬年)에 출생한 사람은 1월을 임인(壬寅)으로 시작하여 2월은 계묘(癸卯), 3월은 갑진(甲辰), 4월은 을사(乙巳), 5월은 병오(丙午) 순으로 순행한다.

무계지년 갑인두(戊癸之年 甲寅頭)는 무년(戊年)이나 계년(癸年)에 출생한 사람은 1월을 갑인(甲寅)으로 시작하여 2월을 을묘(乙卯), 3월은 병진(丙辰), 4월은 정사(丁巳), 5월은 무오(戊午) 순으로 순행한다는 것이다.

2. 월건(月建) 조견표

〈 표4-1〉 월건(月建) 조견표

月別 \ 節氣 \ 生年		甲己年	乙庚年	丙辛年	丁壬年	戊癸年
1월(寅)	立 春	丙寅	戊寅	庚寅	壬寅	甲寅
2월(卯)	驚 蟄	丁卯	己卯	辛卯	癸卯	乙卯
3월(辰)	淸 明	戊辰	庚辰	壬辰	甲辰	丙辰
4월(巳)	立 夏	己巳	辛巳	癸巳	乙巳	丁巳
5월(午)	芒 種	庚午	壬午	甲午	丙午	戊午
6월(未)	小 暑	辛未	癸未	乙未	丁未	己未
7월(申)	立 秋	壬申	甲申	丙申	戊申	庚申
8월(酉)	白 露	癸酉	乙酉	丁酉	己酉	辛酉
9월(戌)	寒 露	甲戌	丙戌	戊戌	庚戌	壬戌
10월(亥)	立 冬	乙亥	丁亥	己亥	辛亥	癸亥
11월(子)	大 雪	丙子	戊子	庚子	壬子	甲子
12월(丑)	小 寒	丁丑	己丑	辛丑	癸丑	乙丑

출생월을 정하는 데 있어서도 생월의 간지(干支)는 만세력에 있는 각 월(月)의 월건(月建)에 의한다.

특히 주의할 문제는 년주의 간지(干支)를 정할 때도 입춘(立春)을 기준으로 하듯이 월주(月柱)의 간지를 정함에 있어서도 절입(節入)의 시기를 표준으로 해야 한다.

가령 음력으로 1979년 12월21일 출생하였다 하여도 입춘(立春)을 넘어서 출생하였기 때문에 생월의 간지(干支)는 12월의 월건(月建)이 정축(丁丑)인데 정축(丁丑)을 쓰지 않고 다음 해년인 1월 월건(月建)인 무인(戊寅)을 쓰게 되며, 2월은 기묘(己卯), 3월은 경진(庚辰), 4월은 신사(辛巳)월로 쓰게 되는 것이다. 그러므로 월지(月支)는 어느 해가 되어도 변함이 없다.

상기 도표에서 매월절입(每月節入) 시기는, 1월은 입춘(立春)부터 경칩(驚蟄)까지가 1월이고, 2월은 경칩(驚蟄)부터 청명(淸明)까지가 2월이다.

3월은 청명(淸明)부터 입하(立夏)까지가 3월이고, 4월은 입하(立夏)부터 망종(芒種)까지가 4월이다.

5월은 망종(芒種)부터 소서(小暑)까지가 5월이고, 6월은 소서(小暑)부터 입추(立秋)까지 6월이다.

7월은 입추(立秋)부터 백로(白露)까지가 7월이고, 8월은 백로(白露)부터 한로(寒露)까지가 8월이다.

9월은 한로(寒露)부터 입동(立冬)까지가 9월이고, 10월은 입동(立冬)부터 대설(大雪)까지가 10월이다.

11월은 대설(大雪)부터 소한(小寒)까지가 11월이고, 12월은 소한(小寒)부터 입춘(立春)까지가 12월이다.

어느 해가 다가와도 항상 월지(月支)는 변함없이 1월은 인(寅)이요, 2월은 묘(卯)요, 3월은 진(辰)이요, 4월은 사(巳)요, 5월은 오(午)요, 6월은 미(未)요, 7월은 신(申)이요, 8월은 유(酉)요, 9월은 술(戌)이요, 10월은 해(亥)요, 12월은 축(丑)이다.

그러므로 1월은 인(寅)부터 시작하여 인(寅)월, 2월은 묘(卯)월, 3월은 진(辰)월, 4월은 사(巳)월, 5월은 오(午)월, 6월은 미(未)월, 7월은 신(申)월, 8월은 유(酉)월, 9월은 술(戌)월, 10월은 해(亥)월, 11월은 자(子)월, 12월은 축(丑)월이다.

다음 월간(月干)을 알아야 하는데 월간을 알려면 이것 역시 일정한 방법에 의하여 정해진다.

예를 들면 갑기(甲己)는 천간합(天干合)이라고 하며 갑(甲)과 기(己)가 합하여 토(土)로 변한다. 이 변한 토(土)를 상생(相生)하는 양(陽) 천간(天干)이 1월 월건의 천간(天干)이 된다.

갑기합토(甲己合土)는 **토**(土)를 **생하는 병인**(丙寅)**이요, 을경합금**(乙庚合金)은 **금**(金)을 **생하는 무인**(戊寅)**이요, 병신합수**(丙辛合水)는 **수**(水)를 **생하는 경인**(庚寅)**이요, 정임합목**(丁壬合木)은 **목**(木)을 **생하는 임인**(壬寅)**이요, 무계합화**(戊癸合火)는 **화**(火)를 **생하는 갑인**(甲寅)**이다.**

예를 들면 갑(甲)**과 기**(己)**가 년간인 해는 토**(土)**를 생하는 것이 화**(火)**이므로 양간화**(陽干火)**인 병**(丙)**이 된다. 을**(乙)**과 경**(庚)**의 년간인 해는 금**(金)**을 생하는 것이 토**(土)**이므로 양간토**(陽干土)**인 무**(戊)**가 된다.**

병(丙)**과 신**(辛)**의 년간인 해는 수**(水)**를 생하는 것이 금**(金)**이므로 양간금**(陽干金)**인 경**(庚)**이 된다. 정**(丁)**과 임**(壬)**의 년간인 해는 목**(木)**을 생하는 것이 수**(水)**이므로 양간수**(陽干水)**인 임**(壬)**이 된다.**

무(戊)**와 계**(癸)**의 년간인 해는 화**(火)**를 생하는 것이 목**(木)**이므로 양간목**(陽干木)**인 갑**(甲)**이 되는 것이다.**

제3절 일주(日柱) 세우는 법

출생일(出生日)을 정하는 법은 만세력(萬歲曆)을 보면 간단하게 정할 수 있다.

다시 설명하자면 그 사람이 출생한 날 일진(日辰)이 그 사람 사주(四柱)의 일주(日柱)가 되는 것이다.

예를 들면 음력 5월22일 생의 일진을 알려면 2006년 태세(太歲)가 병술(丙戌)이고, 5월의 월건은 갑오(甲午)이고, 5월22일 일진(日辰)은 정축(丁丑)이 되는 것이며, 23일은 무인(戊寅)이고, 24일은 기묘(己卯)이고, 25일은 경진(庚辰)이 되는 것이다.

제4절 시주(時柱) 세우는 법

1. 시간자두법(時干子頭法)

갑기지일생(甲己之日生)	갑자시(甲子時)
을경지일생(乙庚之日生)	병자시(丙子時)
병신지일생(丙申之日生)	무자시(戊子時)
정임지일생(丁壬之日生)	경자시(庚子時)
무계지일생(戊癸之日生)	임자시(壬子時)

갑기지일생 갑자시(甲己之日生 甲子時)라고 하는 것은 갑일(甲日)이나 기일(己日)에 출생한 사람은 자시(子時)를 갑자시(甲子時)로 시작하여 축시(丑時)를 을축시(乙丑時), 인시(寅時)를 병인시(丙寅時), 묘시(卯時)를 정묘시(丁卯時) 순으로 순행한다.

을경지일생 병자시(乙庚之日生 丙子時)라고 하는 것은 을일(乙日)이나 경일(庚日)에 출생한 사람은 자시(子時)를 병자시(丙子時)로 시작하여 축시(丑時)를 정축시(丁丑時), 인시(寅時)를 무인시(戊寅時), 묘시(卯時)를 기묘시(己卯時) 순으로 순행한다.

병신지일생 무자시(丙辛之日生 戊子時)라고 하는 것은 병일(丙日)이나 신일(辛日)에 출생한 사람은 자시(子時)를 무자시(戊子時)로 시작하여 축시(丑時)를 기축시(己丑時), 인시(寅時)를 경인시(庚寅時), 묘시(卯時)를 신묘시(辛卯時) 순으로 순행한다.

정임지일생 경자시(丁壬之日生 庚子時)라고 하는 것은 정일(丁日)이나 경일(庚日)에 출생한 사람은 자시(子時)를 경자(庚子時)로 시작하여 축시(丑時)를 신축시(辛丑時), 인시(寅時)를 임인시(壬寅時), 묘시(卯時)를 계축시(癸丑時) 순으로 순행한다.

무계지일생 임자시(戊癸之日生 壬子時)라고 하는 것은 무일(戊日)이나 계일(癸日)에 출생한 사람은 자시(子時)를 임자시(壬子時)로 시작하여 축시(丑時)를 계축시(癸丑時), 인시(寅時)를 갑인시(甲寅時), 묘시(卯時)를 을묘시(乙卯時) 순으로 순행하여 시주(時柱)를 정하는 것이다.

그러면 시주(時柱)가 어떻게 작성되는가. 시주(時柱)의 천간(天干)은 일주(日柱)의 천간(天干)과 합(合)이 된 오행(五行)을 극(剋)하는 것이 시두(時頭)가 되어 자시(子時)부터 시작된다.

만약 일주(日柱)의 천간(天干)이 갑(甲)이면 갑목(甲木)과 기토(己土)가 합(合)을 이루어 토(土)가 되는데 이 토(土)를 극(剋)하는 것이 목(木)이니 갑일주(甲日主)와 기일주(己日主)는 갑자시(甲子時)부터 시작하게 되는 것이다.

시주(時柱)는 태어난 시각(時刻)을 말하며 시(時)의 시작은 자시(子時)부터 시작하여 子, 丑, 寅, 卯, 辰, 巳, 午, 未, 申, 酉, 戌, 亥의 순으로 1시각(時刻)은 2시간씩으로 나누어져 있다.

시주(時柱)를 세우는 법은 일주(日柱)에 의해서 정하여지는 것이며 하루의 24시간을 12지(十二支)로 바꾸어 사용하게 된다.

그리고 일일(一日)도 밤 12시를 기준으로 하는 것이 아니고 자시(子時)를 기준하게 되는데 자시(子時)는 밤 11시부터 새벽 1시까지 지배하고 있기 때문에 금일밤 11시 이전에 출생하였다면 금일의 일진(日辰)으로 쓰고, 밤 11시 이후에 출생하였다면 명일의 일진(日辰)을 사용하게 된다는 것이다.

시주(時柱)를 세우는 데 있어 서로 다른 학설이 있다. 즉 밤 11시30분에 출생하였다면 이미 명일의 자시(子時)가 지배하고 있기 때문에 명일 일진(日辰)으로 사용하여야 한다는 주장과, 또 다른 한편에서는 야자시법(夜子時法)에 의하여 시주(時柱)를 세워야 한다는 주장이 있다. 야자시법(夜子時法)이란, 0시(零時)인 12시를 기준하여 11시에서 12시 사이에 출생한 사람은 일진(日辰)을 바꾸지 않고 금일 일진(日辰)을 그대로 사용하고 시(時)만을 명일 시(時)로 사용하여야 한다는 학설이다. 최근까지의 저서들 중에는 야자시법(夜子時法)에 의하여 감정한 결과 적중률이 높다고 주장하는 쪽이 많다.

2. 시간지(時干支) 조견표

〈 표4-2〉 시간지(時干支) 조견표

時間 \ 生時 \ 日干		甲己日	乙庚日	丙申日	丁壬日	戊癸日
0시 ~ 새벽1시	子 時	甲子	丙子	戊子	庚子	壬子
새벽1시 ~ 3시	丑 時	乙丑	丁丑	己丑	辛丑	癸丑
새벽3시 ~ 5시	寅 時	丙寅	戊寅	庚寅	壬寅	甲寅
새벽5시 ~ 7시	卯 時	丁卯	己卯	辛卯	癸卯	乙卯
오전7시 ~ 9시	辰 時	戊辰	庚辰	壬辰	甲辰	丙辰
오전9시 ~ 11시	巳 時	己巳	辛巳	癸巳	乙巳	丁巳
오전11시 ~ 13시	午 時	庚午	壬午	甲午	丙午	戊午
오후1시 ~ 3시	未 時	辛未	癸未	乙未	丁未	己未
오후3시 ~ 5시	申 時	壬申	甲申	丙申	戊申	庚申
오후5시 ~ 7시	酉 時	癸酉	乙酉	丁酉	己酉	辛酉
오후7시 ~ 9시	戌 時	甲戌	丙戌	戊戌	庚戌	壬戌
밤9시 ~ 11시	亥 時	乙亥	丁亥	己亥	辛亥	癸亥
밤11시 ~ 0시	夜 子	丙子	戊子	庚子	壬子	甲子

상기표를 보는 방법은 예를 들어 갑자일(甲子日) 오전 7시30분에 출생하였다면 이 표에서 오전 7시에서 9시 사이에 해당되는 출생 시간이므로 진시(辰時)가 되는데 갑기일(甲己日)과 진시(辰時)를 대조하여 보면 무진시(戊辰時)라는 것을 알 수 있다. 그래서 갑자일(甲子日)에 진시(辰時)는 무진시(戊辰時)로 결정되는 것이다.

만약 갑자일(甲子日) 밤 11시 30분에 출생하였다면 밤 11시부터 0시에 해당되어 야자시(夜子時)를 적용해야 하므로 일진(日辰)은 그대로 사용하고 시(時)만을 명일(明日)에 해당되는 을경일(乙庚日)을 적용해야 한다.

따라서 갑자일(甲子日)에 야자시(夜子時)는 병자시(丙子時)가 되는 것이다.

3. 야자시(夜子時)와 정자시(正子時)

야자시(夜子時)라 함은 밤 11시에서 밤 12시 사이의 시간을 말하는데 정자시(正子時)와 구별하는 것이다.

그러면 야자시(夜子時)와 정자시(正子時)는 어떻게 구분하는가? 보편적으로 자시(子時) 하면 그날밤 12시에서 이튿날 오전 1시까지 사이를 말하는데 야자시(夜子時)는 밤 11시에서 그날밤 12시(子正) 사이까지를 말하는 것이다. 또한 정자시(正子時)는 밤 12시(零時)에서 새벽 1시까지를 말한다.

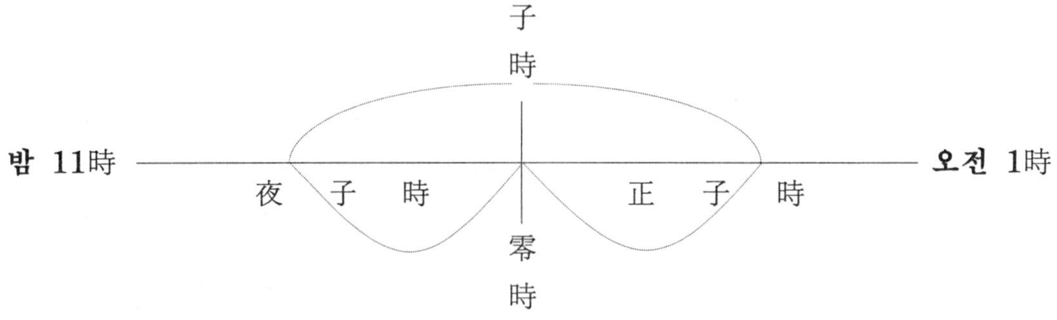

그러므로 정자시(正子時)를 명자시(明子時), 조자시(朝子時)라고 부르기도 한다.

자시(子時)는 야자시(夜子時)와 정자시(正子時)로 구분되어 그날의 시초와 종말이 나뉘어지게 되므로 주의하지 않으면 착각을 일으키기 쉽다. 그런데 정자시(正子時)와 야자시(夜子時)는 천간(天干)을 붙이는 데도 같지 않다.

정자시(正子時)는 위에 설명한 시간조견표(時間早見表)에 의하면 되나 야자시(夜子時)는 그날의 해시(亥時)에 붙는 천간(天干)을 찾아서 그 다음 천간(天干)자(字)를 붙이면 된다.

예를 들면 을해시(乙亥時)일 경우에는 을(乙)자의 다음 천간(天干)자인 병(丙)자를 붙여서 병자시(丙子時)로 하고 계해시(癸亥時)일 때에는 계(癸)자의 다음 천간(天干)인 갑자(甲子)를 붙여서 갑자시(甲子時)로 하는 것이다.

이것을 진경산저(陳耕山著)「삼재발비(三才發秘)」천부(天賦) 제2권 12면의 자각(子刻)에는 양시(兩時)가 있다고 설명되어 있다.

예를 들면 오늘이 갑자(甲子)일 것 같으면 갑기(甲己) 합토(合土), 토(土)가 되는데 이 토(土)를 극(剋)하는 양간(陽干)의 오행(五行)인 갑(甲)이 갑자(甲子)줄 처음에 있으므로 오늘의 자시(子時)는 갑자시(甲子時)가 되는 것이다.

오늘 영(零)시에 태어난 사람의 시주(時柱)는 간지(干支)가 새벽 자(子)에 해당하므로 갑자(甲子)이고, 사시(巳時)면 갑자(甲子), 을축(乙丑), 병인(丙寅), 정묘(丁卯), 무진(戊辰), 기사(己巳)가 된다.

4. 지지(地支)의 동물 비유와 시간 추리

연해자평(淵海子平)의 십이지생육(十二支生育)에 의하면「지지(地支)를 동물에 배속하는 데 있어 음양(陰陽)의 구별을 명확하게 할 것인데 어찌 12종(十二種)에 그치겠느냐? 일체 만물에 해당하는 원리이다.」라고 하였다. 습관적이고 대표적으로 대용(代用)되어온 12종(十二種)의 음양(陰陽)을 열거하면 다음과 같다.

쥐의 발톱은 야자시(夜子時)를 상징함이다. 어떤 짐승이건 그 발톱을 보아서 음양(陰陽)을 구별할 수 있는데 그 방법은 양(陽)에 속하는 짐승은 발톱이 하나 또는 다섯으로 되어 있고, 음(陰)에 속하는 짐승은 발톱이 둘이나 넷으로 되어 있다. 예를 들어 말 · 노새 · 당나귀 등은 양(陽)에 속하므로 발톱이 통발톱이요, 돼지 · 노루 · 사슴 · 소 · 양 등은 모두 음(陰)에 속하여 그 발톱이 짝발톱(두 발톱)으로 생긴 것이다. 그리고 범 · 고양이 · 개 · 원숭이 · 늑대 같은 짐승은 모두 그 발톱이 다섯이므로 양(陽)에 속하는 짐승이 되고, 토끼 · 닭 · 꿩 · 까치 · 비둘기 · 매 · 독수리 등은 모두 그 발톱이 네 개이므로 음(陰)에 속하는 짐승이 되는 것이다.

그런데 이 짐승들은 앞발톱이 하나면 뒷발톱도 하나요, 앞발톱이 둘이면 뒤에도 둘씩으로 앞뒤가 같으나 오직 쥐만은 그렇지 않은 것이 특징이다. 쥐는 즉 앞발톱이 넷이요, 뒷발톱은 다섯으로 되어 있다. 그러다가 나이가 많아지면 앞발톱이 다섯으로 변한다. 이렇게 해서 쥐는 결국 앞뒤의 발톱이 다섯 개로 변천을 가져오게 되는 바 이것이 바로 해시(亥時)에서 야자시(夜子時) 과정을 거쳐 정자시(正子時)가 되는 것을 상징한 것이다.

해(亥)은 음(陰)이요, 음(陰)은 둘이나 넷에 해당하며, 정자시(正子時)의 직전(直前)이 해시(亥時)이므로 앞발톱은 넷이고, 다음 정자시(正子時)로 접어들어 그 수(數)는 일(一) 또는 다섯이 되므로 인하여 뒤쪽 발톱은 다섯이 되며, 그러다가 완전하게 성장하면서 앞뒤가 모두 다섯씩 되는 과정은 야자시(夜子時)가 점점 변하여 완전히 정자시(正子時)에 접어드는 것을 상징함이다.

5. 표준시(標準時)의 적용

우리 나라의 표준시는 우리의 표준시가 아니고 일본의 표준시를 사용하고 있다.

표준시는 경도 15도마다 한 시간씩이 달라지게 되어 있다. 중국 산동반도의 동경 120도가 북경의 표준시이고, 일본은 아와지 섬을 지나는 동경 135도가 표준시이므로 이들간에는 한 시간의 차이가 생긴다. 즉 일본의 일출(日出)이 중국보다 한 시간 빠르다. 우리 나라는 경기도 가평 근방을 기준으로 할 때 동경 127도30분으로 중국과 일본의 중간에 해당한다. 그러므로 가평을 기준으로 볼 때 동경보다는 30분이 늦고 중국보다는 30분이 빠르다.

그래서 1954년 3월21일 자정을 기해 우리 정부에서는 독자적인 표준시를 제정하여 시계 바늘을 30분 뒤로 늦추어 놓았다. 그러다가 1961년 8월10일에 다시 시계 바늘을 30분 앞당겨 놓음으로써 표준시가 바뀌게 되었다. 이것이 오늘날의 표준시가 된다. 국제적으로 30분 차이가 있는 표준시가 없다는 이유로 일본의 표준시를 쓰고 있는 것이다. 그러니 우리가 사용하고 있는 자정(子正)은 전날 11시30분이 되는 셈이다.

명리학(命理學)에서는 물론 인위적인 시간을 사용하지 않고 기상학상의 과학적인 시간을 사용해야 하므로 시간의 변경은 있을 수 없다. 그러므로 중국의 자시(子時)와 한국의 자시(子時)가 같을 수 없고, 우리나라에서도 전국의 시간이 꼭 일치한다고 볼 수 없다.

한국에서 적용되는 시간은 일본 동경을 통과하는 자오선(子午線) 시간을 사용하는데 한국의 서울은 동경 126도59분이므로 그 차이 8도11분59초에서 오는 32분47초라는 시간을 늦추어야 한다.

한국의 정오(正午)는 중국의 정오(正午)보다 30분이 앞섰고, 일본의 정오(正午)보다는 30분이 늦다. 한국의 정각 12시는 중국은 11시30분이고 일본은 12시30분이 되는 것이다.

제5절 대운(大運) 정하는 법

대운(大運)이란 태어난 사주(四柱)의 네 기둥이 선천적 운명이라면 대운은 후천적 운명이라고 말할 수 있다.

대운(大運)은 5년 내지 10년 단위로 사주(四柱)와 조화를 이루면서 변해 가는 것이며 이 변화로 인하여 길흉화복(吉凶禍福)이 일어나는 것이다.

예를 들어 사주원국(四柱原局)을 선박(船舶)에 비유한다면 대운(大運)은 배만 갈 수 있는 항로와 같은 것이라고 할 수 있다. 선박도 좋고 파도도 없이 바다가 조용하다면 항해하기가 좋은 것처럼 일생동안 순탄하고 행복하게 갈아갈 수 있지만 선박도 나쁘고 바다의 기상조건도 나빠서 험한 파도가 일어나면 항해하는 동안 위험한 고비를 넘기면서 수많은 난관을 극복해야 하는 것과 같이 인생도 사주원국(四柱原局)이나 대운(大運)이 나쁘면 일생동안 대체로 고생을 많이 하게 된다.

태어난 사주원국(四柱原局)의 간지(干支)는 그 사람의 운명(運命)이 어떠한 것인가를 예측(豫測)하는 기준이 되는 것이며, 사주원국(四柱原局)에 의하여 예정(豫定)된 운명(運命)이 어느 시기에 닥쳐올 것인가는 대운(大運)에 의하여 알 수 있는 것이다.

대운(大運)을 정하는 것은 먼저 태어난 년간(年干)을 보고 순행(順行) 하느냐, 아니면 역행(逆行) 하느냐를 판단해야 한다.

즉 양남음녀(陽男陰女)이면 월주(月柱)를 중심으로 순행(順行)하고, 음남양녀(陰男陽女)이면 월주(月柱)를 중심으로 역행(逆行)을 한다.

여기에서 양년(陽年)에 태어난 사람의 천간(天干)은 갑병무경임(甲丙戊庚壬)의 경우이고, 음년(陰年)에 태어난 사람의 천간(天干)은 을정기신계(乙丁己辛癸)인 경우이다.

즉 갑자(甲子)년 병인(丙寅)월생 남자의 대운(大運)은 정묘(丁卯), 무진(戊辰), 기사(己巳)의 순으로 순행(順行)하고, 을축(乙丑)년 무인(戊寅)월생 남자의 대운(大運)은 정축(丁丑), 병자(丙子), 을해(乙亥), 갑술(甲戌)의 순으로 역행(逆行)한다.

또 을축(乙丑)년 무인(戊寅)월생 여자의 대운(大運)은 기묘(己卯), 경진(庚辰), 신사(辛巳), 임오(壬午)의 순으로 순행(順行)하고, 갑자(甲子)년 병인(丙寅)월생 여자의 대운은 을축(乙丑), 갑자(甲子), 계해(癸亥), 임술(壬戌)의 순으로 역행(逆行)한다.

이상 순행(順行) 또는 역행(逆行)하여 십년마다 변하는데 몇 살 때마다 변하는가는 행운세수(行運歲數)에 의하여 변한다. 그러나 대운수(大運數)는 만세력(萬歲曆)을 참고하면 시간을 절약할 수
있다.

제6절 대운수(大運數) 정하는 법

대운(大運)은 10년만에 한 번씩 진행한다. 하나의 운(運)이라 함은 천간지지(天干地支)를 합한 두 자의 운(運)이 흐르는 동안을 말하며 이것이 다시 간(干)과 지(支)의 두 자로 분류할 경우 한 자(字)에 5년으로 보는 수도 있다.

그러면 대운(大運)의 수(數)는 어떻게 정하는가.

양년(陽年)생 남자와 음년(陰年)생 여자의 대운은 순운(順運)으로서 그 생일부터 다음 오는 절입(節入) 날짜까지의 일수(日數)를 3으로 나누고 나눈 수가 대운수가 된다. 이 때 3으로 나누어서 나머지가 2이면 올리고 1이면 버린다.

예를 들면 2일 출생하였다 하면 절기는 15일에 들어 있으므로 2일부터 15일까지 계산하면 13일이 되는데 13을 가지고 3으로 나누면 4 나머지 1이 되어 대운수(大運數)가 4가 된다.

음년(陰年)생 남자와 양년(陽年)생 여자의 대운(大運)은 역운(逆運)으로서 그 생일부터 그 전의 지나온 절입(節入) 날짜까지의 일수(日數)를 3으로 나누고 나눈 수가 대운수가 된다.

예를 들면 15일 날에 출생하고 지나온 절입(節入)이 5일 날에 들었다고 하면 5일부터 15일까지 계산하면 10일이 되는데 10일을 가지고 3으로 나누면 3 나머지 1이 되어 3이 대운수(大運數)가 되는 것이다.

이 일수의 계산에 있어서 정확하게 생일 및 절입(節入)의 시간까지 따져야 할 것이나 보통 시간은 계산에 넣지 않고 생일을 가산(加算)하면 절입(節入)일을 빼고 생일을 빼면 절입(節入)일을 가산한다.

제7절 소운(小運) 정하는 법

운로법(運路法) 가운데는 대운(大運)이 물론 중심이 되지만 소운(小運)을 참고하는 수도 있다. 그러나 이 소운법(小運法)은 대개 대운(大運)이 들기 전인 초년(初年)에만 참고로 볼 뿐 실용하지는 않는다. 대운(大運)은 월건(月建)으로부터 시작되지만 소운(小運)은 시상(時上)으로부터 순행(順行) 또는 역행(逆行)한다. 역시 대운(大運)에서와 같이 양남음녀(陽男陰女)는 역행한다.

운(運)은 지지(地支)를 중요하게 보아야 한다. 남방운(南方運)이니 북방운(北方運)이니 하는 것은 계절을 보기 때문이다. 예를 들어, 남방운상(南方運上)에 수(水)가 있다 하여도 약한 수(水)로 볼 것이며 북방운(北方運)에 화(火)가 있어도 추운 겨울철에 화(火)가 있는 것이니 자연 약할 수밖에 없다.

그러나 개두론(蓋頭論)과 절각론(截脚論)도 있으니 천간(天干)과 지지(地支)를 함께 살피고 년운(年運)을 참고하여 길흉판단(吉凶判斷)을 하는 것이 정론(正論)이다.

제8절 대운(大運)의 작용력

행운(行運)은 10년을 주기로 하는 대운(大運)과 1년을 기준으로 하는 년운(年運) 또는 세운(歲運), 매월마다 일어나는 월운(月運)과 매일 일어나는 일운(日運) 또는 일진(日辰), 시간(時間)마다 일어나는 시운(時運)을 통합하여 말한다.

그 중에서 대운(大運)이 가장 작용력이 크고 그 다음은 년운, 월운, 일운, 시운의 차례대로 작용력이 작아진다.

그러므로 사주원명(四柱原命)은 불변(不變)의 정태적(靜態的)개념이라면 대운(大運)은 10년 단위의 동태적(動態的)개념이라고 말할 수 있다.

대운(大運)의 구성은 월주(月柱)를 기준하여 10년마다 바뀌면서 전개되는데 월지(月支)는 계절을 의미하고 있으므로 대운(大運)은 사계절의 변화와 연관시켜 적용하면 이해가 쉽다.

예를 들면 계절의 변화에서 봄이 가면 여름이 오고 여름이 가면 가을, 가을이 가면 겨울, 겨울이 가면 다시 봄이 오듯 대운(大運)도 이와 같이 변화가 오는 것이다. 사람도 좋아하는 계절이 다르고 건강 상태도 계절마다 다르게 나타나듯 행운(行運)도 사람마다 다르게 나타나는 것이다.

그래서 대운(大運)을 볼 때에는 지지(地支)에 가장 큰 비중을 두고 그 다음은 천간(天干), 그 다음은 천간(天干)과 지지(地支)간의 상생상극(相生相剋)관계, 그 다음에 원명(原命)과의 합충형(合沖刑)관계 등을 종합적으로 살펴야 한다.

다시 말해서 대운(大運)의 간지(干支)가 상생(相生)하느냐, 또는 상극(相剋)하느냐, 즉 개두(蓋頭)가 되느냐, 절각(截脚)이 되느냐를 판단하여 세력(勢力)이 얼마만큼의 영향력이 미치는가를 판단해야 한다.

대운(大運)의 천간(天干)이 길성(吉星)인데 지지(地支)에서 생조(生助)하면 길성이 더욱 강해지고 천간(天干)이 길(吉)하여도 지지에서 상극(相剋)하면 길성이 감소된다. 또 천간(天干)이 흉성(凶星)인데 지지(地支)에서 생조(生助)하여 주면 흉(凶)작용이 더욱 강해지고 천간(天干)이 흉(凶)하여도 지지(地支)에서 상극(相剋)하면 흉(凶)작용이 감소된다. 그러므로 천간(天干)을 판단할 때는 지지(地支)의 작용력을 살피고 마찬가지로 지지(地支)를 판단할 때는 천간(天干)의 작용력을 살펴야 한다.

고서(古書)에서 사주불여대운(四柱不如大運)이라고 하였듯이 태어날 때 사주(四柱)가 약(弱)하다 하더라도 대운(大運)이 좋으면 더욱 발복하는 것과 같이 비록 자동차의 차체(車體)가 성능이 약하더라도 운로(運路)가 고속도로라면 목적지 도착은 강한 차체를 가지고 험악한 고개와 자갈길로 달리는 것보다 훨씬 더 먼저 안전하게 도착하게 되는 것과 같은 이치(理致)다.

특히 대운(大運)을 볼 때에는 사계절(四季節)에 해당되는 진술축미(辰戌丑未) 대운(大運)을 잘 살펴야 한다. 이 때는 계절이 바뀌는 환절기와 같아서 인생의 대변화를 가져오게 되는 경우가 많은데 예를 들면 직업 변동이나 생사 이별, 관재송사, 질병 등 대부분의 재앙(災殃)이 생긴다. 그러나 길운(吉運)이라면 직장인(職場人)은 승진 또는 영전하고, 사업인(事業人)은 창업 및 사업 확장 등 재산이 증대되고, 일반인(一般人)은 건강과 가정이 화목하게 되는 행운이 따른다.

대운(大運)을 판단하는 데 몇가지 원칙적인 면이 있는데 참고하여 활용하면 추론하는 데 도움이 된다.

1. 개두법(蓋頭法)

개두(蓋頭)라고 하는 것은 대운(大運)의 천간(天干)이 지지(地支)를 극(剋)하는 것을 말한다. 만약 대운(大運)의 지지(地支)가 길신운(吉神運)이 되더라도 지지운(地支運)이 50% 이상으로 감소된다.

예를 들면 경인(庚寅), 신묘(辛卯), 임오(壬午), 계사(癸巳), 병신(丙申), 정유(丁酉) 등의 간지(干支)가 해당이 되는데 경인(庚寅)에서 경(庚)은 금(金), 인(寅)은 목(木)이다. 그러므로 천간금(天干金)이 지지인(地支寅)을 극(剋)하여 목(木)의 기운이 감소되어 길신운(吉神運)이 된다 하더라도 완전한 길신운(吉神運)이 되지 못한다. 반면에 목운(木運)이 기신(忌神)이라면 개두(蓋頭)가 되어 기신(忌神)의 기운(氣運)이 감소되어 흉(凶)이 반감(半減)되는 것이다.

2. 절각법(截脚法)

절각(截脚)이라고 하는 것은 대운(大運)의 지지(地支)가 천간(天干)을 극(剋)하는 것을 말한다. 만약 대운(大運)의 천간(天干)이 길신운(吉神運)이라도 완전한 길(吉)이 되지 못하고 기신운(忌神運)이라도 완전한 흉(凶)이 되지 못한다.

예를 들면 갑신(甲申), 을유(乙酉), 병자(丙子), 정해(丁亥), 무인(戊寅), 기묘(己卯), 경오(庚午) 등의 간지(干支)가 해당이 되는데 갑신(甲申)에서 신금(申金)이 갑목(甲木)을 극(剋)하여 갑목(甲木)의 기운(氣運)이 감소되는 것이다.

개두(蓋頭)나 절각(截脚)이 되면 극(剋)하는 쪽도 영향을 받지만 극(剋)을 받는 쪽이 더 영향을 받는다.

예를 들면 극(剋)을 하는 쪽은 30% 정도 힘이 감소되고 극(剋)을 받는 쪽은 70% 정도 힘이 감소된다고 보면 된다.
이와 같은 현상을 개두절각법(蓋頭截脚法)이라고 한다.

3. 상하정협법(上下情協法)

대운(大運)의 천간(天干)이 지지(地支)를 생조(生助)하든지 지지(地支)가 천간(天干)을 생조(生助)하는 경우를 상하정협법(上下情協法)이라고 한다.

예를 들면 갑오(甲午), 병술(丙戌), 무신(戊申), 경자(庚子), 임인(壬寅) 등은 천간(天干)이 지지(地支)를 생조(生助)해주는 경우이고 을해(乙亥), 정묘(丁卯), 기사(己巳), 경진(庚辰), 계유(癸酉) 등은 지지(地支)가 천간(天干)을 생조(生助)해주는 경우이다.

갑오(甲午)대운(大運)에서 갑목(甲木)은 오화(午火)를 위에서 밑으로 생조해준다. 그러므로 오화(午火)의 기운(氣運)은 더욱 증대된다. 그러므로 남방 화운(火運)이 길신운(吉神運)이 되는 경우에 갑오(甲午)대운(大運)이 되면 예상을 초월하는 길작용(吉作用)이 나타나게 된다. 반면에 남방 화운(火運)이 기신운(忌神運)인 경우에 갑오(甲午)대운(大運)이 오면 사사건건 엄청난 시련과 고통이 오게 된다.

을해(乙亥)대운(大運)에서는 해수(亥水)가 을목(乙木)을 밑에서 위로 생조(生助)해준다. 그러므로 을목(乙木)은 기운(氣運)이 더욱 강해져서 길작용(吉作用)이 더 크게 나타나고 기신운(忌神運)이 되면 흉작용(凶作用)이 더 크게 나타난다.

4. 제합제살법(諸合諸殺法)

사주원국(四柱原局)의 간지(干支)와 대운의 간지(干支)와의 관계에서 합(合)이 되면 합의 작용, 충(冲)이 되면 충의 작용, 형(刑)이 되면 형의 작용, 파(破)가 되면 파의 작용, 해(害)가 되면 해의 작용이 일어난다.

간지(干支)와 대운(大運)의 관계에서 천간(天干)은 천간끼리, 지지(地支)는 지지끼리의 합(合), 충(冲), 형(刑)에 의한 주위환경의 변화를 살펴야 한다. 예를 들면 합거(合去)냐, 합화(合化)냐, 충발(冲發)이냐, 충발(冲拔)이냐, 천충지충(天冲地冲)이냐 천동지동(天同地同)이냐, 천합지합(天合地合)이냐 등을 종합적으로 살펴서 판단해야 한다.

5. 조후법(調候法)

대운(大運)은 월주(月柱)를 기준하여 10년 단위로 전개되었지만 지지(地支)를 살펴보면 계절별(季節別)로 일정하게 나열되어 있다. 일반적으로 사주원국(四柱原局)에서 목화(木火)가 대부분이면 난조(暖燥)하다고 하고 반대로 금수(金水)가 대부분이면 한냉(寒冷)하다고 한다.

이와 같이 어느 한 쪽으로 조후(調候)가 치우쳐 있는데 대운(大運)에서 치우친 운이 오면 흉운(凶運)이 오는 것이다.

예를 들면 사주원국(四柱原局)에 금수(金水)가 태왕(太旺)하게 구성되어 있는데 대운(大運)이 신유술(申酉戌) 서방 금운(金運)이나 해자축(亥子丑) 북방 수운(水運)이 오면 더욱 한냉(寒冷)해져서 발복(發福)하지 못한다.

그러나 인묘진(寅卯辰) 동방 목운(木運)이나 사오미(巳午未) 남방 화운(火運)이 오면 조화(調和)가 되어 대발(大發)하게 되는 것이다.

6. 접목대운법(椄木大運法)

접목(椄木)이란 각종 식물의 품질개량이나 대량 번식을 위해 접(椄)을 붙이는 것을 말한다.

마찬가지로 대운(大運)에서도 목운(木運), 화운(火運), 금운(金運), 수운(水運)이 있는데 목운(木運)인 인묘진(寅卯辰)이 끝나고 화운(火運)이 시작되는 사오미(巳午未) 사이의 운을 접목운(椄木運)이라고 한다. 계절로 보면 봄이 가면서 여름, 여름이 가면서 가을, 가을이 가면서 겨울, 겨울이 가면서 다시 봄이 오는 시기를 환절기라고 한다.

환절기에는 각종 질병(疾病)이 발생하여 건강에 이상이 생기거나 심리적 변화 현상이 일어나는 것처럼 대운(大運)에서도 이러한 현상이 나타나는데 이것을 접목대운(椄木大運)이라고 한다.

대운(大運)에서 접목대운(接木大運)에 해당되는 대운은 진술축미(辰戌丑未)가 되며 이 시기에는 파란곡절이 많이 일어나며 인생의 대변화가 일어나게 되기 때문에 자세히 살펴야 한다.

제9절 사주(四柱)의 용어 활용법

<표 4-3>사주용어(四柱用語) 활용법

구분(區分)	시주(時柱)	일주(日柱)	월주(月柱)	년주(年柱)
천간(天干) 양(陽) 남(男)	시간(時干) 시상(時上)	일간(日干) 일주(日柱) 기신(己身)	월간(月干) 월상(月上)	년간(年干) 년상(年上) 세간(歲干)
지지(地支) 음(陰) 여(女)	시지(時支)	일지(日支) 좌하(坐下) 자좌(自坐)	월지(月支) 월령(月令) 월건(月建)	년지(年支) 년하(年下) 세지(歲支)
근묘(根苗) 화실(花實)	실(實) 장(藏)	화(花) 수(收)	묘(苗) 성(成)	근(根) 생(生)
원형(元亨) 이정(利貞)	정(貞) 성(成)	이(利) 수(遂)	형(亨) 장(長)	원(元) 시(始)
육친(六親)	자식(子息) 남아(男兒)	자신(自身) 기신(己身) 아(我)	부친(父親) 형(兄) 자(姉)	선대(先代) 조상(祖上) 조부(祖父)
	여식(女息)	처(妻) 부(夫)	모친(母親) 제(弟) 매(妹)	근(根) 묘(墓)
십신(十神)	자손(子孫) 제자(弟子) 직원(職員) 부하(部下)	배우자(配偶者) 애인(愛人) 동반자(同伴者) 참모(參謀)	직장(職場) 상관(上官) 회사(會社) 선배(先輩)	가통(家統) 주인(主人) 사장(社長) 본사(本社)
시기(時期)	노년기(老年期) 미래(未來)	장년기(長年期) 현재(現在)	청년기(青年期) 근과거(近過去)	소년기(少年期) 원과거(遠過去)

이상의 도표에서 보는 바와 같이 사주(四柱)의 위치별로 용어(用語)와 활용법(活用法)이 다르다. 가장 공통적이고 객관적으로 정리를 하였지만 보충 설명을 하고자 한다. 천간(天干)은 년두(年頭), 간두(干頭), 간상(干上), 천원(天元)이라고도 하며, 지지(地支)는 지원(地元)이라고도 한다.

년주(年柱)의 천간(天干)을 년간(年干), 년상(年上), 세간(歲干), 년두(年頭), 세군(歲君)이라고 하며, 년주(年柱)의 지지(地支)를 년지(年地), 년하(年下), 세지(歲支), 세군(歲君)이라고 한다.

월주(月柱)의 천간(天干)을 월간(月干), 월상(月上)이라고 하며, 월주(月柱)의 지지(地支)를 월지(月支), 월건(月建), 월령(月令), 월제(月提), 제강(提綱)이라고 한다.

일주(日柱)의 천간(天干)을 일간(日干), 일주(日主), 기신(己身)이라고 하며 일주(日柱)의 지지(地支)를 일지(日支), 좌하(坐下)라고 한다. 시주(時柱)의 천간(天干)을 시간(時干), 시상(時上)이라고 하며 시주(時柱)의 지지(地支)를 시지(時支)라고 한다.

년주(年柱)를 근(根)이라 하며, 월주(月柱)를 묘(苗) 즉 싹이라 하며, 일주(日柱)를 화(花) 즉 꽃이라 하며, 시주(時柱)를 실(實) 즉 열매라고도 한다.
년(年)은 밭과 같으니 조상궁(祖上宮)과 연관하여 참조하고, 월(月)은 싹과 같으니 부모형제(父母兄弟), 본인의 성장 및 환경과 연관하여 참조하고, 일(日)은 꽃과 같으니 본인의 영고성쇠(榮枯盛衰)와 부부궁(夫婦宮)을 연관하여 참조하고, 시(時)는 열매와 같으니 자식과 말년(末年)을 연관하여 참조한다.

타고난 사주팔자(四柱八字)를 명(命)이라 하고 또 선천성(先天星)이라고 하며, 후천성(後天星)은 대운을 말하며 운(運)이라고 한다. 선천성과 후천성을 합(合)하여 운명(運命)이라고 말한다. 대운(大運)은 사주의 흐름으로 막강한 힘의 작용을 가지므로 명(命)보다 운(運)이 중요하다고 하지만 명국(命局)이 좋아야 대국(大局)이 나오므로 명(命)과 운(運)이 같이 좋아야 한다.

제10절 지지장간(地支藏干)

1. 지지장간(地支藏干)의 의의와 작용

〈표 4-4〉 지지장간(地支藏干) 도표

地支	子	丑	寅	卯	辰	巳	午	未	申	酉	戌	亥
藏干	壬 癸	癸 辛 己	戊 丙 甲	甲 乙	乙 癸 戊	戊 庚 丙	丙 己 丁	丁 乙 己	戊 壬 庚	庚 辛	辛 丁 戊	戊 甲 壬

지지장간(地支藏干)이란 각 지지(地支) 속에 감추어져 있는 천간(天干)을 말한다. 다른 말로 지지암장법(地支暗藏法)이라고도 한다.

지지암장(地支暗藏)이라고 하는 것은 천간(天干)은 양(陽)으로서 오행(五行)이 밖으로 나타나 있으나 지지(地支)는 음(陰)으로서 암(暗)이 되어 밖에서 보이지 않고 감추어져 있다는 뜻이 되어 암장(暗藏)이라고 하는 것이다.

그러므로 자(子) 속에는 임계(壬癸), 축(丑) 속에는 계신기(癸辛己), 인(寅) 속에는 무병갑(戊丙甲), 묘(卯) 속에는 갑을(甲乙), 진(辰) 속에는 을계무(乙癸戊), 사(巳) 속에는 무경병(戊庚丙), 오(午) 속에는 병기정(丙己丁), 미(未) 속에는 정을기(丁乙己), 신(申) 속에는 무임경(戊壬庚), 유(酉) 속에는 경신(庚辛), 술(戌) 속에는 신정무(辛丁戊), 해(亥) 속에는 무갑임(戊甲壬)이 암장(暗藏)되어 있다.

지지장간(地支藏干)을 활용하는 목적은 용신(用神)을 판단하는 데 반드시 활용해야 하는데 특히 지지장간(地支藏干)이 양(陽)인지 음(陰)인지, 습(濕)한지 조(燥)한지, 한냉(寒冷)한 것인지 온난(溫暖)한 것인지, 뿌리가 강(强)한지 약(弱)한지 정확하게 구분하는 데 있는 것이다.

2. 월률분야(月律分野)의 의의와 작용

〈표 4-5〉 지지장간(**地支藏干**) 월률분야 도표

地 支	子	丑	寅	卯	辰	巳	午	未	申	酉	戌	亥
餘 氣	壬 10	癸 9	戊 7	甲 10	乙 9	戊 7	丙 10	丁 9	戊 7	庚 10	辛 9	戊 7
中 氣	-	辛 3	丙 7	-	癸 3	庚 7	己 10	乙 3	壬 7	-	丁 3	庚 7
正 氣	癸 20	己 18	甲 16	乙 20	戊 18	丙 16	丁 11	己 18	庚 16	辛 20	戊 18	壬 16

지지장간(地支藏干)의 월률분야(月律分野)란 1개월간의 기후변화에 따라 천간(天干)의 배치를 나타낸 것이며, 절입일(節入日)부터 일수(日數)에 따라 기(氣)가 달라지고 있기 때문에 차례대로 여기(餘氣), 중기(中氣), 정기(正氣)로 구분되어 작용하고 있는 것이다.

여기(餘氣)라는 것은 입절(入節)한 후에도 전월의 기운(氣運)이 남아 있는 뜻으로 앞절기의 영향을 받고 있는 단계를 말하는 것이고, 중기(中氣)라고 하는 것은 여기(餘氣)와 정기(正氣)를 제외한 중간의 기운(氣運)을 말하는 것이며, 정기(正氣)라는 것은 그 달의 본래 기운으로서 본기(本氣)라고 부르기도 한다.

예를 들어 인월(寅月)이라면 무토(戊土), 병화(丙火), 갑목(甲木)이란 천간이 배치되어 있는데 입춘(立春)이 시작되는 날부터 7일간은 무토(戊土)의 기운이 작용하고, 8일째부터 다시 7일간은 병화(丙火)의 기운이 활동하며, 그 다음부터 묘월(卯月)이 되기까지는 갑목(甲木)의 기운이 왕성하게 주도권을 가지고 활동하는데 이처럼 한달동안 천간의 기운이 어떻게 작용하는가를 나타내는 것이 지지장간(地支藏干)의 월률분야(月律分野)라고 하는 것이다.

지지장간(地支藏干)은 한달을 대략 30일로 가정하여 12지지(十二地支) 중에서 자오묘유(子午卯酉)월은 오월(午月)을 제외하고는 여기(餘氣)와 정기(正氣)의 2기(二氣)로만 구성되어 있으며, 여기(餘氣)가 10일간을 지배하고 정기(正氣)가 20일간을 지배하게 되는데 오월(午月)은 여기(餘氣), 중기(中氣), 정기(正氣)가 모두 있어 각각 10일간씩 지배하고 있다.

인신사해(寅申巳亥)월은 무토(戊土)가 여기(餘氣)로서 공통적으로 7일간은 지배하고 중기(中氣)는 인신사해(寅申巳亥)와 삼합화(三合化)하여 화기(化氣)가 되는 양간(陽干)의 오행이 7일간 지배하며, 정기(正氣)는 본기(本氣)로서 16일을 지배한다.

진술축미(辰戌丑未)월은 여기(餘氣)가 9일간 지배하고 중기(中氣)는 삼합화(三合化)하여 화기(化氣)가 되는 양간(陽干)이 3일간 지배하며, 정기(正氣)은 진술월(辰戌月)이 무토(戊土), 축미월(丑未月)은 기토(己土)가 18일간을 지배한다.

제5장 간지(干支) 합충(合冲)의 작용

제1절 합(合)의 의의(意義)

합(合)이란 음양(陰陽)과 오행(五行)의 다른 속성(屬性)들이 모여서 결합(結合)하여 정(情)을 통하고 다른 물질(物質)을 생산(生産)하여 부드럽고 원만한 성품(性品)으로 조화(調和)를 이루게 하는 것이다.

우주만물(宇宙萬物)은 순환운동(循環運動)과 사계절(四季節)의 변화(變化)에 따라 하늘(天)과 땅(地)의 기운(氣運)이 합(合)하여 한서(寒暑)와 풍우(風雨)를 만들고 남자(男子)와 여자(女子)가 합(合)하여 자식(子息)을 생산(生産)하는 이치(理致)와 같다.

일반적으로 남성(男性)이 합(合)이 많으면 사회적(社會的)으로 활동범위가 넓고 타인(他人)과 화합(和合)을 잘하여 외교적(外交的) 수완이 뛰어나고 대인관계(對人關係)가 원만하다고 볼 수 있으며 여성(女性)이 합(合)이 많으면 가정적(家庭的)인 것보다는 사회적(社會的)인 활동을 해야 하며 대인관계(對人關係)에서도 인기(人氣)가 높으니 반면에 다정(多情)도 병(病)이 되어 음욕(淫慾)의 기질(氣質)도 있다고 보는 것이다.

그래서 합(合)이 이루어진 후에는 간지(干支)의 속성(屬性)이 어떻게 변화(變化)되었는지를 유심히 살펴야 한다. 다시 말해서 합(合)하여 세력(勢力)이 강(强)해지거나 다른 오행(五行)으로 변화(變化)되는 경우가 있고, 서로가 합(合)하여 세력(勢力)을 묶어 견제(牽制)하는 경우가 있는 것이다.

합(合)은 주위에 배치된 오행(五行)과 계절(季節)을 잘 살펴야 하는데 강(强)한 오행(五行)을 따라가는 경우가 있으니 주의깊게 살펴야 한다.

합(合)에는 천간합(天干合), 지지합(地支合), 삼합(三合), 육합(六合), 방국(方局)이 있고 상황에 따라 명합(明合), 암합(暗合), 근합(近合), 원합(遠合), 쟁합(爭合), 투합(妬合), 생합(生合), 극합(剋合) 등이 있다.

제2절 천간합(天干合)

1. 천간합(天干合)의 의의

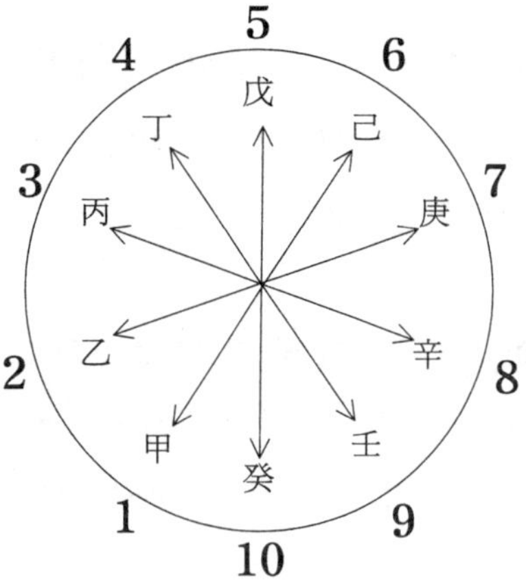

- 甲己合化土 : 中正之合
- 乙庚合化金 : 仁義之合
- 丙辛合化水 : 威嚴之合
- 丁壬合化木 : 仁壽之合
- 戊癸合化火 : 無情之合

〈그림 5-1〉 천간합화도(天干合化圖)

천간합(天干合)은 천간(天干)의 합(合)으로서 간합(干合)이라고도 하며 부부지합(夫婦之合)이라고도 한다.

간합(干合)이라는 것은 부부유정(夫婦有情)과 같이 합(合)하여 조화(造化)를 이루는 것으로 남자(男子)와 여자(女子)가 연애하여 사이가 좋아지는 것과 같다. 음양(陰陽)으로 보아서는 양(陽)과 음(陰)이 또는 음(陰)과 양(陽)이 합(合)하여 좋아지는 이치를 말한다.

천간합(天干合)을 일명 천간육합(天干六合)이라고도 하는데 이것은 갑(甲)에서 기(己)까지 여섯 번째요, 을(乙)에서 경(庚)까지가 여섯 번째요, 병(丙)에서 신(辛)까지가 여섯 번째요, 정(丁)도 임(壬)까지가 여섯 번째요, 무(戊)도 계(癸)까지가 여섯 번째가 되면서 합(合)이 되는 것이다.

천간합(天干合)의 구성원리(構成原理)는 음(陰)과 양(陽)의 배합(配合)인데 이 세상의 만물(萬物)이 변화(變化)가 없을 수 없는 것이므로 오행(五行)도 역시 천간(天干)과 천간(天干)끼리 음양(陰陽)이 달라 상극(相剋)하면서 오행(五行)의 변화를 가져와 하나의 세력(勢力)으로 뭉쳐지는 것이다.

이와 같은 연유로 양(陽)과 양(陽), 음(陰)과 음(陰)은 절대로 합(合)이 이루어 질 수 없는 것이다. 다시 말해서 갑(甲)은 양(陽)이요, 기(己)는 음(陰)이 되어 합(合)이 되고 을(乙)은 음(陰)이요, 경(庚)은 양(陽)이 되어 합(合)이 되고 있는 것으로 이하 동일하다.

천간합(天干合)이 음양지기(陰陽之氣)가 다르면서 합(合)이 되는 것은 서로를 필요로 하기 때문이다. 서로가 극(剋)이 되면서도 합(合)이 될 수 있는 것은 남자(男子)와 여자(女子)가 서로 정반대이면서도 부부(夫婦)로 합(合)이 되어 일심동체(一心同體)가 되는 것과 같은 것이다. 이와 같은 것을 유정지극(有情之剋), 또는 유정지합(有情之合)이라 한다.

갑(甲)과 기(己)의 합(合)은 토(土)로 변하고 중정지합(中正之合)이라고 하며, 을(乙)과 경(庚)의 합(合)은 금(金)으로 변하고 인의지합(仁義之合)이라고 하며, 병(丙)과 신(辛)의 합(合)은 수(水)로 변하고 위엄지합(威嚴之合)이라고 하며, 정(丁)과 임(壬)의 합(合)은 목(木)으로 변하고 인수지합(仁壽之合)이라고 하며, 무(戊)와 계(癸)의 합(合)은 화(火)로 변하고 무정지합(無情之合)이라고 한다.

2. 천간합(天干合)의 성정(性情)

〈표 5-1〉 천간합(天干合) 성정(性情)

간합(干合)	성정(性情)		
갑기(甲己) 합화(合化) 토(土)	조화(調和) 청격(淸格)	· 중정지합(中正之合)	· 동량지재(棟樑之材)
		· 두령지격(頭領之格)	· 포용력강(包容力强)
		· 존경선망(尊敬羨望)	· 부부화합(夫婦和合)
		· 정직순박(正直淳朴)	· 조화융합(調和融合)
	편고(偏枯) 탁격(濁格)	· 가정풍파(家庭風波)	· 관재구설(官災口舌)
		· 남성작첩(男性作妾)	· 여성부정(女性不貞)
		· 신용불량(信用不良)	· 가정불화(家庭不和)
을경(乙庚) 합화(合化) 금(金)	조화(調和) 청격(淸格)	· 인의지합(仁義之合)	· 강직용감(强直勇敢)
		· 군자지상(君子之象)	· 인정의리(人情義理)
		· 백년해로(百年偕老)	· 희생봉사(犧牲奉仕)
		· 진퇴분명(進退分明)	· 용모단정(容貌端正)
	편고(偏枯) 탁격(濁格)	· 유아독존(唯我獨尊)	· 신용불량(信用不良)
		· 예의문란(禮義紊亂)	· 부부애로(夫婦隘路)
		· 남성여란(男性女亂)	· 여성부정(女性不貞)
병신(丙辛) 합화(合化) 수(水)	조화(調和) 청격(淸格)	· 위엄지합(威嚴之合)	· 태양지화(太陽之火)
		· 과감강직(果敢剛直)	· 진퇴분명(進退分明)
		· 용모수려(容貌秀麗)	· 지혜총명(智慧聰明)
		· 예의지정(禮儀之正)	· 심성선량(心性善良)
	편고(偏枯) 탁격(濁格)	· 잔인냉정(殘忍冷情)	· 유아독존(唯我獨尊)
		· 예의문란(禮儀紊亂)	· 패가망신(敗家亡身)
		· 재물욕심(財物慾心)	· 부부애로(夫婦隘路)
정임(丁壬) 합화(合化) 목(木)	조화(調和) 청격(淸格)	· 인수지합(仁壽之合)	· 지고청심(志高淸心)
		· 유연민활(柔軟敏闊)	· 다정다감(多情多感)
		· 유아독존(唯我獨尊)	· 순수인정(純粹人情)
		· 인기독점(人氣獨占)	· 인자정신(仁慈精神)
	편고(偏枯) 탁격(濁格)	· 음란지합(淫亂之合)	· 주색지호(酒色之好)
		· 부부애로(夫婦隘路)	· 남여만혼(男女晩婚)
		· 질투심강(嫉妬心强)	· 패가망신(敗家亡身)
무계(戊癸) 합화(合化) 화(火)	조화(調和) 청격(淸格)	· 무정지합(無情之合)	· 용모단정(容貌端正)
		· 미남미녀(美男美女)	· 부부화합(夫婦和合)
		· 총명예리(聰明銳利)	· 솔직담백(率直淡白)
		· 예의지정(禮儀之正)	· 예지력강(豫知力强)
	편고(偏枯) 탁격(濁格)	· 심성냉정(心性冷情)	· 내심무정(內心無情)
		· 부부풍파(夫婦風波)	· 처자불길(妻子不吉)
		· 유시무종(有始無終)	· 성격성급(性格性急)

(1) 갑기합화(甲己合化) 토(土)

<표 5-1>에서 갑기합(甲己合)을 중정지합(中正之合)이라고 하는 것은 갑목(甲木)이 동량지목(棟樑之木)이요, 기토(己土)인 전답(田畓)에 뿌리를 두어 전답중앙(田畓中央)에 솟아 있는 것과 같이 중심을 가졌기 때문이다.

사주(四柱)에 갑기합(甲己合)이 있으면 자기의 분수를 알고 자기 직분을 잘 지키며 항상 마음이 넓고 이해심이 많아 남과 다투지 않고 타협을 잘하여 모든 사람들로부터 존경(尊敬)을 받는다. 부부(夫婦)의 관계도 서로 존중하고 정(情)이 깊다.

갑(甲)은 양목(陽木)으로 성품(性品)이 어질고 우두머리(頭領格)의 기질(氣質)이 있고 기(己)는 음토(陰土)로서 그 성품(性品)이 순박(淳朴)하고 정직(正直)하며 포용력(包容力)이 있어 모든 만물(萬物)을 기르는 교육자(敎育者)의 기질(氣質)도 가지고 있다.

그러나 운행(運行)이 무기(無氣)하거나 혼탁(混濁)하면 손재(損財), 가정풍파(家庭風波), 관재구설(官災口舌) 등이 일어나는 경우가 있는데 이것은 기토(己土)는 갑목(甲木)의 재성(財星)에 해당되고 갑목(甲木)은 기토(己土)의 관성(官星)에 해당하기 때문이다.

갑일(甲日)이 기(己)를 합(合)하면 신용(信用)있고 정직(正直)하나 활동성(活動性)이 부족(不足)하다. 남성(男性)은 사주(四柱)에 기(己)가 하나 외에 혼잡(混雜)되어 있으면 작첩(作妾)을 두고 여성(女性)은 부정(不貞)을 초래하는 수가 있다.

기일(己日)에 갑(甲)을 합(合)하면 인간관계(人間關係)나 사회활동(社會活動)을 원만하게 처리하나 신용(信用)이 없다. 여성(女性)은 갑(甲)이 하나 외에 혼잡(混雜)되어 있으면 호색(好色)을 탐하여 가정불화(家庭不和)가 생기고 남성(男性)은 부정(不貞)을 하는 수가 있다.

(2) 을경합화(乙庚合化) 금(金)

을경합(乙庚合)을 인의지합(仁義之合)이라고 하는 것은 을목(乙木)은 인정(人情)이요, 경금(庚金)은 의리(義理)가 되어 인정(人情)과 의리(義理)로 만난 합(合)이 되어 있는 것이다.

사주(四柱)에 을경합(乙庚合)이 있으면 강직(强直)하고 용감(勇敢)하며 어진 성품(性品)까지 갖춘 군자(君子)의 유형이라 인정(人情)과 의리(義理)가 두터운 사람이다.

부부(夫婦)의 관계도 인정(人情)과 의리(義理)로 만나 해로(偕老)하게 되는데 이것은 을목(乙木)이 합화금(合化金)으로 변화(變化)하여 자기(自己)를 버리고 희생(犧牲)하는 이치와 같다.

을(乙)은 음목(陰木)으로서 그 성품(性品)이 어질고 유약(柔弱)하고 경(庚)은 강건(剛健)하고 고집(固執)이 세다. 그래서 음양(陰陽)의 조화(調和)로서 인(仁)과 의(義)를 겸하여 진퇴(進退)가 분명하며 용모가 단정하다.

그러나 사주(四柱)가 편중(偏重)되거나 혼탁(混濁)하면 유아독존(唯我獨尊)으로 남을 천시(賤視)하고 극단적인 행동을 하는 경우가 많다.

을일(乙日)에 경(庚)을 합하면 결단력(決斷力)은 있으나 예의(禮儀)가 없고 신용(信用)이 없는 편이다. 여성(女性)이 사주(四柱)에 경(庚)이 하나 외에 혼잡(混雜)되어 있으면 여러 남자(男子)와 인연(因緣)이 많아 부부애로(夫婦隘路)가 많고 남성(男性)도 역시 부정(不貞)을 저지른다.

경일(庚日)에 을(乙)을 합하면 자비심(慈悲心)은 있으나 오히려 의리(義理)가 부족하고 자기주장이 강하고 골격(骨格)이 튼튼하다. 남성(男性)은 을(乙)이 하나 외에 혼잡(混雜)되어 있으면 여란(女亂)으로 패가망신(敗家亡身)할 수 있으며 여성(女性)은 부정(不貞)하기 쉽다.

(3) 병신합화(丙辛合化) 수(水)

병신합(丙辛合)을 위엄지합(威嚴之合)이라고 하는 것은 병화(丙火)는 군주(君主)요, 신금(辛金)은 미모(美貌)의 궁녀(宮女)라 군주(君主)의 령(令)으로 강제(强制)로 합(合)하였기 때문이다. 병화(丙火)는 태양지화(太陽之火)요, 강열지화(强烈之火)로서 연약한 신금(辛金)을 꼼짝하지 못하게 하도록 해놓고 만난 부부(夫婦)와 같아 위엄지합(威嚴之合)이 되는 것이다.

사주(四柱)에 병신(丙辛)으로 합(合)이 되어 있으면 위엄(威嚴)이 있고 엄숙(嚴肅)하며 모든사람을 제압(制壓)하는 힘이 있고 한편 편중되어 있으면 냉정(冷情)하며 편굴(偏屈)하면서도 색정(色情)이 강(强)하다.

병화(丙火)는 양화(陽火)로서 찬란하게 빛나고 신금(辛金)은 음금(陰金)으로서 극제(剋制)를 주도하므로 위엄제압(威嚴制壓)의 합(合)이라고도 하며 지혜(智慧)롭고 예의(禮儀)가 바른 성품(性品)이다.

그러나 음양오행(陰陽五行)의 합(合)의 근화(謹和)가 이루어지지 않았을 경우에는 의리(義理)가 없고 은혜(恩惠)를 모르며 재물(財物)에 욕심(慾心)이 많은 경우가 있다.

병일(丙日)에 신(辛)을 합하면 지혜(智慧)가 뛰어나고 머리가 총명(聰明)하다. 남성(男性)이 사주(四柱)에 신(辛)이 하나 외에 혼잡(混雜)되어 있으면 풍류(風流), 주색(酒色), 구설(口舌)이 끊어지지 않는다.

신일(辛日)에 병(丙)을 합하면 마음이 착하고 따뜻하며 가정적(家庭的)이다. 여성(女性)은 사주(四柱)에 병(丙)이 하나 외에 혼잡(混雜)되어 있으면 통정(通情)이 심한 경우가 있다.

(4) 정임합화(丁壬合化) 목(木)

정임합(丁壬合)을 인수지합(仁壽之合)또는 음란지합(淫亂之合)이라고 하는 것은 정화(丁火)는 조용하고 부드러운 성품(性品)이며 임수(壬水)는 창안력(創案力)이 좋고 인내심(忍耐心)이 있으며 마음이 바다와 같이 넓고 깊은 사람으로 지혜(智慧)가 뛰어난 성품(性品)과 합이 되어 인수지합(仁壽之合)이라고 한다.

다른 한편으로는 정화(丁火)가 장정(壯丁)이고 등촉(燈燭) 비유(比喩)하여 기(氣)가 완한 여자(女子)가 되며 임수(壬水)는 기본체력(基本體力)이 좋고 지칠 줄 모르고 전진(前進)하는 정력(精力)이 너무나 지나쳐 음란(淫亂)할까 염려되는 입장에서 합(合)을 볼 때 음란지합(淫亂之合)이라고도 하는 것이다.

원래 임수(壬水)는 맑고 깨끗한 물이며 여자(女子)의 자궁(子宮)을 의미(意味)하기도 하며 정화(丁火)는 화기(火氣)이며 남자(男子)의 정력(精力)을 상징(象徵)하므로 임수(壬水)가 정화(丁火)를 만나면 잉태(孕胎)되는 형상(形象)이다.

그러므로 사주(四柱)에 음양오행(陰陽五行)의 조화(調和)와 편중(偏重)을 주의깊게 잘 살펴야 한다. 또한 사주(四柱)에 정임합(丁壬合)이 있으면 정신력(精神力)이 뛰어나고 자존심(自尊心)이 강(强)하면서 인자(仁慈)한 성품(性品)으로 지고청심(至高淸心)한 귀명(貴命)이 되나 편중(偏中)되어 실도(失道)가 되면 마음이 쉽게 흔들리고 매사에 감정적(感情的)이며 음란(淫亂)하여 청결(淸潔)하지 못하므로 부부(夫婦)의 관계(關係)도 오래가지 못하는 경우가 많다.

만약 정임합(丁壬合)이 되어 발아(發芽)가 되는데 발아(發芽)된 싹이 잘 클 수 있는 것인가, 아닌가에 따라 격국(格局)이 달라진다. 지지(地支)에 여건이 잘 조성(造成)되면 싹이 잘 자라지만 만약 지지(地支)에 화(火)가 많아 건조(乾燥)하거나 또는 수(水)가 너무 태왕(太旺)하여 편고(偏枯)되어 있다면 정상적(正常的)인 사고방식(思考方式)을 갖기 어려운 것이다.

정일(丁日)이 임(壬)을 합(合)하면 소심(小心)하고 질투심(嫉妬心)이 강(强)하면서 한편 깨끗함을 좋아하고 사치(奢侈)를 좋아한다. 여성(女性)은 사주(四柱)에 임(壬)하나 외에 혼잡(混雜)되어 있다면 음란(淫亂)하여 유혹(誘惑)에 휘말리어 가정불화(家庭不和)가 생긴다.

임일(壬日)이 정(丁)을 합(合)하면 예민(銳敏)하고 감정적(感情的)이며 질투심(嫉妬心)이 많고 입바른 말을 잘한다. 남성(男性)은 사주(四柱)에 정(丁)이 하나 외에 혼잡(混雜)되어 있다면 작첩(作妾)을 두거나 풍류(風流)를 즐기다가 패가망신(敗家亡身)하게 된다.

(5) 무계합화(戊癸合化) 화(火)

무계합(戊癸合)을 무정지합(無情之合)이라고 하는 것은 무토(戊土)는 양토(陽土)로 태산(泰山)과 같이 높고 크며 계수(癸水)는 음수(陰水)로서 우로(雨露)와 같이 증발하는 가랑비나 안개처럼 연약한 여자(女子)와 같아 그 차이가 너무 커서 늙은이가 합(合)한 것과 같다 하여 무정지합(無情之合)이라고 한다.

무토(戊土)는 건토(乾土)로 병화(丙火)와 같이 생지(生地)또는 록지(祿地)를 같이 한다. 그 이유는 무토(戊土)와 병화(丙火)가 초목(草木)을 키우는 흙이 되기 때문이다.

사주(四柱)에 무계합(戊癸合)이 있으면 무토(戊土)인 산(山)에 계수(癸水)인 비(雨)가 내린 후 무지개가 깔려 있는 것처럼 용모단정하고 정직(正直)하고 예의(禮儀)가 바르고 아름다운 사람과 인연(因緣)이 있으나 인정(人情)이 없고 냉정(冷情)하며 부부풍파(夫婦風波)하는 경우가 많다.

무일(戊日)에 계(癸)와 합(合)하면 정직(正直)한 성품(性品)으로 총명다재(聰明多才)하나 마음이 냉정(冷情)하며 남성(男性)은 계(癸)가 하나외에 혼잡(混雜)되어 있다면 작첩(作妾)을 두거나 연상(年上)의 여자(女子), 또는 왜소(矮小)한 여자(女子)와 인연(因緣)이 있다.

계일(癸日)에 무(戊)와 합하면 총명(聰明)하다. 여성(女性)은 무(戊)가 하나외에 혼잡(混雜)되어 있다면 호색(好色)에 도취되어 정부(情夫)를 두는 경우가 있다.

제3절 지지육합(地支六合)

1. 지지육합(地支六合)의 의의(意義)

- 자축합화(子丑合化) 土·水
- 인해합화(寅亥合化) 木
- 묘술합화(卯戌合化) 火
- 진유합화(辰酉合化) 金
- 사신합화(巳申合化) 水
- 오미합화(午未合化) 火·土

〈그림 5-3〉 지지육합도(地支六合圖)

<그림 5-3>에서 지지(地支)의 합(合)은 자축합(子丑合), 인해합(寅亥合), 묘술합(卯戌合), 진유합(辰酉合), 사신합(巳申合), 오미합(午未合)등 6개로 이루어져 지지육합(地支六合)이라고 하는데 합(合)을 함으로서 다른 오행(五行)으로 변화(変化)하는 것이다. 지지합(地支合)은 천간합(天干合)과 같이 양(陽)과 음(陰) 또는 음(陰)과 양(陽)의 배합(配合)으로 합(合)이 성립(成立)되는 것이다.

지지합(地支合)에는 삼합(三合), 방합(方合), 육합(六合), 생합(生合), 암합(暗合), 반합(半合), 극합(剋合), 쟁합(爭合), 투합(妬合)이 있는데 같은 합(合)이라도 삼합(三合), 방합(方合), 육합(六合), 생합(生合)의 작용(作用)은 세력(勢力)이 강(强)하고 반면에 암합(暗合), 반합(半合), 극합(剋合), 쟁합(爭合), 투합(妬合)은 작용(作用)이 약(弱)하다.

합(合)이 되어 다른 오행(五行)으로 변화(變化)되면 길흉(吉凶)의 작용(作用)도 더 강(强)해진다. 만약 사주원국(四柱原局)에서 흉신(凶神)을 합(合)하면 흉신(凶神)의 작용(作用)이 약(弱)하여 길(吉)해지고, 길신(吉神)을 합(合)하면 길신(吉神)의 작용(作用)이 약(弱)해지게 함으로써 흉(凶)해지는 것이다.

2. 지지육합(地支六合)의 성정(性情)

(1) 자축합화(子丑合化) 토수(土水)

북방(北方)의 한냉(寒冷)한 수(水)와 습(濕)한 축토(丑土)와 자축합(子丑合)이 되니 냉토(冷土)로서 흙속에 물이 스며들어서 얼어있는 형국(形局)으로 흐르지도 못하고 비록 녹아도 흘러나가지도 못한다. 너무 습(濕)하고 냉(冷)하여 만물(萬物)이 성장(成長)하기가 어려운 동토(凍土)와 같은 것이다.

일반적으로 자축합(子丑合)이 되면 토(土)로 변한다고 하였으나 계절(季節)과 오행(五行)의 세력(勢力)을 보고 판단해야 한다. 해자축월(亥子丑月)에 자축합(子丑合)이 되거나 금수(金水)의 세력(勢力)이 왕성(旺盛)하면 수(水)로 변하고 사오미월(巳午未月)이 되거나 화토(火土)의 세력이 왕성(旺盛)하면 토(土)로 변하는 것이다.

(2) 인해합화(寅亥合化) 목(木)

인목(寅木)은 이미 열(熱)이 있고 굳세게 솟아오르는 양(陽)의 기운(氣運)과 해수(亥水)는 맑고 깨끗한 수정(水晶)이니 맑은 물로 나무를 잘 키우게 되는 형국(形局)이며 인중병화(寅中丙火)는 해수(亥水)가 인목(寅木)을 상생(相生)하여 인목(寅木)이 잘 자라게 되어 인중(寅中)의 병화(丙火)도 왕성(旺盛)하여 지고 인중갑목(寅中甲木)도 해수(亥水)를 보면 맑고 깨끗한 물로 나무를 잘 키우는 격(格)이 되니 대길(大吉)하다.

인해합(寅亥合)은 생합(生合)으로 합화(合火)된 오행(五行)의 세력(勢力)이 강(强)하다.
일반적으로 육합(六合)인 동시에 파(破)에도 해당되겠으나 인해(寅亥)는 선합후파(先合後破)의 원리가 적용되어 합(合)의 작용(作用)이 파(破)의 작용(作用)보다 강(强)하게 일어나는 것이다.

(3) 묘술합화(卯戌合化) 화(火)

묘술합화화(卯戌合化火)는 정동(正東)에 있고 일출지문(日出之門)으로 새로운 만남을 뜻하는 묘목(卯木)과 술토(戌土)는 화기(火氣)를 저장하는 화로(火爐)이니 묘목(卯木)이 습목(濕木)이라 하여도 젖은 나무를 넣으면 말라서 타는 술토(戌土)와 묘술합(卯戌合)이 되어 술중(戌中)의 정화(丁火)만 왕성(旺盛)하게 되고 묘목(卯木)은 타버려 목(木)의 본성(本性)을 잃게 되는 것이다.

사주원국(四柱原局)에서 묘목(卯木)이 기신(忌神)인데 운(運)에서 술토(戌土)를 만나면 기신(忌神)을 태워 없애는 격(格)이 되어 대길(大吉)하고 묘목(卯木)이 희신(喜神)인데 운(運)에서 술토(戌土)를 만나면 희신(喜神)이 모두 타서 없어지는 격(格)이 되어 대흉(大凶)하다.

묘술합(卯戌合)은 목(木)이 토(土)를 극(剋)하는 형태로서 극합(剋合)이라 하여 화(火)의 작용력(作用力)이 미약(微弱)하다. 한편으로는 묘술합(卯戌合)을 도화지합(桃花之合) 또는 음란지합(淫亂之合)이라고도 하는데 그 이유는 도화(桃花)에 해당하는 묘(卯)가 창고(倉庫)에 해당하는 술(戌)에서 은밀하게 열(熱)을 내는 것에 비유(比喩)한 것이다.

(4) 진유합화(辰酉合化) 금(金)

진유합화금(辰酉合化金)은 만물(萬物)을 생육(生育)하게 되는 덕(德)을 갖추었으며 의욕(意慾)과 활기(活氣)가 넘치고 깨끗한 성격(性格)과 예민(銳敏)하고 재능(才能)이 넘치는 진토(辰土)와 서방(西方)에 속하며 깔끔하고 청결(淸潔)하고 정직(正直)하고 자만심(自慢心)이 강(强)한 유금(酉金)과 진유합(辰酉合)을 하니 습토(濕土)인 진(辰)이 유금(酉金)을 생조(生助)하여 금(金)으로 변화(變化)한다. 진유합(辰酉合)은 생합(生合)으로 합(合)의 영향력(影響力)이 크고 금(金)의 작용(作用)도 강(强)하다.

유금(酉金)은 서방(西方)의 왕금(旺金)이며 완성된 금기(金氣)이니 진토(辰土)와 유금(酉金)이 만나면 유중(酉中)에 수(水)가 암장(暗藏)되지 않아 진토(辰土)가 유금(酉金)을 덮는 격(格)이 된다.

그래서 유금(酉金)이 기신(忌神)이면 진토(辰土)가 유금(酉金)을 덮는 격(格)이 되어 기신(忌神)으로 작용(作用)을 하지 못하니 길(吉)하게 되는 것이다.

예(例)를 하나 더 들면 인목(寅木)과 신금(申金)이 같이 있거나 운(運)에서 만나면 충(冲)이 되는데 이때 원국(原局)에 진토(辰土)가 있으면 신금(申金)과 진토(辰土)가 합(合)하여 신진반수국(申辰半水局)을 이루니 충(冲)이 되지 않고 화해(和解)가 되는 것이다.

(5) 사신합화(巳申合化) 수(水)

정신적(精神的)인 발달(發達)을 추구(追求)하는 기질(氣質)이 있어 학구적(學究的)이며 만사(萬事)에 호기심(好奇心)이 많고 화초(花草)가 만발(滿發)하고 봄에서 여름으로 넘어가는 분기점(分岐點)이라 변화(變化)가 많은 사화(巳火)와 성품(性品)이 강직(强直)하고 단순(單純)하며 순수(純粹)하여 과감(果敢)하게 남을 잘 돕는 신금(申金)과 사신합(巳申合)을 하니 사화(巳火)와 신금(申金)이 나란히 있거나 운(運)에서 왕(旺)한 금수(金水)를 만나면 수(水)로 된다. 신금(申金)과 사화(巳火)가 나란히 있거나 운(運)에서 목화(木火)를 만나면 화(火)로 된다.

따라서 사신합(巳申合)은 일반적으로 사화(巳火)와 신금(申金)이 합(合)하여 수(水)가 되는데 계절(季節)과 오행(五行)의 왕쇠(旺衰)에 따라 합(合)의 변화(變化)가 있는 것이다.

즉 사오미월(巳午未月)에는 여름철이라 화(火)가 왕(旺)하여 사신합(巳申合)이 되면 화(火)의 작용(作用)이 왕(旺)하고 신유술월(申酉戌月)에는 금(金)이 왕(旺)하여 사신합(巳申合)이 되면 금(金)의 작용(作用)이 왕(旺)하며 해자축월(亥子丑月)에는 수(水)가 왕(旺)하여 수(水)로 작용(作用)을 한다.

(6) 오미합화(午未合化) 화토(火土)

의기(義氣)가 양양(揚揚)하고 높이 솟아오르며 만물(萬物)이 번창(繁昌)함을 의미하며 마치 죽순(竹筍)의 마디가 다시 이어져 올라가는 형상(形象)인 오화(午火)와 미중(未中) 을목(乙木)이 있어 화초(花草)가 만발(滿發)하고 아름다움을 나타내며 또한 안정(安定)과 화해(和解)를 추구(追求)하는 미토(未土)와 오미합(五未合)을 하는 것이다. 그러나 사오(巳午)가 지지(地支)에 있는 미토(未土)는 화기가 강한 건토(乾土)이니 임계수(壬癸水) 가 투간(透干)되어야 옥토(沃土)가 되어 길(吉)하다.

한편 지지(地支)에 술미(戌未)가 있는 오화(午火)는 역시 화기(火氣)가 강한 조토(燥土)이니 임계수(壬癸水)가 투간(透干)되거나 운 (運)에서 수기(水氣)가 들어와야 옥토(沃土)가 되어 길(吉)하다.

제4절 지지삼합(地支三合)

1. 지지삼합(地支三合)의 의의(意義)

- 신자진 합수국(申子辰 合水局)
- 해묘미 합목국(亥卯未 合木局)
- 인오술 합화국(寅午戌 合火局)
- 사유축 합금국(巳酉丑 合金局)

〈그림5-4〉 지지삼합도(地支三合圖)

<그림 5-4>에서 지지삼합(地支三合)은 사왕지(四旺支)인 자오묘유(子午卯酉)을 중심으로 다섯 번째의 지지(地支)와 삼회(三會)하여 오행(五行)의 변화(變化)하는 과정을 말한다.

삼합(三合)은 십이지(十二支)중에서 각기 다른 지지(地支)의 3가지 오행(五行)이 모여 합(合)을 이루어 강력(强力)한 하나의 세력(勢力)을 형성하게 된다. 즉, 삼합(三合)은 신자진(申子辰)수국(水局), 해묘미(亥卯未)목국(木局), 인오술(寅午戌)화국(火局), 사유축(巳酉丑)금국(金局)이며 3지(三支)중에 중심(中心)을 이루는 자오묘유(子午卯酉)의 속성(屬性)에 따라 자수(子水), 오화(午火), 묘목(卯木), 유금(酉金)으로 변형시키고 있는 것이다.

국(局)이라고 하는 것은 하나의 집합체(集合體)로서 각기 다른 임무(任務)와 성질(性質)이 하나의 뜻으로 모여 뭉쳐진 것인데 지지(地支)가 각각 분리되어 있을 때는 개성(個性)도 각각 다르지만 일단 합(合)이 되면 동화(同化)되어 작용력(作用力)도 달라진다.

삼합(三合)은 12운성(十二運星)의 장생(長生)과 제왕(帝旺)과 묘(墓)의 연합체(聯合體)인데 비하여 방합(方合)은 건록(建祿), 제왕(帝旺), 쇠(衰)의 공동체(共同體)로서 삼합(三合)보다 강력(强力)한 힘을 가지고 있다.

또 삼합(三合)의 삼자(三字)를 부(父), 자(子), 손(孫)의 합(合)이 라고도 하는데 그 이유는 신자진(申子辰)의 진토(辰土)는 생신금(生申金)하고 신금(申金)은 다시 신금생자수(申金生子水)하고 있으며, 인오술(寅午戌)은 인목(寅木)이 생오화(生午火)하고 오화(午火)는 생술토(生戌土)하고 있으며, 해묘미(亥卯未)목국(木局)은 해수생묘목(亥水生卯木)하고 묘목(卯木)은 다시 생미중정화(生未中丁火)하고 있으며, 사유축(巳酉丑) 금국(金局)은 사화생축토(巳火生丑土)하고 다시 축토(丑土)는 생유금(生酉金)하고 있다.

삼합(三合)에서 자오묘유(子午卯酉)의 왕지(旺支)가 삼합중(三合中)에 결(缺)할 경우에 일설(一說)에서는 합작용(合作用)이 되지 않는다고 하고 있으나 준삼합(準三合), 반합(半合), 가합(假合) 등 모두 합국(合局)이 된다.

2. 지지삼합(地支三合)의 종류(種類)

(1) 신자진(申子辰) 수국(水局)

신자진(申子辰)수국(水局)은 수(水)를 기준(基準)하여 신(申)에 생(生)하고 자(子)에 왕(旺)하여 진(辰)에 입묘(入墓)하면서 유시유종(有始有終)하는 것으로 생(生)은 출생(出生)이요, 왕(旺)은 성장(成長)이요, 묘(墓)는 고장(庫藏)이면서도 절처봉생(絶處逢生)하고 있다.

신자진(申子辰)수국(水局)의 구성원리(構成原理)는 신중임수(申中壬水), 자중계수(子中癸水), 진중계수(辰中癸水)의 같은 수(水)로 회합(會合)하여 하나의 국(局)을 형성(形成)하게 된 것이다.

신자진(申子辰) 삼자(三者)가 다 모여 있으면 삼합(三合)이 잘 되는 것은 당연하지만 삼자(三者)중 이자(二字)만 있어도 삼합(三合)과 같이 합(合)이 되는 것인데 신자(申子), 신진(申辰), 자진(子辰)으로도 삼합수국(三合水局)이 되는 것이다. 이와 같은 이유는 지장간(支藏干)에 있는 장간(藏干)끼리 같은 기(氣)로 통하고 있기 때문이다.

이 중에서 삼합(三合)의 중심(中心)이 되고 있는 자수(子水)가 포함되어 있는 신자(申子), 자진(子辰)의 합(合)은 강력(强力)한 힘을 발휘하지만 신진(申辰)은 힘이 약(弱)하게 작용한다.

신자진(申子辰) 삼합수국(三合水局)은 신월(申月)부터 서서히 기운(氣運)을 얻기 시작하여 추운 기운(氣運)과 더불어 물은 자월(子月)에 제일 왕성(旺盛)해지고 인묘월(寅卯月)에 초목(草木)을 키울 때 기운(氣運)을 빼앗기기 시작하여 진월(辰月)부터는 묘(墓)에 들어간다. 여름(巳午未月)이 지나가고 가을(申酉戌月)부터 다시 힘을 얻는다.

신자진(申子辰) 삼합수국(三合水局)은 윤하(潤下), 호수, 강, 저수지, 바다, 댐, 항구, 수자원, 외교, 해운업, 무역업, 특수정보 등을 상징하고 있다.

(2) 해묘미(亥卯未) 목국(木局)

해묘미(亥卯未) 삼합(三合)은 목국(木局)으로 해(亥)에 생(生)하고 묘(卯)에 왕(旺)하며 미(未)에 입묘(入墓)한다.

해묘미(亥卯未) 목국(木局)의 구성원리(構成原理)는 해중갑목(亥中甲木), 묘중을목(卯中乙木), 미중을목(未中乙木)으로 같은 목(木)끼리 회합(會合)하여 하나의 국(局)을 형성(形成)하게 되는 것이다.

해묘미(亥卯未) 삼자(三者)가 다 있으면 삼합(三合)이 잘 되는 것은 당연하지만 삼자(三者)중 이자(二者)만 있어도 삼합(三合)과 같이 합(合)이 되는 것인데 해묘(亥卯), 해미(亥未), 묘미(卯未)로도 삼합목국(三合木局)이 되는 것이다. 이와 같은 이유는 지장간(支藏干)에 있는 장간(藏干)끼리 같은 기(氣)로 통하고 있기 때문이다.

이중에서 삼합(三合)의 중심이 되고 있는 해묘(亥卯), 묘미(卯未)의 합은 강력(强力)한 힘을 발휘하지만 해미(亥未)는 힘이 약(弱)하게 작용(作用)한다.

해묘미(亥卯未) 삼합목국(三合木局)은 해월(亥月)부터 기운(氣運)이 서서히 일어나서 묘월(卯月)에 왕성(旺盛)하고 미월(未月)에 무덤 속으로 들어간다. 가을(申酉戌月)에는 목기(木氣)가 절지(絶地)라 쉬고 있다가 겨울(亥子丑月)에 다시 힘을 얻는다.

해묘미(亥卯未) 목국(木局)은 상승하는 기(氣)가 있고 곧게 뻗어나가는 기질(氣質)이 있고 남에게 굽히지 않고 고집(固執)이 강(强)하고 성실하며 적극적이며 자존심(自尊心)이 강하다. 또한 화초(花草), 유실수(有實樹), 목재(木材), 건축, 과수원, 농장, 학원, 교육, 육영사업, 문화예술 등을 상징한다.

(3) 인오술(寅午戌) 화국(火局)

인오술(寅午戌) 삼합(三合)은 화국(火局)으로 인(寅)에서 생(生)하고 오(午)에서 왕(旺)하며 술(戌)에서 입묘(入墓)한다.

인오술(寅午戌) 화국(火局)의 구성원리(構成原理)는 인중병화(寅中丙火), 오중정화(午中丁火), 술중정화(戌中丁火)로 같은 화(火)끼리 회합(會合)하여 하나의 국(局)을 형성(形成)하니 화국(火局)이 된 것이다.

인오술(寅午戌)은 삼자(三者)가 다 모여 있으면 삼합(三合)이 잘 되는 것은 당연하지만 삼자(三者) 중 이자(二者)만 있어도 삼합(三合)과 같이 합(合)이 되는 것인데 인오(寅午), 오술(午戌), 인술(寅戌)로도 삼합화국(三合火局)이 되는 것이다. 이와 같은 이유는 지장간(支藏干)에 있는 장간(藏干)끼리 같은 기(氣)로 통하고 있기 때문이다.

이 중에서 삼합(三合)의 중심(中心)이 되고 있는 오화(午火)가 포함되어 있는 인오(寅午), 오술(午戌)의 합은 강력(强力)한 힘을 발휘하지만 인술(寅戌)의 합(合)은 힘이 약(弱)하게 작용(作用)한다.

인오술(寅午戌) 삼합화국(三合火局)은 인월(寅月)에서 서서히 기운(氣運)이 일어나 화(火)가 제일 왕(旺)한 남방오화(南方午火)에서 왕기(旺氣)를 내고 술(戌)에서 무덤에 들어간다. 하루에 비유(比喩)하면 인묘시(寅卯時)에 해가 뜨고 저녁 유술시(酉戌時)에 해가 지는 것과 같은 이치(理致)이다. 술(戌)은 화(火)의 무덤(墓)이며 고(庫)라고도 한다. 가을과 겨울을 넘기고 다시 인월(寅月)부터 화기(火氣)가 살아난다.

인오술(寅午戌) 삼합(三合)은 화기(火氣)가 되는데 열기(熱氣)와 광채(光彩)가 있고 확산(擴散)의 기(氣)가 있어 염상(炎上)이라고도 한다. 매사에 정열적(情熱的)이고 화끈하며 전기(電氣), 전자(電子), 종교(宗敎), 예술(藝術), 정신세계(精神世界) 등을 뜻한다.

(4) 사유축(巳酉丑) 금국(金局)

사유축(巳酉丑) 삼합(三合)은 금국(金局)으로 사(巳)에서 생(生)하고 유(酉)에서 왕(旺)하며 축(丑)에서 입묘(入墓)한다.

사유축(巳酉丑) 금국(金局)의 구성원리(構成原理)는 사중경금(巳中庚金), 유중신금(酉中辛金), 축중신금(丑中辛金)이 같은 금(金)끼리 회합(會合)하여 하나의 국(局)을 형성(形成)하여 금국(金局)이 된 것이다.

사유축(巳酉丑) 삼자(三者)가 다 모여 있으면 삼합(三合)이 잘 되는 것은 당연하지만 삼자(三者)중 이자(二者)만 있어도 삼합(三合)과 같이 합(合)이 되는 것인데 사유(巳酉), 유축(酉丑), 사축(巳丑)으로도 삼합금국(三合金局)이 되는 것이다. 이와 같은 이유는 지장간(支藏干)에 있는 장간(藏干)끼리 같은 기(氣)가 통하고 있기 때문이다.

이 중에서 삼합(三合)의 중심(中心)이 되고 있는 유금(酉金)이 포함되어 있는 사유(巳酉), 유축(酉丑)의 합(合)은 강력(强力)한 힘을 발휘하지만 사축(巳丑)의 합(合)은 힘이 약(弱)하게 작용(作用)한다.

사유축(巳酉丑) 삼합금국(三合金局)은 사(巳)에서 서서히 일어나고 유월(酉月)에 제일 왕(旺)하고 축월(丑月)에 무덤에 들어간다. 그래서 인묘월(寅卯月)에는 금기(金氣)가 약(弱)하여 오히려 초목(草木)이 왕성(旺盛)하게 자라며 여름을 보내고 열매의 계절(季節)인 가을이 되어야 금기(金氣)가 다시 살아난다.

사유축(巳酉丑) 삼합(三合)은 금기(金氣)가 되는데 금국(金局)은 단단하고 강(强)하며 과감(果敢)하고 냉정(冷情)하며 추진력(推進力)이 있어 종혁(從革)이라고도 한다. 그리고 금, 은, 보석, 철광석, 의협심(義俠心), 투쟁심(鬪爭心), 전쟁(戰爭), 통솔력(統率力) 등을 내포하고 있다.

제5절 지지방합(地支方合)

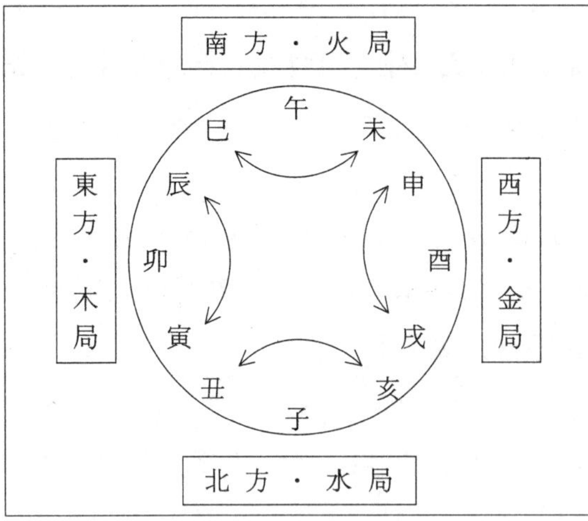

- 寅卯辰 合化 東方 木局, 春節
- 巳午未 合化 南方 火局, 夏節
- 申酉戌 合化 西方 金局, 秋節
- 亥子丑 合化 北方 水局, 冬節

〈그림 5-4〉 지지방합도(地支方合圖)

<그림 5-4>에서 십이지지(十二地支)는 방합작용(方合作用)이 이루어지는데 이를 계절합(季節合), 방위합(方位合), 형제합(兄弟合)이라고 한다.

계절합(季節合)이라고 하는 것은 인(寅)은 1월이요, 묘(卯)는 2월이요, 진(辰)은 3월로 봄이요, 봄은 목(木)의 계절(季節)이 되어 목국(木局)이 되며 동방(東方)에 소속(所屬)되어 있다. 사(巳)는 4월이요, 오(午)는 5월이요, 미(未)는 6월로서 여름이요, 여름에는 화기(火氣)가 지배하는 계절(季節)이 되어 남방(南方)에 소속(所屬)되어 있다. 신(申)은 7월이요, 유(酉)는 8월이요, 술(戌)은 9월로서 가을이며 가을에는 금기(金氣)가 지배하는 계절(季節)이라 서방(西方)에 소속되어 있다. 해(亥)는 10월이요, 자(子)는 11월이요, 축(丑)은 12월로서 겨울이요, 겨울은 수기(水氣)가 지배하는 계절(季節)로서 북방(北方)에 소속(所屬)되어 있다. 이 때문에 계절합(季節合) 또는 방위합(方位合)이라고 하는 것이다.

때에 따라서 동방합(東方合), 남방합(南方合), 서방합(西方合), 북방합(北方合)이라고 부르기도 한다. 형제합(兄弟合)은 목(木)은 목(木), 화(火)는 화(火), 금(金)은 금(金), 수(水)는 수(水)끼리 하나의 집합체(集合體)를 이루고 있기 때문이다.

이와 같이 인묘진(寅卯辰)이 합(合)을 이룰 수 있는 이유(理由)는 춘절(春節)은 목(木)으로 인중갑목(寅中甲木), 묘중을목(卯中乙木), 진중을목(辰中乙木)으로 동류(同類)인 목기(木氣)가 내포되어 있기 때문이며, 사오미(巳午未)는 하절(夏節)인 화(火)로서 사중병화(巳中丙火), 오중정화(午中丁火), 미중정화(未中丁火)로 화기(火氣)가 내포(內包)돼 있기 때문이다.

신유술(申酉戌)은 추절(秋節)인 금(金)으로 신중경금(申中庚金), 유중신금(酉中辛金), 술중신금(戌中辛金)으로 동류(同類)인 금기(金氣)가 내포(內包)되어 있고, 해자축(亥子丑)은 동절(冬節)인 수(水)로서 해중임수(亥中壬水), 자중계수(子中癸水), 축중계수(丑中癸水)로 동류(同類)인 수기(水氣)가 역시 내포(內包)되어 있기 때문이다.

좀더 살펴보면 진토(辰土)가 토(土)이면서도 목국(木局)에 해당하고 있는 것은 진(辰)은 계절(季節)로는 3월로서 봄이며 진중을목(辰中乙木)이 있어 목국(木局)에 속하고 있으며, 미토(未土)가 화국(火局)에 해당하고 있는 것은 미(未)는 계절(季節)로서 6월이며 미중정화(未中丁火)가 있기 때문에 화국(火局)에 속하는 것이며, 술토(戌土)가 금국(金局)에 해당하는 것은 술(戌)은 계절(季節)로는 9월이며 술중신금(戌中辛金)이 있기 때문에 금국(金局)이 되는 것이며, 축토(丑土)가 수국(水局)에 속하는 것은 축(丑)은 12월이요, 축중계수(丑中癸水)가 있기 때문에 수국(水局)에 속하는 것이다.

작용면(作用面)에서 삼합(三合)과 방합(方合)은 같이 응용(應用)이 되고 있으나 구체적으로 비교한다면 삼합(三合)은 부모(父母), 본인(本人), 자손(子孫)의 합(合)으로서 합리적(合理的)이고 균형적(均衡的)이고 민주적(民主的)으로 접근(接近)하려는 조화(調和)와 융통성(融通性)이 있으나, 반면에 단결력(團結力)과 집중력(集中力)은 약(弱)하다. 그런데 방합(方合)은 단결력(團結力)이나 집중력(集中力)이 강(强)하여 강압적(强壓的)으로 접근(接近)하려는 통제력(統制力)과 작용력(作用力)이 강하다. 반면에 융통성(融通性)과 조화력(調和力)이 약(弱)하다.

제6절 준삼합(準三合), 준방합(準方合), 반합(半合), 동합(同合)

합(合)에는 일반적으로 삼합(三合), 육합(六合), 방합(方合)이 있다. 그러나 간지(干支)의 위치(位置)와 작용(作用)에 따라 명칭이 다른 여러 종류(種類)가 있다.

(1) 준삼합(準三合)이라는 것은 반합(半合)이라고도 부르며 삼합(三合)에서 하나의 오행(五行)을 빼고 두개씩 짝을 맞춘 합(合)이며 신자합(申子合), 자진합(子辰合), 신진합(申辰合), 해묘합(亥卯合), 묘미합(卯未合), 해미합(亥未合), 인오합(寅午合), 오술합(午戌合), 인술합(寅戌合), 사축합(巳丑合), 유축합(酉丑合), 사유합(巳酉合)이 이에 속한다.

(2) 준방합(準方合)이라는 것은 반국(半局)이라고도 부르며 방합(方合)에서 하나의 오행(五行)을 빼고 두개씩 짝을 맞춘 합(合)으로 인묘합(寅卯合), 묘진합(卯辰合), 인진합(寅辰合), 사오합(巳午合), 오미합(午未合), 사미합(巳未合), 신유합(申酉合), 유술합(酉戌合), 신술합(申戌合)이 이에 속한다.

(3) 동합(同合)이라는 것은 자견자(子見子), 축견축(丑見丑), 인견인(寅見寅), 묘견묘(卯見卯), 진견진(辰見辰), 사견사(巳見巳), 오견오(午見午), 미견미(未見未), 신견신(申見申), 유견유(酉見酉), 술견술(戌見戌), 해견해(亥見亥)가 이에 속한다.

(4) 우합(隅合)이라는 것은 동서남북(東西南北)의 건방(乾方)인 술해합(戌亥合), 간방합(艮方合)인 축인합(丑寅合), 손방(巽方)인 진사합(辰巳合), 곤방(坤方)인 미신합(未申合)이 이에 속한다.

(5) 암합(暗合)이라는 것은 지장간(支藏干)끼리의 합(合)을 말하는 것이며 천간(天干)의 합(合)에 의한 록지(祿地)의 합(合)을 말한다. 즉, 갑(甲)의 록(祿)은 인(寅)이며 기(己)의 록(祿)은 오(午)이니 천간(天干)의 갑기합(甲己合)이면 인오암합(寅午暗合)이 된다. 또한 예(例)로 을(乙)의 록(祿)은 묘(卯)이고 경(庚)의 록(祿)은 신(申)이니 천간(天干)의 을경합(乙庚合)이면 묘신암합(卯申暗合)이 되는 것이다.

또한 지장간(支藏干) 끼리의 합(合)으로 볼 때는 지지(地支)의 인중갑목(寅中甲木)과 오중기토(午中己土)가 갑기합토(甲己合土)하는 것이며, 묘중을목(卯中乙木)과 신중경금(申中庚金)이 을경합금(乙庚合金)을 이루는 것이다.

진술축미(辰戌丑未)는 사고지(四庫支)로서 형충(刑冲)을 만나 개고(開庫)가 이루어질 때 암합(暗合)이 성립되는 것이다. 예를 들면 진(辰)과 사(巳)가 있는데 진토(辰土)가 술토(戌土)나 축토(丑土)에 의해 충파(沖波)를 만나 진(辰)중의 을목(乙木)과 사(巳)중의 경금(庚金)이 을경합금(乙庚合金)으로 암합(暗合)을 이루게 되는 것이다.

(6) 명암간합(明暗干合)이라는 것은 천간(天干)과 지지장간(地支藏干)과의 간합(干合)을 말한다. 즉 일간(日干)이 병(丙)이고 타지(他支)가 유(酉)이면 유중신금(酉中辛金)과 병신합(丙辛合)이 되는 경우가 명암간합(明暗干合)이다. 여기에서 명(明)은 나타나 있는 것이고 암(暗)은 숨어 있다는 뜻이다.

(7) 자화간합(自化干合)이라는 것은 일간(日干)과 일지(日支)의 지장간(支藏干)과 합(合)하는 것은 명암간합(明暗干合)과 같으나 자화간합(自化干合)은 일주(日柱)에 있는 것만 채용(採用) 하는 것이다. 예(例)를 들면 일주(日柱)가 갑오(甲午)라면 지장간(支藏干)은 기토(己土)가 되어 갑기합(甲己合)으로 자화간합(自化干合)이 되는 것이다. 이와같이 자화간합(自化干合)을 가진 사람은 배우자(配偶者)와 관계가 상부상조(相扶相助) 할 뿐만 아니라 부부애정(夫婦愛情)이 대단히 두텁다.

(8) 쟁합(爭合)이라는 것은 한마디로 서로 다투는 합(合)이라는 뜻이다. 즉 인간사회에서 한 여자(女子)를 두고 두 남자(男子)가 격투를 벌여 이기는 사람이 빼앗아 가는 이치(理致)와 같은 것이다. 예(例)를 들면 년간(年干)이 갑(甲)이고 월간(月干)도 갑(甲)인데 일간(日干)이 기(己)라고 하면 두개의 갑목(甲木)인 한 개의 음기(陰己)와 합(合)하는 것을 쟁합(爭合)이라고 하며 그래서 다투고 싸우는 현상이 일어난다.

(9) 투합(妬合)이라는 것은 한마디로 서로 시기(猜忌)하며 질투(嫉妬)하는 합(合)이라는 뜻이다. 즉 인간사회에서 두 여자(女子)가 한 남자(男子)를 두고 두 여자(女子)가 서로 사랑싸움을 하는 것으로 두개의 음간(陰干)이 한 개의 양간(陽干)과 합(合)이 되는 것을 말한다.

쟁합(爭合)과 마찬가지로 사주원국(四柱原局)에 투합(妬合)이 있거나 또는 운(運)에서 들어오면 남자(男子)는 여자(女子)문제가 발생하고 여자(女子)는 남자(男子)문제가 발생하는 경우가 있으니 조심을 요(要)한다.

(10) 근합(近合)과 원합(遠合)이 있는데 근합(近合)이라는 일간(日干)과 좌(左)나 우(右)에서 근접(近接)하며 합(合)하는 것으로 세력(勢力)이 강(强)하여 길흉(吉凶)의 작용력(作用力)도 강(强)하며, 원합(遠合)은 일간(日干)과 간격(間隔)을 두고 합(合)하는 것으로 세력(勢力)이 약(弱)하여 작용력(作用力)도 약(弱)하다.

(11) 생합(生合)과 극합(剋合)이 있는데 생합(生合)은 유정지합(有情之合)으로서 변화(變化)된 오행(五行)을 그대로 사용할 수가 있으나 극합(剋合)은 무정지합(無情之合)으로 변화(變化)된 오행(五行)을 그대로 사용 할 수가 없다. 생합(生合)은 진정(眞情)한 합(合)으로서 길(吉)하고 좋은 합(合)이 되나 극합(剋合)은 타의(他意)에 의한 합(合)으로 흉(凶)하게 작용(作用)한다. 예(例)를 들면 생합(生合)은 인해합(寅亥合), 진유합(辰酉合), 오미합(午未合)이고 극합(剋合)은 묘술합(卯戌合), 사신합(巳申合), 자축합(子丑合)이다.

좀 더 살펴보면 인해합(寅亥合)은 인목(寅木)과 해수(亥水)로서 수생목(水生木)으로 합(合)이 되고 진유합(辰酉合)은 진토(辰土)와 유금(酉金)이 토생금(土生金)으로 합(合)이 되고 오미합(午未合)은 오화(午火)와 미토(未土)로서 화생토(火生土)로 합이 된다.

극합(剋合)인 묘술합(卯戌合)은 묘목(卯木)과 술토(戌土)가 목극토(木剋土)로 합(合)이 되고 사신합(巳申合)은 사화(巳火)와 신금(申金)이 화극금(火剋金)으로 합(合)이 되고 자축합(子丑合)은 자수(子水)와 축토(丑土)가 토극수(土剋水)로 합(合)이 되고 있다.

제6장 형(刑)·충(冲)·파(破)·해(害)·원진(怨嗔)·공망(空亡)

제1절 충(冲)의 의의

충(冲)이란 서로 다투고 싸우는 것을 의미하며 상충(相冲)이라고도 한다. 그래서 합(合)과는 상대적(相對的)인 개념이고 상극(相剋)보다는 적극적이고 강렬(强烈)한 역할(役割)을 한다.

그러므로 충돌(衝突), 파괴(破壞), 피상(被傷), 불화(不和), 이산(離散), 해산(解散), 분리(分離), 살상(殺傷) 등 부정적(否定的)인 작용도 있지만 시작(始作), 개척(開拓), 발동(發動), 충전(充電), 분발(奮發), 가속(加速), 공격(攻擊), 창조(創造) 등 긍정적(肯定的)인 작용도 있다. 충(冲)에는 간충(干冲)과 지충(支冲)의 두가지가 있다.

제2절 천간충극(天干冲剋)의 원리

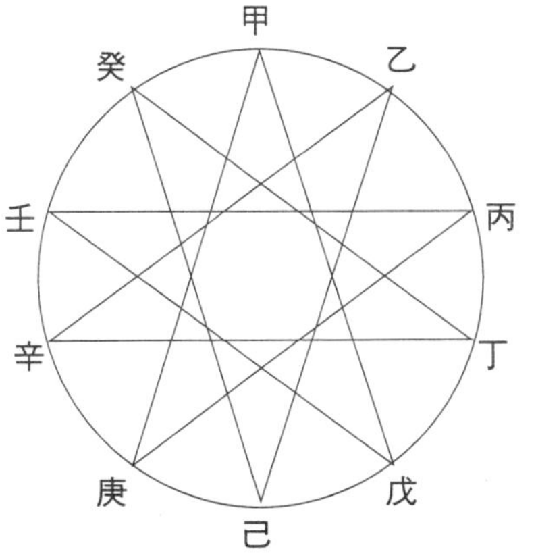

- 갑경충(甲庚冲), 무갑극(戊甲剋)
- 을신충(乙辛冲), 기을극(己乙剋)
- 병임충(丙壬冲), 임무극(壬戊剋)
- 정계충(丁癸冲), 계기극(癸己剋)

〈그림 6-1〉 천간충극도(天干冲剋圖)

<그림 6-1>에서 천간충(天干冲)은 천간(天干) 10개중에서 자기 자신을 시발점(始發點)으로 해서 7번째 만나는 천간(天干)끼리 충(冲)이 된다고 하여 「칠충(七冲)」 또는 「칠살(七殺)」이라고 부른다. 천간충(天干冲)은 상극관계(相剋關係)는 물론이고 두 천간(天干)의 음양관계(陰陽關係)도 같은 것이다.

예(例)를 들면 갑목(甲木)의 경우에 갑(甲)에서 7번째인 경금(庚金)과 갑경충(甲庚冲)이 되고 을목(乙木)은 7번째인 신금(辛金)과 을신충(乙辛冲)이 되고, 병화(丙火)는 7번째인 임수(壬水)와 병임충(丙壬冲)이 되고, 정화(丁火)는 7번째인 계수(癸水)와 정계충(丁癸冲)이 되는 것이다.

상황에 따라서는 갑목(甲木)이 경금(庚金), 을목(乙木)이 신금(辛金), 병화(丙火)가 임수(壬水), 정화(丁火)가 계수(癸水)를 충(冲)하여 제거(除去) 시킬 수도 있는 것이다.

우리가 주의(注意)할 것은 상극(相剋)이 상충(相冲)이 되고 상충(相冲)이 상극(相剋)이 되는 것이 아니고 상극(相剋)보다 상충(相冲)이 훨씬 더 강렬(强烈)한 작용(作用)을 한다. 예(例)를 들어 무토(戊土)에 갑목(甲木)까지가 7번째요, 기토(己土)에서 7번째가 을목(乙木), 계수(癸水)에서 기토(己土)까지, 임수(壬水)에서 무토(戊土)까지가 7번째가 되어 충(冲)이 된다고 볼 수 있으나 상극(相剋)으로 보는 것이 타당하다. 그 이유는 무기토(戊己土)의 특성(特性)은 중앙(中央)이요, 중성자(中性子)로서 중화(中和)와 균형(均衡)을 이루는 기본(基本)이 되기 때문에 충(冲)이 될 수 없다는 것이다.

충(冲)에 있어서도 유정지충(有情之冲)과 무정지충(無情之冲)이 있는데 유정지충(有情之冲)이란 충(冲)을 함으로서 좋아지는 것을 말함이요, 무정지충(無情之冲)이란 충(冲)을 함으로서 나빠지는 것을 말한다.

다시 말해서 충(冲)이라고 하는 것은 본래 흉작용(凶作用)을 하는 것이지만 합(合)이 많을 때는 충(冲)을 만나야 합(合)으로 묶이어 있는 것을 풀어주게 되므로 오히려 길작용(吉作用)을 하는 것이다 그래서 합(合)은 충(冲)으로 풀고 충(冲)은 합(合)으로 해소(解消)하게 되니 이를 탐합망충(貪合忘冲)이라고 하는 것이다.

제3절 지지상충(地支相冲)의 원리(原理)

- 자오상충(子午相冲)
- 축미상충(丑未相冲)
- 인신상충(寅申相冲)
- 묘유상충(卯酉相冲)
- 진술상충(辰戌相冲)
- 사해상충(巳亥相冲)

〈그림 6-2〉 지지상충도(地支相冲圖)

상충(相冲)이란 서로 충돌(衝突)해서 격렬하게 싸우다가 상대(相對)를 쫓아 버리거나 아니면 자기 자신이 물러간다는 뜻이다.

천간(天干)의 충(冲)은 묘충(苗冲)으로 잎사귀나 줄기가 다시 살아날 수 있지만 지지(地支)의 충(冲)은 근충(根冲)으로 뿌리를 충(冲)하니 뿌리가 상(傷)한다.

그래서 천간충(天干冲)은 흔들리면서 상충(相冲)하지만 지지상충(地支相冲)은 충(冲)의 정도가 심(甚)하여 이산(離散), 파괴(破壞), 질병(疾病), 살상(殺傷), 불목(不睦), 송사(訟事), 구설(口舌), 생사이별(生死離別) 등 흉신(凶神)으로 작용(作用)되는 경우가 많다.

<그림 6-2>에서 천간충(天干冲)과 마찬가지로 지지상충(地支相冲)도 각 지지(地支)에서 시계방향으로 180°가 되는 7번째가 상충(相冲)이 되는 것이다.

자(子)에서 7번째가 되는 오(午)와 자오충(子午冲), 축(丑)에서 7번째가 되는 미(未)와 축미충(丑未冲), 마찬가지로 인(寅)과 신(申)이 만나서 인신충(寅申冲), 묘(卯)와 유(酉)가 만나서 묘유충(卯酉冲), 진(辰)과 술(戌)이 만나서 진술충(辰戌冲), 사(巳)와 해(亥)가 만나서 사해충(巳亥冲)으로 7충(七沖)이라고도 부르며 충(冲)이 여섯이 된다고 하여 6충(六冲)이라고도 부른다.

제4절 지지상충(地支相冲)의 작용

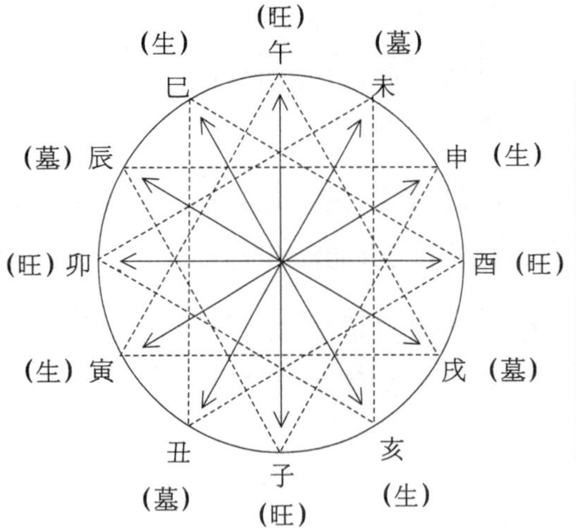

구 분	火 局	水 局	金 局	木 局
長 生	寅 ↔ 申		巳 ↔ 亥	
帝 旺	午 ↔ 子		酉 ↔ 卯	
墓	戌 ↔ 辰		丑 ↔ 未	

〈그림 6-3〉 지지상충작용도(地支相冲作用圖)

<그림 6-3>에서 보는바와 같이 장생간(長生間)의 충(冲), 제왕간(帝旺間)의 충(冲), 묘간(墓間)의 충(冲)으로 구분 할 수가 있다.

인신충(寅申冲), 사해충(巳亥冲)은 장생충(長生冲)으로써 어린 소년(少年)들의 싸움처럼 애정(愛情)이나 감정(感情) 등에 사소한 일이 일어나지만 자오충(子午冲), 묘유충(卯酉冲)은 제왕충(帝旺冲)으로 중장년(中長年)층의 싸움이라 생활이권(生活利權)이나 흥망성쇠(興亡盛衰), 부부관계(夫婦關係) 등 큰 변화(變化)가 일어나고, 진술충(辰戌冲), 축미충(丑未冲)은 묘충(墓冲)으로 노인(老人)들의 싸움과 같이 재물관계(財物關係)나 자식문제(子息問題), 그리고 건강(健康) 등에 관한 일들이 발생(發生)하는 것과 비교할 수가 있다. 여자(女子)의 경우는 일반적으로 부부궁(夫婦宮)에 영향(影響)이 많다.

다시 말해서 인신사해(寅申巳亥)는 사생지(四生地)로서 상충(相冲)되는 것을 싫어하고 자오묘유(子午卯酉)는 사왕지(四旺地)라 하여 상충(相冲)을 가장 흉(凶)하게 보며 진술축미(辰戌丑未)는 사고지(四庫地)로서 상충(相冲)을 오히려 길작용(吉作用)으로 보고 있으나 앞으로 연구(研究), 관찰(觀察)이 필요(必要)하다.

특히 지지상충(地支相冲)을 주의(注意)하여 살펴보아야 한다. 자오충(子午冲)과 사해충(巳亥冲)은 수극화(水剋火)하는 충(冲)이요, 인신충(寅申冲)과 묘유충(卯酉冲)은 금극목(金剋木)하는 충(冲)이요, 진술축미(辰戌丑未)는 같은 오행(五行)인 토(土)로서 충(冲)을 하고 있어 붕충(朋冲)이라고 한다.

일반적으로 토충(土冲)도 강(强)한 자가 이기고 약(弱)한 자가 피상(被傷)되는 것은 사실이지만 진술축미(辰戌丑未)속에 저장되어 있는 지장간(支藏干)의 작용에 따라 변화(變化)가 다양하니 유심히 살펴야 한다. 또한 충(冲)은 왕자(旺者)가 충(冲)을 받으면 더욱 강렬(强烈)해 지기 때문에 왕자충발(旺者冲發)이라고 하고 쇠자(衰者)가 충(冲)을 받으면 완전하게 소멸(消滅)되기 때문에 쇠자충발(衰者冲拔)되어 더욱 쇠약(衰弱)해지는 이치와 같은 것이다.

1. 자오상충(子午相冲)

자(子)와 오(午)의 관계에서 자(子)에서 오(午)까지는 양기(陽氣)를 일으키고 오(午)에서 자(子)까지는 음기(陰氣)를 일으키니 6음6양(六陰六陽)의 순환(循環), 변화(變化)를 일으킨다.

오(午)중에 습토(濕土)인 기토(己土)가 암장(暗藏)되어 습기(濕氣)를 함유한다 하여도 오화(午火)는 지열(地熱)로서 자수(子水)를 보면 싫어한다.

원국(原局)에 자오상충(子午相冲)이 있으면 심성(心性)은 곧고 정직(正直)하고 담백(淡白)하나 항상 심신(心身)이 불안정(不安定)하고 극한적인 투쟁이나 배신으로 원한(怨恨)이 생기고 소심(小心)하며 매사에 전전긍긍하며 타향객지에서 오래도록 생활한다.

질병(疾病)으로는 자수(子水)가 강(强)하면 오화(午火)가 약(弱)하여 심장(心臟)과 소장(小腸), 정신신경(精神神經), 순환기계통(循環器系統)이 허약(虛弱)해지고 반대로 오화(午火)가 강(强)하면 자수(子水)가 약(弱)하여 화(火)에 의하여 수(水)가 마르기 때문에 신장(腎臟), 방광(膀胱), 생식기(生殖器) 등 배설기계통(排泄器系統)이 허약(虛弱)해진다.

2. 축미상충(丑未相冲)

축미상충(丑未相冲)은 미중을목(未中乙木)을 축중신금(丑中辛金)이 극제(剋制)하고 미중정화(未中丁火)를 축중계수(丑中癸水)가 꺼버리니 미토(未土)가 축토(丑土)를 만나면 지장간(支藏干)의 을목(乙木)과 정화(丁火)가 힘을 쓸 수가 없다.

원국(原局)에 축미충(丑未冲)이 있으면 친족간(親族間)에 재산(財産)이나 가옥문서(家屋文書) 등 시비가 일어나고 베풀어도 공덕(功德)이 없고 원한(怨恨)을 사거나 의외의 손재(損財)가 많으니 매사에 신중(愼重)하게 처신해야 한다. 왜냐하면 형제(兄弟)가 각각 다른 마음으로 재산(財産)에 탐을 내기 때문이다.

질병(疾病)은 금수(金水)가 강(强)하면 미중(未中)에 내장(內藏)된 정화(丁火)와 을목(乙木)이 극(剋)을 받아 심장(心臟)과 간(肝)에 이상(異常)이 생길 수도 있으며 반면에 목화(木火)가 강(强)하면 축중(丑中)에 내장(內藏)된 신금(辛金)과 계수(癸水)가 극(剋)을 받아 폐(肺)와 대장(大腸), 신장(腎臟), 방광(膀胱)이 허약(虛弱)해진다. 그러나 토기(土氣)가 태왕(太旺)하면 비장(脾臟)이나 위장(胃腸) 등 소화기계통(消化器系統)이 허약(虛弱)해진다.

3. 인신상충(寅申相冲)

인신상충(寅申相冲)은 인중갑목(寅中甲木)과 신중경금(申中庚金) 이 갑경충(甲庚冲)으로 금극목(金剋木)하여 인목(寅木)이 싫어하는 이치와 같다.

인중(寅中)의 병화(丙火)를 용신(用神)으로 하거나 갑목(甲木)을 용신(用神)으로 할 때 신금운(申金運)을 만나면 인목(寅木)자체가 뿌리가 상(傷)하고 잘리어져 제거(除去)되니 불길(不吉)하다.

원국(原局)에 인신충(寅申冲)이 있으면 마음이 넓고 다정다감(多情多感)하지만 타인의 일에 끼어들어 화(禍)를 자초하고 직업이나 주거변동이 많으며 평생(平生)동안 객지에서 동분서주(東奔西走)하고 해외(海外)에 진출(進出)할 기회가 많다.

인신(寅申)은 역마(驛馬)라고 하여 활동력(活動力)이 왕성(旺盛)하고 성급(性急)하며 적극적(積極的)으로 앞장서서 일을 처리하다보니 의욕(意慾)이 너무 넘쳐 시작은 좋으나 용두사미(龍頭蛇尾)가 되기 쉬우니 끝까지 마무리 하는 습관(習慣)을 길러야 한다.

행운(行運)에서 충(冲)이 이루어지면 전직(轉職), 전업(轉業), 주거변동(住居變動), 교통사고(交通事故), 형벌(刑罰), 모함(謀陷), 배신(背信), 원거리 출타(出他) 등이 생긴다.

질병(疾病)으로는 금(金)이 강(强)하면 간(肝)과 담(膽)이 상(傷)하고 목화(木火)가 강(强)하면 폐(肺)와 대장(大腸) 등의 질환(疾患)이 발생한다.

4. 묘유상충(卯酉相冲)

묘유상충(卯酉相冲)은 묘중을목(卯中乙木)과 유중신금(酉中辛金)이 을신충(乙辛冲)으로 금극목(金剋木)하여 을목(乙木)이 극제(剋制)되는 형상이며, 묘(卯)는 열기(熱氣)의 확산처(擴散處)요, 유(酉)는 냉기(冷氣)의 확산처(擴散處)이며 제왕(帝旺)끼리의 충(冲)이기 때문에 잘못된 형상(形狀)이 생기면 그 만큼 더 흉작용(凶作用)이 크다.

원국(原局)에 묘유충(卯酉冲)이 있으면 단명(短命), 부부불화(夫婦不和), 불구(不具), 배반(背反), 대인관계충돌(對人關係衝突) 등이 발생한다. 또한 도화(桃花)라고 하여 남녀관계(男女關係)가 부정(不貞)한 쪽으로 속단(速斷)하기 쉬우나 사회적(社會的)으로 적극적(積極的)인 활동력(活動力)으로 통변(通辯)해야 될 것으로 본다.

질병(疾病)으로는 수목(水木)이 강(强)하면 폐(肺)나 대장(大腸)이 허약(虛弱)해질 수가 있고 토금(土金)이 강(强)하면 간(肝)이나 담(膽) 등의 질환(疾患)이 발생할 수가 있다.

5. 진술상충(辰戌相冲)

진술상충(辰戌相冲)은 진중(辰中)에는 을계무(乙癸戊)가 암장(暗藏)되어 있고 술중(戌中)에는 신정무(辛丁戊)가 암장(暗藏)되어 있는데 술중(戌中)의 신금(辛金)이 진중(辰中)의 을목(乙木)을 시들게 하고 진중(辰中)의 계수(癸水)가 술중(戌中)의 정화(丁火)를 꺼버리는 작용을 하여 충(冲)이 형성이 되는 것이다.

또한 진술상충(辰戌相冲)은 술중(戌中)의 정화(丁火)가 튀어나오게 되는데 이 때 정화(丁火)를 용신(用神)으로 사용하는 자(者)는 발복(發福)하고 화(火)가 기신(忌神)이면 대흉(大凶)하나 만일 천간(天干)에 임계수(壬癸水)가 투간(透干)되어 있으면 무방(無妨)하다.

즉, 지지(地支)에 진술충(辰戌冲)이 되어 정화(丁火)가 튀어나올 경우 천간(天干)에 정화(丁火)가 투간(透干)되어 있는 것과 동일(同一)한 작용이 되니 이 때 천간(天干)에 임계수(壬癸水)가 있어 튀어나온 정화(丁火)를 극제(剋制)하면 정화(丁火)가 기신(忌神)이라도 영향(影響)이 미치지 않는다는 뜻이다.

원국(原局)에 진술충(辰戌冲)이 있으면 붕충(朋冲)으로 큰 병동은 없으나 강직(剛直)하고 과단성(果斷性)이 있으며 대인관계(對人關係)가 원만하며 신의(信義)가 있으나 자신(自身)의 일에 곤란한 입장이 생기면 속수무책이며 고집이 강하여 무리하게 처리하여 곤경(困境)에 빠지는 경우가 있다.

행운(行運)에서 진술충(辰戌冲)이 이루어지면 이성문제(異性問題)가 생기고 직업(職業) 및 직장이동(職場移動)이 있고 심하면 명예(名譽)를 잃어버리고 가사(家事)가 몰락(沒落)하는 경우가 생긴다.

질병(疾病)으로는 수(水)가 많으면 비장(脾臟)과 위장(胃腸)에 질환(疾患)이 발생하나 화(火)사 많으면 신장(腎臟)과 방광(膀胱)이 허약(虛弱)해진다.

6. 사해상충(巳亥相冲)

사해상충(巳亥相冲)은 사중병화(巳中丙火)와 해중임수(亥中壬水)로 병임충(丙壬冲)하여 수극화(水剋火)로 수(水)가 화(火)를 극제(剋制)하여 충(冲)이 되는 것이다.

원국(原局)에서 사해충(巳亥冲)이 있으면 인신충(寅申冲)과 같이 마음이 넓고 다정다감(多情多感)하여 쓸데없이 남의 일을 걱정하거나 스스로 일을 만들어 적은 것이 크게 되어 결국은 손해(損害)를 보고 나서 소심(小心)해지는 경우가 생긴다. 또한 매사에 유시무종(有始無終)하여 직업이나 주거변동이 많다.

예(例)를 들어 남의 일을 도와준다고 자주 간섭한 것이 화근(禍根)이 되어 구설(口舌)이나 논쟁(論爭)으로 비화(飛禍)되어 휘말리어 후회하는 일이 많게 되니 대인관계를 신중(愼重)하게 처리해야 한다.

원국(原局)이나 행운(行運)에서 사해충(巳亥冲)이 이루어지면 불의(不意)의 사고(事故), 형액(刑厄), 교통사고(交通事故), 수술(手術), 조난(遭難), 화재(火災), 해외이주(海外移住) 등 객지(客地)에서 평생(平生)동안 분주(奔走)하게 살아간다.

질병(疾病)으로는 해수(亥水)가 강(强)하면 심장(心臟)이나 소장(小腸)이 허약(虛弱)해지고 사화(巳火)가 강(强)해지면 신장(腎臟)과 방광(膀胱) 등 비뇨기계통(泌尿器系統)에 질환(疾患)이 생긴다.

제5절 천간지지(天干地支) 합충(合冲)의 특성

(1) 천간합충(天干合冲)은 작용력(作用力)이 미약(微弱)하나 지지합충(地支合冲)은 작용력(作用力)이 강력(强力)하다. 천간충(天干冲)이 되면 자연 지지(地支)에도 영향(影響)이 미치고 지지상충(地支相冲)되면 천간(天干)에도 마찬가지로 영향(影響)이 미친다.

(2) 천간충(天干冲)은 속도가 빠르게 나타나 지지상충(地支相冲)은 속도가 느리게 나타나지만 영향력(影響力)은 크게 작용(作用)한다. 천간충(天干冲)이 되어 있는데 지지(地支)에도 상충(相冲)이 되면 천충지충(天冲地冲)이라고 하여 영향력(影響力)은 더욱 강(强)하게 나타나서 시작(始作)도 결과(結果)도 흉(凶)하게 나타난다.

(3) 천간충(天干冲))이 되고 지지합(地支合)이 되면 시작(始作)은 나쁘나 결과(結果)가 좋으며 반대로 천간(天干)은 합(合)이 되고 지지(地支)가 충(冲)이 되면 시작(始作)은 좋으나 결과(結果)가 나쁘다.

(4) 천간(天干)과 지지(地支)가 같이 합(合)이 되면 마음이 넓고 정직(正直)하고 포용력(包容力)이 있으며 온순(溫順)하다. 그러나 합(合)이 너무 많으면 천격(賤格)이며 충(冲)이 너무 많으면 빈격(賓格)이다.

(5) 근충(近冲)은 충력(冲力)이 강(强)하고 원충(遠冲)은 충력(冲力)이 약(弱)하며 작용력(作用力)도 근충(近冲)은 직발(直發)하나 원충(遠冲)은 동요(動搖)만 일어난다.

(6) 사주원명(四柱原命)에 자오묘유(子午卯酉), 인신사해(寅申巳亥), 진술축미(辰戌丑未)가 모두 갖추어지면 충(冲)으로 간주(看做) 하지 않으며 남명(男命)은 대부대귀(大富大貴) 할 수 있으나 여명(女命)은 반대로 파란곡절(波瀾曲折)이 많은 편이다.

(7) 천간(天干)은 합(合)되고 지지(地支)는 충(冲)이 되는 경우를 천합지충(天合地冲)이라고도 하고 외합내소(外合內疎)라기도 하는데 겉으로는 화합(和合)하는 것 같으나 속으로는 서로 갈등(葛藤)이 심하고 천충지합(天冲地合)은 이와 반대로 외소내친(外疎內親)하다.

(8) 원명(原命)에서 행운(行運)을 충(冲)하면 내충(內冲)이라고 하는데 작용력(作用力)이 신속하게 나타나고 행운(行運)에서 원명(原命)을 충(冲)하면 외충(外冲)이라 하여 작용력(作用力)이 더디게 나타난다.

(9) 일간(日干)과 년간(年干)이 합(合)이 되거나 일지(日支)와 년지(年支)가 합(合)이 되면 선조(先祖)의 유덕(遺德)이 있고 선조봉례(先祖奉禮)에 정성을 다한다.

(10) 일간(日干)과 월간(月干)이 합(合)이 되거나 일지(日支)와 월지(月支)가 합(合)이 되면 부모(父母)의 유덕(遺德)이 있고 부모형제(父母兄弟), 상사(上司)와 화합(和合)을 잘한다.

(11) 일간(日干)과 시간(時干)이 합(合)이 되거나 일지(日支)와 시지(時支)가 합(合)이 되면 자손(子孫)의 덕(德)이 있고 부하(部下)와도 화합(和合)을 잘한다.

(12) 일간(日干)이 년간(年干)을 충(冲)을 하거나 일지(日支)와 년지(年支)가 충(冲)이 되면 선조불화(先祖不和)하고 선조봉례(先祖奉禮)도 모시지 못하고 고향(故鄕)을 떠나 살아야 하며 상사(上司)와도 충돌(衝突)이 심하다.

(13) 일간(日干)이 월간(月干)을 충(冲)을 하거나 일지(日支)와 월지(月支)가 충(冲)을 하면 부모형제(父母兄弟)간에 불화(不和)하고 부모(父母)를 떠나거나 고향(故鄕)을 떠나 살아야 하며 유산(遺産)을 간직 하기가 어렵다.

(14) 일간(日干)이 시간(時干)을 충(冲)을 하거나 일지(日支)와 시지(時支)가 충(冲)을 하면 자손(子孫)과 불화(不和)하고 유산(遺産)을 물려주어도 유지(維持)하기가 어렵고 부하(部下)와의 충돌(衝突)도 심하다.

(15) 천간(天干)과 지지(地支)가 상극(相剋)이나 상충(相冲)하면
평생동안 풍파(風波)가 많이 따른다.

(16) 일간(日干)이 년간(年干)이나 월간(月干)을 상극(相剋)이나 상충(相冲)하면 조부모(祖父母)의 재산(財産)을 파(破)하고 고향(故鄕)을 떠나서 살며 인덕(人德)도 없다.

(17) 일간(日干)이나 시간(時干)이 년간(年干)이나 월간(月干)을 상극(相剋)이나 상충(相冲)하면 부선망(父先亡) 하는 경우가 많다.

(18) 일지(日支)나 시지(時支)가 년지(年支)나 월지(月支)를 상극(相剋)이나 상충(相冲)하면 모선망(母先亡)하는 경우가 많다.

제6절 삼형(三刑)과 자형(自刑)

1. 삼형(三刑)과 자형(自刑)의 의의(意義)

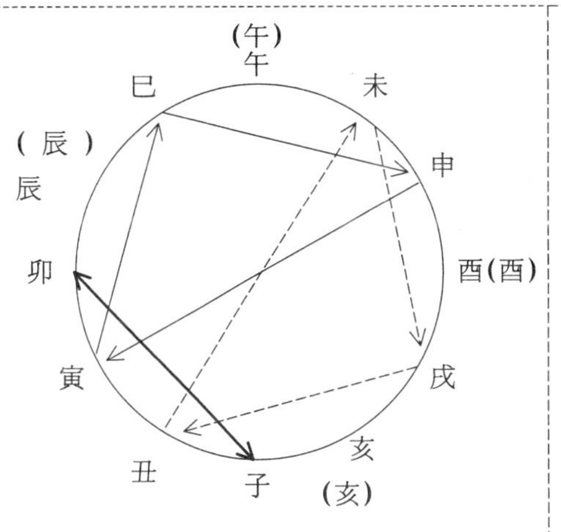

- 인사신(寅巳申) 삼형(三刑)
- 축술미(丑戌未) 삼형(三刑)
- 자묘(子卯) 상형(相刑)
- 진진(辰辰), 오오(午午), 유유(酉酉) 해해(亥亥) 자형(自刑)

〈그림 6-4〉 삼형도(三刑圖)

삼형(三刑)은 작용력(作用力)이 강(强)하며 삼형살(三刑殺)이라고도 하며 인사신(寅巳申), 축술미(丑戌未)이고, 자묘(子卯)는 상형(相刑)을 말하고 자형(自刑)은 삼형(三刑)에서 빠진 진오유해(辰午酉亥)가 같은 글자간의 형(刑)을 말한다.

인사신(寅巳申)삼형(三刑)의 인(寅)은 봄의 장생지(長生地)요, 사(巳)는 여름의 장생지(長生地)요, 신(申)은 가을의 장생지(長生地)이다. 그래서 세 장생지(長生地)가 생명(生命)을 키우는데 서로가 자신의 덕(德)이라고 다투는 형상이니 질투(嫉妬)와 시비(是非)와 상해(傷害)가 일어난다는 뜻이다.

축술미(丑戌未)삼형(三刑)은 같은 오행(五行)인 토(土)끼리 형(刑)하여 붕형(朋刑)이라고도 하며 자기의 세력(勢力)을 믿고 서로 형(刑)한다는 뜻으로 축(丑)은 축중계수(丑中癸水)가 겨울철의 왕(旺)한 수기(水氣)로 가을의 술중정화(戌中丁火)를 충(冲)하는 이치요, 술중신금(戌中辛金)은 가을철의 금기(金氣)가 미중을목(未中乙木)을 충(冲)하는 이치로 지장간(支藏干)들끼리 서로 믿고 있다가 배신(背信)과 불신(不信)이 발생하는 것이다.

자묘형(子卯刑)은 묘목(卯木)이 냉수(冷水)인 자수(子水)를 만나서 동상(凍傷)이 걸리고 병(病)들게 되므로 싫어하는 형(刑)이다. 자형(自刑)은 삼형(三刑)을 제외(除外)한 글자로 너무 강(强)하기 때문에 두글자가 만나면 서로 시기(猜忌)하고 다투는 형(刑)을 말한다.

2. 지형(支刑)의 특성(特性)

사주(四柱)에 삼형살(三刑殺)이 있으면 정신력(精神力)이 강(强)하고 고집(固執)이 세며 자기 주장(主張)을 굽히지 않으며 냉정(冷情)한 편이다.

또한 정의(正義)로우며 의리(義理)가 강(强)하여 애국심(愛國心)이 많고 권력(權力)을 가지거나 생살권(生殺權)을 집행(執行)하는 군인(軍人), 경찰(警察), 법관(法官), 형무관(刑務官), 의약사(醫藥師), 간호사(看護師) 등의 직업(職業)을 가지고 있는 경우가 많다. 왜냐하면 내가 남을 구속(拘束)하든지 아니면 내가 도리어 구속(拘束)을 당하게 되는 이치이다. 간혹 식육점, 양복점, 이미용사 등의 직업을 갖는 경우가 있다.

사주(四柱)에 형살(刑殺)이 있는데 신왕(身旺)하고 청(淸)하며 조화(調和)를 이룰 경우에는 생살권(生殺權)을 집행(執行)하지만 사주(四柱)가 신약(身弱)하거나 탁(濁)하여 편고(偏枯)되었다면 오히려 관재(官災), 송사(訟事), 수술(手術), 쟁투(爭鬪), 수옥(囚獄), 파괴(破壞), 재앙(災殃), 형액(刑厄) 등 다양한 흉사가 일어난다.

대운(大運)이나 세운(歲運)에서도 삼형살(三刑殺)이 되면 관재송사(官災訟事), 교통사고(交通事故), 수술(手術) 등 변화(變化)가 많다.

3. 지형(支刑)의 종류

(1) 인사신(寅巳申) 삼형(三刑)

인사신(寅巳申)의 삼형(三刑)은 지세지형(持勢之刑)이라고 하여 인사형(寅巳刑), 사신형(巳申刑), 인신형(寅申刑)으로 인(寅)이 사(巳)를 형(刑)하고, 사(巳)는 신(申)을 형(刑)하고, 신(申)은 인(寅)을 형(刑)하는 것이다.

명조(命造)에 이 형(刑)이 있으면 성질(性質)이 냉혹(冷酷)하고 포악(暴惡)하며 타인(他人)을 누르거나 업신여기며 매사를 속전속결(速戰速決)로 처리하는 경향이 있다.

그러나 명조(命造)에 삼형(三刑)이 있고 조화(調和)가 잘되면 특수직(特殊職)에서 성공(成功)하는 경우가 있으나 여명(女命)은 가정운(家庭運)이 불길(不吉)하거나 동분서주(東奔西走)하는 생활을 한다. 또한 대인관계(對人關係)에서도 형제, 친척, 친구간에 배신(背信)을 당하기도 한다.

운(運)에서도 관재(官災), 송사(訟事), 자살(自殺), 교통사고(交通事故), 수술(手術) 등이 발생하게 되고, 또한 간(肝), 심장(心臟), 소장(小腸), 폐대장(肺大腸) 등의 질병(疾病)에 유의(留意)해야 한다.

(2) 축술미(丑戌未) 삼형(三刑)

축술미(丑戌未)삼형(三刑)은 무은지형(無恩之刑)이라고 하여 축술형(丑戌刑), 술미형(戌未刑), 축미형(丑未刑)으로 축(丑)이 술(戌)을 형(刑)하고 술(戌)이 미(未)를 형(刑)하고 미(未)가 축(丑)을 형(刑)하는 것을 말한다.

명조(命造)에 이 형(刑)이 있으면 자기의 세력(勢力)을 믿고 저돌적으로 자기의 고집(固執)과 욕심(慾心)을 부리다가 실패(失敗)하는 경우가 많으며 친구나 은인(恩人)을 배반(背叛)하기도 한다.

또한 평소에 사소한 이익이나 금전관계, 권리다툼으로 인하여 쟁투(爭鬪)가 일어나 원수(怨讐)가 되는 경우가 있으며 여명(女命)은 부부불화(夫婦不和), 이별(離別), 산액(産厄), 고독(孤獨)한 경우가 많다.
그러나 이 명조(命造)에 삼형(三刑)이 있고 조화(調和)를 이루어 청격(淸格)이면 특수직(特殊職)에서 생살권(生殺權)을 가지고 이름을 날려 명진사해(名振四海)하는 경우가 많다.

질병(疾病)으로는 뇌(腦), 정신(精神), 심신(心身), 심장(心臟), 비장(脾臟), 위장(胃腸) 등의 질환(疾患)으로 고생(苦生)한다.

(3) 자묘(子卯) 상형(相刑)

자묘(子卯)상형(相刑)은 무례지형(無禮之刑)이라고도 하며 자(子)가 묘(卯)를 형(刑)하고 묘(卯)도 자(子)를 형(刑)하므로 서로 형(刑)한다고 하여 호형(互刑), 또는 상형(相刑)이라고 한다.

즉, 묘목(卯木)이 자월(子月)인 한냉절(寒冷節)에 만나서 수생목(水生木)으로 상생(相生)이 될 것 같으나 오히려 냉수(冷水)가 되어 동목(凍木)이 되는 이치와 같은 것이며 왕지(旺支)끼리 서로가 자존심(自尊心)이 강(强)한데 묘목(卯木)은 자수(子水)를 꺼리어 인수(印綬)인 어머니를 배척(排斥)하여 패륜(悖倫)으로 해석하여 무례지형(無禮之刑)이라고 하는 것 이다.

명조(命造)에 자묘형(子卯刑)이 있으면 예의(禮儀)가 없고 주위사람과 화목(和睦)하지 못하며 난폭(亂暴)하거나 편고(偏枯)한 행동을 하는 경우가 많으며 운(運)에서도 자묘형(子卯刑)이 되면 불륜(不倫), 간통(姦通), 시비(是非), 구설(口舌), 형액(刑厄), 부부불화(夫婦不和) 등이 발생한다.

질병(疾病)으로는 신장(腎臟), 방광(膀胱), 비뇨기(泌尿器), 간담계통(肝膽系統) 등에 질환(疾患)이 발생하고 마약(痲藥), 음독(飮毒) 등의 경험(經驗)도 갖게 된다. 그러나 명조(命造)가 조화(調和)를 이루고 청(淸)하면 생살권(生殺權)을 가진 업종(業種)에서 두각(頭角)을 나타낸다.

(4) 진진(辰辰), 오오(午午), 유유(酉酉), 해해(亥亥) 자형(自刑)

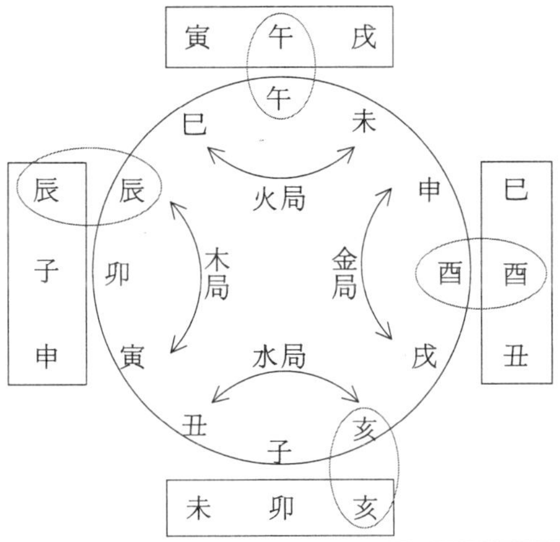

- 三合 : **신자진**(申子辰), **인오술**(寅午戌)
- 方合 : **인묘진**(寅卯辰), **사오미**(巳午未)

- 三合 : **사유축**(巳酉丑), **해묘미**(亥卯未)
- 方合 : **신유술**(申酉戌), **해자축**(亥子丑)

〈그림 6-5〉 자형도(**自刑圖**)

자형(自刑)**은 지지**(地支)**가 서로 같으면서 형**(刑)**을 하여 붙여진 이름이며 다른 형살**(刑殺)**에 비해서 작용력**(作用力)**이 약**(弱)**하다. 그 이유는 진진**(辰辰)**, 오오**(午午)**, 유유**(酉酉)**, 해해**(亥亥)**가 동성**(同性)**으로 동합**(同合)**이 이루어지기 때문이다.**

명조(命造)**에 자형**(自刑)**이 있으면 독립정신**(獨立精神)**이 약**(弱)**하고 주어진 일에 대해서는 성의**(誠意)**가 없고 시종일관**(始終一貫)**하지 못한다. 또한 쓸데없는 자기주장을 내세워 적**(敵)**을 만들기도 한다. 내심**(內心)**이 악독**(惡毒)**하고 천박**(賤薄)**하며 심하면 신체**(身體)**에 장애**(障碍)**가 생기거나 불구**(不具)**가 되기 쉽다. 명조**(命造)**의 일시**(日時)**에 자형**(自刑)**이 있으면 배우자나 자식이 병약**(病弱)**하거나 질병**(疾病)**이 생기며 간혹 장애아**(障碍兒)**나 쌍둥이아이를 출산**(出産)**하는 경우가 있다.**

진진(辰辰)**자형**(自刑)**은 자만심**(自慢心)**이 강**(强)**하고 당돌하며 형제간에 우애가 없고 사회에서 소외당하고 고독**(孤獨)**하다. 진**(辰)**중 계수**(癸水)**로 왕**(旺)**한 수고**(水庫)**로 수재**(水災)**, 냉해**(冷害)**, 익사**(溺死) **등의 사고**(事故)**가 발생하고 비장**(脾臟)**, 위장**(胃腸)**, 피부병**(皮膚病)**, 신장**(腎臟)**, 방광**(膀胱)**, 비만증**(肥滿症)**, 요도염**(尿道炎) **등의 질병**(疾病)**이 발생한다.**

그러나 명조(命造)가 청(淸)하면 창고업(倉庫業), 수산업(水産業), 법조계통(法曹系統)에서 성공(成功)하는 경우가 많다.

오오(午午)자형(自刑)은 화기(火氣)가 태왕(太旺)하여 성질(性質)이 너무 급(急)하고 속단(速斷)하여 경거망동(輕擧妄動)한 행동으로 부부(夫婦)와 인연(因緣)이 박(薄)하고 자식(子息)과도 불화(不和)하며 관재구설(官災口舌)이 많으며 화재(火災), 폭발(暴發), 자해(自害), 총상(銃傷) 등의 사고(事故)가 발생하며 신경과민(神經過敏), 두통(頭痛) 등 정신신경계통(精神神經系統)의 질병(疾病)이 오거나 전기, 전자, 가스, 주유소 등의 사업에 종사하기도 한다.

유유(酉酉)자형(自刑)은 금기(金氣)가 태왕(太旺)하여 강압적(强壓的)이고 독선적(獨善的)이며 포악(暴惡)하다. 또한 사물(事物)의 성장(成長)을 억제(抑制)시키는 숙살(肅殺)의 기질(氣質)을 가지고 있기 때문에 칼이나, 연장, 기계 등으로 인한 상해(傷害), 수술(手術), 교통사고(交通事故), 폐대장(肺大腸) 등 호흡기계통(呼吸器系統)이나 자궁(子宮), 생리통(生理痛), 유방(乳房) 등의 질병(疾病)에 시달리기도 한다.

해해(亥亥)자형(自刑)은 수기(水氣)가 왕(旺)하여 머리가 비상하고 임기응변과 상황변화에 능숙하다. 또한 수재(水災)나 폭설(暴雪), 폭풍(暴風), 한파(寒波) 등으로 인한 피해(被害)를 입으며 신장(腎臟), 방광(膀胱) 등 비뇨기계통(泌尿器系統)이나 고혈압(高血壓), 당뇨(糖尿), 심장병(心臟病) 등이 발생하는 경우가 많다.

4. 지형(支刑)의 특성

(1) 원명(原命)에 형(刑)이 있는데 유기(有氣)하고 청(淸)하여 조화(調和)를 이루면 권력(權力)과 명예(名譽)를 얻어 만인(萬人)을 통솔(統率)하지만 명조(命造)가 편중(偏重)되거나 균형(均衡)이 깨지고 탁(濁)하면 도리어 자신이 형벌(刑罰)이나 재난(災難)에 시달리며 운행(運行)에서도 지형(支刑)이 이루어지면 교통사고(交通事故), 수술(手術) 등 관재송사(官災訟事)가 일어난다.

(2) 원명(原命)이 왕성(旺盛)하고 지형(支刑)이 12운성(十二運星)의 장생(長生), 제왕(帝旺), 건록(建祿)에 있으면 자존심(自尊心)이 강(强)하고 의지(意志)와 추진력(推進力)이 강(强)하며 의리(義理)와 인정(人情)이 많고 희생정신(犧牲精神)이 투철하다. 그러나 지형(支刑)이 12운성(十二運星)의 사절(死絶)이 되면 재앙(災殃)이 많고 냉정(冷情)하며 잔인(殘忍)할 뿐만 아니라 배신(背信)하고 공격적(攻擊的)이고 위협적(威脅的)인 성격(性格)을 가지고 있으며 가정적(家庭的)으로도 부부불화(夫婦不和)하거나 이별(離別)하는 경우가 많다.

(3) 직업적(職業的)으로는 명조(命造)가 격국용신(格局用神)에 따라 다르겠지만 일반적으로 상격(上格)이면 생살권(生殺權)을 갖는 판사(判事), 검사(檢事), 변호사(辯護士), 군인(軍人), 경찰(警察), 의사(醫師), 약사(藥師), 신문방송(新聞放送) 등 언론(言論) 및 별정직(別定職)이나 권력기관(權力機關)에서 종사(從事)하며 격국(格局)이 낮으면 미용(美容), 이발(理髮), 석공(石工), 포목(布木), 재단(裁斷), 디자인, 정육점(精肉店), 도축업(屠畜業), 수산업(水産業), 창고업(倉庫業), 목욕(沐浴) 및 숙박업(宿泊業) 등에 인연(因緣)이 있다.

(4) 여명(女命)에 식신(食神)이나 상관(傷官)이 지형(支刑)에 해당하면 유산(流産), 자궁외임신(子宮外姙娠), 제왕절개수술(帝王切開手術), 자궁암수술(子宮癌手術) 등을 경험하게 된다.

(5) 원명(原命)의 년지(年支)와 월지(月支)에 지형(支刑)이 있으면 부모(父母)나 상사(上司)에게 불효(不孝)나 불경(不敬)하며 형제(兄弟)가 고독(孤獨)하다.

(6) 원명(原命)의 일지(日支)와 시지(時支)에 있으면 배우자(配偶者)와 자손(子孫)이 포악(暴惡)하고 화목(和睦)하지 못하고 자신(自信)은 덕(德)이 없다.

(7) 년지(年支)나 월지(月支)에 형살(刑殺)이 있고 또 일시(日時)에 형살(刑殺)이 있으면 서로가 형(刑)하여 선조(先祖), 부모(父母), 형제(兄弟), 상사(上司)에게 불경(不敬) 또는 무례(無禮)한 행동을 한다.

(8) 형충파해(刑冲破害)가 같이 있으면 가까운 것끼리 강(强)하게 작용(作用)한다. 만약 축년(丑年), 자월(子月), 인일(寅日), 오시(午時)라면 자축(子丑)이 합(合)되어 자오(子午)는 충(冲)이 되지 않는다.

(9) 충(冲)의 작용력(作用力)은 육합(六合)보다 강(强)하여 육합(六合)과 육충(六冲)이 같이 있을 경우 육충(六冲)으로 본다.

(10) 육합(六合)은 삼형(三刑)과 육해(六害)보다 더 작용력(作用力)이 강(强)하여 육합(六合)과 형해(刑害)가 같이 있을 경우 육합(六合)으로 본다.

(11) 방합(方合)이나 삼합(三合), 충(冲)은 작용력(作用力)이 크고 형해(刑害)는 작용력(作用力)이 비교적 작다.

(12) 방합(方合)이나 삼합(三合), 육합(六合)으로 형충(刑冲)을 해소(解消)한다. 만약 오년(午年), 자월(子月), 진일(辰日), 신시(申時)라면 년월지(年月支)는 자오(子午)로 충(冲)이 되지만 일시지(日時支)의 신진(申辰)은 월지(月支)의 자수(子水)를 합(合)하여 삼합수국(三合水局)이 되어 자오충(子午冲)은 해소(解消)된다.

(13) 형충(刑冲)이 회합(會合)을 깬다. 만약 자년(子年), 자월(子月), 인일(寅日), 신시(申時)라면 월시지(月時支)가 신자(申子)로 반합(半合)이 되지만 일시지(日時支)가 인신(寅申)으로 상충(相冲)하여 신자반합(申子半合)을 해소(解消)하여 합(合)이 되지 않고 충(冲)이 되었다.

그러나 자년(子年), 오월(午月), 술월(戌月), 진시(辰時)라면 오술반합(午戌半合)이 년월지(年月支)의 자오상충(子午相冲)을 해소(解消) 하였으나 일시지(日時支)에서 진술(辰戌)로 다시 상충(相冲)을 하여 오술반합(午戌半合)을 해소(解消)하여 자오상충(子午相冲)이 되었다.

(14) 원명(原命)의 지지(地支)에 용신(用神)이나 희신(喜神)이 있는데 운(運)에서 합(合)하면 길(吉)이 반감(半減)되고 기신(忌神)이 합(合)을 하면 합지(合支)되어 흉(凶)이 반감(半減)된다.

그러나 삼합(三合)이나 방합(方合)이 되어 희신(喜神)이 되면 더욱 길(吉)하게 되고 기신(忌神)이 되면 더욱 흉(凶)하게 되는데 운(運)에서 마찬가지로 희신(喜神)이 되면 더욱 길(吉)하게 되고 기신(忌神)이 되면 더욱 흉(凶)하게 된다.

제7절 지파(支破)

1. 지파(支破)의 의의(意義)

- 자유(子酉) 파(破)
- 축진(丑辰) 파(破)
- 인해(寅亥) 파(破)
- 사신(巳申) 파(破)
- 오묘(午卯) 파(破)
- 술미(戌未) 파(破)

〈그림 6-6〉 지파구성도(支破構成圖)

<그림 6-6>에서 지파(支破)는 자유(子酉), 축진(丑辰), 인해(寅亥), 사신(巳申), 오묘(午卯), 술미(戌未) 사이에 여섯가지로 파(破)가 형성 되는데 자(子)가 유(酉)를 파(破)하고 축(丑)이 진(辰), 인(寅)이 해(亥), 사(巳)가 신(申), 오(午)가 묘(卯), 술(戌)이 미(未)를 파(破)한다.

지파(支破)의 구성(構成)은 양지(陽支)는 자기 자신(自身)을 기준으로 하여 반시계방향으로 4번째이고 음지(陰支)는 시계방향으로 4번째에 해당하는 것이 파(破)가 이루어지는 것이다.

또한 지파(支破)의 구성(構成)은 자오(子午)와 묘유(卯酉)가 충(冲)을 하면 자유(子酉)와 묘오(卯午)도 자연적으로 영향을 받아 파(破)가 되는 것이며, 인신(寅申)과 사해(巳亥)가 충(冲)을 하면 인해(寅亥)와 사신(巳申)도 자연적으로 영하을 받아 파(破)가 되며 진술(辰戌)과 축미(丑未)가 충(冲)을 하면 축진(丑辰)과 술미(戌未)가 역시 흔들려서 파(破)가 되는 것이다.

파(破)란 집단(集團)이나 조직(組織)의 발전(發展)의 기운(氣運)을 파괴(破壞), 분리(分離), 이별(離別), 절단(切斷), 질병(疾病), 수술(手術), 파산(破産), 사별(死別), 정리(整理), 이동(移動)한다는 뜻으로서 작용력(作用力)은 형(刑), 충(冲), 해(害)보다 약(弱)하다.

그러나 파괴(破壞)한다는 뜻이 담겨져 있기 때문에 방심(放心)하거나 소홀(疎忽)하게 생각하는 것은 금물(禁物)이다.

2. 지파(支破)의 종류와 특성(特性)

(1) 자유파(子酉破)

자유파(子酉破)는 약속(約束)이 깨지거나 이행하지 않아 신의(信義)가 떨어지고 자기가 세운 계획(計劃)이나 추진(推進)과정에서 혼란을 가져오기도 한다. 부모형제간에도 적대감(敵對感)이 있게 되고 부부간에도 무정(無情)하고 자식이 불효(不孝)하기도 한다.

질병(疾病)으로는 자수(子水)에 관련되는 신장(腎臟), 요도염(尿道炎), 방광염(膀胱炎), 전립선염(前立腺炎), 생리불순(生理不純), 자궁암(子宮癌), 폐질환(肺疾患) 등이 염려된다.

(2) 축진파(丑辰破)

축진파(丑辰破)는 어떤 일을 추진(推進)하는 과정에서 무리하게 시도하거나 자신의 능력을 너무 과신 하여 명예(名譽)나 재산(財産)을 손상(損傷)시킨다. 원명(原命)에 파(破)가 있거나 운(運)에서 파(破)를 만나면 남명(男命)은 처(妻)로 인한 재산상의 손재를 보게 되고 여명(女命)은 남편(男便)이 사회적인 문제로 명예가 실추되거나 관재구설(官災口舌)이 많이 따른다.

질병(疾病)으로는 비장(脾臟), 위장(胃腸), 맹장염(盲腸炎), 복막염(腹膜炎), 피부습진(皮膚濕疹) 등의 질환(疾患)이 염려된다.

(3) 인해파(寅亥破)

인해파(寅亥破)는 합력(合力)이 이루어지기 때문에 파(破)중에서 제일 약(弱)하게 작용한다. 그러나 사(巳)나 신(申)이 있으면 합(合)을 깨므로 재난(災難)이 따른다.

질병(疾病)으로는 유산(流産), 임신중절(姙娠中絶), 자궁수술(子宮手術), 방광염(膀胱炎), 담석증(膽石症) 등이 염려된다.

(4) 사신파(巳申破)

사신파(巳申破)는 합(合)도 되고 형(刑)도 되고 파(破)도 된다. 그러므로 처음에는 합(合)의 작용이 먼저 일어나서 화합(和合), 단합(團合), 동업(同業) 등 일이 순조롭게 진행되어 가다가 도중에 충돌(衝突), 불화(不和), 배신(背信), 투쟁(鬪爭) 등 형파(刑破)작용이 일어나 파산(破産), 손재(損財), 분리(分離) 등을 일으켜 항상 복잡하고 미묘한 이중(二重)의 요소가 내포되어 있으니 자세히 살펴야 한다.

질병(疾病)으로는 심장(心臟)과 소장(小腸), 폐(肺)와 대장(大腸) 등의 질환(疾患)이 염려된다.

(5) 오묘파(午卯破)

오묘파(午卯破)는 목화(木火)로 화왕(火旺)하여 매사에 신중하지 못하고 속전속결(速戰速決)로 처리하므로 잦은 사업실패(事業失敗), 풍류(風流)와 색정(色情)으로 인하여 명예(名譽)가 실추되기도 한다.

원명(原命)에 오묘파(午卯破)가 있는데 운(運)에서 다시 파(破)를 만나면 도박(賭博), 유흥(遊興), 공금횡령(公金橫領), 뇌물수수(賂物授受)사건 등에 주의하여야 한다.

질병(疾病)으로는 간담(肝膽), 안질(眼疾), 심장(心臟), 소장(小腸) 등의 질환(疾患)이 염려된다.

(6) 술미파(戌未破)

술미파(戌未破)는 파(破)와 동시에 형(刑)이 성립되어 형파(刑破)의 작용력(作用力)이 매우 크게 나타난다. 대인관계 면에서는 의외의 시비나 구설, 모함, 배신, 시기, 질투, 문서착오 등의 사고가 일어난다.

질병(疾病)으로는 비장(脾臟), 위장(胃腸), 신경쇠약(神經衰弱), 편두통(偏頭痛), 요통(腰痛) 등의 질환(疾患)이 염려된다.

제8절 지해(支害)

1. 지해(支害)의 의의(意義)

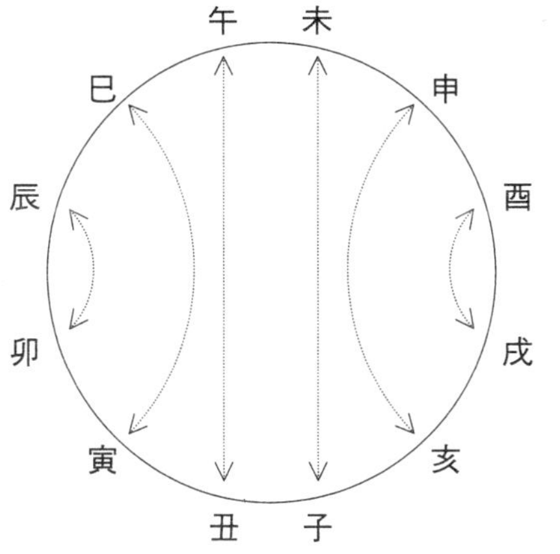

- 자미(子未) 해(害)
- 축오(丑午) 해(害)
- 인사(寅巳) 해(害)
- 묘진(卯辰) 해(害)
- 신해(申亥) 해(害)
- 유술(酉戌) 해(害)

〈그림 6-7〉 지해(支害)구성도(構成圖)

지해(支害)는 투쟁한다는 뜻이며 중간에 방해물이 끼어 이간질하여 쌍방의 단합을 방해하고 피해를 주는 것이다. 그러므로「충돌(衝突)한다」뜻과 달리「해롭게 한다」는 뜻이 더 타당하다.

지해(支害)는 은혜(恩惠) 가운데서 해(害)를 끼친다는 뜻으로 가까운 사람과의 질투(嫉妬), 모략(謀略), 공격(攻擊), 투쟁(鬪爭), 소송(訴訟) 등이 일어난다.

원명(原命)에 해(害)가 있으면 부모(父母), 형제자매와의 인연이 박(薄)하고 성격은 참을성이 부족하고 화를 잘내며 고질병이 생긴다.

<그림 6-7>에서 자미(子未), 축오(丑午), 인사(寅巳), 묘진(卯辰), 신해(申亥), 유술(酉戌)이 해(害)가 되는데 예를 들면 자축(子丑)이 합(合)이 되어 있는데 미(未)가 끼어들어 축미충(丑未冲)으로 자축합(子丑合)을 방해(防害)하여 자미(子未)는 해(害)가 되는 것이고, 오미(午未)가 합(合)인데 축(丑)이 끼어들어 축미충(丑未冲)으로 오미합(午未合)을 방해(防害)하여 축오(丑午)가 해(害)가 되는 것이고, 인사해(寅巳害)도 마찬가지로 인해(寅亥)가 합(合)인데 사(巳)가 끼어들어 사해충(巳亥冲)으로 합(合)을 방해하여 인사해(寅巳害)가 되는 것이다.

2. 지해(支害)의 종류와 특성

(1) 자미해(子未害)는 육친(六親)이나 형제간에 불화하고 부부관계도 애로가 많아 고독(孤獨)하게 살아가며 관재구설(官災口舌)도 따른다. 질병(疾病)으로는 자궁질환(子宮疾患), 생식기질환(生殖器疾患), 요통(腰痛)등이 발생한다.

(2) 축오해(丑午害)는 자미해(子未害)와 같이 부모나 형제지간에 사이가 좋지 않고 재물(財物)에만 욕심이 많아 관재송사(官災訟事)가 많이 발생하고 특히 지기 싫어하는 성격으로 항상 마음속에 독(毒)이 있고 인내심이 부족하다.
질병(疾病)으로는 정신병(精神病), 신경장애(神經障碍), 중풍(中風) 등이 발생한다.

(3) 인사해(寅巳害)는 삼형(三刑)으로도 성립되나 형해(刑害)가 함께 작용력이 일어나는데 관재송사(官災訟事), 중상모략, 형액, 수술이나 교통사고 등이 일어난다. 질병(疾病)으로는 간담(肝膽), 위장(胃腸), 소장(小腸) 등에 질환(疾患)이 발생한다.

(4) 묘진해(卯辰害)는 믿고 따르는 가까운 사이에서 원망(怨望)이나 배신(背信)을 당하며 관재구설(官災口舌)이 다르고 암투가 일어난다.
질병(疾病)으로는 위장(胃腸), 간장(肝臟) 등의 질환(疾患)이 발생한다.

(5) 신해해(申亥害)는 자기자신을 너무 과신(過信)하고 남을 미워하거나 업신여기며 안면이나 몸에 흉터가 많이 생기거나 교통사고, 수액(水厄) 등이 일어난다.
질병(疾病)으로는 폐(肺), 대장(大腸), 산액(産厄) 등이 발생한다.

(6) 유술해(酉戌害)는 성격이 과격하고 남을 무시하거나 원망하고 배신을 잘한다. 특수직(特殊職)이나 활인업(活人業)에 인연이 많다.
질병(疾病)으로는 폐(肺), 대장(大腸), 위장(胃腸) 등에 질환(疾患)이 발생한다.

제9절 원진(怨嗔)

1. 원진(怨嗔)의 의의(意義)

- 자미(子未) 원진(怨嗔)
- 축오(丑午) 원진(怨嗔)
- 인유(寅酉) 원진(怨嗔)
- 묘신(卯申) 원진(怨嗔)
- 진해(辰亥) 원진(怨嗔)
- 사술(巳戌) 원진(怨嗔)

〈그림 6-8〉 원진구성도(怨嗔構成圖)

원진(怨嗔)이란 지지육충(地支六冲)을 기준으로 하여 구성되고 있는데 양지(陽支)는 충(冲)되는 지지(地支)의 다음자가 원진(怨嗔)이 되고 음지(陰支)는 충(冲)되는 지지(地支)의 앞에 있는 글자가 원진(怨嗔)이 된다.

<그림 6-8>에서 보는바와 같이 지지육충(地支六冲)을 기준으로 하여 구성 되는데, 자미원진(子未怨嗔)은 자(子)와 오(午)가 충돌(衝突)하면 반목질시(反目嫉視)하게 되므로 자(子)와 오(午)는 양(陽)이 되어 순행(順行)으로 다음번인 미(未)는 자(子)와 원진이 되어 자미원진(子未怨嗔)이 되며, 축오원진(丑午怨嗔)은 축(丑)과 미(未)가 충돌(衝突)하고 난 다음에 축(丑)과 미(未)는 음(陰)으로서 역행(逆行)하여 오(午)와 축(丑)은 원진(怨嗔)이 되는 것이다. 이와 같은 방법으로 인(寅)은 유(酉), 진(辰)은 해(亥), 신(申)은 묘(卯), 술(戌)은 사(巳)가 원진(怨嗔)이 되는 것이다.

원진(怨嗔)의 작용은 남녀궁합(男女宮合)을 보는 데 많이 활용하지만 실질적으로 영향력은 크지 않다. 그러나 원명(原命)에 있으면 상호불신(相互不信), 불화(不和), 시기(猜忌), 질투(嫉妬), 원망(怨望)으로 인하여 부부이별(夫婦離別)하고 불평, 불만이 많고 고독(孤獨)한 생활을 하는 경우가 많다.

2. 원진(怨嗔)의 특성(特性)

(1) 고서(古書)에서 원진(怨嗔)의 작용은 동물의 특성에 비유하여 설명하기도 한다.

쥐(子)는 양(未)의 머리에 있는 뿔을 보고 크게 꺼리고, 소(丑)은 말(午)이 밭을 갈지 않고 선비만 태우고 다니는 것을 미워하고, 범(寅)은 닭(酉)의 벼슬을 보고 미워하고 새벽에 우는 소리를 싫어하고, 토끼(兎)는 원숭이(猴)가 재주를 부려 귀여움을 독차지 하는 것을 미워하고, 용(龍)은 돼지(亥)의 검은 털과 못생긴 면상을 보고 미워하며, 뱀(巳)은 개(戌)짖는 소리에 놀라서 싫어한다고 우화적(寓話的)으로 표현하기도 한다.

(2) 원진(怨嗔)이 비겁(比劫)에 해당하거나 행운(行運)에서 다시 원진을 만나면 형제간에 불화가 생기거나 손재(損財)를 보게 되고 식상(食傷)에 해당하거나 행운(行運)에서 다시 원진(怨嗔)을 만나면 자식의 신변에 이상이 있거나 시비와 구설이 생기고 속과 겉이 다르며 독설(毒舌)이 심하다. 재성(財星)에 해당하거나 행운(行運)에서 다시 원진을 만나면 재물이 파산(破産)되거나 처(妻)에게 애상(哀喪)이 생기고, 관성(官星)에 해당하거나 행운(行運)에서 다시 원진을 만나면 관재송사(官災訟事)가 일어나거나 좌천(左遷)이나 징계(懲戒) 등이 발생하고 자식의 신변에 이상이 생긴다.

(3) 원진(怨嗔)은 부부(夫婦)가 생사이별(生死離別)하게 되며 권태가 생겨 끝내는 못살게 되며 남자는 외방출입하거나 첩을 두고 재물을 다 바치는 운명이다. 뿐만 아니라 사회적으로 대인관계에서 실마리가 종결되지 않고 상대가 잘못했다고 시인 할 때까지 투쟁(鬪爭)하는 성질이 있다.

일반적으로 상충(相冲)은 결판이 빠르지만 원진(怨嗔)은 끈질기며 부부궁합(夫婦宮合)에도 서로가 미워하고 애정도 결핍되어 원망(怨望)하면서 살아간다.

(4) 원진(怨嗔)이 년주(年柱)에 있으면 조상무덕(祖上無德)하고 부모(父母)와 정(情)이 없고 선조(先祖)와 부모(父母)가 불화(不和)하게 살아왔으며, 월주(月柱)에 원진(怨嗔)이 있으면 부모형제(父母兄弟)와 무덕(無德)하거나 불구단명(不具短命)하며, 일주(日柱)에 원진(怨嗔)이 있으면 부부(夫婦)가 생사이별 하거나 자궁수술(子宮手術)등 질병(疾病)이 발생하며, 시주(時柱)에 원진(怨嗔)이 있으면 자식이 없거나 불효(不孝)한 자식이 태어난다.

(5) 원진(怨嗔)이 년(年)과 월(月)이면 선조(先祖)와 부모(父母)가 불화(不和)하였고 자신도 어려서 애정 없이 성장하였으며, 일(日)과 월(月)이 원진(怨嗔)이면 부모형제(父母兄弟)와 고부간(姑婦間)에 불화(不和)하며, 일(日)과 시(時)가 원진(怨嗔)이면 처(妻)와 자식(子息)간 인연이 박하다.

제10절 공망(空亡)

1. 공망(空亡)의 의의(意義)

旬別	甲子旬	甲戌旬	甲申旬	甲午旬	甲辰旬	甲寅旬
六十甲子	乙丑	乙亥	乙酉	乙未	乙巳	乙卯
	丙寅	丙子	丙戌	丙申	丙午	丙辰
	丁卯	丁丑	丁亥	丁酉	丁未	丁巳
	戊辰	戊寅	戊子	戊戌	戊申	戊午
	己巳	己卯	己丑	己亥	己酉	己未
	庚午	庚辰	庚寅	庚子	庚戌	庚申
	辛未	辛巳	辛卯	辛丑	辛亥	辛酉
	壬申	壬午	壬辰	壬寅	壬子	壬戌
	癸酉	癸未	癸巳	癸卯	癸丑	癸亥
空亡	戌亥	申酉	午未	辰巳	寅卯	子丑

〈그림 6-9〉 공망조견표(空亡早見表)

공망(空亡)이란 다른 이름으로 천중살(天中殺)이라고도 부르며 순공(順空)이라고도 한다. 10천간(十天干)과 12지지(十二地支)가 짝을 지을 때, 천간(天干)이 부족하여 두개의 지지(地支)가 짝을 짓지 못하게 되는 지지(地支)를 공망(空亡)이라고 한다.

남은 지지(地支) 중에서 앞에 있는 양지(陽支)를 공(空)이라고 하고, 뒤에 있는 음지(陰支)를 망(亡)이라고 하며, 양일주(陽日柱)가 양지(陽支)공망은 진공(眞空)이요 음지(陰支)공망은 반공(半空)이고, 음일주(陰日柱)가 음지(陰支)공망은 진공(眞空)이요, 양지(陽支)공망은 반공(半空)이 된다. 공망(空亡)이라고 하는 것은 공허(空虛)하고, 무력(無力)하다는 뜻으로 비었다, 망했다, 파괴되었다, 정지되었다는 등으로 응용되기도 한다.

<그림 6-9> 공망조견표에서 공망(空亡)이 구성되는 것은 갑자(甲子)에서 계유(癸酉)까지는 술해(戌亥), 갑술(甲戌)에서 계미(癸未)까지는 신유(申酉), 갑신(甲申)에서 계사(癸巳)까지는 오미(午未), 갑오(甲午)에서 계묘(癸卯)까지는 진사(辰巳), 갑진(甲辰)에서 계축(癸丑)까지는 인묘(寅卯), 갑인(甲寅)에서 계해(癸亥)까지는 자축(子丑)이 공망(空亡)이다.

여기에서 주의해야 할 것은 원명(原命)에 공망(空亡)이 있다고 무조건 흉작용(凶作用)으로 해석해서는 안된다. 공망되어 있는 지지(地支)가 생왕(生旺)인가, 사절(死絶)인가, 또는 길신(吉神)인가, 흉신(凶神)인가, 그리고 합충(合冲) 관계를 자세히 살펴야 한다.

2. 공망(空亡)의 특성

(1) 공망(空亡)은 일주(日柱)를 기준하여 년주(年柱), 월주(月柱), 시주(時柱)에서 공망을 산출(算出)하고, 일주(日柱)의 공망은 년주(年柱)를 기준하여 산출한다.

(2) 공망(空亡)을 찾는 방법은 <그림6-9> 공망조견표(空亡早見表)를 활용할 수 있으나, 원명(原命)에서 일주(日柱)나 년주(年柱)의 간지(干支)를 이용하여 육십갑자(六十甲子)를 순행(順行)으로 진행하다가 천간(天干)이 계(癸)로 끝나고 다음에 해당하는 지지(地支)의 두자(二字)가 공망이 되는 것이다.

(3) 공망(空亡)은 대운(大運)보다는 년운(年運)과 일진(日辰) 등의 공망을 활용하며, 공망이 원명(原命)에 있는데 행운(行運)에서 다시 공망이 오면 오히려 공망의 작용력이 약화(弱化)된다.

(4) 원명(原命)에서 흉신(凶神)이 공망(空亡)이 되면 흉작용(凶作用)이 해소되고 반대로 길신(吉神)이 공망(空亡)이 되면 길작용(吉作用)이 감소된다. 만약, 전지지(全地支)가 공망(空亡)이 되면 오히려 공망(空亡)의 작용이 발생하지 않고, 귀명(貴命)이 되는 것이다.

(5) 공망(空亡)이 같을 때, 특히 일주(日柱)에 해당하면 한 뿌리로 간주하여 해석하는데, 부부(夫婦)의 경우는 전생(前生)의 인연(因緣)으로 친구와 같이 다정하고, 화목하게 해로하기 때문에 궁합(宮合)을 볼 때에 활용을 한다.

(6) 공망(空亡)이 사절(死絶)에 해당되면 진공망(眞空亡)이라고 하여 일생동안 허송세월이 많고, 정처없이 방황하기 쉬우나 공망(空亡)이 생왕(生旺)에 해당되면 반공망(半空亡)이라고 하여 총명(聰明)하고 도량이 넓고 관대하여 일생동안 명리(名利)를 얻고 재복(財福)이 많다.

3. 공망(空亡)의 종류

(1) 년월일시(年月日時) 공망(空亡)

원명(原命)의 전지지(全地支)가 공망(空亡)이 되거나 월일시(月日時)에 3개의 지지(地支)가 공망(空亡)이 되면 오히려 귀명(貴命)으로 해석한다.

년지(年支)에 공망(空亡)이 있으면 부모의 유산(遺産)이 없고 일찍 부모(父母)의 곁을 떠나서 독립하여 자수성가하며, 어린 시절 자란 형편이 불우하였다고 본다.

월지(月支)에 공망(空亡)이 있으면 부모형제 덕이 없고, 형제간의 일로 근심이 많거나 고향과 인연이 약하고, 직업이나 생활이 순탄하지 못하다.

일지(日支)에 공망(空亡)이 있으면 부부궁(夫婦宮)이 부실하고 고질병(痼疾病)에 시달리며 서모(庶母)나 계모(繼母)를 모시기도 한다. 특히 배우자궁이 약하여 만혼(晩婚)하거나 흠(欠)이 있는 배우자와 인연이 있다.

시지(時支)에 공망(空亡)이 있으면 자식(子息)이 무력(無力)하고 말년(末年)이 불우하며 자식이 없어 양자(養子)를 두기 쉽고 임종(臨終)하는 자식이 없는 경우가 많으며 고독(孤獨)하고 박명(薄命)하다.

(2) 육친(六親) 공망(空亡)

비겁(比劫)이 공망(空亡)이면 형제 자매의 덕이 없고 고독하며 협조정신이 부족하고 고향을 떠나 객지에서 성공하는 경우가 많다.

식신(食神)이 공망(空亡)이면 소극적이어서 개척(開拓)정신과 투지력이 약하다. 반면에 예능계(藝能界)에 소질이 있고 종교(宗敎)나 철학(哲學) 쪽에 인연이 많으며 자손이나 아랫사람의 덕이 없다.

상관(傷官)이 공망(空亡)이면 연구심이 강하여 교육(敎育)이나 연구계통에 종사하며 자손이나 아랫사람의 덕이 없다.

편재(偏財)가 공망(空亡)이면 처덕(妻德)과 재물복(財物福)이 없으며 허영심과 사기성(詐欺性)이 잠재되어 있다.

정재(正財)가 공망(空亡)이면 극처(剋妻)하거나 재물복(財物福)이 없으며 흉액(凶厄)이 따르고 인색하다.

편관(偏官)이 공망(空亡)이면 정치성과 외교성이 뛰어나고 지도력도 풍부하고 혁신적(革新的)인 일을 좋아하며 여자는 남편복(男便福)이 없다.

정관(正官)이 공망(空亡)이면 실속은 없으면서 대외적인 명분(名分)을 중요시하여 명예욕(名譽慾)이 대단하다. 또한 직장(職場)의 변동이 많고 관운(官運)도 나쁘며 여자는 남편복(男便福)이 없다.

인수(印綬)가 공망(空亡)이면 부모덕(父母德)이 없고 학업(學業)이
중단되기 쉬우며 자존심(自尊心)이 강하여 타인의 도움을 받지 않는다.

(3) 절로(絶路) 공망(空亡)

日干	甲己日	乙庚日	丙辛日	丁壬日	戊癸日
時柱	壬申 癸酉	壬午 癸未	壬辰 癸巳	壬寅 癸卯	壬子 癸丑

절로(絶路)공망(空亡)은 전도유강(前途有江)이라고 해서 길을 가는 도중에 강물이 앞에 나타나서 물이 범람(氾濫)하여 강을 건너지 못하여 길이 끊어진 상태이므로 매사에 장애물이 많아 좌절(挫折)하거나 평생 노고(勞苦)가 많다.

원명(原命)에 이 공망(空亡)이 있으면 자식에게 우환(憂患)이 생기거나 교역(交易), 해외출입(海外出入), 직장상사(職場上司), 부부애정(夫婦愛情) 등 불길(不吉)한 일이 생기며 말년에 고독(孤獨)하거나 근심이 많다.

절로(絶路)공망(空亡)의 구성은 갑기일생(甲己日生)이 신유시(申酉時), 을경일생(乙庚日生)이 오미시(午未時), 병신일생(丙辛日生)이 진사시(辰巳時), 정임일생(丁壬日生)이 인묘시(寅卯時), 무계일생(戊癸日生)이 자축시(子丑時)가 공망(空亡)이 되는데 이는 모두가 시간(時干)에 임계(壬癸)가 자리하게 되는 경우를 말한다.

그러나 여기에서 주의 할 것은 시상(時上)의 임계수(壬癸水)가 길신(吉神)으로 작용할 때에는 공망(空亡)이라 할지라도 흉신(凶神)이 되지 않는다. 따라서 생극제화(生剋制化)의 원리가 근본이 되는 것을 말해 주는 것이다.

제7장 십이운성(十二運星)

제1절 십이운성(十二運星)의 의의

〈표 7-1〉 십이운성도표(十二運星圖表)

十二運 \ 天干	甲	乙	丙	丁	戊	己	庚	辛	壬	癸
장생(長生)	亥	午	寅	酉	寅	酉	巳	子	申	卯
목욕(沐浴)	子	申	卯	申	卯	申	午	亥	酉	寅
관대(冠帶)	丑	辰	辰	未	辰	未	未	戌	戌	丑
건록(建祿)	寅	卯	巳	午	巳	午	申	酉	亥	子
제왕(帝旺)	卯	寅	午	巳	午	巳	酉	申	子	亥
쇠(衰)	辰	丑	未	辰	未	辰	戌	未	丑	戌
병(病)	巳	子	申	卯	申	卯	亥	午	寅	酉
사(死)	午	亥	酉	寅	酉	寅	子	巳	卯	申
묘(墓)	未	戌	戌	丑	戌	丑	丑	辰	辰	未
절(絶)	申	酉	亥	子	亥	子	寅	卯	巳	午
태(胎)	酉	申	子	亥	子	亥	卯	寅	午	巳
양(養)	戌	未	丑	戌	丑	戌	辰	丑	未	戌

십이운성(十二運星)이란 인생으로 비유(比喩)한다면 이 세상이 출생(出生)할 때에 부친(父親)의 정자(精子)와 모친(母親)의 난자(卵子)가 정합(精合)하여 복중(腹中)의 태반(胎盤)애 회태(懷胎)되어야 하는 것이니, 이것을 태(胎)라고 하여 포태법(胞胎法) 또는 절태법(絶胎法)이라고도 한다.

십이운성(十二運星)은 천간(天干)의 기(氣)가 땅에 미치는 순환(循環)의 원리이며 오행(五行)의 강약(强弱) 및 심천(深淺)의 척도(尺度)를 나타내기도 한다.

그런고로 모든 작용인 생극제화(生剋制化)와 형충파해(刑冲破害)도 십이운성(十二運星)으로 변화하는 동안 일어나는 것이다.

이것은 사람이 태어나서 늙으면 죽음에 이르고 흙으로 돌아가게 되는데 그 과정을 12단계로 세분하여 나타낸 것이 십이운성(十二運星)인 것으로 일간(日干)의 왕약(旺弱) 및 기초적인 성격(性格) 등을 판단할 수 있다.

십이운성(十二運星)은 마치 출생(出生)과 더불어 생로병사(生老病死)가 있듯이 오행(五行)에도 계절의 작용에 따라 왕쇠강약(旺衰强弱)이 있는 것 이다.

십이운성(十二運星)을 인생에 비유(比喩)하여 설명한다면 생(生)은 모태(母胎)에서 처음 출생하는 것을 뜻하며, 욕(浴)은 유아시절에 목욕(沐浴)을 시키고 대소변을 보도록 돌보아야 하는 것에 비유(比喩)하며, 관(冠)은 스스로 공부하고 자신의 몸을 가꾸고 스스로 옷을 입을 수 있는 단계에 있으며, 록(祿)은 인생을 살아가는 자력이 생기고 취직이나 승진시험을 치르는 시기를 말하며, 왕(旺)은 일생에서 최대의 전성기(全盛期)에 속하며 장년시절을 뜻한다.

쇠(衰)는 전성기가 지나고 서서히 노쇠(老衰)하여 가는 시기이며, 병(病)은 늙고 병든 시기를 뜻하며, 사(死)는 늙어서 병들어 죽는 시기이며, 묘(墓)는 죽어서 무덤에 들어가는 것에 비유(比喩)하여 인생의 일대(一代)가 끝났음을 의미한다.

절(絶)은 포(胞)라고도 하는데 형체는 없고 순수한 기(氣)만 살아있어 다시 입태(入胎) 직전에 있는 시기이며, 태(胎)는 하나의 새로운 생명이 모태(母胎)에 다시 입태(入胎)한 상태이며, 양(養)은 출생직전(出生直前)에 모태(母胎)에서 점점 성장하고 있는 상태에 비유(比喩)한다.

십이운성(十二運星)은 일반적으로 3개의 형태로 나누어 응용하는데 첫째는 장생(長生), 관대(冠帶), 건록(建祿), 제왕(帝旺)을 사왕(四旺)이라 하여 왕성(旺盛)함을 뜻하고, 둘째는 목욕(沐浴), 묘(墓), 태(胎), 양(養)을 사평(四平)이라 하여 보통으로 보아 평운(平運)을 뜻하며, 셋째는 쇠(衰), 병(病), 사(死), 절(絶)을 사쇠(四衰)라 하여 아주 약한 것을 뜻한다.

제2절 십이운성(十二運星)의 특성

1. 장생(長生)

(1) 장생(長生)의 의의

장생(長生)이란 모체(母體)로부터 처음 생명체(生命體)가 태어난다는 신규개시상(新規開始象)이라 힘은 없어도 땅을 밀고 나온 새싹의 상태에 비유되어 부드럽고 유(柔)하지만 잘라도 또 자라 나온다. 실제 힘은 없으나 솟아오르는 새싹의 기(氣)는 아주 강(强)하다. 그래서 생명력(生命力)이 가장 왕성(旺盛)한 시기를 뜻한다.

(2) 장생(長生)의 특성

원명(原命)에 장생(長生)이 있으면 성격(性格)은 개척정신(開拓精神)이 강하고 창의적이며 진취적으로 강한 의욕이 앞선다. 성품은 온후하고 소탈하며 솔직담백하고 총명하여 예술(藝術)이나 기예(技藝)의 재능이 뛰어나고 순수하여 남과 다투지 않는다. 그런고로 친구가 많고 유순(柔順)하다.

(3) 장생(長生)의 직업

사업가로는 어렵고 공직자(公職者)나 봉급생활(俸給生活)이 적합하다. 공직생활뿐만 아니라 예능(藝能)계통에 인연이 있고 다재다능하여 인기업이나 동업(同業)이 좋다. 신왕(身旺)하면 개인사업도 무난하나 지도력(指導力)이나 통솔력(統率力)이 부족한 것이 흠(欠)이다.

(4) 장생(長生)과 사주(四柱)

원명(原命)에 장생(長生)이 년주(年柱)에 있으면 선조(先祖)의 유덕(遺德)이 있고 선조대에 유복(裕福)한 생활을 하였고, 월주(月柱)에 있게 되면 부모형제의 덕(德)이 있고 부모대에 영화(榮華)롭게 살았으며, 일주(日柱)에 있게 되면 총명(聰明)하고 영리하여 부부가 화목(和睦)하고 형제와 친우간에 신의가 있고 말년에 더욱 빛이 난다. 시주(時柱)에 있게 되면 자손이 효도하며 그 가문을 빛나게 한다.

(5) 장생(長生)과 육친(六親)

비겁(比劫)이 장생(長生)이면 형제자매(兄弟姉妹)가 발복(發福)하고 식상(食傷)이 장생(長生)이면 의식주(衣食住)의 혜택을 받고 가업(家業)이 흥왕(興旺)하다. 재성(財星)이 장생(長生)이면 거부(巨富)가 되며 관살(官殺)이 장생(長生)이면 명예(名譽)가 따르고 고관(高官)의 직책(職責)을 수행한다.

인수(印綬)가 장생(長生)이면 인기(人氣)가 있고 문장(文章)으로 이름을 얻는다.

2. 목욕(沐浴)

(1) 목욕(沐浴)의 의의

목욕(沐浴)이란 아기가 처음 태어나 목욕(沐浴)을 시키는 시기로 씨앗이 싹튼 후에 껍질을 벗어나는 상태이므로 쓸모 있는 것은 기르고 약한 것은 솎아내는 시기와 같아서 아기를 목욕(沐浴)시키면 얼굴이 예뻐지는 것은 사실이지만 춥고 떨리고 공포감을 느끼고 때로는 고통도 겪는다.

목욕(沐浴)은 어린아이가 목욕시킬 때 발가벗은 나체지상(裸體之象)으로 주색(酒色), 낭비(浪費), 음란(淫亂), 방탕(放蕩) 등 수치(羞恥)스러움을 모르고 행동하며 무슨 일이든지 변동(變動)이 많으며 싫증을 잘내며 실패(失敗)와 유랑(流浪)을 하며 가업(家業)을 탕진(蕩盡)한다.

(2) 목욕(沐浴)의 특성

성격(性格)은 사치(奢侈)가 심한 편이고 성패(成敗)의 기복이 따른다. 다정다감하여 인정이 많아 약자를 많이 도우며 다재다능(多才多能)하나 영웅호걸 기질도 가지고 있으나 조급(躁急)하게 서둘러서 용두사미(龍頭蛇尾)가 되는 수가 많다.

목욕(沐浴)은 남녀간에 배우자궁(配偶者宮)의 변동(變動)이나 불미스러운 일이 생기기 쉽다.

(3) 목욕(沐浴)의 직업

직업(職業)으로는 학문(學問)이나 예술(藝術) 등의 연구직(硏究職)이나 유행(流行)에 민감(敏感)한 업종(業種)에 종사하는 것이 좋다. 신약(身弱)한 경우에는 꾸준한 인내심(忍耐心)을 기르고 성실(誠實)한 습관(習慣)을 가진다면 더욱 멋진 생활이 될 수 있다.

(4) 목욕(沐浴)과 사주(四柱)

원명(原命)에 목욕(沐浴)이 년주(年柱)에 있으면 선조대(先祖代)에 변동(變動)이나 변화무쌍(變化無雙)한 기복(起伏)이 있었으며 심하면 주색(酒色)으로 패가(敗家)한 경우도 있다.

월주(月柱)에 있으면 부모궁(父母宮)이나 형제궁(兄弟宮)에 기복(起伏)이 많거나 주색(酒色)으로 가업탕진(家業蕩盡)하며 모친(母親)이 재취(再娶)하여 이복형제(異腹兄弟)가 있게 되는 경우가 있다.

일주(日柱)에 있으면 부모(父母)와 인연(因緣)이 없고 조실부모(早失父母)하거나 고향 떠나 타향에서 자수성가(自手成家)해야 할 뿐 아니라 사업(事業)도 성패(成敗)가 빈번하고 부부(夫婦)간에도 애로가 많으며 부모의 유산(遺産)이 있다 해도 계승하지 못한다.

시주(時柱)에 있으면 자식궁(子息宮)의 기복(起伏)이나 호걸(豪傑), 방탕(放蕩), 풍류(風流)를 즐기는 자식(子息)이 나오거나 본인(本人)이 말년에 처첩(妻妾)으로 인하여 가정불화(家庭不和)가 일어나는 경우가 생긴다.

(5) 목욕(沐浴)과 육친(六親)

비겁(比劫)이 목욕(沐浴)이면 형제자매(兄弟姉妹)가 주색(酒色)으로 가업을 탕진(蕩盡)하고, 식상(食傷)이 목욕(沐浴)이면 부부풍파(夫婦風波)가 많고, 재성(財星)이 목욕(沐浴)이면 부친(父親)이 풍류(風流)가 있었고 본인도 가산(家産)을 탕진(蕩盡)하며, 관살(官殺)이 목욕(沐浴)이면 직업변동(職業變動)이 빈번하고 명예욕(名譽慾)이 없으며, 인수(印綬)가 목욕(沐浴)이면 어머니가 외정(外情)이 있다.

3. 관대(冠帶)

(1) 관대(冠帶)의 의의

어린 아이가 점차 성장하여 어른이 되고 사회생활을 시작하기 위하여 의복(衣服)을 갖추어 입고 사회에 진출하기 위한 학창시절과 같은 시기이므로 초목(草木)에 비유하면 잎이 생기고 작은 가지도 생긴 상태이다. 그래서 관(冠)을 쓰고 띠를 둘렀다고 하여 관대(冠帶)라고 부르며, 장식지상(裝飾之象)이라고도 하는데 발전(發展), 번영(繁榮), 승진(昇進), 명예(名譽), 독단(獨斷)의 의미를 가지고 있다.

(2) 관대(冠帶)의 특성

관대(冠帶)는 교복(校服)을 입고 규범(規範)을 배우는 학창시절이므로 다방면에 지식이 풍부하고 판단력도 뛰어나며 부정(不正)과 불의(不義)에 대항하는 정의감(正義感)이 불타고 남에게 지기 싫어하고 고집이 세며 투쟁심과 인내심도 강하여 개성이 뚜렷하다. 반면에 타인에게 시기와 적대감을 갖게 하는 것이 흠(欠)이다.

(3) 관대(冠帶)의 직업

직업(職業)은 장생(長生)과 같이 사업가 보다는 기술직(技術職)이나 공무원(公務員)이 좋다. 판단력과 기획력(企劃力)이 뛰어나 경영자보다는 참모직(參謀職)이 적합하다.

(4) 관대(冠帶)와 사주(四柱)

관대(冠帶)가 년주(年柱)에 있으면 선대(先代)에 예의가문(禮儀家門)이며 안일(安逸)한 생활을 하였다. 월주(月柱)에 있으면 부모형제(父母兄弟)가 사회(社會)에 명성(名聲)을 높였으며 사회적으로 출세 하였다. 일주(日柱)에 있으면 총명(聰明)하며 영리하고 미모(美貌)의 처(妻)를 두게되나 고집이 세고 반발심이 강하다. 시주(時柱)에 있으면 자손대업(子孫大業)하게 되고 명성(名聲)도 크게 떨치고 자식복(子息福)이 있어 만년(晩年)이 좋다.

(5) 관대(冠帶)와 육친(六親)

비겁(比劫)이 관대(冠帶)면 형제자매(兄弟姉妹)가 의리(義理)가 있고 공명(功名)을 얻으며, 식상(食傷)이 관대(冠帶)면 여자(女子)는 자녀(子女)가 크게 발전하며 남자(男子)는 직장(職場)의 승진(昇進)이 빠르고 사업(事業)이 확장된다.

재성(財星)이 관대(冠帶)면 가산(家産)이 증진(增進)되고, 관살(官殺)이 관대(冠帶)면 머리가 비상하고 직장생활(職場生活)이 무난하며, 인수(印綬)가 관대(冠帶)면 기예(技藝)의 발전이 있다.

4. 건록(建祿)

(1) 건록(建祿)의 의의

건록(建祿)은 만물이 다 자라서 열매를 맺음과 같이 한 인간이 성장하여 국가의 관리직에 임명되어 국록(國祿)을 받는 것과 같은 시기이므로 자립취상(自立取象)의 기상(氣象)이라고도 한다. 또한 부모의 슬하를 떠나서 독립하는 과정이므로 타인의 지배나 간섭을 거부하고 자신만만하게 살아가는 형상이다.

(2) 건록(建祿)의 특성

건록(建祿)은 공사(公私)가 분명하고 책임감도 강하고 온후총명(溫厚聰明)하며 개척정신(開拓精神)도 강하다. 또한 독립심이 강하여 조상의 유업(遺業)을 계승하지 않고 자립대성(自立大成)하는 기질이 있다.

그래서 업무를 추진하는 과정에서는 철두철미함으로써 남에게 굽히고 아부하는 성격이 아니며 자기의 주장이 옳으면 그대로 진행하는 추진력(推進力)과 용기(勇氣)가 뛰어나다.

일반적으로 초년(初年)에 고생이 많아 독학도(獨學徒)나 고학도(苦學徒)가 많은 편이고 중년(中年) 이후부터는 비교적 안락(安樂)한 생활을 한다. 반면에 대인관계나 자식관계에 있어서는 너무 경직(更直)된 면이 있으니 유연(柔軟)하고 겸손(謙遜)하게 대하는 습관(習慣)을 길러야 한다.

(3) 건록(建祿)의 직업

건록(建祿)의 직업(職業)은 두령(頭領)의 기질이 있고 통솔력이 대단하므로 사업(事業)보다는 공무원(公務員)이나 특수직(特殊職)에 적합하다. 인덕(人德)이 없고 자수성가(自手成家)형이니 동업(同業)이나 합자(合資)는 피하는 것이 좋다. 특히 군인, 경찰, 수사기관, 기자, 연기인, 연구직 등 남에게 지배를 받지 않는 직업도 무난하다.

(4) 건록(建祿)과 사주(四柱)

건록(建祿)이 년주(年柱)에 있으면 선조대(先祖代)에 발달(發達)하였고 자수성가(自手成家)한 집단이다. 초년(初年)에 순탄한 가정에서 자랐으며 행복하고 편안한 가정에서 태어났다.

월주(月柱)에 있으면 부모대(父母代)가 대성공하여 유산을 받을 수도 있으나 남에게 의지하거나 도움을 받지 않는 독립심(獨立心)이 강하다. 일주(日柱)에 있으면 성품이 온순하고 겸손하며 다재다능(多才多能)할 뿐만 아니라 예능(藝能)에도 소질이 있고 타인들로부터 칭찬을 받는다. 장남이나 장녀의 역할을 한다. 또한 고집이 대단하고 정신력도 강하다.

특히 여자(女子)는 성격이 강하여 남자(男子)를 무시하는 경향이 있어 부부애로(夫婦隘路)가 있다. 시주(時柱)에 있으면 자녀가 입신출세(立身出世)하게 되며 다남(多男)하는 경우도 많다. 노년(老年)에 자식덕(子息德)을 보며 장수행복(長壽幸福)한다.

(5) 건록(建祿)과 육친(六親)

비겁(比劫)이 건록(建祿)이면 형제자매(兄弟姉妹)가 발전하고 주위의 배경이 좋으며, 식상(食傷)이 건록(建祿)이면 의식주(衣食住)가 풍부하고 공직생활(公職生活)이 좋다. 재성(財星)이 건록(建祿)이면 재물(財物)이 풍요롭고 공직생활(公職生活)에도 발전이 있으며, 관살(官殺)이 건록(建祿)이면 공직생활(公職生活)에서 승진(昇進)이 빠르고 심복부하(心腹部下)를 많이 거느리고 인수(印綬)가 건록(建祿)이면 어머니가 현명(賢明)하며 학문연구(學問硏究)에 소질이 있다.

5. 제왕(帝旺)

(1) 제왕(帝旺)의 의의

제왕(帝旺)이란 산전수전(山戰水戰)을 다 겪어 세상물정을 통달(通達)하고 인생의 최고 정점(頂點)에 도달한 사회적 성장이 최고 단계에 도달한 시기로서 강건지상(剛健之象)이라고도 한다. 속이 알차고 여물었으나 인덕(人德)이 없고 고독(孤獨)하며 사교성(社交性)이 부족한 것이 흠(欠)이다.

(2) 제왕(帝旺)의 특성

제왕(帝旺)은 자존심(自尊心)이 강하여 남의 지배를 받기 싫어하고 자기 생각이 세상에서 가장 뛰어난 줄 알고 자기 주장이 대단히 강하다. 일명 양인(羊刃)이라고도 한다.

일찍 조달(早達)하여 속이 깊고 심사숙고(深思熟考)하며 비상한 두뇌를 가지고 있다. 또한 독립심(獨立心)이 강하고 통솔력(統率力)과 지배욕(支配慾)이 강하여 어디에서나 두령격(頭領格)의 기질을 발휘한다.

투지(鬪志)와 강인(强靭)한 정신으로 주위사람들에게 몸과 마음을 바쳐 헌신(獻身)하는 의협심(義俠心)과 솔선수범(率先垂範)하는 장점(長點)이 있다.

그러나 고집이 세고 융통성(融通性)이 없어 타인의 조언(助言)을 잘 받아들이지 않아 종종 불화(不和)가 일어나고 독선(獨善)과 투쟁(鬪爭)을 자초(自招)하는 경우가 있다. 남녀간에 부모덕(父母德)이 박(薄)하고 고독(孤獨)하며 특히 여자(女子)는 부부애로(夫婦隘路)가 많으니 사회활동(社會活動)을 하면서 살아야 한다.

(3) 제왕(帝旺)과 직업

제왕(帝旺)의 직업(職業)은 남의 지배를 받지 않는 자유업(自由業)이 좋다. 그러나 책임감(責任感)과 통솔력(統率力)이 있고 지배욕(支配慾)이 있으므로 특수직(特殊職)이나 명예직(名譽職)도 무난하다. 특히 군인, 의사, 법조인, 정치가, 신문기자, 아나운서, 연예인, 수사나 정보기관이 적합하다.

(4) 제왕(帝旺)과 사주(四柱)

제왕(帝旺)이 년주(年柱)에 있으면 선조대(先祖代)에 부귀(富貴)하였으며 가문(家門)이 있는 고관직(高官職) 집안이다. 그러나 격(格)이 낮으면 조상대(祖上代)에 횡액(橫厄)이 있었다.

월주(月柱)에 있으면 부모형제가 부귀(富貴)하였고 모든 일에 솔선수범하고 장남이나 장녀 역할을 해야 하며 심성도 고강(高强)하며 행동도 엄격하다.

일주(日柱)에 있으면 자존심(自尊心)이 강하고 남을 무시하는 경향이 있으며 고집이 지나치게 세다. 그래서 재물(財物)을 탕진(蕩盡)하거나 부부간에도 애로가 많다.

시주(時柱)에 있으면 자식(子息)이 가문(家門)을 빛나게 하지만 만년(晚年)이 고독(孤獨)하다.

(5) 제왕(帝旺)과 육친(六親)

비겁(比劫)이 왕(旺)이면 과강치상(過强致傷)과 유아독존(唯我獨尊)으로 남을 무시하거나 상해(傷害)를 입힌다. 식상(食傷)이 왕(旺)이면 사업가(事業家)로서 부귀겸전(富貴兼全)하며, 관살(官殺)이 왕(旺)이면 생살지권(生殺之權)으로 명예(名譽)가 따르고 고위직(高位職)까지 승진(昇進)할 수 있다. 그리고 인수(印綬)가 왕(旺)이면 부모덕(父母德)이 있고 학문연구(學問硏究) 등 추진력이 대단하다.

6. 쇠(衰)

(1) 쇠(衰)의 의의

만물은 왕성(旺盛)한 기운이 지나면 점차 쇠퇴(衰退)하여 늙기 마련이다. 늙으면 힘이 없고 기운이 쇠약해져 안정을 추구하는 방향으로 모든 생각이 흘러 모험(冒險)을 피하여 내실을 기하며 마음이 유약해져서 큰 일을 하기가 힘든 시기로서 몰락지상(沒落之象)이라고도 한다.

(2) 쇠(衰)의 특성

쇠(衰)는 쇠퇴(衰退)하는 시기이므로 의욕(意慾)과 용기(勇氣)가 저하되어 온순담백하게 되고 조용한 분위기를 좋아한다.

성격은 온순하고 자상하며 점잖고 보수적이며 여성적인 면이 있어 대중적으로 인기를 얻는다. 속이 깊고 과묵한 성격이므로 매사에 불평불만이 적으며 혁신적이고 개혁적인 기질은 적어 비약적인 발전은 없으나 큰 위험도 없다. 또한 소탈하고 검소하며 가정적이다. 특히 여자(女子)는 현모양처(賢母良妻)로 가정에 충실하고 남편을 편안하게 해주어 가정주부로서는 최고의 길신(吉神)이다.

(3) 쇠(衰)의 직업

쇠(衰)의 직업(職業)은 창의력과 독창력은 부족하지만 성실(誠實)하고 근면(勤勉)하며 꾸준한 끈기가 있어 공무원(公務員)이나 교육직(敎育職), 연구원(硏究員)이 적합하다. 너무 꼼꼼하고 심사숙고(深思熟考)하기 때문에 사업은 부적합하다. 그러나 성품이 고지식하고 보수적이어서 학자, 종교, 철학등 편업(偏業)을 가지게 되며 타인으로부터 존경을 받는다.

(4) 쇠(衰)와 사주(四柱)

쇠(衰)가 년주(年柱)에 있으면 선조대(先祖代)에 몰락한 집안이며 본인도 초년운(初年運)이 불길하다.

월주(月柱)에 있으면 부모대(父母代)에 가산(家産)이 손실되어 가운(家運)이 기울어졌으며 본인도 파란이나 손재(損財)가 많다.

일주(日柱)에 있으면 자기자신의 기(氣)가 쇠(衰)한 것이니 부모덕(父母德)이 없고 박복(薄福)하며 부부궁(夫婦宮)도 애로가 많다.

(5) 쇠(衰)와 육친(六親)

비겁(比劫)이 쇠(衰)이면 형제자매(兄弟姉妹)의 도움이 적고 배경세력도 약하여 자수성가(自手成家)해야 하며, 식상(食傷)이 쇠(衰)이면 활동력과 추진력이 약하고 사고력도 감퇴되어 무사안일(無事安逸)한 생활을 한다. 재성(財星)이 쇠(衰)이면 가업(家業)이 쇠퇴(衰退)하게 되고, 관살(官殺)이 쇠(衰)이면 직위(職位)가 하락되거나 좌천(左遷)하게 된다. 그리고 인수(印綬)가 쇠(衰)이면 부모덕(父母德)이 없거나 조실부모(早失父母)하기 쉽다.

7. 병(病)

(1) 병(病)의 의의

병(病)은 사람이 노쇠(老衰)해서 병에 걸린 것과 같은 상태로 기력(氣力)이 없어 신음지상(呻吟之象)이라고도 한다. 기(氣)가 약하여 신경이 예민하고 취미가 다양하며 우유부단함을 의미한다.

(2) 병(病)의 특성

원명(原命)에 병(病)이 있으면 실행력(實行力)이 부족하며 근심이 많고 잔걱정이 많다. 몸이 약하여 편안한 것을 좋아하고 사교적(社交的)이며 다정다감(多情多感)하다. 인정(人情)이 많아 남을 도와주다가 자기 자신이 오히려 이용(利用)당하는 수가 많아 배우자와 인연이 박약(薄弱)하다.

특히 음식솜씨가 뛰어나고 음식을 맛보는 기술은 남보다 뛰어난 재능(才能)을 가지고 있다. 반면에 끈기가 약하여 지속적(持續的)인 지구력(持久力)이 약한 것이 흠(欠)이다.

(3) 병(病)의 직업

병(病)의 직업(職業)은 사업가(事業家)보다는 연구직(硏究職)이나 봉급생활(俸給生活)이 적합하다. 특이하게 예술(藝術)이나 종교(宗敎), 의약(醫藥), 연예인(演藝人), 작가(作家), 설계사(設計士) 등에 성공하는 사람도 있다.

(4) 병(病)과 사주(四柱)

병(病)이 년주(年柱)에 있으면 선조대(先祖代)에 병약(病弱)하거나 자신이 초년(初年)에 건강이 좋지 않았다.

월주(月柱)에 있으면 부모대(父母代)에 가정이 원만하지 못하였거나 본인도 청년시절(青年時節)에 건강(健康)에 이상이 있었다.

일주(日柱)에 있으면 부모와의 인연도 희박하고 본인도 어릴 때 병약(病弱)하였으며 유산(遺産)이 있어도 계승하기 어렵고 부부궁(夫婦宮)에도 애로가 있다.

시주(時柱)에 있으면 자식(子息)이 병약(病弱)한 체질로 질병(疾病)으로 인한 고생이 많으며 본인도 만년(晩年)이 고독하고 외롭다.

(5) 병(病)과 육친(六親)

병(病)이 비겁(比劫)이면 형제자매(兄弟姉妹)에 질병(疾病)이 있고 식상(食傷)에 있으면 자식(子息)이 병약(病弱)하거나 자식복(子息福)이 없다.

재성(財星)이 병(病)이면 처궁(妻宮)이 약하거나 손재(損財)가 발생하고 관살(官殺)이 병(病)이면 신분(身分)의 직위(職位)가 약하고 승진(昇進)도 늦고 자식복(子息福)도 없다.

인수(印綬)가 병(病)이면 부모덕(父母德)이 없거나 부모(父母)가 병약(病弱)하다.

8. 사(死)

(1) 사(死)의 의의

사람이 늙으면 병(病)이 들어 수명(壽命)을 다하여 죽는 것과 같이 물욕(物慾)이 없어지고 폐물(廢物)이 되어 종말(終末)이 오는 시기이므로 종식지상(終息之象)이라고도 한다.

나무가 과일이 다 익어 수확을 하고 또 낙엽도 땅위에 다 떨어지듯 모체(母體)에서 분리되는 시기이므로 육체(肉體)와 영혼(靈魂)이 분리됨을 의미한다. 그래서 모든 것을 정리하고 쉬어야 하는 과정이다.

(2) 사(死)의 특성

조용하면서 몹시 수줍어하며 남의 말을 잘 듣지 않고 모든 일에 쓸데없이 근심걱정이 많은 편이다. 성격은 소탈하고 솔직담백하며 근면하고 취미가 다양하다. 그러나 신약(身弱)하면 신용(信用)이 없고 싫증을 빨리 느끼며 계획성(計劃性)이 없고 낭비가 많아 실속이 없다.

남보다 앞에 서기를 싫어하고 적극적인 활동성은 없지만 순간적인 판단력은 빠르고 예견력(豫見力)이 있어 어려운 난관을 미리 예방해 나가는 지혜를 발휘하며 순리대로 처신하고 복종을 잘한다.

(3) 사(死)와 직업

직업(職業)으로는 공무원(公務員), 연구직(研究職), 문학(文學), 종교(宗教), 철학(哲學), 민속학(民俗學) 등 전통학문(傳統學問)에도 소질이 있어 명망(名望)이 있는 사람이 나온다.

(4) 사(死)의 사주(四柱)

사(死)가 년주(年柱)에 있으면 선조대(先祖代)나 부모궁(父母宮)이 약하여 조실부모(早失父母)하거나 타향살이를 해야 하며, 월주(月柱)에 있으면 형제덕이 없고 부모가 재혼(再婚)하는 경우가 많으며, 일주(日柱)에 있으면 활동력이 너무 약하여 무슨 일이든지 용두사미격이고 부부가 생이별(生離別)하거나 풍파가 많다.

시주(時柱)에 사(死)가 있으면 자식궁(子息宮)이 약하여 독자(獨子)를 두거나 무자(無子)인 경우가 많다.

(5) 사(死)와 육친(六親)

비겁(比劫)이 사(死)이면 형제자매와 일찍 생사이별하게 되고 형제자매의 발전이 없고, 식상(食傷)이 사(死)이면 의식주(衣食住)의 해결이 어렵고 자식이 불효(不孝)하며, 재성(財星)이 사(死)이면 부부가 생사이별(生死離別)하거나 패가망신(敗家亡身)하고 부모무덕(父母無德)하며, 관살(官殺)이 사(死)이면 명예(名譽)에 손상(損傷)이 일어나고 관재송사(官災訟事)가 빈번하며 특히 여자(女子)는 남편과 이별(離別)하는 경우가 많다.

인수(印綬)가 사(死)이면 부모덕(父母德)이 없고 학문(學問)의 길이 막히고 단명(短命)하는 경우가 많다.

9. 묘(墓)

(1) 묘(墓)의 의의

묘(墓)는 일명 장(葬)이라고도 하며 곡식을 거두어 창고에 보관하는 것처럼 사람이 죽어서 무덤에 들어가는 시기를 말한다.

무덤에 들어가니 답답하고 무용지물로서 다음 출생을 위하여 기다리는 것과 같으니 정적(靜寂)이면서 안정된 상태라 할 수 있다. 묘(墓)는 조상(祖上)과 인연(因緣)이 있어서 장남이거나 또는 차남이라도 부모(父母)나 장모(丈母)를 모시게 되는 경우가 많으며 수장지상(收藏之象)이라고도 부른다.

(2) 묘(墓)의 특성

묘(墓)는 부모형제복(父母兄弟福)이 없고 조실부모(早失父母)하거나 주거지(住居地) 변동이 많다. 만약 가난한 집안에 태어나면 중년 이후에 발복(發福)하고 부잣집에 태어나면 중년 이후에 쇠퇴(衰退)한다.

성격은 여성적(女性的)이며 소탈하고 원만하며 침착한 편이다. 그래서 낭비, 허욕, 사치는 아예 생각하지 않는다. 재물을 모으는 데는 남달리 발달되어 있으나 항상 마음에 걱정, 근심, 괴로움이 따른다. 부부이별(夫婦離別)하거나 애로를 극복하려면 부부간(夫婦間)에 나이 차이가 많은 것이 좋다.

(3) 묘(墓)의 직업

직업(職業)으로는 연구직(硏究職), 종교(宗敎), 철학(哲學), 은행(銀行), 재정관리(財政管理), 창고업(倉庫業), 장례지도(葬禮指導), 고물상(古物商) 등이 적합하다.

(4) 묘(墓)와 사주(四柱)

년주(年柱)에 묘(墓)가 있으면 조상(祖上)을 모시거나 선조의 봉례(奉禮)에 정성을 다한다. 월주(月柱)에 있으면 수전노(守錢奴)가 되거나 저축심(貯蓄心)이 강하여 재물 모으는 재미로 살며 운(運)이 늦게 풀린다.

일주(日柱)에 있으면 부모(父母), 형제(兄弟), 처(妻)와 인연이 박(薄)하고 고향 떠나 주거 이동이 많으며 곤고(困苦)한 생활을 하며 인덕(人德)이 없고 잔질(殘疾)이 많다.

시주(時柱)에 있으면 자식(子息)이 없거나 자식으로 인한 근심걱정이 많으며 말년(末年)이 외롭다. 경신금일주(庚辛金日柱)가 묘(墓)가 있으면 거부(巨富)가 많고 임계수일주(壬癸水日柱)가 묘(墓)가 있으면 재산(財産)을 모으는 데 특출한 재능이 있다.

(5) 묘(墓)와 육친(六親)

비겁(比劫)이 묘(墓)이면 형제(兄弟)가 수옥(囚獄)되거나 사별(死別)하기 쉬우며 식상(食傷)이 묘(墓)이면 재물(財物)을 축재(蓄財)하는 데 욕심(慾心)이 많고 요절(夭絶)하기도 하지만 학예(學藝)로써 명성(名聲)을 떨친다.

재성(財星)에 묘(墓)가 되면 역시 재물욕심(財物慾心)이 많고 부친(父親)이 일찍 사별(死別)하거나 처궁(妻宮)이 약하다.

관살(官殺)이 묘(墓)가 되면 관재송사(官災訟事)가 자주 일어나고 남자(男子)는 자식복(子息福)이 없고 여자(女子)는 남편복(男便福)이 없다.

인수(印綬)가 묘(墓)이면 부모덕(父母德)이 없고 학문(學問)이 약하다.

10. 절(絶)

(1) 절(絶)의 의의

절(絶)은 일명(一名) 포(胞)라고도 하는데 유무(有無)가 동시에 존재하는 상태로서 절처봉생(絶處逢生)이라 하여 생명이 끊어지는 가운데 또 다른 생명이 잉태하게 됨을 의미한다. 일반적으로 절(絶)은 두절(杜絶)로서 끊어진 자리이기 때문에 두절지상(杜絶之象)으로서 12운성 중에서 가장 약한 상태이다.

(2) 절(絶)의 특성

절(絶)은 지극히 음적(陰的)인 상태이므로 무덤에 묻혀 육신(肉身)의 정기(精氣)가 모두 없어지고 새생명의 기(氣)가 이어지는 시기이다. 그래서 외부의 충동에 흔들리기 쉽고 정신이 산만하고 소심하고 심신이 불안정하여 인정에 끌리고 누구에게나 반항하지 못하여 계획성이 없고 미래가 암담하다. 특히 여자(女子)는 정조관념이 없어 이성의 갈등이 복잡하여 사연이 많다.

성격은 성급(性急)하면서도 변덕스럽고 무슨 일이든지 인내심이 없어 싫증을 빨리 느낀다.

(3) 절(絶)의 직업

직업(職業)으로는 교육(敎育), 철학(哲學), 종교(宗敎), 연구직(硏究職), 예능(藝能), 예술(藝術), 문학(文學), 무역(貿易), 외국이민(外國移民), 이미용(理美容), 유흥업(遊興業) 등 인기직업(人氣職業)에도 인연(因緣)이 있다.

(4) 절(絶)과 사주(四柱)

년주(年柱)에 절(絶)이 있으면 선조대(先祖代)의 음덕(蔭德)이 부족하고 어린 시절에 고생이 많고 타향살이를 하게 된다.

월주(月柱)에 절(絶)이 있으면 부모형제(父母兄弟)의 덕(德)이 없고 자신의 생가(生家)가 몰락하거나 패망(敗亡)한 집안이다.

일주(日柱)에 절(絶)이 있으면 부부 사이가 고독지명(孤獨之命)이 되거나 부부불화(夫婦不和)가 많다.

시주(時柱)에 절(絶)이 있으면 자손(子孫)이 절손(絶孫)되거나 자녀(子女)의 부부생활(夫婦生活)이 불미스러우며 자신의 노후(老後)가 외롭다.

일반적으로 절(絶)이 있으면 의외로 흉(凶)함이 많고 만사가 불길하고 고향을 떠나 타향살이를 하거나 어느 한곳에 정착하기가 힘들고 대부분 남녀가 초년(初年)에 액(厄)이 많으니 늦게 결혼하여 가정을 갖는 것이 현명한 방법이다.

(5) 절(絶)과 육친(六親)

비겁(比劫)이 절(絶)이면 형제자매(兄弟姉妹)와 인연이 없고 불행을 겪는다.

식상(食傷)이 절(絶)이면 자식복(子息福)이 없고, 재성(財星)이 절(絶)이면 처궁(妻宮)이 약하고, 관살(官殺)이 절(絶)이면 남편덕(男便德)이 없고, 인수(印綬)가 절(絶)이면 부모덕(父母德)이 없다.

11. 태(胎)

(1) 태(胎)의 의의

태(胎)는 생명(生命)의 씨앗이 잉태(孕胎) 되는 것과 같아서 정자(精子)와 난자(卵子)가 자궁(子宮)속에서 만나 수태(受胎)되어 새 생명이 형성되는 것과 같은 상태이다. 태(胎)는 형곽지상(形廓之象)이라고도 한다.

(2) 태(胎)의 특성

태(胎)는 형상이 새롭게 잉태(孕胎)되는 순간과 같으므로 형체는 없고 기(氣)만 움직이고 있는 때이다. 여성적(女性的)이며 노력이 부족하고 자기몸을 너무 아끼고 임기응변을 잘한다. 장래희망과 발전을 꿈꾸며 상상력이 풍부하나 주체성이 없고 의타심이 강하고 활동력은 부족하다.

취미는 고상한 편이 많으며 편파적인 성격을 소유하는 자가 많은데 일단 자기 마음에 들면 모든 것을 다 준다. 신체는 허약한 자가 많으며 다재다능(多才多能)하고 영리하여 새로운 변화를 즐긴다. 특히 남자는 공처가나 애처가가 많고 여자는 비가정적이고 낭만을 즐기는 편이다.

(3) 태(胎)의 직업

직업(職業)은 남의 간섭을 받지 않는 자유직업(自由職業)을 많이 갖는다. 예능(藝能), 예술(藝術) 등 인기직업(人氣職業)이나 전문연구직(專門硏究職), 유흥업(遊興業), 화원(花園), 정원관리(庭園管理), 산부인과(產婦人科) 등에 적합하다.

(4) 태(胎)와 사주(四柱)

년주(年柱)에 태(胎)가 있으면 선조대(先祖代)에 집안이 발전하기 시작하였지만 자신은 유년시절에 고생이 많았으며 월주(月柱)에 있으면 부모대(父母代)에 이사를 많이 하거나 집안의 운기가 약하여 본인은 대성(大成)하기가 힘들다.

일주(日柱)에 있으면 부부궁(夫婦宮)이 약하고 본인의 건강도 허약하고, 시주(時柱)에 있으면 자식이 가업을 계승하지 못한다.

(5) 태(胎)와 육친(六親)

비겁(比劫)이 태(胎)이면 형제(兄弟)가 발복(發福)하고 형제덕(兄弟德)도 있다.

식상(食傷)이 태(胎)이면 의식주(衣食住)의 생활이 윤택하며, 재성(財星)이 태(胎)이면 재산(財産)이 늘어나고 처복(妻福)도 있으며, 관살(官殺)이 태(胎)이면 명예(名譽)가 높고 승진(昇進)이 빠르며 공직상(公職上) 전망이 밝다.

인수(印綬)가 태(胎)이면 학문발전(學問發展), 연구생활(硏究生活)에 진전이 있다.

12. 양(養)

(1) 양(養)의 의의

양(養)은 모태(母胎) 내에서 점점 자라나는 아기의 형상으로 태어나기 전까지의 과정이다. 식물에 비유하면 씨앗에 눈이 트는 시기이므로 외부의 간섭을 받지 않고 안정과 보호 속에서 양육(養育)하며 성장하는 상태이므로 육성지상(育成之象)이라고도 한다.

(2) 양(養)의 특성

양(養)이 있으면 마음이 착하고 성실하며 낙천적이고 봉사정신이 강하다. 반면에 인내심(忍耐心)이 없고 어려움을 당하면 두려워하고 소극적인 태도로 추진력(推進力)이 없고 과단성(果斷性)이 부족하다.

성격(性格)은 노숙하고 과묵하여 교제에 능하고 다재다능(多才多能)한 편이다. 무뚝뚝하게 보이나 원만하고 융화를 잘한다. 급진적(急進的)인 발전이나 창의력(創意力), 통솔력(統率力)은 약하다.

부부금슬(夫婦琴瑟)은 비교적 화기애애하고 자손궁(子孫宮)도 원만하고 주위 사람으로부터 대접(待接)을 받는다. 부모(父母)를 모시거나 장모(丈母)를 모시며 양부모(養父母)를 모시는 수도 있으며 차남(次男)이라도 장손(長孫)의 역할을 한다.

(3) 양(養)의 직업

양(養)의 직업(職業)은 장기적인 연구직(硏究職), 조상업승계(祖上業承繼), 한의학(韓醫學), 약종상(藥種商), 의학(醫學), 보건학(保健學), 고전학(古典學), 전통민속학(傳統民俗學), 양식업(養殖業), 탁아소(託兒所) 및 요양소(療養所) 운영 등에 적합하다.

(4) 양(養)과 사주(四柱)

양(養)이 년주(年柱)에 있으면 부모(父母)가 장손(長孫)인 경우가 많고 조상봉례(祖上奉禮)의 집안이며 소년시절에 양자(養)로 가는 수도 있다. 간혹 부모(父母)와 떨어져 타가(他家)나 외가(外家)에서 자라는 수도 있다.

월주(月柱)에 있으면 부모(父母)나 본인(本人)이 양자(養子)에 인연(因緣)이 있고 일주(日柱)에 있으면 양자(養子)를 두거나 생모(生母)와의 인연(因緣)이 박(薄)하다. 특히 여자(女子)는 남편복(男便福)이 있고 귀자(貴子)를 두게 된다.

시주(時柱)에 양(養)이 있으면 자녀(子女)와 인연이 없고 무자(無子)인 사람도 있어 양자(養子)를 두는 경우가 있으나 늙어서 효도(孝道)를 받게 된다.

(5) 양(養)과 육친(六親)

비겁(比劫)이 양(養)이면 이복형제(異腹兄弟)가 있고 형제(兄弟)가 온순(溫順)하고 선량(善良)하다. 식상(食傷)이 양(養)이면 장모(丈母)를 모시고, 재성(財星)이 양(養)이면 부모직업(父母職業)을 계승하게 되고, 관살(官殺)이 양(養)이면 남편이나 자식이 양식업(養殖業)에 종사하게 되며, 인수(印綬)가 양(養)이면 이복형제(異腹兄弟)나 계모(繼母)가 있게 된다.

제8장 십이신살(十二神殺)

제1절 십이신살(十二神殺)의 의의(意義)

〈표 8-1〉 십이신살(十二神殺)조견표

殺 / 年日支	劫殺	災殺	天殺	地殺	年殺	月殺	亡身	將星	攀鞍	驛馬	六害	華蓋
申子辰	巳	午	未	申	酉	戌	亥	子	丑	寅	卯	辰
寅午戌	亥	子	丑	寅	卯	辰	巳	午	未	申	酉	戌
巳酉丑	寅	卯	辰	巳	午	未	申	酉	戌	亥	子	丑
亥卯未	申	酉	戌	亥	子	丑	寅	卯	辰	巳	午	未

일반적인 운명(運命)을 감정(鑑定)하거나 상담(相談)을 할 경우에는 단순판단(單純判斷)과 복식판단(複式判斷)으로 구분 할 수가 있다. 단순판단(單純判斷)은 생년(生年)의 띠를 보고 그 동물의 특성을 말하거나 일간(日干)을 가지고 오행(五行)의 특성, 그리고 일주론(日柱論), 나아가 십이운성(十二運星), 십이신살(十二神殺)을 기준으로 활용한다. 이중에 십이신살(十二神殺)의 비중(比重)이 크기 때문에 소홀(疎忽)히 해서는 안되며 그렇다고 지나치게 의탁(依託)해서도 안된다.

왜냐하면 복식판단(複式判斷)은 오행(五行)의 왕쇠강약(旺衰强弱), 생극제화(生剋制化), 격국용신(格局用神)에 따라 응용방법(應用方法)이 다르기 때문이다.

명리학(命理學)의 명저(名著)인 임철초(任鐵樵)선생의 적천수천미(滴天髓闡微)나 심효첨(沈孝瞻)의 자평진전(子平眞詮)은 오행(五行)의 왕쇠강약(旺衰强弱)과 생극제화(生剋制化)를 근본으로 하여 신살(神殺)을 사용하지 않았다.

그러나 우리나라 명리학의 명저인 이석영(李錫英)선생의 사주첩경(四柱捷徑)과 박재완(朴在玩)선생의 명리요강(命理要綱)에는 신살(神殺)의 응용을 체계적으로 설명한 것으로 보아, 생극제화(生剋制化)에 의한 격국용신(格局用神)을 우선적으로 응용하여야 하고 신살(神殺)은 어디까지나 보조적(補助的)으로 활용되어야 한다고 필자는 생각한다.

앞으로 신살(神殺)은 순수한 생년지(生年支)를 기준으로 하는 십이신살(十二神殺)을 기본적으로 설명하고 비교적 응용도가 많은 길신류(吉神類)와 흉신류(凶神類)를 소개한다.

<표 8-1>에서 십이신살(十二神殺)은 기본적인 살(殺)의 종류가 열두개라는 뜻이다. 즉, 겁살(劫殺), 재살(災殺), 천살(天殺), 지살(地殺), 년살(年殺), 월살(月殺), 망신(亡身), 장성(將星), 반안(攀鞍), 육해(六害), 화개(華蓋)를 말한다.

이 신살(神殺)의 구성원리는 지지(地支)의 삼합(三合)에서 기인(起因)되고 있는 것이며 원명(原命)에만 국한되어 응용하는 것이 아니고 대운(大運), 년운(年運), 월운(月運), 일운(日運)에도 모두 응용되고 있다.

제2절 십이신살(十二神殺)의 구성원리

십이신살(十二神殺)은 년지(年支)나 일지(日支)를 기준하여 삼합(三合)에서 산출(算出)하게 되는데 <표 7-1>에서 신자진생(申子辰生)은 겁기사(劫起巳), 인오술생(寅午戌生)은 겁기해(劫起亥), 사유축생(巳酉丑生)은 겁기인(劫起寅), 해묘미생(亥卯未生)은 겁기신(劫起申)의 방식에 의하여 표출한다.

즉, 신자진(申子辰) 년(年)과 일(日)에 태어난 사람은 사(巳)에서 겁살(劫殺)로 시작하여 오(午)가 재살(災殺), 미(未)에 천살(天殺), 신(申)에 지살(地殺), 유(酉)에 년살(年殺), 술(戌)에 월살(月殺), 해(亥)에 망신(亡身), 자(子)에 장성(將星), 축(丑)에 반안(攀鞍) 인(寅)에 역마(驛馬), 묘(卯)에 육해(六害), 진(辰)에 화개(華蓋)가 된다는 뜻이다.

인오술(寅午戌) 년(年)과 일(日)에 태어난 사람은 해(亥)가 겁살(劫殺)로 시작하여 순행(順行)으로 가다가 술(戌)이 화개(華蓋)가 된다는 뜻이고, 사유축(巳酉丑) 년(年)과 일(日)에 태어난 사람은 인(寅)이 겁살(劫殺)로 시작하여 순행(順行)으로 가다가 축(丑)이 화개(華蓋)가 된다는 뜻이며, 해묘미(亥卯未) 년(年)과 일(日)에 태어난 사람은 신(申)이 겁살(劫殺)로 시작하여 순행(順行)으로 가다가 미(未)가 화개(華蓋)가 된다는 뜻이다.

<표 8-1>에서 보는 바와 같이 년지삼합(年支三合)으로만 응용되었으나 최근에는 일지삼합(日支三合)을 함께 응용하고 있다.

신살(神殺)의 구성(構成)은 삼합(三合)을 기준으로 위치에 따라 신속하게 표출하는 방법이 있다. 즉, 삼합(三合)의 첫번째 자(字)는 지살(地殺)이며 중간자(中間字)는 장성(將星)이고 끝자(字)는 화개(華蓋)가 된다.
삼합(三合)의 첫자(字)를 충(冲)하는 자는 역마(驛馬)이며 중간자(中間字)를 충(冲)하는 자 재살(災殺)이고 끝자(字)를 충(冲)하는 자는 월살(月殺)이 된다.

삼합(三合)의 첫자(字) 다음자(字)는 년살(年殺)이고 중간자(中間字) 다음자(字)는 반안살(攀鞍殺)이고 끝자(字) 다음자(字)는 겁살(劫殺)이다. 삼합(三合)의 첫자(字) 앞의 자(字)는 천살(天殺)이고 중간자(中間字) 앞자(字)는 망신살(亡身殺)이며 끝자(字)의 앞자(字)는 육해살(六害殺)이 되는 것이다.

제3절 십이신살(十二神殺)의 작용

1. 겁살(劫殺)

(1) 겁살(劫殺)의 의의

겁살(劫殺)이란「겁자탈야(劫字奪也) 자외탈지위겁(自外奪之謂劫)」이라 하여 탈재(奪財), 파재(破財), 교통사고(交通事故), 관재송사(官災訟事), 관재구설(官災口舌), 파산(破産), 가정불화(家庭不和), 도난(盜難), 사기(詐欺), 부도(不渡), 강제차압(强制差押), 강제철거(强制撤去), 강탈(强奪), 질병(疾病), 수술(手術) 등 흉살(凶殺)의 작용(作用)이 일어나게 되니 조심하여야 한다.

그러나 겁살(劫殺)이 생극제화(生剋制化)의 희신(喜神)이 되거나 길신(吉神)인 천을귀인(天乙貴人), 천월덕귀인(天月德貴人), 옥당귀인(玉堂貴人), 문창(文昌) 및 문곡귀인(文曲貴人) 등 귀성(貴星)과 동주(同柱)하면 총명(聰明)하고 지모(智謀)가 뛰어나며 위엄(威嚴)이 있어 정관계(政官界)에서 명성(名聲)이 있으나 기신(忌神)이거나 흉신(凶神)에 해당할 경우에는 권모술수가 능하여 사기(詐欺) 등 범죄(犯罪)행위에 가담하게 된다.

특히 겁살(劫殺)이 기신(忌神)일 경우 원명(原命)에서 형충(刑冲)을 하고 있거나 행운(行運)에서 형충(刑冲)을 당하게 되면 재액(災厄)이나 형액(刑厄)이 일어난다.

(2) 겁살(劫殺)과 사주(四柱)

겁살(劫殺)이 년주(年柱)에 있으면 선조(先祖)의 덕(德)이 없고 조업(祖業)을 계승하지 못하고 조별생가(早別生家)하여 타향객지에서 고생(苦生)하며 산다.

겁살(劫殺)이 월주(月柱)에 있으면 조실부모(早失父母)하거나 부모형제(父母兄弟)의 덕(德)이 없으며 조업(祖業)을 유지하기 어렵고 자수성가(自手成家)한다.

겁살(劫殺)이 일주(日柱)에 있으면 부부생사이별(夫婦生死離別)이 있거나 본인은 질병(疾病)으로 고생하며 단명(短命)하기 쉽다. 겁살(劫殺)이 시주(時柱)에 있으면 자식(子息)이 귀(貴)하고 자식복(子息福)이 없으며 본인은 말년(末年)이 외롭고 고독(孤獨)하다.

(3) 겁살(劫殺)과 육친(六親)

겁살(劫殺)이 비겁(比劫)이면 형제자매(兄弟姉妹), 친우(親友), 동업자(同業者)나 경쟁자(競爭者)에게 손재(損財)를 당하게 되고, 겁살(劫殺)이 식상(食傷)이면 친척간의 아랫사람이나 직장내 부하직원에게 손재(損財)나 배신(背信)을 당한다.

겁살(劫殺)이 재성(財星)이면 처(妻)로 인하여 손재(損財)를 당하거나 여자(女子)문제로 시비구설(是非口舌)이 따르고, 겁살(劫殺)이 관살(官殺)이면 직장(職場)에서 관재구설(官災口舌)이나 남자(男子)는 자식(子息), 여자(女子)는 남편(男便)에 의하여 관재송사(官災訟事)로 손재(損財)를 당하게 된다.

겁살(劫殺)이 인수(印綬)이면 문서(文書), 계약(契約)이나 보증(保證), 도난(盜難) 등의 일이 발생한다.

(4) 겁살(劫殺)의 행운(行運)

겁살대운(劫殺大運)은 강제철거(强制撤去), 강제집행(强制執行), 강제압류(强制押留), 강제강탈(强制强奪) 등이 일어나고 있으며 이에 해당하는 부동산(不動産)이나 등기(登記)가 설정(設定)된 부동산(不動産)이나 가옥(家屋)에 파재(破財), 돌발사고(突發事故), 관재구설(官災口舌), 가정불화(家庭不和) 등이 발생한다.

겁살세운(劫殺歲運)은 강제(强制)로 빼앗기는 상태이므로 부동산이나 가옥을 줄이게 되고 부도(不渡)가 나게 되고 사업가(事業家)는 자본이 허술하게 되어 파산(破産)이 되기 쉽고 심신(心身)이 괴로우며 심하면 수술(手術)이나 사망(死亡)하기도 한다.

2. 재살(災殺)

(1) 재살(災殺)의 의의

재살(災殺)은 일일 수옥살(囚獄殺)이라고도 하며, 적(敵)의 장수(將帥)와 같아 역모(逆謀)역할을 하여 송사(訟事), 납치(拉致), 감금(監禁), 포로(捕虜), 관재(官災), 교통사고(交通事故), 횡액(橫厄) 등 신상(身上)에 구속(拘束)됨이 있고 재난(災難)을 많이 겪어본다.

그러므로 동업(同業)이나 금전거래, 남의 보증 등을 조심하고 직장이나 가정에 변동이 많아 매사에 한걸음 뒤로 물러서서 생각하고 행동에 조심하게 하는 살성(殺星)이다.

(2) 재살(災殺)과 사주(四柱)

년주(年柱)에 재살(災殺)이 있으면 선조대(先祖代)에 감금(監禁)이나 관재송사(官災訟事), 횡사(橫死) 등이 일어난다.

월주(月柱)에 재살(災殺)이 있으면 부모형제(父母兄弟)가 비명횡사(非命橫死)하거나 관재송사(官災訟事)가 일어난다.

일주(日柱)에 재살(災殺)이 있으면 초년에 병고(病苦)가 많고 부부이별(夫婦離別)하거나 관액(官厄)을 면치 못한다.

시주(時柱)에 재살(災殺)이 있으면 자식(子息)이 관액(官厄)을 당하거나 말년(末年)에 재화(災禍)를 겪는다.

(3) 재살(災殺)과 육친(六親)

비겁(比劫)이 재살(災殺)이면 형제자매(兄弟姉妹), 친우(親友), 동기(同期), 동창(同窓) 등으로 인하여 관재(官災)나 송사(訟事)가 일어나고 법정(法庭)에 출두(出頭)하게 된다.

식상(食傷)이 재살(災殺)이면 부하직원(部下職員)에 의한 송사(訟事)가 발생하거나 배신(背信)을 당하게 되며 특히 여명(女命)은 자식(子息)으로 인한 송사(訟事)가 일어난다.

재성(財星)이 재살(災殺)이면 부친(父親)이나 처첩(妻妾)으로 인한 송사(訟事)가 일어나거나 여자(女子)관계로 인한 싸움이 발생하고, 관살(官殺)이 재살(災殺)이면 직장의 상사나 업무관계로 관재송사(官災訟事)가 일어나고 특히 여명(女命)은 남편(男便)이 감금(監禁)을 당하게 되며, 인수(印綬)가 재살(災殺)이면 주택저당 설정이나 차압 등의 일이 발생한다.

(4) 재살(災殺)의 행운(行運)

대운(大運)에서 재살(災殺)이 들어오면 부도(不渡)를 내고 타지(他地)에서 신분을 감추고 피신하여 살아가며, 세운(歲運)에서 재살(災殺)이 들어오면 수술(手術)이나 상해(傷害)가 일어나고 상업이나 무역을 하는 사람은 결국 부도(不渡)를 내며 관재(官災)나 구설(口舌)이 따르고 백사(百事)가 여의치 못하고 만사(萬事)가 분쟁(紛爭)이 일어난다.

특히 주의할 것은 직업(職業)이 군인(軍人), 경찰(警察), 법관(法官), 형무관(刑務官), 사법관(司法官) 등은 재살(災殺)이 적용되지 않는다.

3. 천살(天殺)

(1) 천살(天殺)의 의의

천살(天殺)은 불의(不意)의 천재지변(天災地變)을 당하게 된다는 뜻으로 한재(旱災), 수재(水災), 낙뢰(落雷), 지진(地震) 등 인간의 힘으로는 도저히 감당하기 어려운 천연적(天然的)으로 발생하는 재앙(災殃)으로 작용력(作用力)은 약하다.

기타 전기(電氣)나 태풍(颱風), 관재구설(官災口舌), 질병(疾病) 등이 일어난다.

(2) 천살(天殺)과 사주(四柱)

년주(年柱)에 천살(天殺)이 있으면 타향객지(他鄕客地)에서 고생하며 모든 일이 진전이 없고 선조대(先組代)에 비명횡사(非命橫死)가 분명하다.

월주(月柱)에 천살(天殺)이 있으면 부모형제(父母兄弟)의 덕(德)이 없고 급질(急疾)로 고생하거나 형액(刑厄)이 일어난다.

일주(日柱)에 천살(天殺)이 있으면 부부금슬(夫婦琴瑟)이 견우직녀의 형상이요, 비명횡사(非命橫死)를 면하기 어렵다.

시주(時柱)에 천살(天殺)이 있으면 자식(子息)이 형액(刑厄)을 당하거나 자식복(子息福)이 없다.

(3) 천살(天殺)과 육친(六親)

년주(年柱)에 천살(天殺)이 있으면 선조대(先組代), 월주(月柱)에 천살(天殺)이 있으면 부모형제(父母兄弟), 일주(日柱)에 천살(天殺)이 있으면 배우자(配偶者), 시주(時柱)에 천살(天殺)이 있으면 자식궁(子息宮)에 불의(不意)의 재앙(災殃)을 당하게 된다.

(4) 천살(天殺)과 행운(行運)

대운(大運)에서 천살(天殺)을 만나면 대로(大路)에서 달리는 차(車)를 바라보다가 악수하는 경우에 비유(比喩)할 수 있다. 그래서 천살운(天殺運)에는 마비질환(痲痺疾患)이 발생하는데 중풍(中風), 언이장애, 심장질환, 신경성 질환 등이 발생한다.

세운(歲運)에서 천살(天殺)을 만나면 심신(心身)이 괴롭고 아프며 마음을 잡을 수 없고, 부부이별(夫婦離別)도 있으니 조심해야 한다.

4. 지살(地殺)

(1) 지살(地殺)의 의의

지살(地殺)은 아이가 태어나서 처음 걸음을 배우는 형태로서 성장(成長)과 활동성(活動性)을 나타낸다.

지살(地殺)은 여행, 이사, 변화, 해외이민, 직장변동 등이 일어나며 역마(驛馬)와 작용(作用)이 같은데 다른 점이 있다면 역마(驛馬)는 능동적이고 적극적이어서 넓고 크게 응용되고 지살(地殺)은 수동적이고 소극적이어서 좁고 가볍게 응용되고 있다.

원명(原命)에 지살(地殺)이 있으면 성품(性品)이 명랑하고 쾌활하며 어려운 일이 당하더라도 슬기롭게 극복하며 매사를 선(善)하게 처리할 뿐만 아니라 가정도 원만하다. 그러나 외국(外國)이나 타지(他地)에서 항상 바쁘게 돌아다니는 직업(職業)과 인연(因緣)이 있게 된다.

(2) 지살(地殺)과 사주(四柱)

원명(原命)에 지살(地殺)이 많으면 초년(初年)에 풍상고락(風霜苦樂)을 많이 겪어보고 고향을 떠나 동분서주하게 된다. 그러나 지살(地殺)이 있고 청격(淸格)이면 해외진출이나 승진 등 승승장구하게 되나 형충(刑沖)이 있으면 교통사고(交通事故)를 조심하여야 한다.

년주(年柱)에 지살(地殺)이 있으면 선조대(先祖代), 월주(月柱)에 있으면 부모형제(父母兄弟), 일주(日柱)에 있으면 본인(本人)이나 배우자(配偶者), 시주(時柱)에 있으면 자식(子息)이 객지(客地)나 해외출입(海外出入)이 빈번하다.

(3) 지살(地殺)과 육친(六親)

비겁(比劫)이 지살(地殺)이면 형제자매(兄弟姉妹)가 해외출입(海外出入)이 빈번하거나 본인도 해외(海外)에 친우(親友)가 있게 된다.

식상(食傷)이 지살(地殺)이면 자식(子息)이 해외출입(海外出入)이 있게 되며, 재성(財星)이 지살(地殺)이면 국제결혼(國際結婚)이나 해외(海外)에서 결혼(結婚)을 하게 되고 무역(貿易) 등과 인연이 있다.

관살(官殺)이 지살(地殺)이면 외교관(外交官)이나 외국인 상사에 근무하든지 해외 지사장이 되든지 자식(子息)이 해외(海外)와 인연이 있게 된다.

인수(印綬)가 지살(地殺)이면 해외유학(海外留學)을 하거나 외국어(外國語)와 인연이 있게 된다.

(4) 지살(地殺)과 행운(行運)

대운(大運)이나 세운(歲運)에서 지살(地殺)이 들어오면 이사, 이동, 출장, 해외파견, 해외초청, 취직, 승진, 문서나 금전운이 호전되며 새집 짓고 새가구 장만하는 일이 생긴다. 그러나 여자(女子)는 부부불화(夫婦不和), 별거(別居) 등이 일어난다.

5. 년살(年殺)

(1) 년살(年殺)의 의의

년살(年殺)은 일명 도화살(桃花殺), 함지살(咸池殺)이라고도 하는데 이는 십이운성(十二運星)에서 목욕(沐浴)에 해당한다. 목욕(沐浴)은 음란(淫亂)을 상징(象徵)하므로 인생에 비유한다면 사춘기(思春期)와 같은 시절로서 유행과 감정에 치우치거나 색정(色情)에 빠져들기 쉬우며 풍류(風流), 사교(社交), 노박(賭博), 망신(亡身), 충돌(衝突), 사고(事故) 등으로 응용되고 있다.

년살(年殺)이 길신(吉神)에 해당하고 생왕(生旺)하면 용모(容貌)가 수려(秀麗)하고 예술적(藝術的)재능이 뛰어나고 선비기질이 있어 풍류(風流)를 좋아하며 어디서나 인기가 많은 편이다.

그러나 기신(忌神)이면 언행이 불순하고 패륜(悖倫)행위, 변태적인 애정문제, 주색 등 방탕한 생활로 가산(家産)을 탕진하기 쉽다.

(2) 년살(年殺)과 사주(四柱)

년주(年柱)에 년살(年殺)이 있으면 선조대(先組代)에 풍류객(風流客)으로 풍파(風波)가 많았으며, 월주(月柱)에 있으면 부모대(父母代)에 풍류객(風流客)으로 어머니가 재취(再娶)로 들어오거나 소실(小室)이 있게 되고 년상(年上)의 여인이나 유부녀(有夫女)를 좋아하고, 일주(日柱)에 있으면 기방(妓房)출입이 빈번하고 작첩동거(作妾同居)도 하게 되고 부부애로(夫婦隘路)가 있게 되며, 시주(時柱)에 있으면 자식(子息)이 풍류객(風流客)이며 본인(本人)은 말년(末年)에 기생작첩(妓生作妾)을 하게 된다.

(3) 년살(年殺)과 육친(六親)

비겁(比劫)이 년살(年殺)이 있으면 형제자매(兄弟姉妹)가 풍류객(風流客)이고 친우(親友)에 의하여 패가망신(敗家亡身)하게 된다.

식상(食傷)이 년살(年殺)이면 관직(官職)을 박탈(剝奪)당하거나 명예(名譽)에 손상(損傷)을 입게 된다.

재성(財星)이 년살(年殺)이면 부친(父親)이 풍류지객(風流之客)이며 정처(正妻)에게는 인색(吝嗇)하지만 연인(戀人)들에게는 후덕(厚德)하다.

관살(官殺)이 년살(年殺)이면 관재(官災), 배신(背信), 병고(病苦), 상신(傷身), 작첩(作妾), 망신(亡身) 등을 당하게 된다.

인수(印綬)가 년살(年殺)이면 부친(父親)의 첩(妾)을 보게 되고 공부중에 연애하게 된다.

(4) 년살(年殺)과 행운(行運)

행운(行運)에서 년살(年殺)을 만나게 되면 심신(心身)이 산란(散亂)하여 허영(虛榮)과 향락(享樂)에 빠지기 쉬우니 불륜(不倫)에 의한 관재구설(官災口舌)을 조심해야 한다.

년살(年殺)을 일명 도화살(桃花殺)이라고 하는데 원명(原命)에 있으면 타고난 천성(天性)이라 할수 있지만 대운(大運)에서 도화살(桃花殺)이 오면 재발(再發)하였다고 하여서 풍류(風流)와 색정(色情)을 일삼아 가정을 돌보지 않는다.

세운(歲運)에서 도화살(桃花殺)을 만나면 가정적으로는 부부불화(夫婦不和)로 가정파탄(家庭破綻)하거나 별거(別居)를 하게 된다.

6. 월살(月殺)

(1) 월살(月殺)의 의의

월살(月殺)은 일명 고초살(枯焦殺)이라고도 하여 나무가 고갈(枯渴)되어 바싹 마른 나무의 형상으로 매사가 순조롭지 못하고 깨지거나 무너지는 상태를 뜻한다.

그래서 고초일(枯焦日)에는 씨앗을 뿌리면 발아(發芽)가 되지 않고 닭이 계란(鷄卵)을 품더라도 부화(孵化)가 되지 않는다고 하는데, 특히 택일(擇日)을 정할 때 파종(播種)이나 식목(植木)을 피(避)한다.

월살(月殺)이 원명(原命)에 중봉(重逢)이면 육친무덕(六親無德)하고 처자식(妻子息)과 인연이 박약(薄弱)하고 관재구설(官災口舌)이 항상 따르고 계약(契約)이나 문서보증(文書保證)으로 곤경에 빠지는 경우가 생긴다.

(2) 월살(月殺)과 사주(四柱)

년주(年柱)에 월살(月殺)이 있으면 선조대(先祖代)에 성실(誠實)하고 근면(勤勉)하여도 결과는 되는 일이 없고 단명(短命)하였거나 가난하였다.

월주(月柱)에 월살(月殺)이 있으면 부모형제(父母兄弟)가 고생(苦生)하였으며 남에게 여러번 이용당하였다. 일주(日柱)에 월살(月殺)이 있으면 동분서주(東奔西走)하여 많은 공(功)은 이루었으나 성과(成果)가 없으며 부부간에도 별거인연(別居因緣)의 배필이다.

시주(時柱)에 월살(月殺)이 있으면 불효(不孝)자식 아니면 객사(客死)자식을 두게 된다.

(3) 월살(月殺)과 육친(六親)

비겁(比劫)이 월살(月殺)이면 형제자매(兄弟姉妹), 식상(食傷)이 월살(月殺)이면 자식(子息), 재성(財星)이 월살(月殺)이면 부친(父親), 관살(官殺)이 월살(月殺)이면 자식(子息), 인수(印綬)가 월살(月殺)이면 모친(母親)이 불구(不具)이거나 단명(短命)한다.

(4) 월살(月殺)과 행운(行運)

대운(大運)에서 월살(月殺)을 만나면 사례금을 받거나 위로금, 하사금 등을 받을 일이 생기면 상속받을 일도 생긴다. 그러나 투기나 투자 등 과욕(過慾)을 부리면 실패수가 따르니 명심해야 한다.

세운(歲運)에서 월살(月殺)을 만나면 발전이 없고 후퇴하며 고독(孤獨)하고 답답한 일이 생기며 공직자(公職者)는 부하직원으로부터 배신(背信)을 당하여 좌천(左遷)하는 일이 생기며 부부간에는 이혼(離婚)이나 별거(別居)하는 일이 생긴다.

특히 남자는 무모한 계획이나 허영심으로 실패하는 일이 생기며 여자는 유혹(誘惑)에 빠져 재산(財産)을 탕진하는 경우가 생기니 이성(異性)에게 현혹(眩惑)되지 않도록 주의해야 한다.

7. 망신살(亡身殺)

(1) 망신살(亡身殺)의 의의

망신살(亡身殺)은 일명 파군살(破軍殺)이라고도 하여 격전지(激戰地)나 전쟁터에 비유하기도 하는데, 모든 계획이 수포(水泡)로 돌아가고, 마침내는 패가망신(敗家亡身)하게 된다는 뜻이다.

「삼명통회(三命通會)」에 이르기를 「망자실야(亡者失也)요, 자내실지(自內失之) 위망신(謂亡身)이라」 즉 신자진수국(申子辰水局)은 해(亥)가 망신(亡身)인데 이것은 해중갑목(亥中甲木)에 수(水)가 설기(泄氣)되어 망(亡)하고, 사유축금국(巳酉丑金局)은 신중임수(申中壬水)에 설기(泄氣)되어 망(亡)하고, 해묘미목국(亥卯未木局)은 인중병화(寅中丙火)에 목기(木氣)가 설기(泄氣)되어 망(亡)하고, 인오술화국(寅午戌火局)은 사중무토(巳中戊土)에 설기(泄氣)되어 망(亡)한다고 하여 망신(亡身)이라는 명칭(名稱)이 붙게 된 것이다.

망신(亡身)이 길신(吉神)에 해당하면 외모가 준수하고, 위엄(威嚴)이 있으며, 대인관계가 원만하며 경제적 수완이 뛰어나고, 유머감각과 화술과 문장력이 대단하다.

기신(忌神)에 해당하면 내실즉망(內失卽亡)이라 하여 안에서 그 작용이 일어나 육친간의 생사이별(生死離別), 실물(失物), 도난(盜難), 사업실패(事業失敗), 사기(詐欺), 손재(損財) 등이 일어나고, 관재(官災)나 송사(訟事), 구설(口舌)에 휘말리기 쉽다.

(2) 망신살(亡身殺)과 사주(四柱)

년주(年柱)에 망신살(亡身殺)이 있으면 타향(他鄕)에서 고생(苦生)하며 선조대(先祖代)의 유업(遺業)이 몰락(沒落)하였고, 월주(月柱)에 망신살(亡身殺)이 있으면 부모형제(父母兄弟)가 부부이별(夫婦離別)하거나 형액(刑厄)이 있게 된다.

일주(日柱)에 망신살(亡身殺)이 있으면 부부이별(夫婦離別)하거나 배우자(配偶者)와의 인연(因緣)이 박약(薄弱)하고, 시주(時柱)에 망신살(亡身殺)이 있으면 자식궁(子息宮)이 불행(不幸)하고, 말년(末年)에 한탄할 일이 생긴다.

(3) 망신살(亡身殺)과 육친(六親)

망신살(亡身殺)이 비겁(比劫)은 형제자매(兄弟姉妹), 상식(傷食)은 자식(子息), 재성(財星)은 부친(父親)이나 처(妻), 관살(官殺)은 자식(子息), 인수(印綬)는 부모(父母)가 명예(名譽)에 손상(損傷)이 있거나 불치병(不治病)을 앓거나 또는 패륜아(悖倫兒)가 되거나 관재송사(官災訟事)를 겪어본다.

(4) 망신살(亡身殺)과 행운(行運)

망신대운(亡身大運)에는 벌통을 잘못 손댄 것과 같이 재산(財産)을 몰락(沒落)당하는 일이 생기며, 몸에 칼을 대는 수술(手術) 할 일이 생긴다.

망신세운(亡身歲運)에는 남녀모두가 망신(亡身)을 당할 우려가 있고 명예(名譽)에 손상(損傷)은 있으나 신규사업이나 금전거래 등 실질적인 실속은 있다.

8. 장성살(將星殺)

(1) 장성살(將星殺)의 의의

장성(將星)은 용감(勇敢)하고, 고집(固執)이 세며, 책임감이 막중한 장수(將帥)로서 권위(權威)를 상징하며, 문무(文武)를 겸전한 강력한 실권자를 의미한다. 무슨 일에도 진취적으로 일을 처리하고, 인내(忍耐)와 끈기로써 능히 만난(萬難)을 극복하여 성공적으로 이끈다.

원명(原命)에 장성(將星)이 있으면 사법관(司法官), 군인(軍人), 경찰(警察) 등 생살권(生殺權)을 갖게 되고, 승진(昇進), 명예회복(名譽回復), 권력(權力) 등의 길사(吉事)가 있다.

장성살(將星殺)은 승부욕(勝負慾)이 강하고 통솔력(統率力)이 뛰어나며 사업(事業)이나 직장(職場)에서 성취감(成就感)이 왕성(旺盛)하지만 무모하게 덤벼드는 것이 다소 흠(欠)이 되고 있다.

(2) 장성살(將星殺)과 사주(四柱)

년주(年柱)에 장성살(將星殺)이 있으면 선조대(先祖代)에 무관(武官)의 집안으로 만인을 통솔하였으며, 월주(月柱)에 장성살(將星殺)이 있으면 부모대(父母代)에 문무(文武)가 뛰어나서 손에 병권(兵權)을 잡고, 일주(日柱)에 장성살(將星殺)이 있으면 명예(名譽)는 얻으나, 부부지간에 별거(別居), 이별(離別)한다.

시주(時柱)에 장성살(將星殺)이 있으면 자식(子息)이 고집(固執)세고 힘이 장사라서 나라에 충성(忠誠)한다.

(3) 장성(將星)과 육친(六親)

장성(將星)이 공망(空亡)이 되면 장수(將帥)가 실권(實權)이 없어진 무용지물(無用之物)이 되었으니 속세(俗世)를 떠나 입산수도(入山修道)하는 마음을 항상 가지고 있으며, 장성(將星)이 양인(羊刃)과 같이 있으면 생살권(生殺權)을 장악하고, 식상(食傷)과 동주(同柱)하면 예능(藝能)에 소질이 특출하고 관살(官殺)과 동주(同柱)하면 명예(名譽)를 떨치며, 재성(財星)과 동주(同柱)하면 재정권(財政權)을 담당하게 되고, 인수(印綬)와 동주(同柱)하면 학문(學問)과 연구(研究)에 관계되는 직업과 인연이 있다.

(4) 장성(將星)과 행운(行運)

대운(大運)에 장성(將星)이 오면 직장인(職場人)은 승진(昇進)이 되고, 학생은 반장이 되고, 여자(女子)는 좋은 배우자를 만난다.

사업인(事業人)은 사업이 번성(繁盛)하여 사회에 유통(流通)이 잘되며, 자금(資金)도 넉넉하게 돌아간다.

세운(歲運)에 장성(將星)이 오면 해외출입(海外出入)이나, 동분서주(東奔西走)하며 여자(女子)는 직업전선(職業戰線)에 뛰어들게 된다.

9. 반안살(攀鞍殺)

(1) 반안살(攀鞍殺)의 의의

반안살(攀鞍殺)은 일명 안장살(鞍裝殺)이라고도 하는데 장성(將星)과 역마(驛馬)의 중간에 위치한 말안장을 뜻하는데, 장수(將帥)가 전장(戰場)에 출전(出戰)하기 위하여 준비하는 갑옷, 투구, 병기(兵器) 등과 같다.

반안살(攀鞍殺)은 명예(名譽)나 직위(職位)가 상승(上昇)하는 뜻이 되어, 출세(出世)를 의미하기도 한다. 특히 장성(將星), 반안(攀鞍), 역마(驛馬)를 구비(具備)한 사람은 말 위에 안장(鞍裝)을 얹고 장수(將帥)가 행군(行軍)하는 형상으로 크게 출세(出世)한다는 것이다. 또한 이 살(殺)이 있는 사람은 지혜(智慧)가 뛰어나고, 문장(文章)에도 능통(能通)하다.

(2) 반안살(攀鞍殺)과 사주(四柱)

년주(年柱)에 있으면 조상덕(祖上德)이 있어 일평생 영화를 누리며 선산(先山)의 덕(德)이 있다.

월주(月柱)에 있으면 부모형제(父母兄弟)가 안락(安樂)하고, 화목(和睦)하고, 관운(官運)도 좋다.

일주(日柱)에 있으면 평범(平凡)한 가운데 부부지간 안락(安樂)하며 행복하게 산다.

시주(時柱)에 있으면 처첩(妻妾)의 덕(德)이 있고, 말년(末年)에도 평범(平凡)하게 산다.

(3) 반안살(攀鞍殺)과 육친(六親)

비겁(比劫)이 반안살(攀鞍殺)이면 형제자매(兄弟姊妹), 식상(食傷)이 반안살(攀鞍殺)이면 자식(子息), 재성(財星)이면 부친(父親)이나 처(妻), 관살(官殺)이면 자식(子息)이나 남편(男便), 인수(印綬)가 반안살(攀鞍殺)이면 모친(母親)이 길성(吉星)을 가져온다.

(4) 반안살(攀鞍殺)과 행운(行運)

대운(大運)에서 반안살(攀鞍殺)을 만나면 직장인(職場人)은 승진(昇進)하고, 상인(商人)은 수익(收益)이 늘고, 사업인(事業人)은 발전하고, 학생은 진학(進學)이나 시험에 합격하게 되고, 일반인(一般人)은 집안이 편안하다.

세운(歲運)에서 반안살(攀鞍殺)을 만나면 신규사업(新規事業), 시험공부(試驗工夫), 가옥(家屋)이나 토지문서(土地文書)를 잡게 된다.

10. 역마살(驛馬殺)

(1) 역마살(驛馬殺)의 의의

역마살(驛馬殺)은 일명 이동살(移動殺)이라고도 하며 군용마(軍用馬)와 같아 운송(運送)이나 통신(通信)수단을 말함이다. 즉 원행(遠行), 출행(出行), 이사(移徙), 이동(移動), 운수사업(運輸事業), 수송사업(輸送事業), 무역업(貿易業), 통신(通信), 전화(電話), 전보(電報) 등을 의미한다.

역마(驛馬)는 말타고 멀리 달리는 것을 의미함이니 타향살이, 해외출입(海外出入)을 말하는 것으로 지살(地殺)과 작용이 유사하나 지살(地殺)보다는 그 범위가 넓게 응용되고 있다.

(2) 역마살(驛馬殺)과 사주(四柱)

년주(年柱)의 역마살(驛馬殺)은 고향땅을 이별하고 타향땅에서 살아야 하며 선조대(先祖代)에 객사(客死)하는 경우가 있다.
월주(月柱)의 역마살(驛馬殺)은 동분서주(東奔西走)하고 사업(事業)으로 득재(得財)하나 부모형제(父母兄弟)가 객사(客死)하는 경우가 있다.

일주(日柱)의 역마살(驛馬殺)은 부부이별(夫婦離別)하고 타향(他鄕)이나 해외(海外)에서 거주(居住)하게 된다.
시주(時柱)의 역마살(驛馬殺)은 양방(兩房)에 자식(子息) 낳아 타향(他鄕)에서 나를 찾으니 객사혼(客死魂)이 분명하다.

원명(原命)에서 역마살(驛馬殺)이 길신(吉神)이며 식신(食神), 정관(正官), 인수(印綬)와 함께 있으면 적극적이고 활동성이 많으며, 재성(財星)과 함께 있으면 재물(財物)이 왕성(旺盛)하다. 그러나 편인(偏印), 편관(偏官), 비겁(比劫), 상관(傷官)과 같이 있으면 동분서주(東奔西走)한다.

(3) 역마살(驛馬殺)과 육친(六親)

비겁(比劫)이 역마살(驛馬殺)이면 형제자매(兄弟姉妹), 식상(食傷)이 역마살(驛馬殺)이면 자식(子息), 재성(財星)이 역마살(驛馬殺)이면 부친(父親) 또는 처(妻), 관살(官殺)이 역마살(驛馬殺)이면 자식(子息), 인수(印綬)가 역마살(驛馬殺)이면 모친(母親)에 해당하는 각각 육친(六親)이 고향(故鄕)을 떠나 타향(他鄕)객지에서 동분서주(東奔西走)할 뿐만 아니라 해외출입(海外出入)이 빈번하게 된다.

(4) 역마살(驛馬殺)과 행운(行運)

역마살(驛馬殺)이 대운(大運)이나 세운(歲運)에서 만나면 이사변동(移徙變動), 해외출입(海外出入) 등이 발생하며 대운(大運), 세운(歲運), 월운(月運)이 모두 역마(驛馬)를 상충(相沖)하면 교통사고(交通事故)가 발생한다.

관재송사(官災訟事)로 갇혀 있는 사람은 역마살(驛馬殺) 세운(歲運)이나 월운(月運)에 풀려난다.

행운(行運)에서 역마(驛馬)가 길신(吉神)에 해당하거나 합(合)이 되면 승진(昇進), 해외출입(海外出入) 등 경사(慶事)가 일어나고 기신(忌神)이거나 상충(相沖)되면 교통사고(交通事故) 등 형액(刑厄)이 일어난다.

11. 육해살(六害殺)

(1) 육해살(六害殺)의 의의

육해살(六害殺)이란 일명 육액(六厄) 또는 마랑(馬廊)이라고도 하여 마방(馬房)에 매어둔 말이 되어 원행(遠行)을 하지 못한다는 뜻이다.

그래서 육해살(六害殺)은 질병(疾病)으로 일평생 신음(呻吟)하거나 장애(障碍)와 병고(病苦) 등의 어려운 일이 일어나고, 화재(火災), 도난(盜難), 관액(官厄), 구설(口舌)이 뒤따른다.

육해살(六害殺)이 있으면 행동이 민첩하고, 매사를 신속하게 처리하기 때문에 다성다패(多成多敗)하고, 분주(奔走)하게 많은 일이 생긴다.

(2) 육해살(六害殺)과 사주(四柱)

년주(年柱)에 육해살(六害殺)이 있으면 선조대(先祖代)에 구병(久病)으로 고생(苦生)을 하였고, 월주(月柱)에 육해살(六害殺)이 있으면 부모형제(父母兄弟)가 구병(久病)으로 고생(苦生)하였고, 골육지정(骨肉之情)이 없다.

일주(日柱)에 육해살(六害殺)이 있으면 본인(本人)이나 배우자(配偶者)요, 시주(時柱)에 있으면 자식(子息)이 구병(久病)으로 고생(苦生)한다.

(3) 육해살(六害殺)과 육친(六親)

비겁(比劫)이 육해살(六害殺)이면 형제자매(兄弟姊妹), 식상(食傷)이 육해살(六害殺)이면 자식(子息), 재성(財星)이 육해살(六害殺)이면 부친(父親) 또는 처(妻), 관살(官殺)이 육해살(六害殺)이면 남편(男便)이나 자식(子息), 인수(印綬)가 육해살(六害殺)이면 모친(母親)에 해당하는 육친(六親)이 오랜 구병(久病)으로 고생(苦生)한다.

(4) 육해살(六害殺)과 운행(運行)

대운(大運)에서 육해살(六害殺)을 만나면 병고(病苦)를 치르고, 신음(呻吟)하며 어려운 일에 부딪히고, 저당설정(抵當設定), 차압(差押) 등이 일어나고, 사업인(事業人)은 부도(不渡)나고, 직장인(職場人)은 좌천(左遷)되거나 퇴직(退職)하게 된다.

원명(原命)에 육해살(六害殺)이 있는데 운행(運行)에서 충(冲)이나 형(刑)을 할 때는 해외출입(海外出入)을 하거나 오히려 어려운 일이 해결(解決)된다.

세운(歲運)에서 육해살(六害殺)이 들어오면 희생정신으로 노력하나 성과는 없고, 심신이 고달프고, 심지어는 보직해임(補職解任)이 되거나 인격이하(人格以下)의 대우를 받게 된다.

12. 화개살(華蓋殺)

(1) 화개살(華蓋殺)의 의의

화개살(華蓋殺)은 일명 예술지상(藝術之象)이라고도 하며 삼합(三合)의 묘(墓)로서 끝글자에 해당한다.

묘(墓)는 물건을 겨울동안 저장하였다가 봄에 다시 꺼내어 쓰는 창고(倉庫)와 같아서 재생(再生) 또는 영속성(永續性)을 나타내므로 문화(文化), 예술(藝術), 종교(宗敎), 학문(學問), 사찰(寺刹), 기도원(祈禱院), 수련원(修練院), 교회(敎會), 부동산(不動産) 등을 나타낸다.
화개살(華蓋殺)은 또 보옥지상(寶玉之象)이라고 해석하여 화려(華麗)하고 안정(安定)하게 빛이 난다는 길성(吉星)이다.

원명(原命)에 이 살(殺)이 있으면 성품(性品)이 총명(聰明)하고 지혜(智慧)가 뛰어나 문장(文章)이 능통(能通)하고 풍류(風流)를 좋아할 뿐 아니라 예능(藝能)에도 소질이 있고 독실한 불교신자이거나 정통승도(正統僧道)가 분명하다.

(2) 화개살(華蓋殺)과 사주(四柱)

년주(年柱)의 화개(華蓋)는 선조대(先祖代)의 가업(家業)을 탕진하고 일찍 타향살이하며 곤고(困苦)하게 살았다고 보는 것이고, 월주(月柱)의 화개(華蓋)는 형제자매(兄弟姉妹)의 덕(德)이 없으며 차남(次男)이 장남(長男)의 역할을 하면서 문중(門中)을 빛내야 한다.

일주(日柱)의 화개(華蓋)는 부부이별(夫婦離別)하게 되고, 불도(佛道)의 집단으로 승려가 된 조상이 있다고 보는 것이고, 시주(時柱)의 화개(華蓋)는 중년이후(中年以後)에 성공(成功)하며 도처(到處)에 명성(名聲)이 높다.

(3) 화개살(華蓋殺)과 육친(六親)

화개성(華蓋星)이 비겁(比劫)이면 형제자매(兄弟姉妹), 식상(食傷)이면 자식(子息), 재성(財星)이면 부친(父親)이나 처(妻), 관살(官殺)이면 남편(男便)이나 자식(子息), 인수(印綬)이면 모친(母親)에 해당하는 육친(六親)이 종교(宗教)나 예술(藝術)방면에 소질이 있거나 관련된 직업(職業)을 갖게 된다.

(4) 화개살(華蓋殺)과 행운(幸運)

대운(大運)에서 화개(華蓋)를 만나면 비범(非凡)한 발전과 피나는 노력으로 탁월한 재능을 발휘하게 된다.

세운(歲運)에서 화개(華蓋)를 만나면 욕심(慾心)이 생기고, 남녀가 방탕(放蕩)으로 부부지간에 생사이별(生死離別)을 많이 하며, 사업실패(事業失敗)하여 전업(轉業)을 하게 된다.

〈표 8-2〉 십이신살요약표(十二神殺要約表)

신살명(神殺名)	특성(特性) 및 행운(行運)
겁살(劫殺) 삼합(三合)의 끝자 다음자	탈재(奪財), 파재(破財), 파산(破産), 도난(盜難), 교통사고(交通事故), 관재송사(官災訟事), 사기(詐欺), 부도(不渡), 강탈(强奪), 가정불화(家庭不和), 질병(疾病)
재살(災殺) 삼합(三合)의 중간자 충한자	수옥(囚獄), 송사(訟事), 감금(監禁), 관재(官災), 교통사고(交通事故), 횡액(橫厄), 납치(拉致), 익사(溺死), 분신(焚身), 총검사고(銃劍事故)
천살(天殺) 삼합(三合)의 첫자 바로앞자	한재(旱災), 수재(水災), 화재(火災), 지진(地震), 낙뢰(落雷), 전기두절(電氣杜絶), 관재구설(官災口舌), 태풍(颱風), 질병(疾病), 중풍(中風), 이별(離別)
지살(地殺) 삼합(三合)의 첫자	여행(旅行), 이사(移徙), 해외이민(海外移民), 직장변동(職場變動), 직업전환(職業轉換), 외국상사(外國商社), 해외출입(海外出入)
년살(年殺) 삼합(三合)의 첫자 다음자	도화(桃花), 목욕(沐浴), 풍류(風流), 사교(社交), 도박(賭博), 망신(亡身), 충돌(衝突), 사고(事故), 정처인색(正妻吝嗇), 애첩후덕(愛妾厚德), 불화(不和)
월살(月殺) 삼합(三合)의 마지막자 충자	고초(枯焦), 부모무덕(父母無德), 처자무덕(妻子無德), 관재구설(官災口舌), 부부이별(夫婦離別), 보증사건(保證事件), 불구단명(不具短命), 고독(孤獨), 배신(背信)
망신살(亡身殺) 삼합(三合)의 중간자 앞자	생사이별(生死離別), 실물(失物), 도난(盜難), 부도(不渡), 사업실패(事業失敗), 사기(詐欺), 손재(損財), 관재(官災), 송사(訟事), 구설(口舌), 부부이별(夫婦離別), 형액(刑厄)
장성살(將星殺) 삼합(三合)의 중간자	용감(勇敢), 고집(固執), 장수(將帥), 권위(權威), 인내(忍耐), 지구력(持久力), 군인(軍人), 경찰(警察), 승부욕강(勝負慾强), 통솔력(統率力), 명예(名譽)
반안살(攀鞍殺) 삼합(三合)의 중간자 다음자	명예(名譽), 공직(公職), 장성(將星), 장수(將帥), 지혜(智慧), 문장능통(文章能通), 부모형제안락(父母兄弟安樂), 가정화목 (家庭和睦), 승진(昇進), 신규사업(新規事業)
역마살(驛馬殺) 삼합(三合)의 첫자와 충한자	타향객지(他鄕客地), 동분서주(東奔西走), 운송(運送), 통신(通信), 원행(遠行), 해외출입(海外出入), 무역업(貿易業), 전보(電報), 부부이별(夫婦離別), 이사(移徙)
육해살(六害殺) 삼합(三合)의 끝자 앞자	질병(疾病), 신음(呻吟), 병고(病苦), 화재(火災), 도난(盜難), 관액(官厄), 구설(口舌), 분주(奔走), 저당(抵當), 차압(差押), 부도(不渡), 퇴직(退職)
화개살(華蓋殺)	예술(藝術), 문화(文化), 종교(宗敎), 철학(哲學), 학문(學問), 사찰(寺刹), 기도원(祈禱院), 교회(敎會), 수련원(修練院), 총명(聰明)

제9장 길성(吉星)

제1절 일간중심(日干中心) 길성(吉星)

〈표 9-1〉 일간중심(日干中心) 길성도표

日干 吉星	甲	乙	丙	丁	戊	己	庚	辛	壬	癸
建 祿	寅	卯	巳	午	巳	午	申	酉	亥	子
天乙貴人	丑未	申子	酉亥	酉亥	丑未	申子	丑未	寅午	卯巳	卯巳
太極貴人	子午	子午	卯酉	卯酉	辰戌 丑未	辰戌 丑未	寅亥	寅亥	巳申	巳申
天廚貴人	巳	午	巳	午	申	酉	亥	子	寅	卯
官貴學館	巳	巳	申	申	亥	亥	寅	寅	申	申
文昌貴人	巳	午	申	酉	申	酉	亥	子	寅	卯
文曲貴人	亥	子	寅	卯	寅	卯	巳	午	申	酉
學堂貴人	亥	午	寅	酉	寅	酉	巳	子	申	卯
金輿祿	辰	巳	未	申	未	申	戌	亥	丑	寅
暗 祿	亥	戌	申	未	申	未	巳	辰	寅	丑
夾 祿	丑寅	寅辰	辰午	巳未	辰午	巳未	未酉	申戌	戌子	亥丑
交 祿	甲庚 申寅	乙辛 酉卯	丙癸 子巳	丁壬 亥子	戊癸 子巳	己壬 亥午	庚甲 寅申	辛乙 卯酉	壬丁 午亥	癸丙 巳子
福星貴人	寅	丑亥	子戌	酉	申	未	午	巳	辰	卯
天官貴人	酉	申	子	亥	卯	寅	午	巳	丑未	辰戌
天福貴人	未	辰	巳	酉	戌	卯	亥	申	寅	午

1. 건록(建祿)

日 干	甲	乙	丙	丁	戊	己	庚	辛	壬	癸
建 祿	寅	卯	巳	午	巳	午	申	酉	亥	子

건록(建祿)의 구성은 갑록재인(甲祿在寅), 을록재묘(乙祿在卯), 병무록재사(丙戊祿在巳), 정기록재오(丁己祿在午), 경록재신(庚祿在申), 신록재유(辛祿在酉), 임록재해(壬祿在亥), 계록재자(癸祿在子)로 이루어져 있다.

건록(建祿)은 정록(正祿)이라고도 하며, 10간록(十干祿)이라고도 하는데 이는 지지암장(地支暗藏)에 천간(天干)과 같은 오행(五行)이 구성되어 있고, 십이운성(十二運星)에서는 관대(冠帶)에 해당하고, 육친(六親)으로는 비견(比肩)으로서 상하유정(上下有情)하여 자기의 뿌리를 가지고 있기 때문에 정자(正字)를 붙인 것이며, 관대(冠帶)를 갖추면 의관(衣冠)이 뚜렷하여 국가에 봉사하고, 노력하여 대가(代價)를 보상받게 되어 록자(祿字)를 따서 정록(正祿)이라고 한 것이다.

건록(建祿)이 원명(原命)에 있으면 정직하고, 신체도 건강하며 복록(福祿)이 많고, 의식(衣食)도 넉넉하며 관운(官運)도 좋다. 그러나 형충(刑冲)을 만나거나 다른 오행으로 변화하게 되면 길(吉)작용이 반감된다.

건록(建祿)은 월지(月支)에 있으면 건록(建祿),일지(日支)에 있으면 일록(日祿), 시지(時支)에 있으면 귀록(歸祿)이라고 한다.

건록(建祿)에 형충(刑冲)이 있고, 건왕(建旺)하면 관계(官界)나 특수직종(特殊職種)에 종사함이 많으며 특히 양일간(陽日干)의 건록(建祿)이 인신사해(寅申巳亥)인데 형충(刑冲)이 있으면 정치인(政治人), 법조인(法曹人), 군인(軍人), 경찰(警察), 의사(醫師) 등에 진출하게 된다.

건록(建祿)은 세운(歲運)이나 대운(大運)에서 형충파해(刑冲破害)가 되면 직장(職場)이나 이사(移舍) 등의 변동(變動)이 생기고, 건강(健康)의 이상(異常)이 생기거나 교통사고(交通事故)에도 주의를 해야 한다.

건록(建祿)이 년지(年支)나 월지(月支)에 있으면 조상(祖上)이나 부모(父母)의 덕(德)이 있고, 사회적으로는 신뢰를 얻어 승진(昇進)이 빠르고, 일지(日支)나 시지(時支)에 있으면 자립심(自立心)이 강하고 형제는 자수성가하며, 여명(女命)은 직업(職業)을 가지고 성공도 빠르다.

2. 천을귀인(天乙貴人)

日 干	甲戊庚	乙己	丙丁	辛	壬癸
天 乙	丑未	子申	亥酉	寅午	巳卯

천을귀인(天乙貴人)은 옥당천을귀인(玉堂天乙貴人)이라고도 한다. 갑무경일(甲戊庚日)에 출생한 사람이 축(丑)이나 미(未)를 만나고, 을기일(乙己日)에 출생한 사람이 자(子)나 신(申)을 만나고, 병정일(丙丁日)에 출생한 사람이 해(亥)나 유(酉)를 만나고, 신일(辛日)에 출생한 사람이 인(寅)이나 오(午), 임계일(壬癸日)에 출생한 사람이 사(巳)나 묘(卯)를 만나면 옥당천을귀인(玉堂天乙貴人)이 된다.

천을귀인(天乙貴人)이 있으면 성품(性品)이 총명하며, 지혜가 뛰어나고, 주위에서 도와주는 사람이 많으며 인덕이 있어 어려운 일을 당하게 되면 남에게 힘을 얻어 해결이 되며, 흉(凶)한 것이 변하여 길(吉)이 된다.

십이운성(十二運星)의 길성(吉星)이거나 길성(吉星)과 합(合)하면 한평생 살아가는 데 복(福)이 많다. 특히 천을귀인(天乙貴人)이 건록(建祿)을 만나면 문장이 뛰어나고, 관록(官祿)이 따른다.

그러나 형(刑), 충(冲), 파(破), 해(亥)나 공망(空亡)이 되거나, 십이운성(十二運星)이 쇠(衰), 병(病), 사(死), 절(絶)과 동주(同柱)하면 길신(吉神) 작용이 안된다. 주중(柱中)에 괴강(魁罡)이나 암록(暗綠)과 역마(驛馬)가 같이 있으면 성격이 활발하고, 경우가 밝으며 한평생 형벌을 받지 아니할 뿐만 아니라 출세(出世)와 명예(名譽)가 따르며 다른 사람들로부터 존경을 받는다.

천을귀인(天乙貴人)은 문창성(文昌星)과 같이 있으면 학문이 뛰어나 학계에 이름을 떨치며 화개(華蓋)와 같이 있으면 문장력과 예의(禮儀)가 바르고, 고관직(高官職)에 오를 수 있다.

천을귀인(天乙貴人)을 육신(六神)으로도 해석할 수 있는데 비겁(比劫)이 귀인(貴人)이면 형제, 친구, 동료의 덕이 있고 형제자매도 유복하며, 식상(食傷)이 귀인(貴人)이면 기예(技藝)가 뛰어나고 달변(達辯)으로 외교(外交)에 능하며 장수(長壽)한다.

재성(財星)이 귀인(貴人)이면 처(妻)가 현명(賢明)하여 내조(內助)의 공(功)이 크며, 관성(官星)이 귀인(貴人)이면 관직(官職)에서 승진(昇進)이 빠르고 직책(職責)에 대한 능력(能力)이 대단하며, 여명(女命)은 능력(能力)있는 남편을 만나며, 인수(印綬)가 귀인(貴人)이면 학문(學問)에 통달(通達)하며 부모(父母)가 인자하고 후덕하다.

대운(大運)이나 유년(流年)에서 귀인(貴人)을 만나면 이것은 타인으로부터 도움을 얻는다는 것을 의미하며 하는 일이 순조롭게 풀린다는 것을 나타낸다.

여명(女命)에 천을귀인(天乙貴人)이 2개가 되거나 2개 이상이 되면 오히려 음란한 것이 되어 사교계(社交界)나 유흥계(遊興界)의 사람으로 주위에 남자가 많으며, 노인(老人)이 대운(大運)이나 유년(流年)에 귀인운(貴人運)을 만나면 사망(死亡)의 조짐으로 보아야 한다.

일귀격(日貴格)인 정유(丁酉), 정해(丁亥), 계사(癸巳), 계묘(癸卯) 일주생(日柱生)은 일지(日支)가 귀인(貴人)이라 남명은 아름다운 처(妻)를 얻고, 여명은 귀한 사람에게 시집을 가며 남편의 덕(德)이 크다. 일지(日支)가 귀인(貴人)인 경우는 총명(聰明)하고, 겸허하며 인덕(人德)이 있으나 형충파해(刑冲破害)가 되면 길중(吉中)에 흉(凶)함이 있는 것이다.

3. 태극귀인(太極貴人)

日 干	甲 乙	丙 丁	戊 己	庚 辛	壬 癸
太 極	子, 午	卯, 酉	辰, 戌, 丑, 未	寅, 亥	巳, 申

태극귀인(太極貴人)은 일주천간(日主天干)을 기준하여 년주(年柱)의 지지(地支)와 대조하여 보는 것으로 갑을일간(甲乙日干)이 년지(年支)가 자수(子水)나 오화(午火)가 되었을 때, 병정일간(丙丁日干)이 년지(年支)가 인(寅)이나 해(亥), 임계일간(壬癸日干)이 년지(年支)가 사(巳)나 신(申)이 되었을 때, 귀인(貴人)이 성립되는 것이다.

태극귀인(太極貴人)은 생각하지도 않는 횡재나 복(福)이 오며 관서장(官署長)이 되어 많은 부하를 거느리게 된다는 귀격(貴格)이며 청(淸)하면 입신양명(立身揚名)하여 고위직(高位職)에 오르는 길신(吉神)이다.

또한 천덕(天德)이 있어 일체의 흉재(凶災)를 풀고, 흉명(凶命)이라도 길명(吉命)으로 변화하는데 형충파해(刑冲破害)가 있으면 길신(吉神)의 작용이 일어나지 않는다.

태극귀인(太極貴人)은 봉후만호(封侯萬戶)의 삼공(三公)에 해당하는 사람으로서 이는 봉건사회에서 영토를 가지고 그 주민을 지배하는 권력자로서 지금의 지방관서장(地方官署長)에 해당한다.

4. 천주귀인(天廚貴人)

日 干	甲	乙	丙	丁	戊	己	庚	辛	壬	癸
天 廚	巳	午	巳	午	申	酉	亥	子	寅	卯

천주귀인(天廚貴人)은 일주천간(日主天干)이 월지(月支)와 대조하여 구성되는 길신(吉神)이다.

일주천간(日主天干)의 갑목(甲木)이나 병화(丙火)가 월지(月支)에 사화(巳火), 을목(乙木)과 정화(丁火)가 월지(月支)에 오화(午火), 무토(戊土)는 신금(申金), 기토(己土)는 유금(酉金), 경금(庚金)은 해수(亥水), 신금(辛金)은 자수(子水), 임수(壬水)는 인목(寅木), 계수(癸水)는 묘목(卯木)을 만나면 천주귀인(天廚貴人)이 된다.

이 귀인(貴人)이 있으면 일생동안 의식록(衣食祿)이 풍부(豊富)하며 신체가 건강하여 수명(壽命)이 길다. 재성(財星)이 있으면 부명격(富命格)이며 관성(官星)과 인수(印綬)가 있으면 명예(名譽)를 갖춘 귀명(貴命)이다.

천주귀인(天廚貴人)은 식신성(食神星)이라고도 하는데 이것은 가령 갑일간(甲日干)이 월지(月支)에 있는 사중병화(巳中丙火)가 식신(食神)에 해당하며 을일간(乙日干)이 오중정화(午中丁火), 병일간(丙日干)이 사중무토(巳中戊土), 정일간(丁日干)이 오중기토(午中己土), 무일간(戊日干)이 신중경금(申中庚金), 기일간(己日干)이 유중신금(酉中辛金), 경일간(庚日干)이 해중임수(亥中壬水), 계일간(癸日干)이 묘중을목(卯中乙木)이 식신(食神)에 해당하기 때문에 식신성(食神星)이라고 하는 것이다.

천주귀인(天廚貴人)이 있으면 총명(聰明)하며 지혜(智慧)가 대단하며 특히 학문(學問)과 예능(藝能)에 소질이 있다. 여명(女命)에 식신(食神)이 잘 발달되면 자손(子孫)의 덕(德)이 있고, 음식(飮食) 솜씨도 대단하다. 만약, 형충파해(刑冲破害)가 되면 길신(吉神)이 될 수 없다.

5. 관귀학관(官貴學館)

日 干	甲乙	丙丁	戊己	庚辛	壬癸
官 貴	巳	申	亥	寅	申

관귀학관(官貴學館)은 일명 관학(官學)이라고도 부르는데 이 귀성(貴星)은 일주(日主)를 기준으로 관성(官星)이 장생(長生)이 되는 곳을 말한다.

예를 들어 갑을목일주(甲乙木日主)가 경금(庚金)이 관성(官星)이 되는데 경금(庚金)이 장생지(長生支)가 되며 음간(陰干)에는 사용하지 않고, 오직 목화토금수(木火土金水)인 오행(五行)으로만 적용한다.

화일주(火日主)는 임수(壬水)가 관성(官星)인데 신금(申金)이 장생(長生)이고, 토일주(土日主)는 갑목(甲木)이 관성(官星)인데 해수(亥水)가 장생(長生)이고, 금일주(金日主)는 병화(丙火)가 관성(官星)인데 인목(寅木)이 장생(長生)이고, 수일주(水日主)는 무토(戊土)가 관성(官星)인데 신금(申金)이 장생(長生)이 된다.

관귀학관(官貴學館)이 있으면 관직(官職)에 나가게 되고, 승진(昇進)도 매우 빠르고, 그 벼슬이 산과 같이 높아진다는 귀성(貴星)이다.

그러나 어디까지나 신왕관왕(身旺官旺)이 되고 대운(大運)도 좋아야 명예(名譽)가 높고 귀자(貴子)를 두며 여명(女命)은 남편(男便)이 증영(增榮)하게 되나, 신약(身弱)에 관살(官殺)이 흉(凶)이 되면 재앙(災殃)과 관재송사(官災訟事), 질병(疾病) 등이 발생하고 자식(子息)은 불효(不孝)하고 여명(女命)은 남편복(男便福)이 없이 생활고(生活苦)에 허덕인다.

6. 문창귀인(文昌貴人)

日 干	甲	乙	丙	丁	戊	己	庚	辛	壬	癸
文 昌	巳	午	申	酉	申	酉	亥	子	寅	卯

문창귀인(文昌貴人)은 갑일생인(甲日生人)이 사(巳), 을일생인(乙日生人)이 오(午), 병일생인(丙日生人)이 신(申), 정일생인(丁日生人)이 유(酉), 무일생인(戊日生人)이 신(申), 기일생인(己日生人)이 유(酉), 경일생인(庚日生人)이 해(亥), 신일생인(辛日生人)이 자(子), 임일생인(壬日生人)이 인(寅), 계일생인(癸日生人)이 묘(卯)로서 육친(六親)으로는 식신(食神), 상관(傷官)으로 구성되어 있다.

이 귀성(貴星)이 있으면 총명(聰明)하여 공부를 잘한다는 길신(吉神)으로 지혜(智慧)가 뛰어나고, 문장력(文章力)이 좋으며 발표력(發表力)이 대단하여 생전문장(生前文章)이라고도 한다.

여명(女命)은 소녀시절에 문학(文學)에 심취하게 되며, 가정교육이 좋고, 예능계통에 소질이 있어 화가, 서예가, 음악가, 수필가 등이 많다.

문창귀인(文昌貴人)이 비겁(比劫)과 동주(同柱)하면 형제가 교육계에 있거나 학문(學問)을 잘한 사람이며, 식상(食傷)과 같이 있으면 처(妻)나 부친(父親), 관성(官星)이 같이 있으면 남편(男便)이나 자식, 인수(印綬)가 같이 있으면 조부나 모친(母親)이 교육이나 학문에 능한 사람이다.

그러나 이 길신(吉神)도 형충파해(刑冲破害)가 되면 그 작용이 상실(喪失)된다.

7. 문곡귀인(文曲貴人)

日 干	甲	乙	丙	丁	戊	己	庚	辛	壬	癸
文 曲	亥	子	寅	卯	寅	卯	巳	午	申	酉

문곡귀인(文曲貴人)은 갑일생인(甲日生人)이 주중(柱中)에서 해(亥), 을일생인(乙日生人)이 주중(柱中)에서 자(子), 병일생인(丙日生人)이 주중(柱中)에서 인(寅), 정일생인(丁日生人)이 주중(柱中)에서 묘(卯), 무일생인(戊日生人)이 주중(柱中)에서 인(寅), 기일생인(己日生人)이 주중(柱中)에서 묘(卯), 경일생인(庚日生人)이 사(巳), 신일생인(辛日生人)이 주중(柱中)에서 오(午), 임일생인(壬日生人)이 주중(柱中)에서 신(申), 계일생인(癸日生人)이 주중(柱中)에서 유(酉)가 있게 되면 문곡귀인(文曲貴人)이 되는 것이며, 육친(六親)으로는 인수(印綬)로 구성되어 있다.

이 귀성(貴星)이 있으면 학업이 남보다 탁월하고, 암기력이 좋으며 지구력이 있어 학문에 깊이가 있어 사후(死後)에 자기가 하던 업적들이 살아생전보다 이름이 더욱 높이 평가(評價)되는 길신(吉神)이다. 그래서 평생을 두고 학계(學界)와 인연이 있다.

8. 학당귀인(學堂貴人)

日 干	甲	乙	丙	丁	戊	己	庚	辛	壬	癸
學 堂	亥	午	寅	酉	寅	酉	巳	子	申	卯

학당귀인(學堂貴人)은 각 일주(日主)의 장생궁(長生宮)이며 육친(六親)으로는 인수(印綬)와 식신(食神)으로 구성이 되어 있으며 작용면으로는 문곡(文曲)이나 문창(文昌)과 같다.

갑일생인(甲日生人)이 주(柱)중에 해(亥), 을일생인(乙日生人)이 주(柱)중에 오(午), 병일생인(丙日生人)이 주(柱) 중에 인(寅), 정일생인(丁日生人)이 주(柱)에 유(酉), 무일생인(戊日生人)이 주(柱)중에 인(寅), 기일생인(己日生人)이 주(柱)중에 유(酉), 경일생인(庚日生人)이 주(柱)에 사(巳), 신일생인(辛日生人)이 주(柱)중에 자(子), 임일생인(壬日生人)이 주(柱)중에 신(申), 계일생인(癸日生人)이 주(柱)에 묘(卯)를 만나게 되면 학당귀인(學堂貴人)이 되는 것이다.

학당귀인(學堂貴人)이 있으면 학문(學問)과 관계가 있어 총명(聰明)하고, 교수(教授)가 많으며 선비나 학자(學者)가 많이 나온다.

9. 금여록(金輿祿)

日 干	甲	乙	丙	丁	戊	己	庚	辛	壬	癸
金 輿	辰	巳	未	申	未	申	戌	亥	丑	寅

금여록(金輿祿)은 갑일생인(甲日生人)이 주중에 진(辰), 을일생인(乙日生人)이 사(巳), 병일생인(丙日生人)이 미(未), 정일생인(丁日生人)이 신(申), 무일생인(戊日生人)이 미(未), 기일생인(己日生人)이 신(申), 경일생인(庚日生人)이 술(戌), 신일생인(辛日生人)이 해(亥), 임일생인(壬日生人)이 축(丑), 계일생인(癸日生人)이 인(寅)이 있으면 길신(吉神)이 되는 것이다.

금여록(金輿祿)이 있으면 성품이 온후(溫厚)하고 유순(柔順)하며 용모가 단정하고 재치가 있으며 머리가 영리하고 총명(聰明)하여 발명가(發明家)가 되기 쉽다. 특히 남자는 미인과 인연이 있고 처가의 덕도 있으며 주위사람들로부터 존경을 받으며, 여자는 얼굴이 예쁘고 결혼운이 좋아 남편복이 있는 길신(吉神)이다.

일(日)과 시(時)에 있으면 좋은 배우자를 만나고 말년에 편안하게 살며 자손도 번창하게 되는데 형충파해(刑冲破害)가 있으면 길(吉)작용이 약해진다.

10. 암록(暗祿)

日 干	甲	乙	丙	丁	戊	己	庚	辛	壬	癸
暗 祿	亥	戌	申	午	申	午	巳	辰	寅	丑

암록(暗祿)은 정록(正祿)과 육합(六合)이 되는 자(字)이다. 예를 들어 갑일(甲日)의 정록(正祿)은 인(寅)인데 표(表)에서 해(亥)와는 인해육합(寅亥六合)이 되는 것이고 을일(乙日)의 정록(正祿)은 묘(卯)인데 술(戌)과는 묘술육합(卯戌六合)이 되기 때문이다.

병무일(丙戊日)이 신(申), 정기일(丁己日)이 오(午), 경일(庚日)이 사(巳), 신일(辛日)이 진(辰), 임일(壬日)이 인(寅), 계일(癸日)이 축(丑)이 있으면 암록(暗祿)이 되는 것이다.

암록(暗祿)이 있으면 성질이 온순하고 평생 재복(財福)이 있어 금전(金錢)이 떨어지지 않으며 역경(逆境)에 처하여서도 귀인(貴人)의 뜻하지 않은 도움으로 암조(暗助)가 생기며 머리가 총명(聰明)하다는 길성(吉星)이다.

그러나 정록(正祿)이 있거나 충형(沖刑), 공망(空亡)이 있으면 성립되지 않는다.

11. 협록(夾祿)

日 干	甲	乙	丙戊	丁己	庚	辛	壬	癸
夾 祿	丑卯	寅辰	辰午	巳未	未酉	申戌	戌子	亥丑

협록(夾祿)은 갑일(甲日)이 축묘(丑卯), 을일(乙日)이 인진(寅辰), 병무일(丙戊日)이 진오(辰午), 정기일(丁己日)이 사미(巳未), 경일(庚日)이 미유(未酉), 신일(辛日)이 신술(申戌), 임일(壬日)이 술자(戌子), 계일(癸日)이 해축(亥丑)이 있으면 성립된다.

협록(夾祿)의 구성은 정록(正祿)을 품안에 껴안은 것을 의미하는데 갑일(甲日)의 정록(正祿)은 인(寅)인데 축(丑)과 묘(卯)는 인(寅)을 공협(拱夾)하고, 을일(乙日)의 정록(正祿)은 묘(卯)인데 인(寅)과 진(辰)은 묘(卯)를 공협(拱夾)하고 있으므로, 갑일(甲日)의 협록(夾祿)은 축묘(丑卯)요, 을일(乙日)의 협록(夾祿)은 인진(寅辰)으로 구성 되는 것이다.

협록(夾祿)이 있으면 항상 내복풍후(內福豊厚)의 덕이 있고 친척이나 친구들로부터 경제적인 혜택을 많이 받는다는 길성(吉星)이다.

12. 교록(交祿)

日 柱	甲申	乙酉	丙子	丁亥	戊子	己亥	庚寅	辛卯	壬午	癸巳
交 祿	庚寅	辛卯	癸巳	壬午	癸巳	壬午	甲申	乙酉	丁亥	丙子

교록(交祿)은 갑신일(甲申日)이 주중(柱中)에서 경인(庚寅), 을유일(乙酉日)이 신묘(辛卯), 병자일(丙子日)이 계사(癸巳), 정해일(丁亥日)이 임오(壬午), 경인일(庚寅日)이 갑신(甲申), 신묘일(辛卯日)이 을유(乙酉), 임오일(壬午日)이 정해(丁亥), 계사일(癸巳日)이 병자(丙子)가 주중(柱中)에 있으면 성립된다.

교록(交祿)의 구성은 정록(正祿)이 서로 상대방에 바꾸어져 있는 상태로서 일간(日干)의 정록(正祿)은 타주(他柱)에 있고 타주(他柱)의 정록(正祿)은 일간(日干)에 놓여져 있음을 말한다.

예를 들어 갑신일(甲申日)이 경인(庚寅)을 보게 되면 갑(甲)의 정록(正祿)이 되는 인(寅)은 경(庚)에 있고 경(庚)의 정록(正祿)이 되는 신(申)은 갑(甲)에 있으므로 자기가 필요한 정록(正祿)을 서로 교환(交換)을 하여 작용을 할 수 있기 때문에 교록(交祿)이라고 하는 것이다.

교록(交祿)이 있으면 교역(交易), 무역(貿易) 등을 통하여 대부(大富)가 될 수 있으며 대사(大使)나 공사(公使) 등 외교관이나 해외특파원 기자(記者), 특사(特使) 등에 인연이 있는 길성(吉星)이다.

13. 복성(福星)·천관(天官)·천복귀인(天福貴人)

日 干	甲	乙	丙	丁	戊	己	庚	辛	壬	癸
福 星	寅	丑亥	子戌	酉	申	未	午	巳	辰	卯
天 官	酉	申	子	亥	卯	寅	午	巳	丑未	辰戌
天 福	未	辰	巳	酉	戌	卯	亥	申	寅	午

복성귀인(福星貴人)은 선조(先祖)의 복(福)이 있으며 어려운 환경에 처해 있을 때 선조(先祖)의 덕(德)이나 귀인(貴人)의 도움을 받는 인덕(人德)이 있는 귀성(貴星)이다.

천관귀인(天官貴人)은 관직(官職)을 하게 되며 승진(昇進)도 빠르고 복덕(福德)과 인품(人品)이 뛰어나 타인의 존경을 받는 길성(吉星)이다.

천복귀인(天福貴人)은 평생 재복(財福)이 있고 인덕(人德)이 많아 타인(他人)을 이끄는 통솔력(統率力)이 좋아 어디 가나 두령격(頭領格)이 되는 길성(吉星)이다.

제2절 생월중심(生月中心)의 길성(吉星)

〈표9-2〉 생월중심(生月中心) 길성도표

生月 / 吉星	寅	卯	辰	巳	午	未	申	酉	戌	亥	子	丑
天德貴人	丁	申	壬	辛	亥	甲	癸	寅	丙	己	巳	庚
月德貴人	丙	甲	壬	庚	丙	甲	壬	庚	丙	甲	壬	庚
進 神	甲子	甲子	甲子	甲午	甲午	甲午	己卯	己卯	己卯	己酉	己酉	己酉
天赦星	戊寅	戊寅	戊寅	甲午	甲午	甲午	戊申	戊申	戊申	甲子	甲子	甲子
天喜神	未	午	巳	辰	卯	寅	丑	子	亥	戌	酉	申
紅鸞星	丑	子	亥	戌	酉	申	未	午	巳	辰	卯	寅
皇恩大赦	戌	丑	寅	巳	酉	卯	子	午	亥	辰	申	未

1. 천월덕귀인(天月德貴人)

月 支	寅	卯	辰	巳	午	未	申	酉	戌	亥	子	丑
天 德	丁	申	壬	辛	亥	甲	癸	寅	丙	己	巳	庚
月 德	丙	甲	壬	庚	丙	甲	壬	庚	丙	甲	壬	庚

천월덕귀인(天月德貴人)은 인월(寅月)에 정(丁)은 천덕(天德)이고 병(丙)은 월덕(月德)이며, 묘월(卯月)에 신(申)은 천덕(天德)이고 갑(甲)은 월덕(月德)이 되는데, 이와 같은 길성(吉星)이 있으면 하늘의 은총을 받아서 나쁜 재액(災厄)이 범하지 못하고 음덕(蔭德)이 있어 어려움에 처했을 때 남의 도움을 받으며 부귀공명(富貴功名)하는 길성(吉星)이다.

또한 선조의 유덕(遺德)이 있고 천우신조(天佑神助)의 도움으로 모든 재앙(災殃)이 소멸(消滅)된다는 길성(吉星)이다.

천월덕귀인(天月德貴人)이 관성(官星)에 임하면 관운(官運)이 좋고, 인성(印星)에 임하면 심성(心性)이 좋으며 조부(祖父)의 혜택을 받으며, 식신(食神)에 임하면 의식(衣食)이 풍요롭다.

이 길성(吉星)이 일주(日柱)나 시주(時柱)에 있으면 처자의 덕이 있으며 일생동안 재앙(災殃)이 없으며, 여명(女命)에 이 길성(吉星)이 있으면 성격이 온순하고 현모양처로서 남편복이 있다.

그러나 형(刑), 충(冲), 파(破), 해(害), 공망(空亡)이 되거나 쇠(衰), 병(病), 사(死), 묘(墓), 절(絶)과 동주(同柱)하게 되면 힘이 무력하여 도움이 되지 않는다.

천월덕귀인(天月德貴人)은 택일법(擇日法)에도 적용을 하며 이사(移徙), 결사(結社), 출행(出行), 결혼(結婚) 등에도 활용하고 있다.

2. 진신(進神)

生 月	寅卯辰	巳午未	申酉戌	亥子丑
日 柱	甲子	甲午	己卯	己酉

진신(進神)은 생월(生月)과 생일(生日)로 구성되어 있으며 인묘진월(寅卯辰月)은 갑자일(甲子日), 사오미월(巳午未月)은 갑오일(甲午日), 신유술월(申酉戌月)은 기묘일(己卯日), 해자축월(亥子丑月)은 기유일(己酉日)에 출생한 사람이다.

진신(進神)의 작용은 매사 계획이 장애가 없이 순순히 진행되며 직업으로는 회계사(會計士), 세무사(稅務士), 법무사(法務士), 변호사(辯護士), 중개사(仲介士) 등에 천부적으로 소질이 있다.

3. 천사성(天赦星)

生 月	寅卯辰	巳午未	申酉戌	亥子丑
日 柱	戊寅	甲午	戊申	甲子

천사성(天赦星)은 생월(生月)과 생일(生日)로 구성되어 있으며 인묘진월(寅卯辰月)은 무인일(戊寅日), 사오미월(巳午未月)은 갑오일(甲午日), 신유술월(申酉戌月)은 무신일(戊申日), 해자축월(亥子丑月)은 갑자일(甲子日)에 출생한 사람이다.

천사성(天赦星)의 작용은 처세가 원만하며 재난(災難)이나 질병(疾病)이 들어와도 사면(赦免)되거나 빠른 시일내에 회복이 된다는 길성(吉星)이다.

4. 천희신(天喜神)

生 月	寅	卯	辰	巳	午	未	申	酉	戌	亥	子	丑
日 時	未	午	巳	辰	卯	寅	丑	子	亥	戌	酉	申

천희신(天喜神)은 생월(生月)과 일시지(日時支)로 구성되어 있으며 인월(寅月)은 미(未), 묘월(卯月)은 오(午), 진월(辰月)은 사(巳), 오월(午月)은 묘(卯), 미월(未月)은 인(寅), 신월(申月)은 축(丑), 유월(酉月)은 자(子), 술월(戌月)은 해(亥), 해월(亥月)은 술(戌), 자월(子月)은 유(酉), 축월(丑月)은 일시(日時)에 신(申)이 있는 경우에 천희신(天喜神)이다.

천희신(天喜神)의 작용은 하늘의 도움으로 목전(目前)의 흉사(凶事)도 자연히 변하여 환희에 넘친다는 길성(吉星)이다.

5. 홍란성(紅鸞星)

生 月	寅	卯	辰	巳	午	未	申	酉	戌	亥	子	丑
日 時	丑	子	亥	戌	酉	申	未	午	巳	辰	卯	寅

홍란성(紅鸞星)은 생월(生月)과 일시지(日時支)로서 구성되어 있으며 인월(寅月)은 축(丑), 묘월(卯月)은 자(子), 진월(辰月)은 해(亥), 사월(巳月)은 술(戌), 오월(午月)은 유(酉), 미월(未月)은 신(申), 신월(申月)은 미(未), 유월(酉月)은 오(午), 술월(戌月)은 사(巳), 해월(亥月)은 진(辰), 자월(子月)은 묘(卯), 축월(丑月)은 인(寅)으로 천희신(天喜神)과 충(冲)이 되고 있으며 인월생(寅月生)은 축(丑)으로부터 시작하여 지지(地支)와 역행(逆行)을 하고 있다.

홍란성(紅鸞星)의 작용은 재액(災厄)이 감면되거나 유혈참사(流血慘死)를 약화(弱化)시키고 길상(吉祥)으로 변화시키거나 교통사고라도 의외(意外)로 경상(輕傷)이다.

6. 황은대사(皇恩大赦)

生 月	寅	卯	辰	巳	午	未	申	酉	戌	亥	子	丑
日 時	戌	丑	寅	巳	酉	卯	子	午	亥	辰	申	未

황은대사(皇恩大赦)는 생월(生月)과 일시지(日時支)로 구성되어 있으며 천사성(天赦星)보다 강하게 작용한다.

황은대사(皇恩大赦)는 인월(寅月)은 일시지(日時支)에 술(戌), 묘월(卯月)은 일시지(日時支)에 축(丑), 진월(辰月)은 인(寅), 사월(巳月)은 사(巳), 오월(午月)은 유(酉), 미월(未月)은 묘(卯), 신월(申月)은 자(子), 유월(酉月)은 오(午), 술월(戌月)은 해(亥), 해월(亥月)은 진(辰), 자월(子月)은 신(申), 축월(丑月)은 일시지(日時支)에 미(未)에 해당되는 경우에 성립된다.

황은대사(皇恩大赦)의 작용은 중죄(重罪)에 처하였다가도 곧 특사(特赦)를 받아 사면(赦免)이 된다는 길성(吉星)이다. 그러나 강도, 절도 등 파렴치범은 제외된다.

7. 천의신(天醫神)

生 月	寅	卯	辰	巳	午	未	申	酉	戌	亥	子	丑
日 時	丑	寅	卯	巳	午	午	未	申	酉	戌	亥	子

천의신(天醫神)은 생월(生月)과 일시지(日時支)로 구성되어 있으며 작용은 인명(人命)을 구하는 의사, 약사, 간호사, 종교인, 철학인 등으로 종사하게 된다.

제10장 흉성(凶星)

제1절 년지중심(年支中心)의 흉성(凶星)

〈표 10-1〉 년일지중심(**年日支中心**) 흉성도표

年支 / 凶星	子	丑	寅	卯	辰	巳	午	未	申	酉	戌	亥
孤 嗔	寅	寅	巳	巳	巳	申	申	申	亥	亥	亥	寅
寡 宿	戌	戌	丑	丑	丑	辰	辰	辰	未	未	未	戌
桃 花	酉	午	卯	子	酉	午	卯	子	酉	午	卯	子
囚 獄	午	卯	子	酉	午	卯	子	酉	午	卯	子	酉
喪 門	寅	卯	辰	巳	午	未	申	酉	戌	亥	子	丑
弔 客	戌	亥	子	丑	寅	卯	辰	巳	午	未	申	酉
鬼 門	酉	午	未	申	亥	戌	丑	寅	卯	子	巳	辰

1. 고진(孤嗔)

年 支	子	丑	寅	卯	辰	巳	午	未	申	酉	戌	亥
孤 嗔	寅	寅	巳	巳	巳	申	申	申	亥	亥	亥	寅

고진(孤嗔)은 년지(年支)를 기준하여 월지(月支)에만 해당하는데 상처살(喪妻殺)이라고도 한다. 고진(孤嗔)의 작용은 외롭고 고독하며 타향객지에서 외롭고 쓸쓸한 신세가 되어 수많은 곡절을 넘기면서 산다. 궁합(宮合)이나 사업상의 동업을 하는 데 많이 사용한다.

자생(子生)이면 인생(寅生)과는 인연이 없다는 뜻이다. 화개(華蓋)와 고진(孤嗔)이 같이 있으면 승려나 수녀가 되거나 아니면 종교, 철학에 인연이 있다.

세운(歲運)에서 자생(子生)이 인년(寅年)을 만나면 처(妻)를 극상(剋傷)하거나 상복(喪服)을 입는 경우가 있다.

고진(孤嗔)은 어린시절에 빈번한 이사를 하거나 학문을 위한 고독한 생활과 신앙에 대한 관심을 갖게 되고 성년에는 성격이 괴팍하고 여자에 대한 혐오감을 가지며 신부나 승려의 길로 가는 경향이 있으며 남자는 처(妻)를 극(剋)하게 되고 여자(女子)는 남편이 고독하게 된다.

2. 과숙(寡宿)

年 支	子	丑	寅	卯	辰	巳	午	未	申	酉	戌	亥
寡 宿	戌	戌	丑	丑	丑	辰	辰	辰	未	未	未	戌

과숙(寡宿)은 년지(年支)를 기준하여 월지(月支)에만 해당하는데 상부살(喪夫殺)이라고도 한다. 과숙(寡宿)의 작용은 외롭다는 뜻이며 여자는 과부(寡婦)가 되는 경우가 많다는 것이다.

과숙(寡宿)은 결혼을 늦게 하거나 고독하게 지내면 나쁜 암시를 피할 수 있으며 여명(女命)은 소극적이며 고독하고 부부이별 등을 암시한다.

세운(歲運)에서 과숙(寡宿)을 만나면 재해(災害)를 당하며 고진(孤嗔)과 같이 있으면 승도(僧道)의 명(命)이며 노년에 자식이 없거나 결혼을 여러번 하게 되는 흉성(凶星)이다.

3. 도화(桃花)

年 支	子	丑	寅	卯	辰	巳	午	未	申	酉	戌	亥
桃 花	酉	午	卯	子	酉	午	卯	子	酉	午	卯	子

도화(桃花)는 신자진년(申子辰年)이 유(酉), 인오술년(寅午戌年)이 묘(卯), 사유축년(巳酉丑年)이 오(午), 해묘미년(亥卯未年)이 자(子)가 있으면 도화(桃花)에 해당한다.

도화(桃花)는 일명 십이신살(十二神殺)의 년살(年殺)에 해당하며 함지(咸池)라고도 하며 이성으로부터 흥미와 관심으로 인기를 끈다.

도화(桃花)는 일반적으로 호색(好色)으로 나타내며 음란하다고 말하고 여러 이성과의 관계를 나타내기도 한다.

도화(桃花)는 연애결혼을 하거나 풍류지기(風流之氣)의 멋이 있으며 남녀간의 이성이 잘 따르고 외도(外道)가 빈번하다.

대운(大運)이나 세운(歲運)에서 도화(桃花)를 보면 도화운(桃花運)이라고 하여 미혼자는 이성과 교제 또는 결혼을 하게 되고 기혼자는 외정(外情)을 갖게 된다.

4. 수옥(囚獄)

年 支	子	丑	寅	卯	辰	巳	午	未	申	酉	戌	亥
囚 獄	午	卯	子	酉	午	卯	子	酉	午	卯	子	酉

수옥(囚獄)은 신자진년(申子辰年)이 오(午), 인오술년(寅午戌年)이 자(子), 사유축년(巳酉丑年)이 묘(卯), 해묘미년(亥卯未年)이 유(酉)가 있으면 수옥(囚獄)에 해당한다.

수옥(囚獄)의 작용은 관재구설(官災口舌)이 따르고 수옥(囚獄)생활을 하거나 납치(拉致), 감금(監禁), 구속(拘束), 구금(拘禁) 등을 당하여 본다는 것이다.

그러나 군인(軍人), 경찰(警察), 형무관(刑務官), 수사관(搜査官), 사법관(司法官) 등에 종사하는 경우에는 무방(無妨)하다.

대운(大運)이나 세운(歲運)에 수옥(囚獄)이 들어오면 관재구설(官災口舌), 관재송사(官災訟事), 심하면 구속(拘束) 등을 암시하고 있다.

5. 상문(喪門) · 조객(弔客)

年支	子	丑	寅	卯	辰	巳	午	未	申	酉	戌	亥
喪門	寅	卯	辰	巳	午	未	申	酉	戌	亥	子	丑
弔客	戌	亥	子	丑	寅	卯	辰	巳	午	未	申	酉

상문(喪門)과 조객(弔客)은 년지(年支)를 기준하여 세운(歲運)에만 보는데 작용은 상복(喪服)을 입게 되거나 친인척 간의 사별(死別)을 뜻한다.

집을 새로 건축하거나 새로 이사할 때나 제사를 지낼 때나 결혼날짜를 잡을 때 이날에 택일을 하게 되면 해(害)가 오거나 환자가 발생한다고 하여 택일을 삼가고 있다.

6. 귀문관살(鬼門關殺)

年 支	子	丑	寅	卯	辰	巳	午	未	申	酉	戌	亥
鬼 門	酉	午	未	申	亥	戌	丑	寅	卯	子	巳	辰

귀문관살(鬼門關殺)은 년지(年支)를 기준하여 전지지(全地支)를 보는 것인데 자년(子年)이 유(酉), 축일(丑年)이 오(午), 인년(寅年)이 미(未), 묘년(卯年)이 신(申), 진년(辰年)이 해(亥), 사년(巳年)이 술(戌), 오년(午年)이 축(丑), 미년(未年)이 인(寅), 신년(申年)이 묘(卯), 유년(酉年)이 자(子), 술년(戌年)이 사(巳), 해년(亥年)이 진월(辰月)이나 진일(辰日), 진시(辰時) 경우에 귀문관살(鬼門關殺)이 성립된다.

귀문관살(鬼門關殺)의 작용은 정신이상(精神異常), 신경쇠약(神經衰弱), 신경과민(神經過敏), 변태성 발작, 불감증 자살 등 정신적인 질병에 시달린다.

귀문관살(鬼門關殺)이 있으면 한가지 일에 집착하여 편중적인 생각을 가지고 있으며 원망과 불평을 많이 하며 배타심과 증오심을 키워 대화가 통하지 않고 일방적이고 폭력적인 언행을 자주 한다.

귀문관살(鬼門關殺)은 세운(歲運)에서도 작용을 하게 되는데 귀문관살(鬼門關殺)이 들어오면 심신(心身)이 허약하여 자신감이 없어지고 불안감이 생겨 판단력을 상실하게 되나 매사가 성사될듯 하면서도 늦추어지거나 이루어지지 않는다.

그러나 오히려 원국(原局)이 청(淸)하고 조화(調和)가 이루어지면 종교계나 철학계통에서 두각을 나타내기도 한다.

제2절 월지중심(月支中心)의 흉성(凶星)

<표 10-2> 월지중심(月支中心) 흉성도표

月支 / 凶星	寅	卯	辰	巳	午	未	申	酉	戌	亥	子	丑
急 脚	亥子	亥子	亥子	卯未	卯未	卯未	寅戌	寅戌	寅戌	丑辰	丑辰	丑辰
斷 橋	寅	卯	申	丑	戌	酉	辰	巳	午	未	亥	子
天 轉	乙卯	乙卯	乙卯	丙午	丙午	丙午	辛酉	辛酉	辛酉	壬子	壬子	壬子
地 轉	辛卯	辛卯	辛卯	戊午	戊午	戊午	癸酉	癸酉	癸酉	丙子	丙子	丙子
斧 劈	酉	巳	丑	酉	巳	丑	酉	巳	丑	酉	巳	丑

1. 급각살(急脚殺)

生 月	寅	卯	辰	巳	午	未	申	酉	戌	亥	子	丑
急 脚	亥子	亥子	亥子	卯未	卯未	卯未	寅戌	寅戌	寅戌	丑辰	丑辰	丑辰

급각살(急脚殺)은 생월지지(生月地支)를 기준으로 하여 일시지(日時支)를 보는 것이다.

인묘진월(寅卯辰月)은 해(亥) 또는 자(子), 사오미월(巳午未月)은 묘(卯) 또는 미(未), 신유술월(申酉戌月)은 인(寅) 또는 술(戌), 해자축월(亥子丑月)은 축(丑) 또는 진(辰)이 있으면 급각살(急脚殺)에 해당한다.

급각살(急脚殺)의 작용은 소아마비, 낙상골절, 수족이상, 곱추, 반신불수, 중풍, 신경통, 관절염 등 질환이 있게 된다.

원명(原命)이 너무 조열(燥熱)하거나 지살(地殺)과 역마(驛馬)가 충형(冲刑)되어도 급각살(急脚殺)과 같은 작용을 하여 신체적 불구가 되는 경우가 많다.

2. 단교관살(斷橋關殺)

月 支	寅	卯	辰	巳	午	未	申	酉	戌	亥	子	丑
斷 橋	寅	卯	申	丑	戌	酉	辰	巳	午	未	亥	子

단교관살(斷橋關殺)은 생월지지(生月地支)를 기준하여 전지지(全地支)를 보는 것이다.

단교관살(斷橋關殺)의 구성은 인월(寅月)은 인(寅), 묘월(卯月)은 묘(卯), 진월(辰月)은 신(申), 사월(巳月)은 축(丑), 오월(午月)은 술(戌), 미월(未月)은 유(酉), 신월(申月)은 진(辰), 유월(酉月)은 사(巳), 술월(戌月)은 오(午), 해월(亥月)은 미(未), 자월(子月)은 해(亥), 축월(丑月)은 자(子)가 있으면 성립된다.

단교관살(斷橋關殺)의 작용은 넘어지거나 떨어져서 팔다리를 피상(被傷)당하는 일이 자주 일어나는데 형충(刑冲)이 가림(加臨)하게 되면 흉살(凶殺)작용이 한층 더 상하여 수족(手足) 또는 신체불구(身体不具)가 되기도 한다.

3. 천전(天轉) · 지전(地轉)

月 支	寅	卯	辰	巳	午	未	申	酉	戌	亥	子	丑
天 轉	乙卯	乙卯	乙卯	丙午	丙午	丙午	辛酉	辛酉	辛酉	壬子	壬子	壬子
地 轉	辛卯	辛卯	辛卯	戊午	戊午	戊午	癸酉	癸酉	癸酉	丙子	丙子	丙子

천전(天轉)과 지전(地轉)은 생월지(生月支)를 기준하여 일주(日柱)를 보는 것인데 인묘진월(寅卯辰月)은 천전(天轉)이 을묘일(乙卯日), 지전(地轉)이 신묘일(辛卯日), 사오미월(巳午未月)은 병오일(丙午日), 무오일(戊午日), 신유술월(申酉戌月)은 신유일(辛酉日), 계유일(癸酉日), 해자축월(亥子丑月)은 임자일(壬子日), 병자일(丙子日)이 있으면 성립되는 것이다.

천전(天轉)과 지전(地轉)의 작용은 일정한 직업(職業)이 없으며 전업(轉業)이 빈번하고 불의(不意)의 지변(地變) 등으로 인하여 실패가 많다는 흉살(凶殺)이다.

4. 부벽살(斧劈殺)

生 月	寅	卯	辰	巳	午	未	申	酉	戌	亥	子	丑
斧 劈	酉	巳	丑	酉	巳	丑	酉	巳	丑	酉	巳	丑

부벽살(斧劈殺)은 생월지(生月支)를 기준하여 일시지(日時支)를 보는 것인데 자오묘유월(子午卯酉月)은 사일(巳日) 또는 사시(巳時), 인신사해월(寅申巳亥月)은 유일(酉日) 또는 유시(酉時), 진술축미월(辰戌丑未月)은 축일(丑日) 또는 축시(丑時)에 해당하는 경우에 성립된다.

부벽살(斧劈殺)의 작용은 모든 일이 도끼로 쪼개는 것과 같이 재물이 파산(破産)되거나 재물분산(財物分散)이 많게 된다는 흉살(凶殺)이다.

세운(歲運)에서도 부벽살(斧劈殺)을 만나면 재산의 손재(損財)가 일어나거나 관재송사(官災訟事) 또는 교통사고 등을 암시하고 있다

제3절 일주중심(日柱中心)의 흉성(凶星)

〈표 10-3〉 일간중심(日干中心) 흉성도표

日 干	甲	乙	丙	丁	戊	己	庚	辛	壬	癸
落 井	巳	子	申	戌	卯	巳	子	申	戌	卯
羊 刃	卯	辰	午	未	午	未	酉	戌	子	丑
梟 神	子	亥	寅	卯	午	巳	辰·戌	丑·未	申	酉

〈표 10-4〉 일주중심(日柱中心) 흉성도표

白 虎	甲辰, 乙未, 丙戌, 丁丑, 戊辰, 壬戌, 癸丑
魁 罡	戊戌, 庚辰, 庚戌, 壬辰, 壬戌
陽 差	丙子, 丙午, 戊寅, 戊申, 壬辰, 壬戌
陰 錯	丁丑, 丁未, 辛卯, 辛酉, 癸巳, 癸亥

1. 낙정관살(落井關殺)

日 干	甲	乙	丙	丁	戊	己	庚	辛	壬	癸
落 井	巳	子	申	戌	卯	巳	子	申	戌	卯

낙정관살(落井關殺)은 일간(日干)을 기준하여 일시(日時)를 보는 것인데 갑기일(甲己日)이 사일(巳日) 또는 사시(巳時), 을경일(乙庚日)이 자일(子日) 또는 자시(子時), 병신일(丙辛日)이 신일(申日) 또는 신시(申時), 정임일(丁壬日)이 술일(戌日) 또는 술시(戌時), 무계일(戊癸日)이 묘일(卯日) 또는 묘시(卯時)에 해당하는 사람은 낙정관살(落井關殺)이 성립된다.

낙정관살(落井關殺)의 작용은 강물, 맨홀, 웅덩이 등에 빠지거나 수재(水災)로 인한 재화(災禍)를 입는다.

세운(歲運)에도 작용을 하는데 예를 들면 갑기일생(甲己日生)은 기사년(己巳年)에 낙정관살(落井關殺)이 작용한다.

2. 양인살(羊刃殺)

日 干	甲	乙	丙	丁	戊	己	庚	辛	壬	癸
羊 刃	卯	辰	午	未	午	未	酉	戌	子	丑

양인살(羊刃殺)은 정록(正祿)의 다음 자리에 해당 되는데 갑일(甲日)이 묘(卯), 을일(乙日)이 진(辰), 병일(丙日)이 오(午), 정일(丁日)이 미(未), 무일(戊日)이 오(午), 기일(己日)이 미(未), 경일(庚日)이 유(酉), 신일(辛日)이 술(戌), 임일(壬日)이 자(子), 계일(癸日)이 축(丑)이 양인살(羊刃殺)이 되는 것이다.

양인살(羊刃殺)의 작용은 자연적으로 일주(日主)가 강하기 때문에 성질이 조급하고 흉폭하여 사물을 해치고 매사에 임전무퇴로 물러설 줄 모르고 때로는 잔인하고 방종하기 쉬운 사람이기도 하다.

또한 양인살(羊刃殺)이 중첩하면 극처극부(剋妻剋父)에 극재(剋財)하는 흉살(凶殺)이지만 원국(原局)이 중화를 잘 이루고 있으면 군인, 경찰, 의사, 판검사 등으로 입신하여 명성을 날리기도 하며 불세출(不世出)의 열사(烈士)가 되는 경우도 있다.

양간(陽干)인 갑병무경임(甲丙戊庚壬)의 묘오유자(卯午酉子)는 양인(陽刃)이라고도 하며 을정기신계(乙丁己辛癸)의 진술축미(辰戌丑未)는 음인(陰刃)이라고 하는데 그중에서도 병오일(丙午日), 무오일(戊午日), 임자일(壬子日)은 일인(日刃)이라고 하여 더욱 강하게 작용을 한다.

양인(羊刃)이 년지(年支)에 있으면 조상의 유업을 파하고 초년에 고생이 많았으며 자기 스스로 운명을 개척하여 자수성가(自手成家)해야 하고, 월지(月支)에 있으면 성질이 편굴(偏屈)하고 형제지간이나 친구관계에서는 덕이 없다.

일지(日支)에 있으면 자존심이 너무 강해서 자기주장이 너무 강한 성격으로 지출이 많고 남과 다투기를 좋아하는데 남명(男命)은 처(妻)를 극(剋)하며 여명(女命)은 남편을 극(剋)하며, 양인(羊刃)이 시지(時支)에 있으면 말년에 재화(災禍)가 있고 고독하며 처자를 해치는 경우가 있다.

양인(羊刃)이 원명(原命)에 많으면 큰 인물이 되거나 큰 부자가 되는 경우가 있으나 불구(不具), 단명(短命)하는 경우도 있다. 특히 여명(女命)은 남편이 병약하거나 독신지명(獨身之命)으로 성격이 거칠고 음란하며 수치심이 없다.

양인(羊刃)이 원명(原命)에 있고 행운(行運)에서 재차 양인(羊刃)이 오면 재난을 가져온다.

3. 효신살(梟神殺)

甲子日	乙亥日	丙寅日	丁卯日	戊午日	己巳日
庚辰日	庚戌日	辛丑日	辛未日	壬申日	癸酉日

효신살(梟神殺)은 일지(日支)에 인수(印綬)로서 어머니와 인연이 없거나 생모가 아닌 다른 어머니가 있든지 아니면 장모(丈母)를 모시게 되는 경우를 말한다.

효(梟)는 올빼미를 의미하는데 올빼미는 어머니를 잡아먹는다는 흉조(凶鳥)로서 예부터 동방불인지조(東方不仁之鳥)라고 불리어 왔다.

그래서 집안에 부엉이 같은 올빼미 같은 조류(鳥類)가 있거나 그림이 있어도 어머니의 신상에 불길한 일이 발생한다 하였으니 효조(梟鳥)와 같이 일찍 모친(母親)을 생사이별(生死離別)을 한다는 흉살(凶殺)이다.

4. 백호살(白虎殺)

甲辰	乙未	丙戌	丁丑	戊辰	壬戌	癸丑

백호살(白虎殺)은 횡사, 급사, 총상, 수술, 교통사고, 산액(産厄) 등 예측할 수 없는 불의의 재난이 일어나는 흉살이다.

백호살(白虎殺)이 원명(原命)에 있게 되면 연월일시(年月日時) 관계없이 흉살(凶殺)의 작용이 강하여 육친법(六親法)으로도 활용하기 때문에 재성(財星)이 같이 있으면 부친(父親) 또는 처(妻)가 흉사(凶死) 당하기 쉬우며, 여명(女命)에 관성(官星)이 백호살(白虎殺)이면 남편(南便)이 흉사(凶死)하게 되고 식상(食傷)이 같이 있으면 자식에게 흉사(凶死)가 따른다.

백호살(白虎殺)은 암장(暗藏)된 육친(六親)까지도 적용이 되며 항시 왕성(旺盛)한 것은 흉(凶)을 입지 않고 피하게 되나 쇠약(衰弱)한 것은 흉(凶)을 입게 된다.

백호살(白虎殺)은 위치별로도 적용되는데 년주(年柱)는 초년이며 선조대이며 월주(月柱)는 중년이며 부모형제를 나타내며, 일주(日柱)는 배우자요, 시주(時柱)는 말년이며 자식에 해당한다.

5. 괴강살(魁罡殺)

庚辰	庚戌	壬辰	壬戌	戊辰	戊戌

괴강살(魁罡殺)은 경진(庚辰), 경술(庚戌), 임진(壬辰), 임술(壬戌), 무진(戊辰), 무술(戊戌)인데 일주(日柱)에 있으면 그 작용이 더욱 강하게 나타나고 타주(他柱)에 있어도 흉살(凶殺)이 작용한다는 것이다.

괴강살(魁罡殺)은 모든 사람을 제압하는 강렬한 힘을 가지고 있으며 남녀 모두가 성품이 총명하고 정직하며 청렴결백하다.

괴강살(魁罡殺)은 남명(男命)보다는 여명(女命)에 더욱 적용이 되는데 남자는 본능적으로 강직하고 강건함을 흠(欠)으로 보지 않으나 여자는 너무 강하면 흉(凶)으로 보기 때문이다.

여명(女命)에 괴강살(魁罡殺)이 있으면 남편이 무능력하거나 작첩(作妾), 가출, 횡사 등으로 독수공방하거나 집안을 부양하는 가장(家長) 노릇을 하여야 한다.

또한 원명(原命)에 괴강일주(魁罡日柱)가 상식(傷食)이 많으면 천격(賤格)이며 괴강(魁罡)이 많으면 극부(剋父)하기 쉬우며 불행한 명(命)이다.

괴강살(魁罡殺)이 있는 여명(女命)은 여군(女軍)이나 여경(女警), 운동선수가 많으며 군인(軍人)이나 경찰(警察) 등 강한 특수직에 종사하는 사람과 인연이 있다.

만약 괴강살(魁罡殺)이 있으면서 신왕관왕(身旺官旺)하거나 신왕재왕(身旺財旺)하면 고관부인(高官夫人)이 되거나 사회활동에 있어서도 여장부(女丈夫)로서 군림(君臨)하게 된다.

고서(古書)에 진술(辰戌)은 괴강(魁罡)이라 하여 무진(戊辰), 무술(戊戌)까지도 괴강(魁罡)으로 포함하고 있으나 자평(子平)에 「괴강사일최위선(魁罡四日最爲先)」이라 하여 경진(庚辰), 경술(庚戌), 임진(壬辰), 임술(壬戌)만으로 정(定)하고 있다.

그러나 사주첩경(四柱捷徑)에서는 무진(戊辰), 무술(戊戌)도 여명(女命)으로서 대단히 흉(凶)한 운명(運命)으로 보고 있다.

6. 음양차착살(陰陽差錯殺)

陽差	丙子	丙午	戊寅	戊申	壬辰	壬戌
陰錯	丁丑	丁未	辛卯	辛酉	癸巳	癸亥

양(陽)에 속하는 것을 양차(陽差)라고 하고 음(陰)에 속하는 것을 음착(陰錯)이라고 하는데 생일(生日)에 있으면 외삼촌(外三寸)이 없거나 있어도 고독하고 외로우며, 생시(生時)에 있으면 처남(妻男)이 고독하거나 외롭다.

여명(女命)에 있으면 남편이 작첩(作妾)하거나 시댁형제가 망하게 되는데 육친(六親)을 대조하여 인수(印綬)는 외가(外家), 재성(財星)은 시댁(媤宅), 관살(官殺)은 남편으로 보고 조화(調和)와 편중(偏重)을 살펴야 한다.

제11장 육신론(六神論)

제1절 육신(六神)의 의의

육신(六神)은 원명(原命)의 일간(日干)과 나머지 7자와의 관계를 나타낸 것으로 육친(六親) 또는 십신(十神)이라고도 한다.

일간(日干)을 기준으로 하여 나머지 오행(五行)의 음양(陰陽)과 생극(生剋) 관계를 가지고 부모형제(父母兄弟), 처자식(妻子息), 배우자(配偶者)와 같은 혈연관계(血緣關係)뿐만 아니라 직업(職業), 부귀빈천(富貴貧賤), 운로상(運路上)의 길흉화복(吉凶禍福) 등을 판단하는 데 가장 기본적인 법칙이다.

육신(六神)은 특성에 따라 인성(印星), 관성(官星), 식상성(食傷星), 재성(財星), 비겁성(比劫星)의 오성(五星)과 나를 포함한 기신(己身)을 합하여 육신(六神)이라고 한다.

오성(五星)을 다시 음양의 구분에 따라 십성(十星)으로 나누는데 정(正)과 편(偏)으로 구분한다. 즉 정(正)은 음양(陰陽)이 다르게 배합되어 있으며, 편(偏)은 음양(陰陽)이 한쪽으로 치우쳐 편중되어 있다.

십신(十神) 또는 십성(十星)은 인성(印星)에서 정인(正印)과 편인(偏印), 관성(官星)에서 정관(正官)과 편관(偏官), 재성(財星)에서 정재(正財)와 편재(偏財), 식상성(食傷星)에서 식신(食神)과 상관(傷官), 비겁성(比劫星)에서 비견(比肩)과 겁재(劫財)로 나누어진다.

제2절 육신(六神)의 편(偏)과 정(正) 구별

육신(六神) 표출은 음양(陰陽)의 상호배합(相互配合)작용으로 편(偏)과 정(正)을 구별하게 된다.

편(偏)이 다섯개인데 흉신(凶神)이라고 하고, 정(正)이 다섯개인데 길신(吉神)이라고 한다. 이름을 달리 하여서 편정(偏正)을 논하지 않고 육신(六神)을 쉽게 이해하기 위하여 비견(比肩), 겁재(劫財), 식신(食神), 상관(傷官)이라고 한다.

양(陽)과 양(陽)을 편(偏)이라 하고 음(陰)과 음(陰)도 편(偏)이라고 하며, (陽)과 음(陰)을 정(正)이라 하고 음(陰)과 양(陽)도 정(正)이라고 하는데 양(陽)과 양(陽)의 결합도 정당하지 못하고 음(陰)과 음(陰)의 결합도 정당하지 못하다. 그래서 흉신(凶神)이라 하고 양(陽)과 음(陰)의 배합은 정당하고 음(陰)과 양(陽)의 배합도 정당하기 때문에 길신(吉神)이라고 한다.

원래는 비견(比肩)은 정록(正祿)이라고 하였고 겁재(劫財)는 편록(偏祿)이라고 하였고, 식신(食神)는 정식(正食), 상관(傷官)은 편식(偏食)이라고 하였다.

편(偏)과 정(正)은 각각 다섯 개이다.

제3절 육신(六神)의 표출법(表出法)

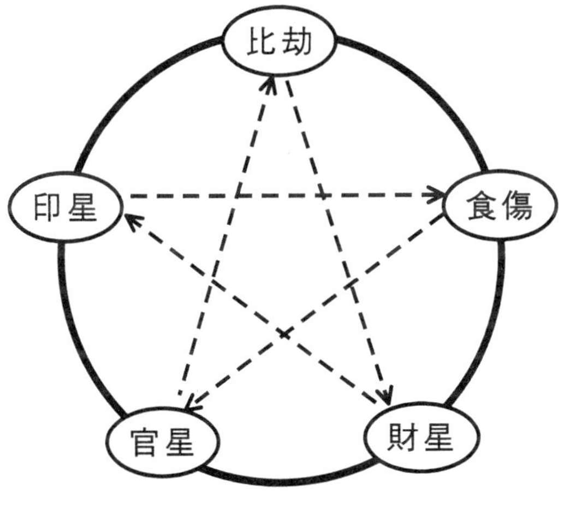

- 비아자(比我者) : 비겁(比劫)
- 아생자(我生者) : 식상(食傷)
- 아극자(我剋者) : 재성(財星)
- 극아자(剋我者) : 관성(官星)
- 생아자(生我者) : 인성(印星)

〈그림 11-1〉 육신표출도(六神表出圖)

육신(六神)을 표출(表出)할 때에는 신속하게 해야 되지만 정확하게 표출해야 하기 때문에 먼저 용어(用語)를 이해하는 것이 유리하다.

비아자(比我者)는 나와 같은 자로서 형제나 친구이며 비견(比肩)과 겁재(劫財)가 된다.

아생자(我生者)는 내가 낳은 자로서 여명(女命)의 경우 식신(食神)과 상관(傷官)이 된다.

아극자(我剋者)는 내가 상대를 극(剋)하는 자로서 처(妻)와 부친(父親)이며 정재(正財)와 편재(偏財)가 된다.

극아자(剋我者)는 나를 극(剋)하는 자로서 여명(女命)의 경우 남편이며 남명(男命)은 자식(子息)이며 정관(正官)과 편관(偏官)이 된다.

생아자(生我者)는 나를 낳은 자로서 모친(母親)이요 정인(正印)과 편인(偏印)을 나타낸다.

그러면 육신(六神)을 어떻게 표출(表出)하는가, 다시 말해서 육신(六神)을 찾아내는 방법을 말하는 것으로서 일간(日干)을 기준하여 오행(五行)의 생극(生剋)작용과 음양(陰陽)의 구분에 따라 결정되는 것이다.

비견(比肩)은 일간(日干)과 오행이 같고 음양(陰陽)이 같은 것이며 겁재(劫財)는 일간(日干)과 오행이 같고 음양(陰陽)이 다른 것이다.

식신(食神)은 일간(日干)이 생(生)하는 오행으로 음양(陰陽)이 같은 것이며 상관(傷官)은 역시 일간(日干)이 생(生)하는 오행으로 음양(陰陽)이 다른 것이다.

편재(偏財)는 일간(日干)이 극(剋)하는 오행으로 음양(陰陽)이 같은 것이며 정재(正財)는 역시 일간(日干)이 극(剋)하는 오행으로 음양(陰陽)이 다른 것이다.

편관(偏官)은 일간(日干)을 극하는 오행으로 음양(陰陽)이 같은 것이며 정관(正官)은 역시 일간(日干)을 극(剋)하는 오행으로 음양(陰陽)이 다른 것이다.

편인(偏印)은 일간(日干)을 생(生)하는 오행으로 음양(陰陽)이 같은 것이며 정인(正印)은 역시 일간(日干)을 생(生)하는 오행으로 음양(陰陽)이 다른 것이다.

이상을 종합하여 보면 <표 11-1> 십신조견표(十神早見表)와 같다.

〈표 11-1〉 십신(十神) 조견표(早見表)

日干 干支 六神		甲 日	乙 日	丙 日	丁 日	戊 日	己 日	庚 日	辛 日	壬 日	癸 日
天干	比 肩	甲	乙	丙	丁	戊	己	庚	辛	壬	癸
	劫 財	乙	甲	丁	丙	己	戊	辛	庚	癸	壬
	食 神	丙	丁	戊	己	庚	辛	壬	癸	甲	乙
	傷 官	丁	丙	己	戊	辛	庚	癸	壬	乙	甲
	偏 財	戊	己	庚	辛	壬	癸	甲	乙	丙	丁
	正 財	己	戊	辛	庚	癸	壬	乙	甲	丁	丙
	偏 官	庚	辛	壬	癸	甲	乙	丙	丁	戊	己
	正 官	辛	庚	癸	壬	乙	甲	丁	丙	己	戊
	偏 印	壬	癸	甲	乙	丙	丁	戊	己	庚	辛
	印 綬	癸	壬	乙	甲	丁	丙	己	戊	辛	庚
地支	比 肩	寅	卯	巳	午	辰 戌	丑 未	申	酉	亥	子]
	劫 財	卯	寅	午	巳	丑 未	辰 戌	酉	申	子	亥
	食 神	巳	午	辰 戌	丑 未	申	酉	亥	子	寅	卯
	傷 官	午	巳	丑 未	辰 戌	酉	申	子	亥	卯	寅
	偏 財	辰 戌	丑 未	申	酉	亥	子	寅	卯	巳	午
	正 財	丑 未	辰 戌	酉	申	子	亥	卯	寅	午	巳
	偏 官	申	酉	亥	子	寅	卯	巳	午	辰 戌	丑 未
	正 官	酉	申	子	亥	卯	寅	午	巳	丑 未	辰 戌
	偏 印	亥	子	寅	卯	巳	午	辰 戌	丑 未	申	酉
	印 綬	子	亥	卯	寅	午	巳	丑 未	辰 戌	酉	申

제4절 육친(六親)의 표출법

육친(六親)이란 육신(六神)을 인용(引用)하여 사주원국(四柱原局)에 나타난 혈연관계(血緣關係)에 적용시키는 호칭을 뜻한다.

혈연관계(血緣關係)는 친가(親家), 외가(外家), 처가(妻家), 시가(媤家)의 모든 관계가 포함되어 있으며, 사주원국(四柱原局)에서 육친(六親)을 표출(表出)해내는 것을 육친화현법(六親化現法)이라고 한다.

육친화현(六親化現)의 기본법칙은 일간(日干)을 기준으로 하여 천간(天干)과 지지(地支)에서 육신을 표출(表出)한다. 모든 사람의 어머니는 편인(偏印)과 정인(正印)이 되는 것이며 아버지로부터 항상 극(剋)을 받고 있으며 동시에 아버지는 항상 어머니를 극(剋)한다.

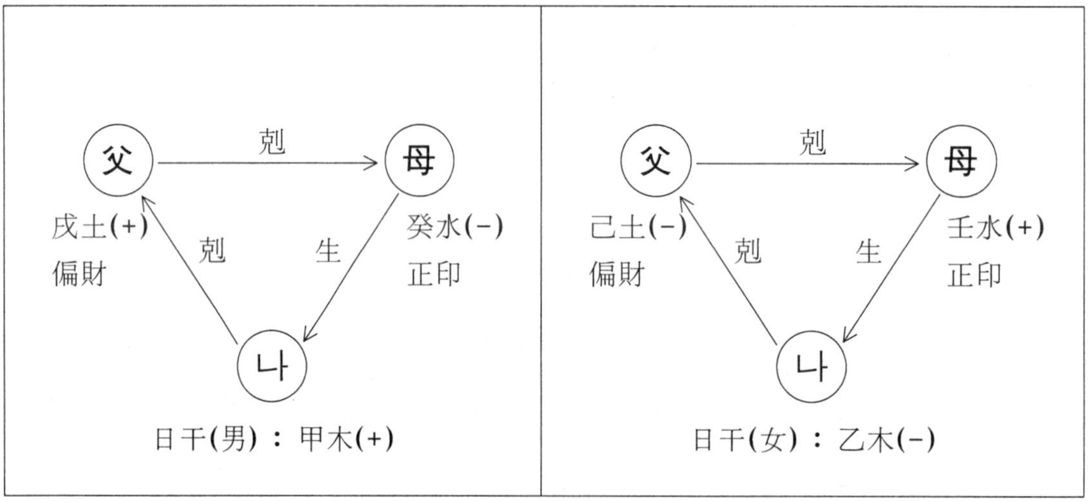

〈그림 11-2〉 육친 표출법

그림에서 일간(日干)이 나에 해당되는데 남자가 갑목(甲木)인 경우에 목(木)을 생(生)하는 것은 수(水)인데 나를 낳아준 어머니는 여자이니 음수(陰水)인 계수(癸水)가 되는 것이고, 여자가 을목(乙木)인 경우에는 양수(陽水)인 임수(壬水)가 어머니이며 임수(壬水)를 극(剋)하는 기토(己土)가 편재(偏財)로서 어머니에게는 남편(男便)이 되며 나에게는 아버지가 되는 것이다.

〈그림 11-3〉 男命基準 陽日干 六親 構成圖表

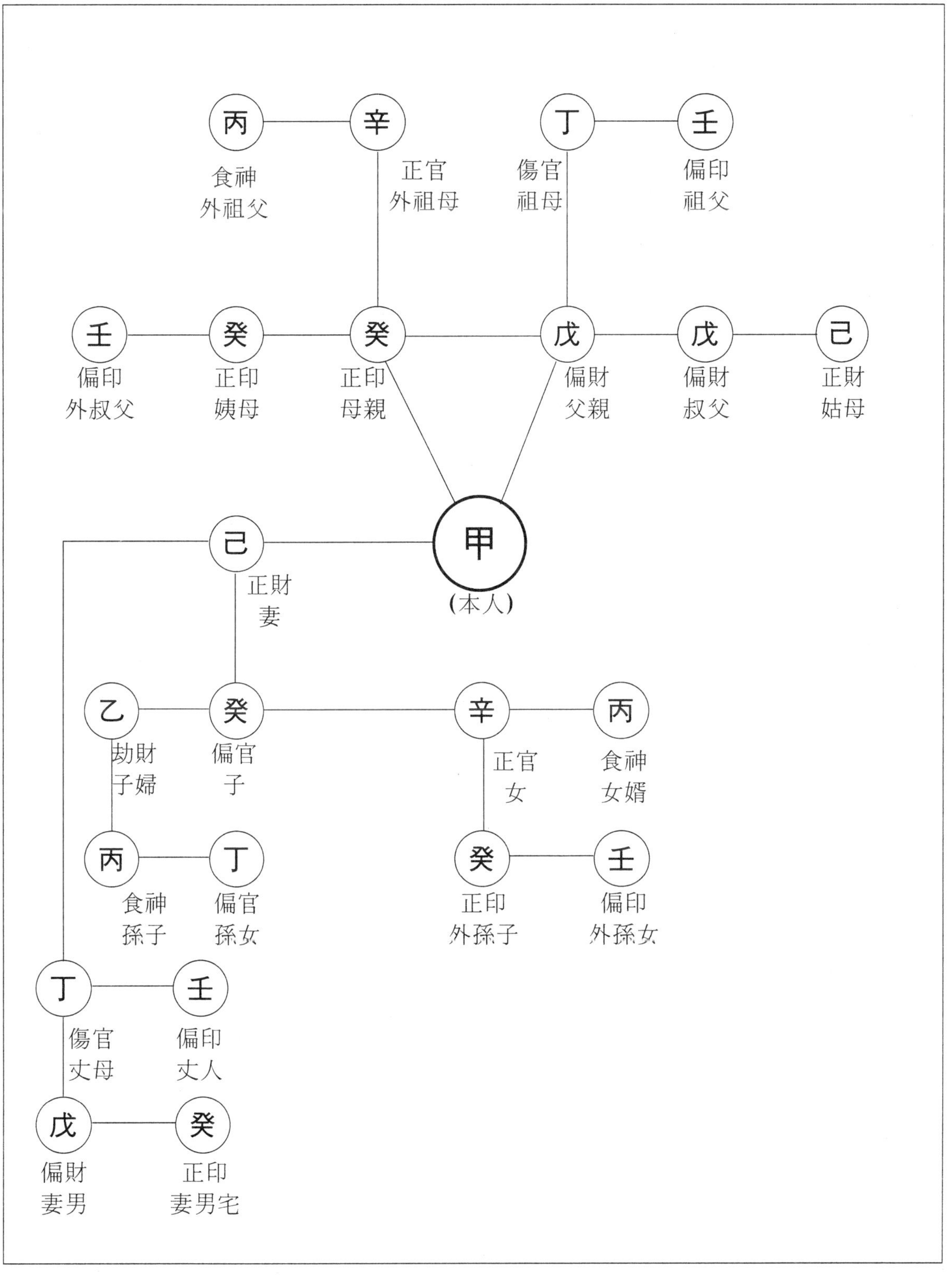

<그림 11-4> 女命基準 陰日干 六親 構成圖表

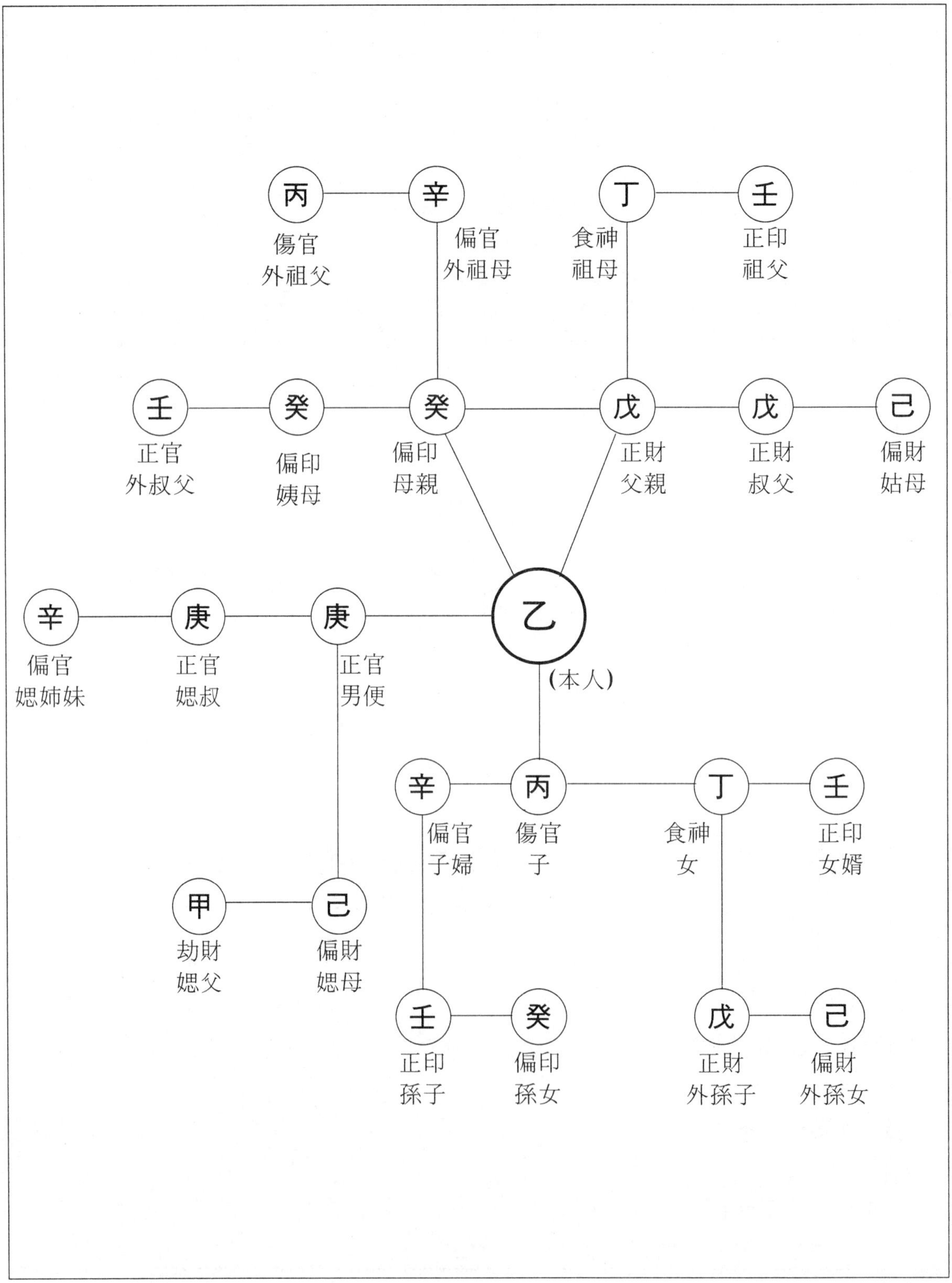

〈표 11-2〉 육친(六親) 조견표(早見表)

比肩	男	남녀형제, 처조카, 자매의 시아버지, 친구, 동창생, 조카, 선배, 경쟁자
	女	남녀형제, 시아버지 형제, 친구, 동창생, 시고모, 동서, 경쟁자
劫財	男	남녀형제, 이복형제, 며느리, 딸의 시어머니, 동업인, 거래인, 후배
	女	남녀형제, 이복형제, 시아버지, 아들의 장인, 시숙부, 시고모
食神	男	손자, 장모, 사위, 생질녀, 증조부, 조모, 제자
	女	아들, 딸의 시아버지, 증조부, 조모, 사위 부친, 시누이 남편
傷官	男	할머니, 손녀, 생질, 외할아버지, 외숙모, 장모
	女	딸, 할머니, 시누이 남편, 외조부
偏財	男	아버지, 첩, 애인, 형수, 제수, 처형제, 외삼촌, 처남
	女	아버지, 시어머니, 외손녀, 증손자, 외손자, 아들의 장모
正財	男	처, 백부, 고모, 아들의 장인, 자매의 시어머니, 처형, 처제
	女	외손자, 백부, 고모, 시어머니 형제, 시할아버지, 숙부, 이모
偏官	男	아들, 조카딸, 외할머니, 매부, 딸의 시아버지, 고조부
	女	정부(情夫), 시형제, 증조부, 며느리 형제, 자부
正官	男	딸, 조카, 증조모, 증조부 자식, 매부
	女	남편, 며느리, 딸의 시어머니, 증조모, 시동생, 자부
偏印	男	계모, 서모, 이모, 외삼촌, 할아버지, 외손녀, 아들의 장모, 장인
	女	계모, 서모, 이모, 외삼촌, 할아버지, 손자, 사위, 시할머니
正印	男	어머니, 외손자, 외손녀, 증손녀, 처남의 처, 장인
	女	어머니. 손녀, 조부, 손자, 이모, 계모

제5절 일간(日干)과 육신표출(六神表出)의 도표

1. 갑일(甲日) 오행(五行) 도표

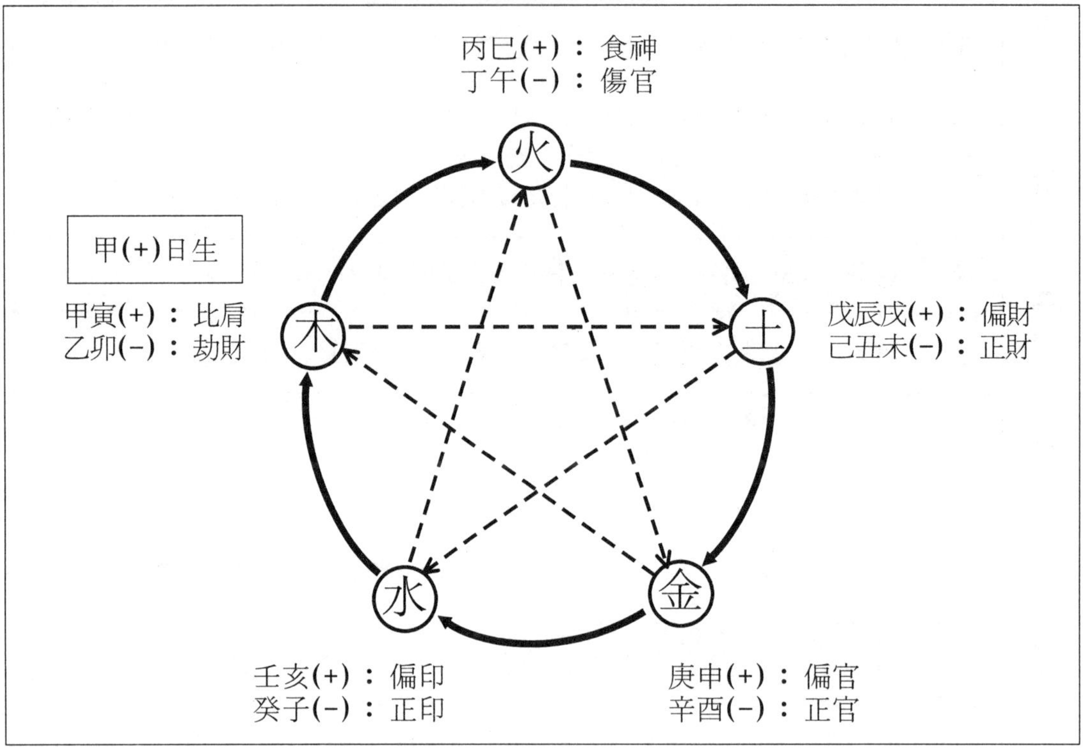

2. 갑일(甲日) 육신(六神) 도표

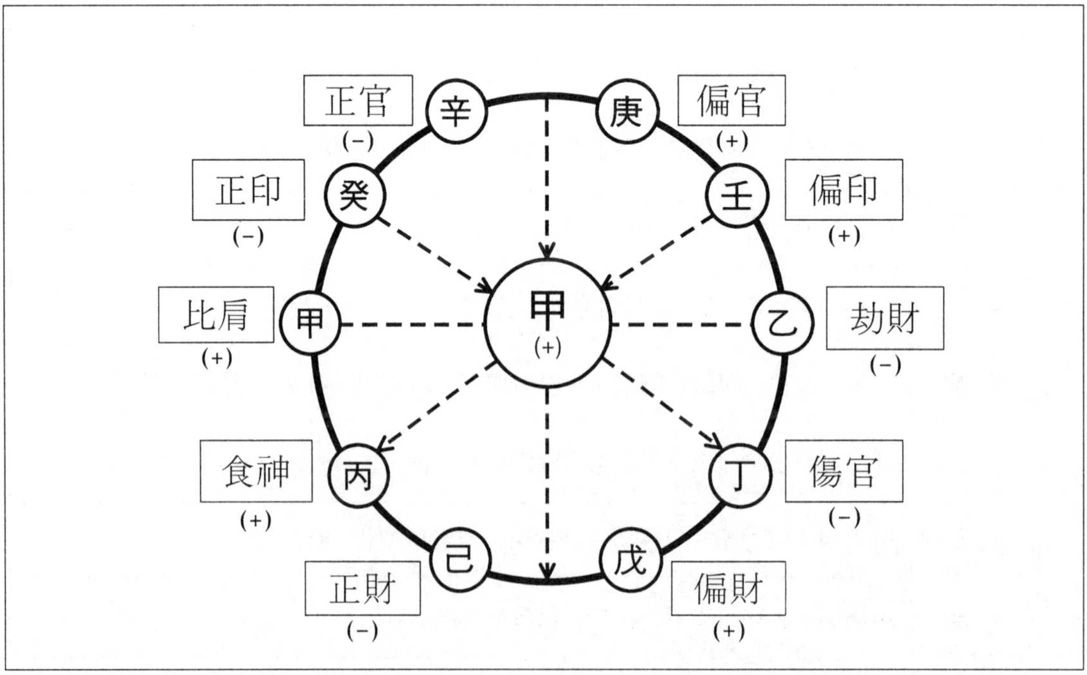

3. 을일(乙日) 오행(五行) 도표

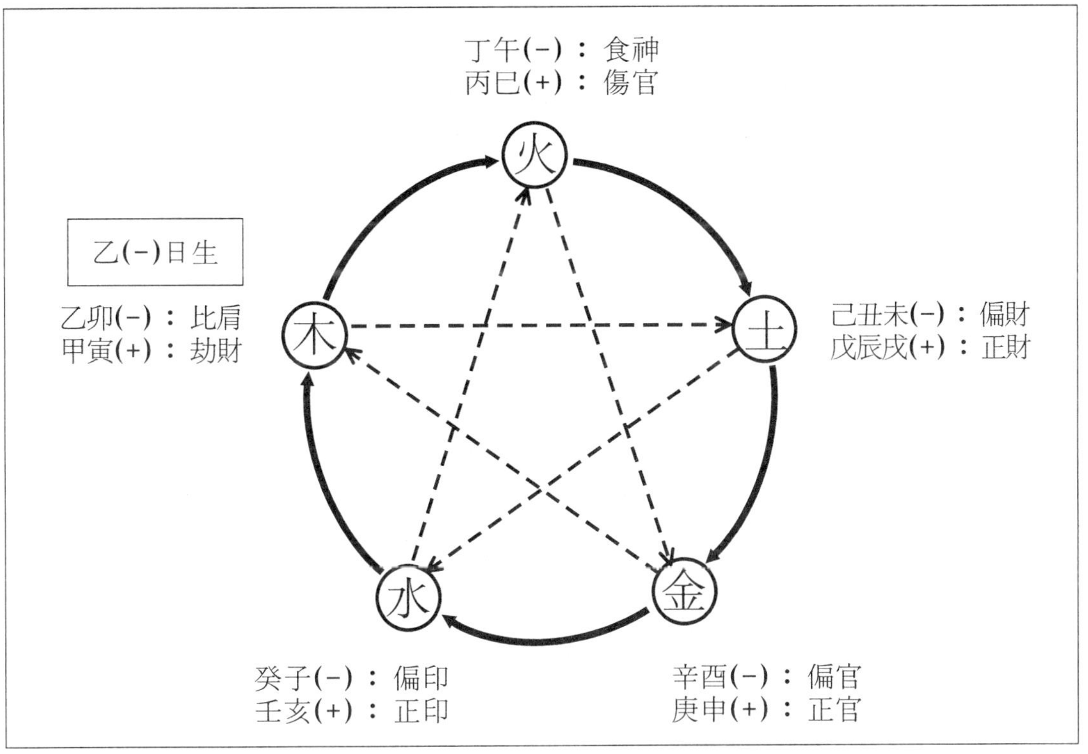

4. 을일(乙日) 육신(六神) 도표

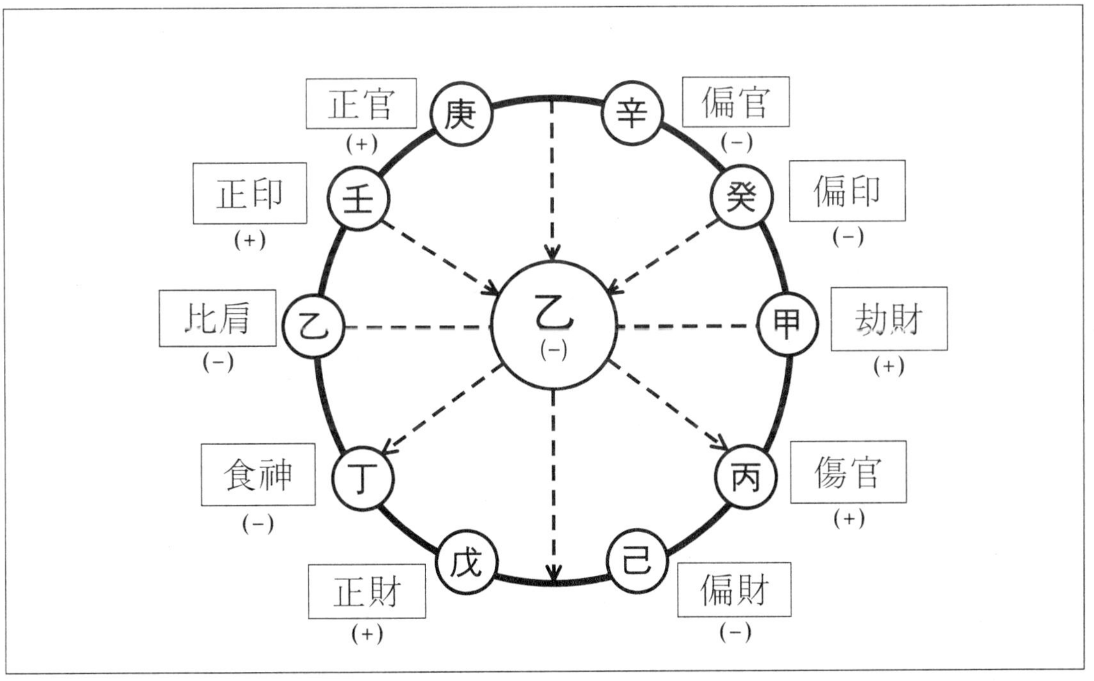

5. 병일(丙日) 오행(五行) 도표

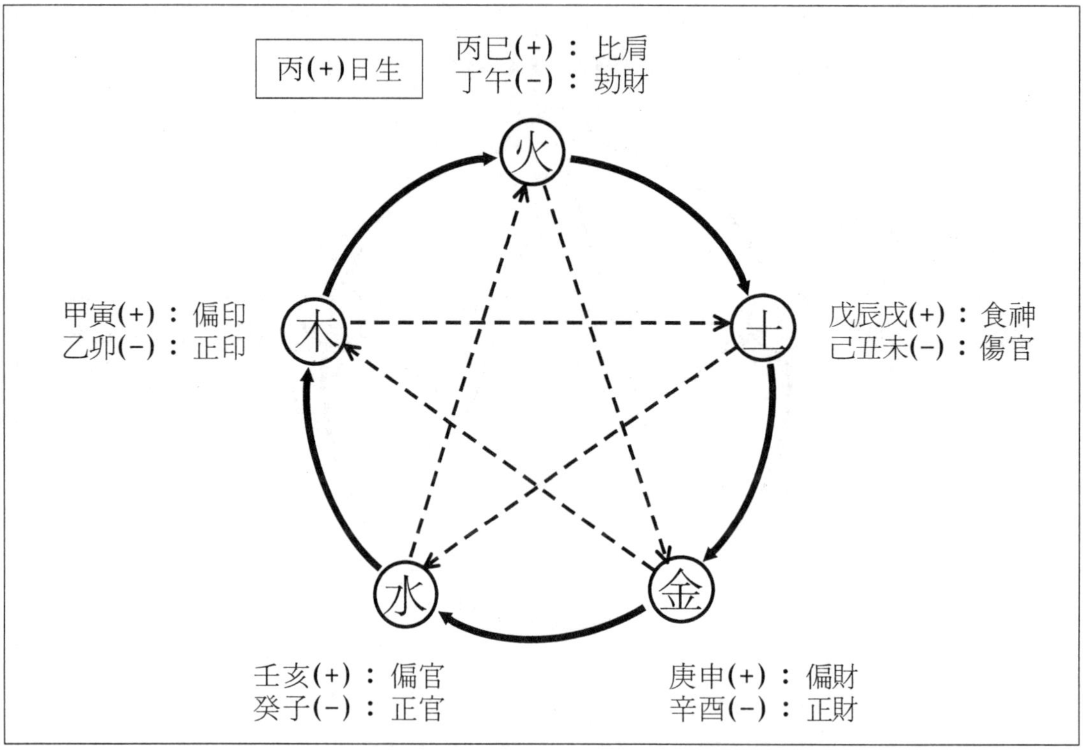

6. 병일(丙日) 육신(六神) 도표

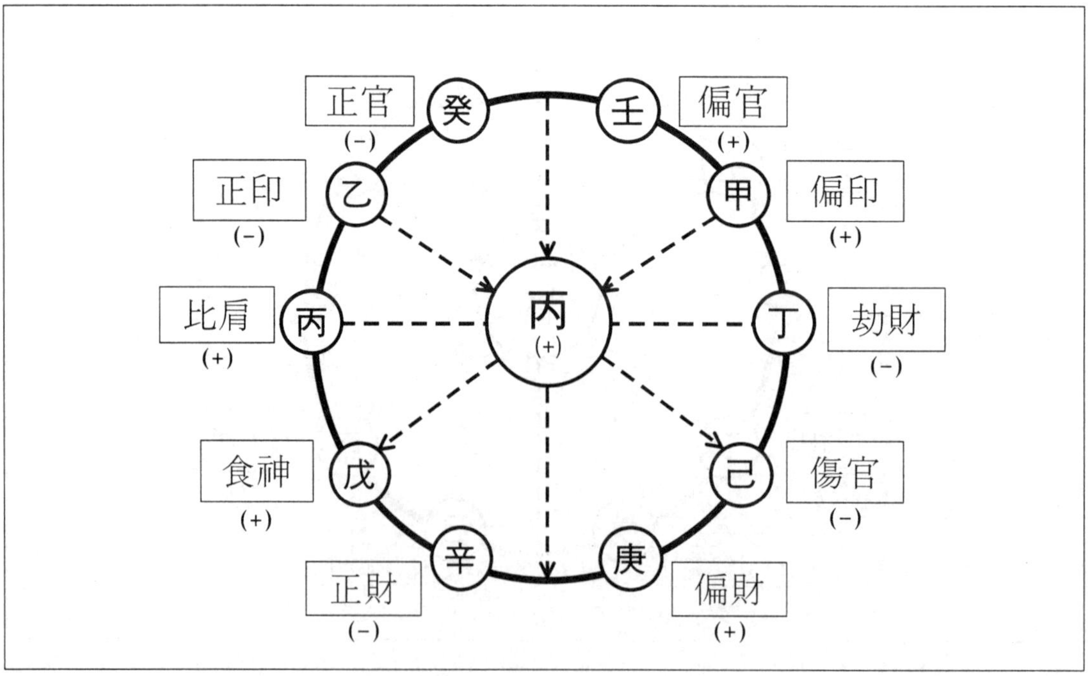

7. 정일(丁日) 오행(五行) 도표

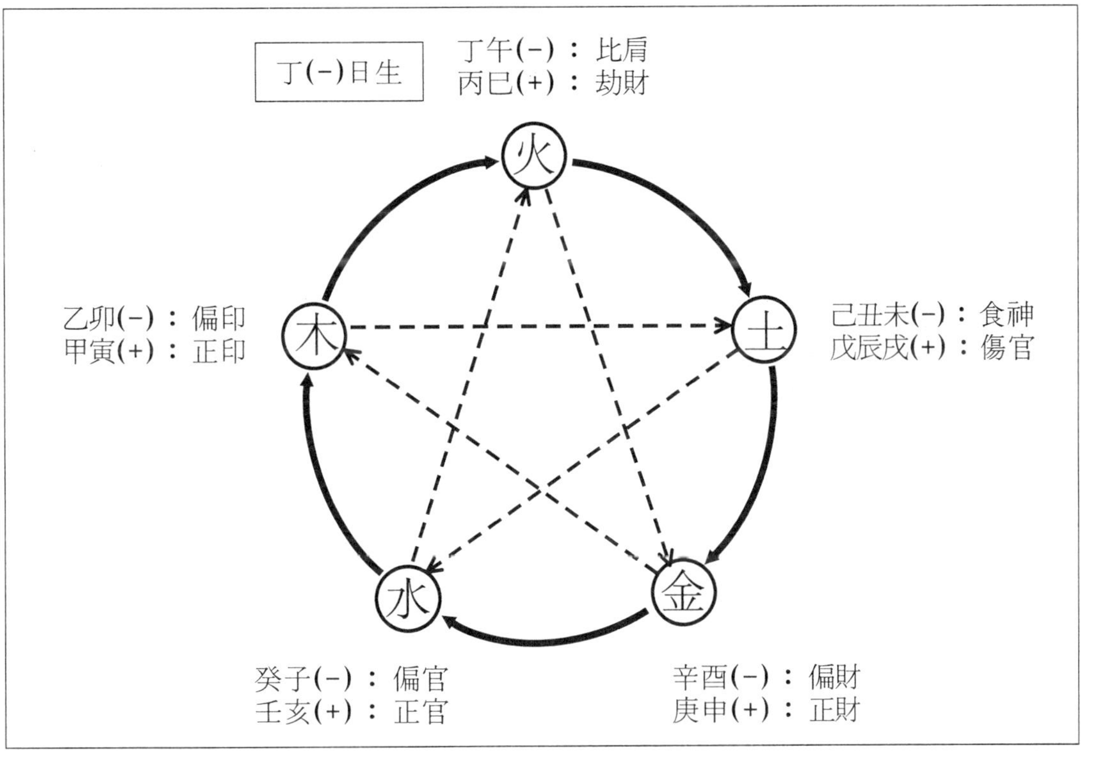

8. 정일(丁日) 육신(六神) 도표

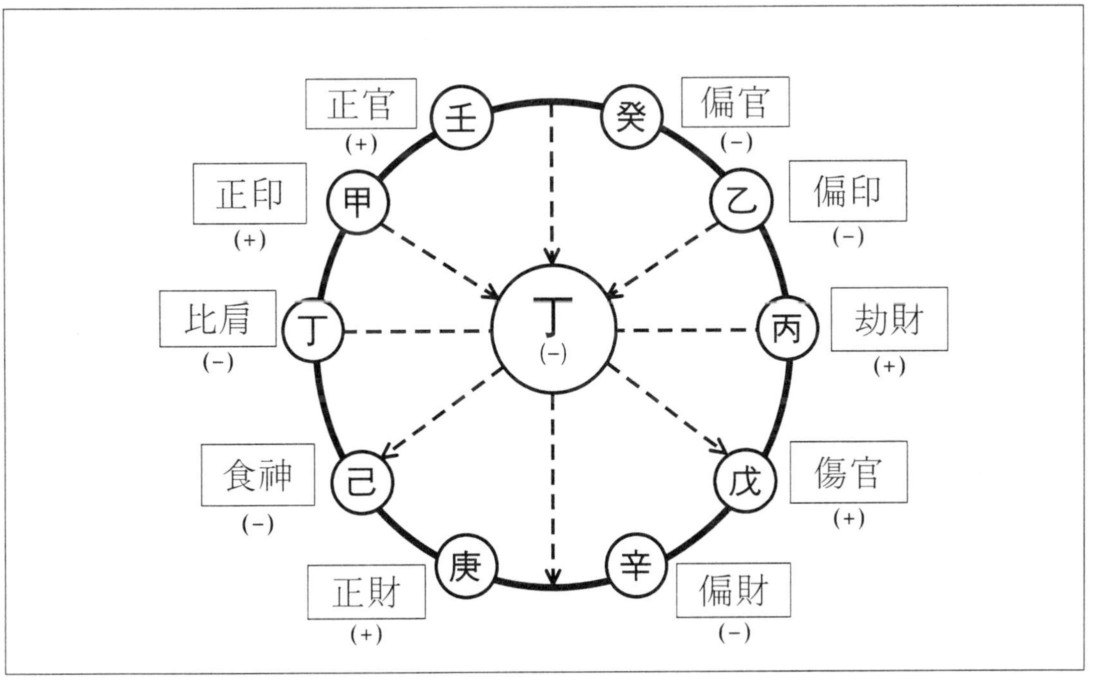

9. 무일(戊日) 오행(五行) 도표

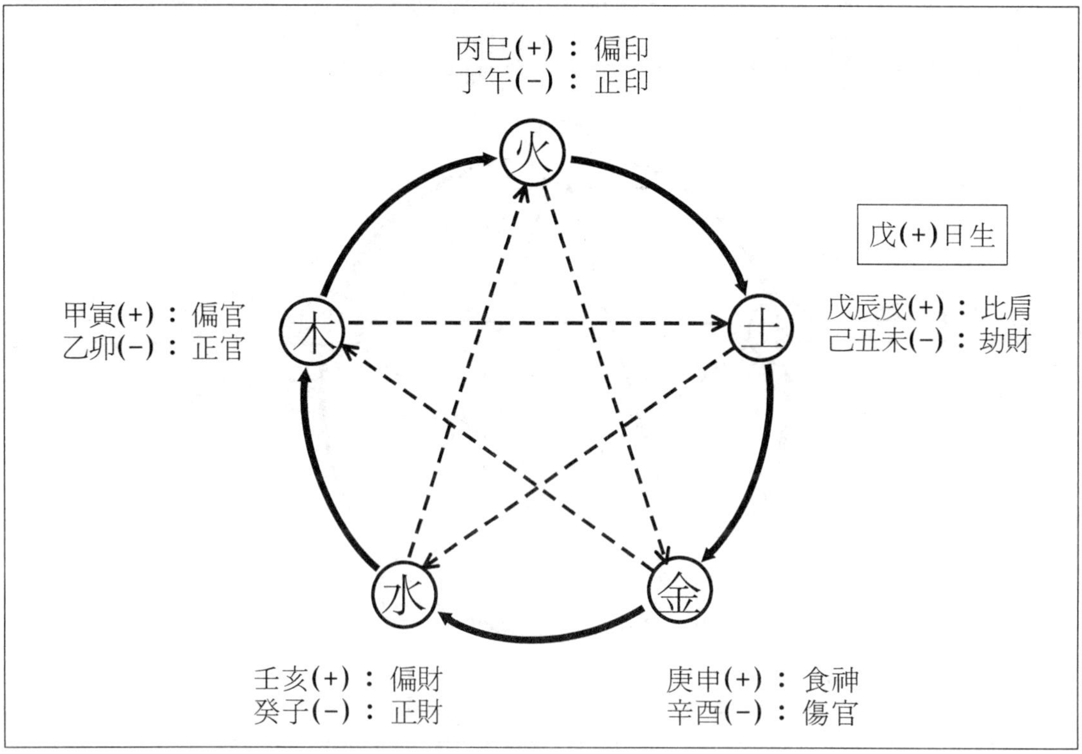

10. 무일(戊日) 육신(六神) 도표

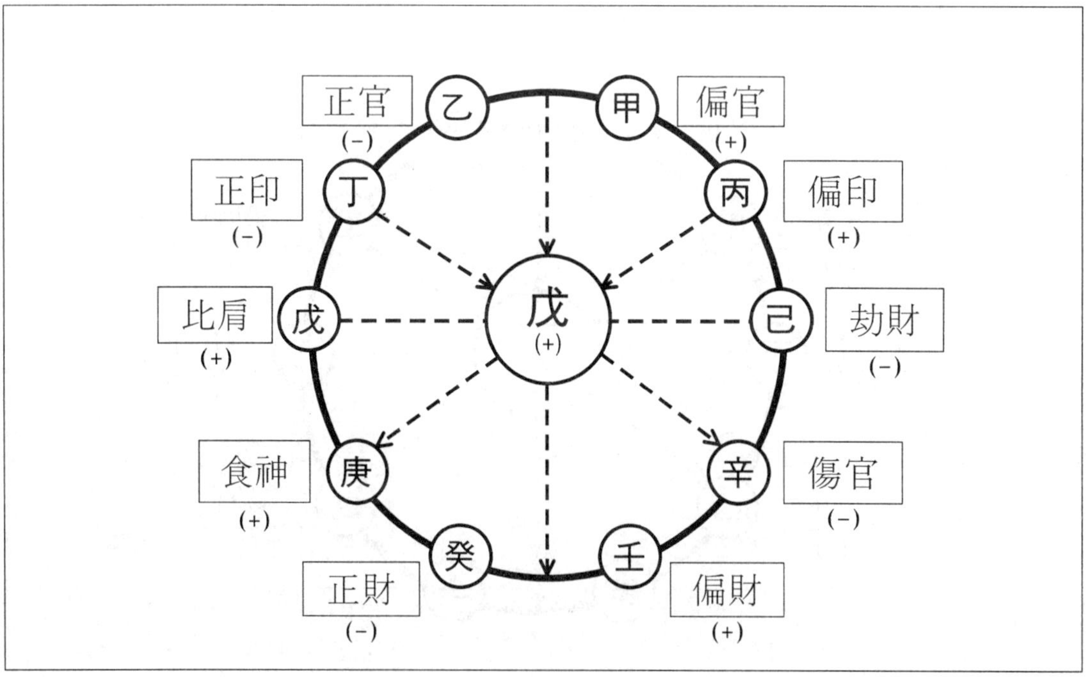

11. 기일(己日) 오행(五行) 도표

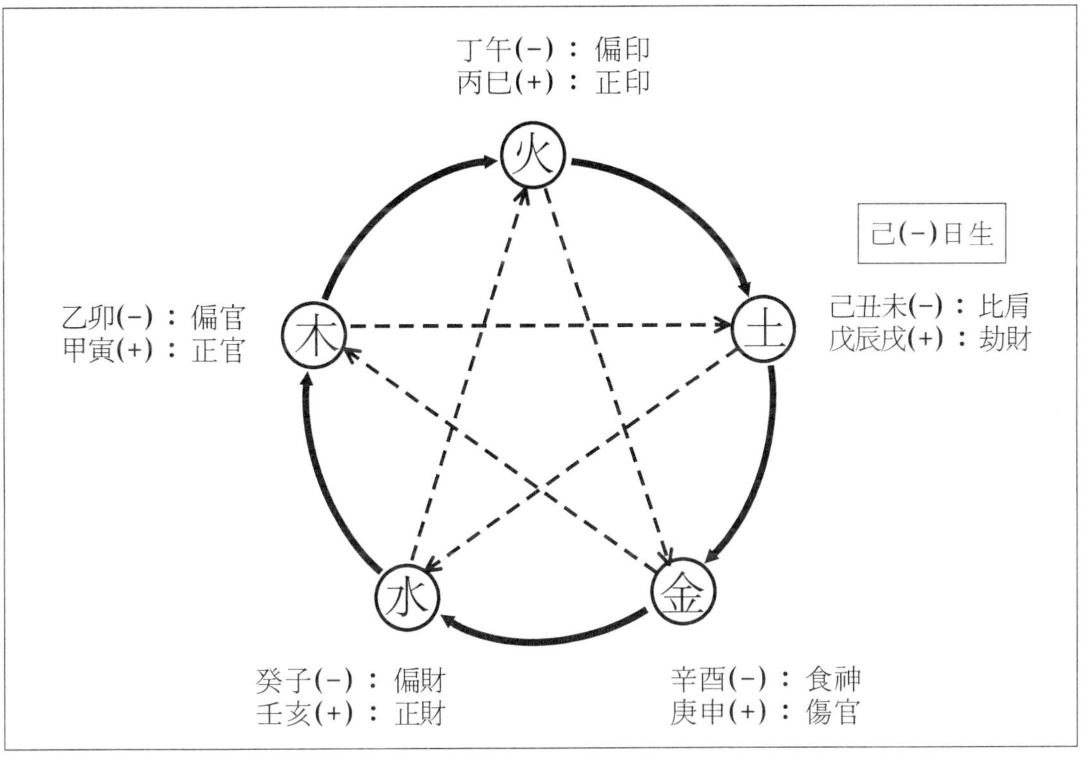

12. 기일(己日) 육신(六神) 도표

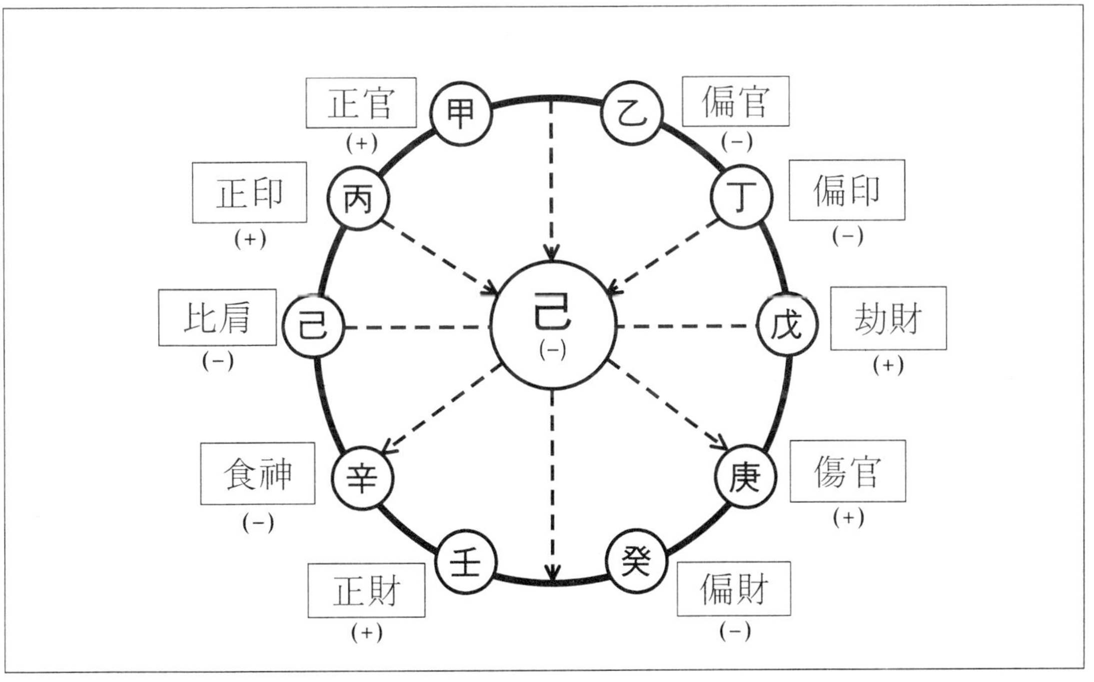

13. 경일(庚日) 오행(五行) 도표

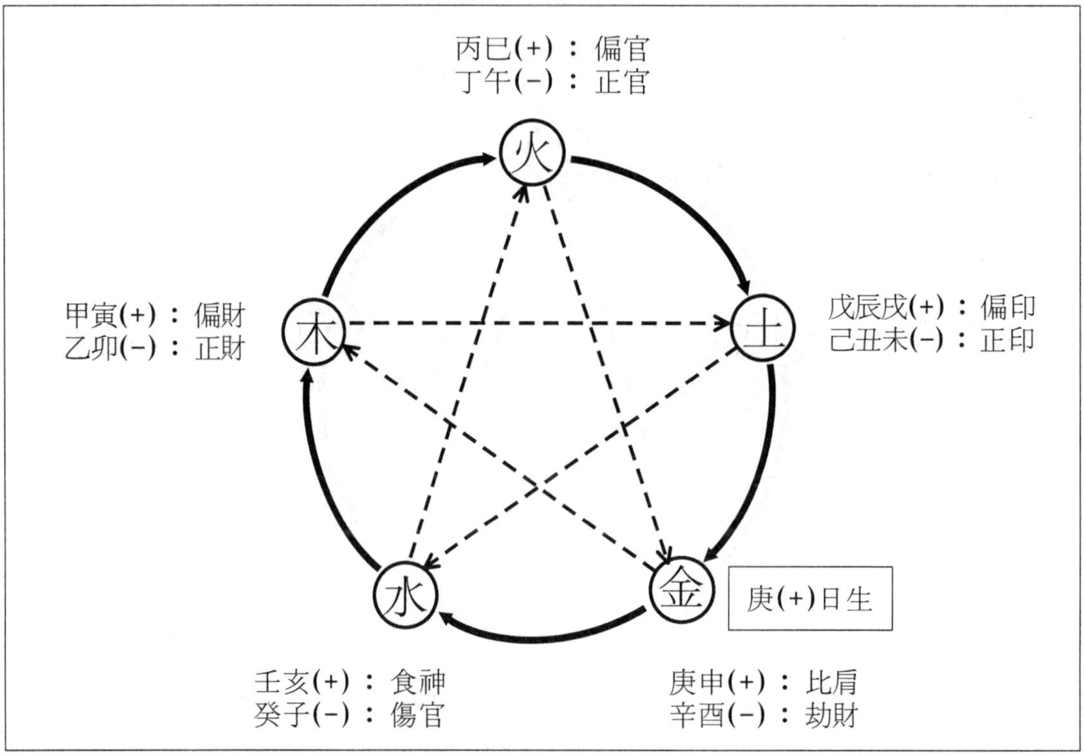

14. 경일(庚日) 육신(六神) 도표

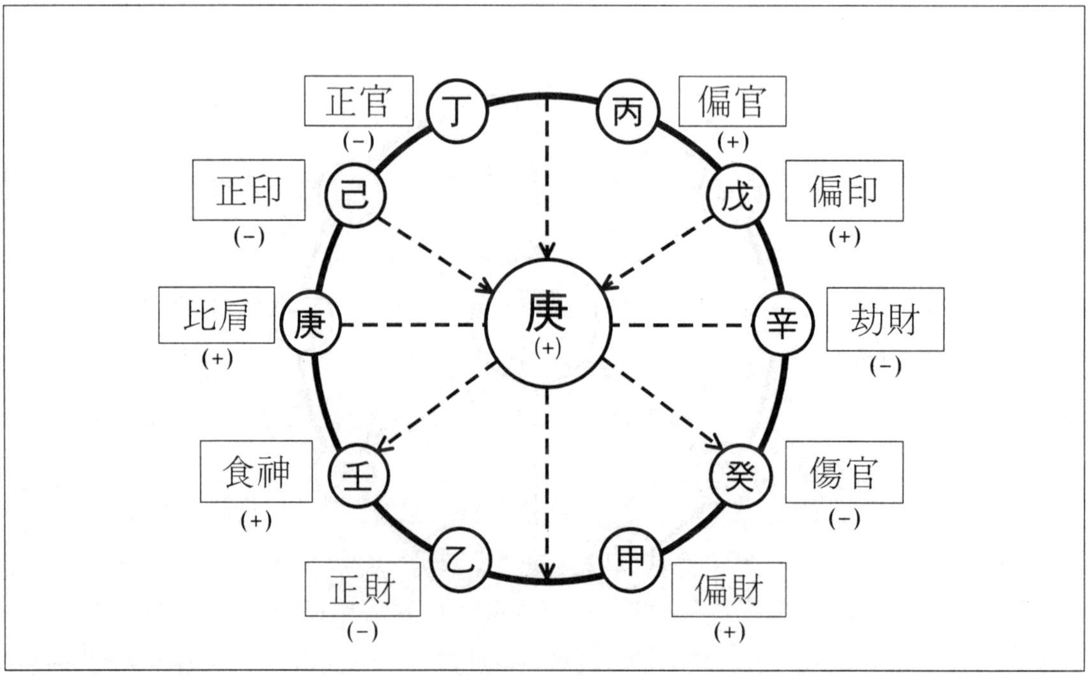

15. 신일(辛日) 오행(五行) 도표

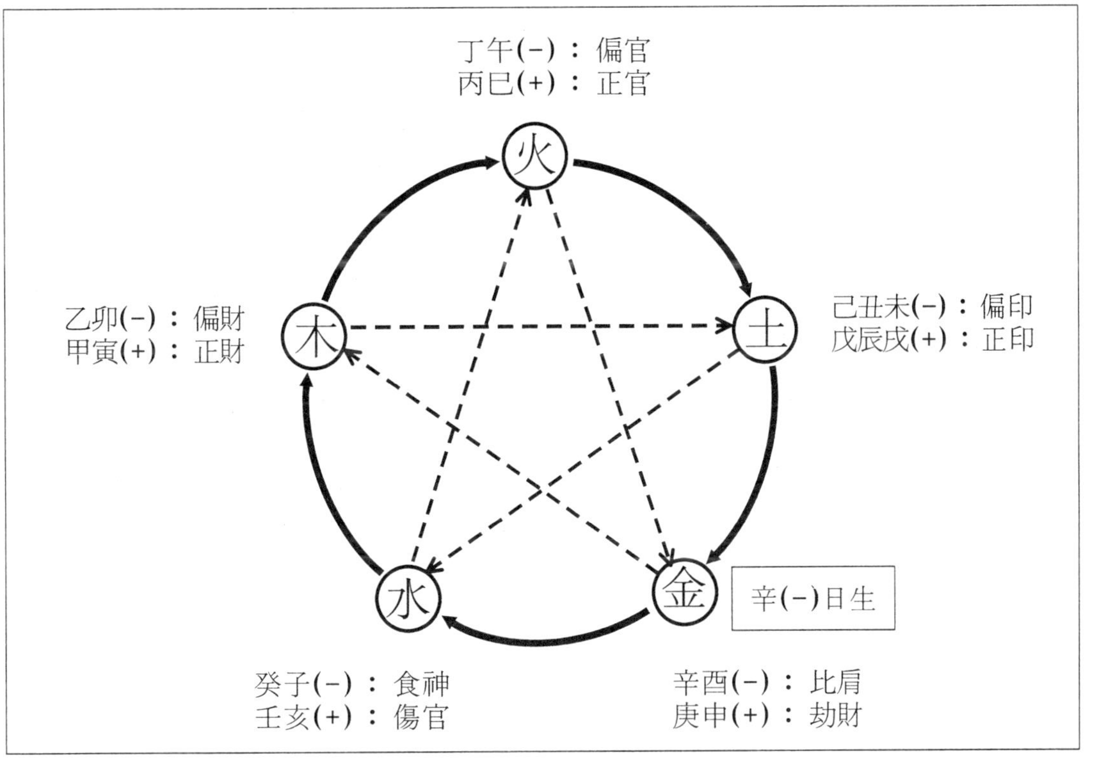

16. 신일(辛日) 육신(六神) 도표

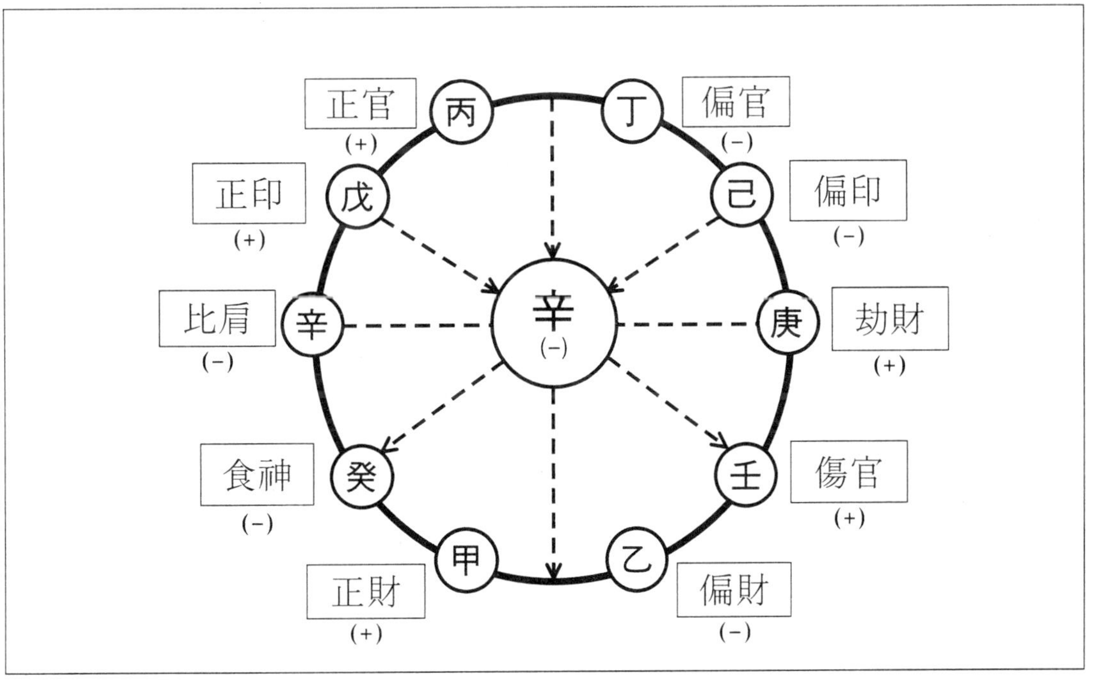

17. 임일(壬日) 오행(五行) 도표

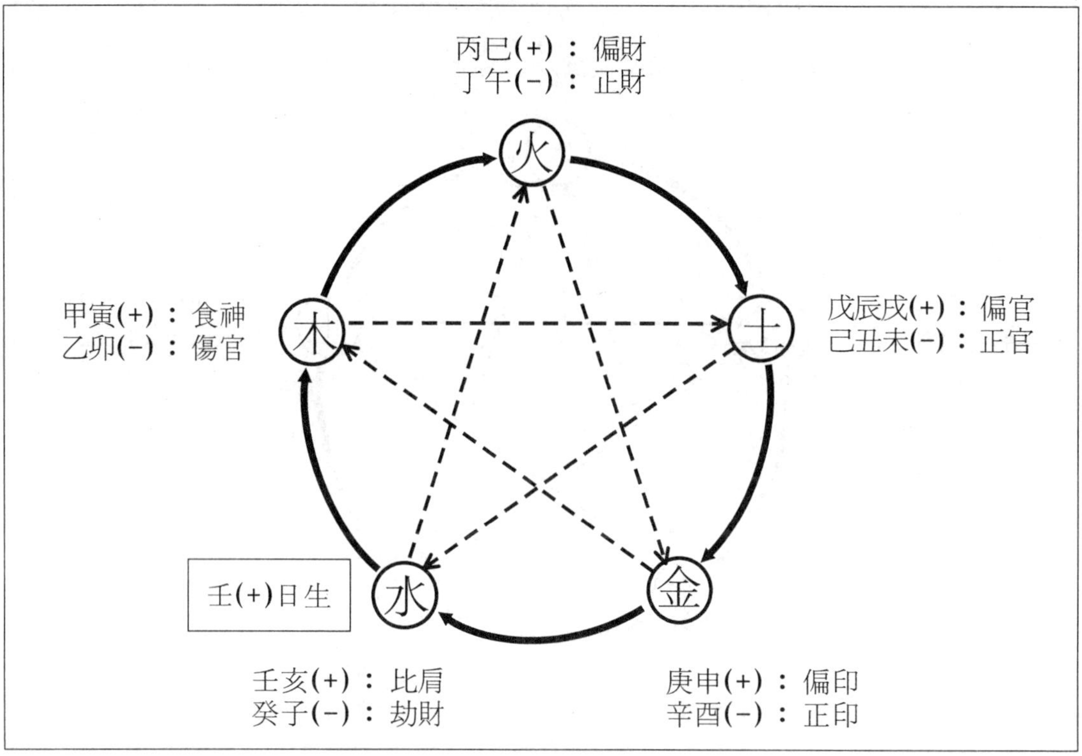

18. 임일(壬日) 육신(六神) 도표

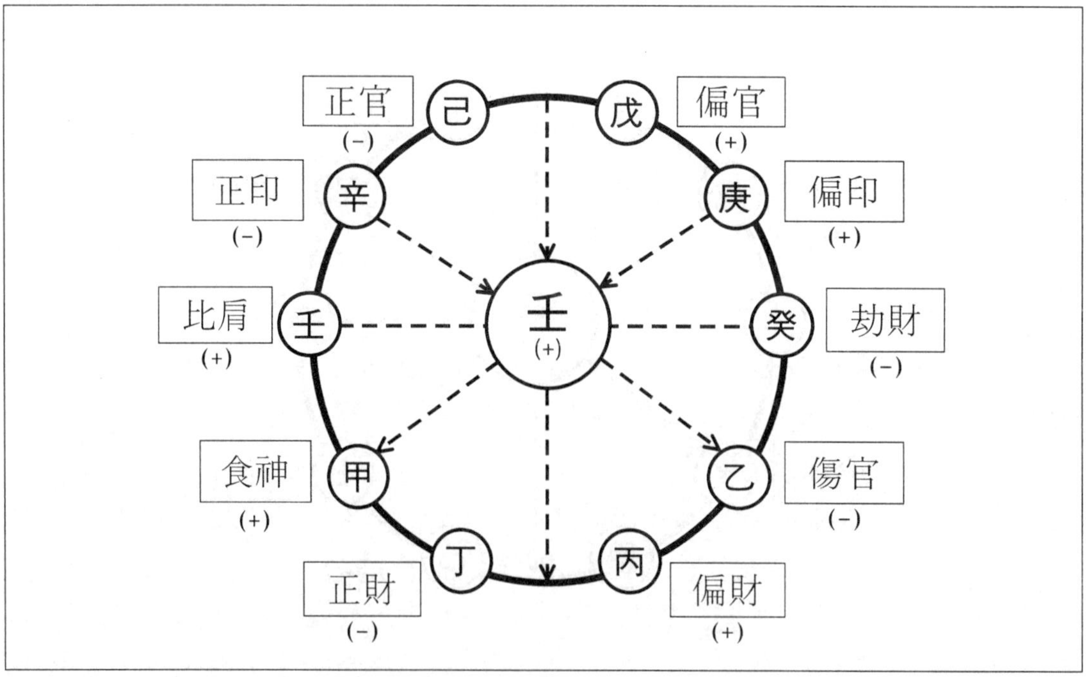

19. 계일(癸日) 오행(五行) 도표

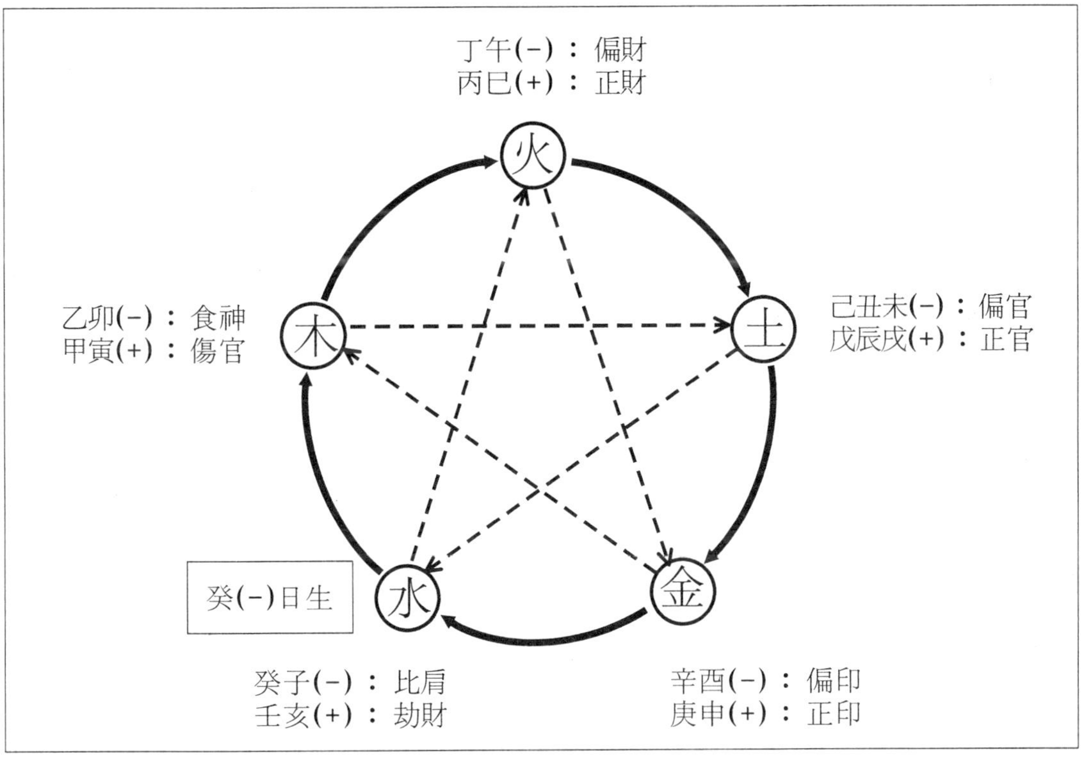

20. 계일(癸日) 육신(六神) 도표

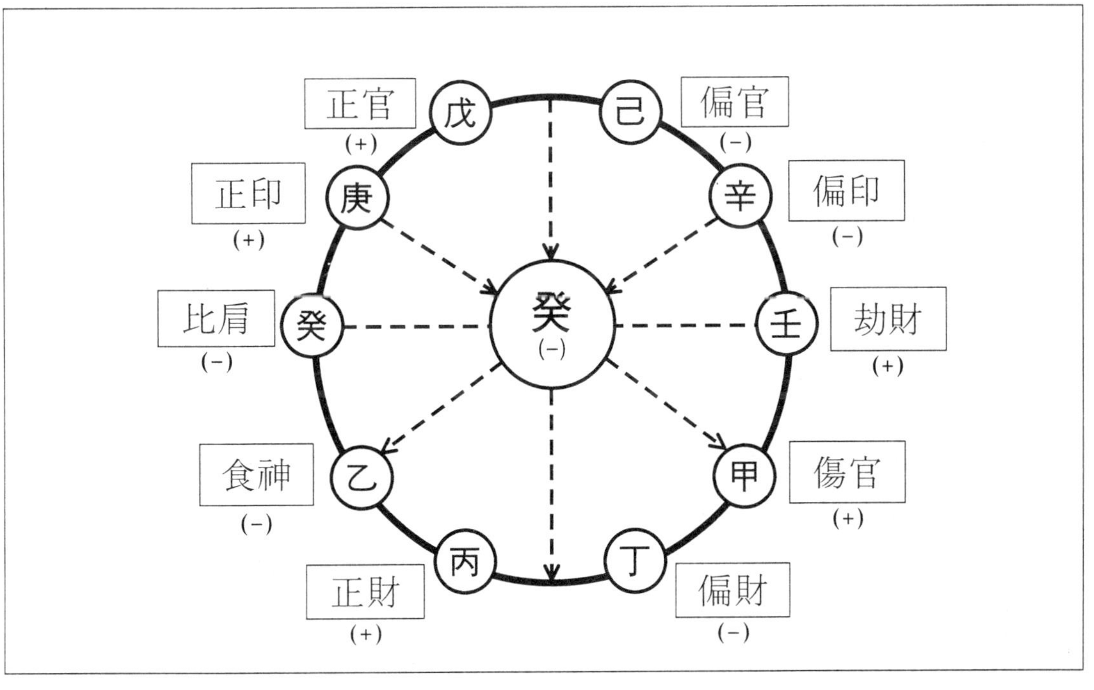

제6절 육신(六神)의 통변론(通辯論)

1. 비견성(比肩星)

(1) 비견(比肩)의 작용

비견(比肩)은 일간(日干)과 동일한 오행으로서 음양(陰陽)이 같은 글자로 어깨를 나란히 한다는 뜻으로 가정적으로는 형제가 되고 사회적으로는 친구나 선후배가 되며 사업상으로는 동업자나 경쟁자 또는 동조자가 되는 것이다.

경제적으로 비견(比肩)은 형제로서 재물을 같이 분배하는 것이지만 외부로부터 적(敵)이 되는 관살(官殺)이 강하여 일간(日干)을 극(剋)하여 들어올 때는 같은 형제로서 일간(日干)을 보호하여 주는 길성(吉星)의 역할을 한다. 다시 말하면 재성(財星)이 있으면 재물 때문에 싸움이 되지만 신약(身弱)한 경우에는 오히려 힘이 된다는 뜻이다.

원명(原命)에 비견(比肩)이 많으면 고생이 많고 형제지간이나 부부관계 등에 파란이 많고, 비견(比肩)이 많고 재성(財星)이 허약(虛弱)하면 재물과 처궁(妻宮)에 액란(厄亂)이 있으며 형제나 친구간에 불화(不和)하거나 불평과 불만이 많고 재물관계는 시비가 많이 따르고 분주하게 노력하나 소득이 적다.

여명(女命)에 비견(比肩)이 많으면 남편과 해로(偕老)할 수가 없고 재성(財星)이 많아 신약(身弱)할 때에는 비견(比肩)의 도움을 받을 수 있으나 흉성(凶星)의 작용이 커서 소실(小室)을 겪게 되거나 재취(再娶)가 되는 경우가 많다.

(2) 비견(比肩)의 특성

비견(比肩)은 독립심과 자존심이 강하고 자기의 주장만을 고집하고 타인의 간섭이나 지배를 받기 싫어할 뿐 아니라 남에게 지는 것을 싫어하며 운동이나 학업 등 일상생활에서 항상 앞서 가려는 욕망이 강하기 때문에 남의 의견을 듣지 않고 무엇이든 독불장군과 같은 옹고집이 있어 상대방으로부터 적(敵)으로 만들기 쉬운 특성을 가지고 있다.

독립정신과 개척정신이 강하여 매사를 자기 뜻대로 결정하기 때문에 융통성이 없고 자기만을 높이거나 대우하여 주기를 바라며 명예심에 대한 강한 욕심으로 매사를 남과 충돌하여 결국 남으로부터 소외당하고 손해를 보는 특성이 있다.

반면에 원명(原命)에 비견(比肩)이 왕성(旺盛)하게 구성되어 있는데 비견을 제어시켜주는 관성(官星)이 있거나 왕성한 비견을 설기(泄氣)시켜주는 식상(食傷)이 있어 원명(原命)이 조화를 이루면 오히려 원만한 성격으로 변해버린다.

즉 대인관계나 조직사회에서 협동정신과 희생정신이 강하고 항상 공명정대하게 공사(公私)를 분별하고 솔직담백하고 책임감이 강하지만 자기와 뜻이 다른 사람과는 냉철하게 절교(絶交)를 하며 재물을 축재(蓄財)하기보다는 동정심과 의협심이 강하여 다 써버려야 직성이 풀린다.

따라서 사주원국(四柱原局)의 강약(强弱)을 먼저 판단하고 극설(剋泄)을 잘 살펴야 한다.

(3) 비견(比肩)의 통변(通辯)

비견(比肩)은 편재(偏財)를 극상(剋傷)하고 편재(偏財)는 처성(妻星)에 해당하기도 하며 형제, 자매, 친우, 동창생 등을 뜻하며 때에 따라서는 경쟁자, 방해자, 독선자, 시기, 질투, 모략, 배신, 만용 등으로 응용되고 있다.

일반적으로 형제자매가 많으면 좋으나 명리학적으로는 흉성(凶星)으로 보는데, 그 이유는 비견(比肩)과 겁재(劫財)는 편재(偏財)와 정재(正財)를 극상(剋傷)하니 아버지를 일찍 여의게 되고, 인수(印綬)를 설기(泄氣)하니 어머니를 여의게 되거나 다른 가정에 시집을 가게 되니 비견이 많으면 조실부모(早失父母)하게 된다. 그래서 고통과 쓰라린 비관 속에서 자라며 학업도 중단하게 되고 어려서 일찍 객지로 나와 눈칫밥 먹으면서 자수성가(自手成家)해야 된다.

또한 편재(偏財)는 첩(妾)이나 애인을 뜻하므로 비견(比肩)이 많으면 첩(妾)을 두거나 애인을 많이 거느리게 되니 자연 지출이 과다하여 재물이 모이지 않는다.

비견(比肩)이 많은데 식신(食神)이나 상관(傷官)이 있으면 형제의 기(氣)를 설기(泄氣)하거나 재물을 만드는 기술을 생조(生助)하여 주니 식상생재격(食傷生財格)이라고 하여 길성(吉星)이 되는데 비견(比肩)이 형충파해(刑冲破害)하거나 또는 공망(空亡)이 들거나 12운성(十二運星)의 묘(墓), 사(死), 절(絶) 위에 앉아 있으면 형제가 무력, 조별(早別), 사별(死別)하게 된다.

지지(地支)의 비견(比肩)은 「록(祿)」이라고 하는데 년지(年支)에 있으면 배록(背祿), 월지(月支)에 있으면 건록(建祿), 일지(日支)에 있으면 전록(全祿), 시지(時支)에 있으면 귀록(歸祿)이라고 한다.

건록(建祿)은 득령(得令)하여 왕기(旺氣)한 것을 말하니 일주(日柱)에 영향력이 크기 때문에 원국(原局)에서 재관(財官)이 있거나 행운(行運)에서 재관(財官)이 오면 부귀공명(富貴功名)하지 않을 수 없다.

결론적으로 신강(身强)하면 비견(比肩)을 기(忌)하나 신약(身弱)하면 오히려 비견을 희(喜)하는데 식상설기(食傷泄氣)하거나 관살극일(官殺剋日) 또는 재성과다(財星過多)하면 더욱 비견을 기뻐한다.

특히 종왕격(從旺格)의 곡직(曲直), 염상(炎上), 가색(稼穡), 윤하격(潤下格)은 모두가 비견을 기뻐하며 형제, 친구의 도움으로 성공할 수 있다.

(4) 비견(比肩)의 직업

원국(原局)에서 비견(比肩)이 많으면 자유업, 운동 및 건강관련 업체, 공무원 등 봉급생활이 적합하다.
비견(比肩)이 희신(喜神)이나 용신(用神)일 경우에는 동업(同業)을 하거나 공동업체의 분점이나 대리점 등이 좋으며 비견(比肩)이 기신(忌神)일 경우에는 사업을 하지 않는 것이 좋다.

(5) 비견(比肩)의 행운(行運)

만약 비견(比肩)이 길신(吉神)일 경우에는 행운에서 비견운(比肩運)이 오면 외허내실(外虛內實)을 추구하는데 꾸준하게 노력하고 새로운 것을 창조하며 친구간이나 대인관계를 원만하게 처리하여 어려운 환경 속에서도 묵묵히 개척해 나가는 장점이 있다.
그러므로 형제나 친구의 도움이 많고 사업적으로 번창해지며 사회적인 직위나 명예가 올라간다.

만약 비견(比肩)이 기신(忌神)일 경우에는 일반적으로 독단적이고 자기 주장이 너무 강하여 타인과의 타협을 하지 않는 고집불통(固執不通)으로 외로운 투쟁을 함으로써 친구나 형제 또는 동료들로부터 방해를 받거나 시기와 견제로 인하여 손재(損財)가 일어나고 부부간에도 의견충돌이 많아 가정불화(家庭不和)가 일어난다.

행운(行運)에서 비견(比肩運)이 오면 형제, 친구, 동료직원, 금전, 이성간에 문제가 생기거나 사업상으로는 분쟁, 확장, 경쟁, 경영 등의 문제가 발생한다.

2. 겁재성(劫財星)

(1) 겁재(劫財)의 작용

겁재(劫財)는 일간(日干)과 동일한 오행으로 음양(陰陽)이 서로 다른 글자로서 이복형제, 경쟁자, 동창생, 동업인, 선후배, 직장동료 등을 뜻하기고 하는데 비견(比肩)과 다른 점이 있다면 욕심이 많아서 독점하려는 경향이 강하여 모든 사람을 경쟁의 대상자로 생각하기 때문에 타인으로부터 고립되거나 소외당하기도 한다.
그러므로 사회적으로는 사기, 협박, 손재, 불화, 투쟁, 폭력, 배신, 부도, 차압 등에 관한 일이 발생하기도 한다.

겁재(劫財)는 비견(比肩)과 작용이 비슷하지만 교만하고 투쟁을 좋아하며 남을 업신여기거나 멸시하는 경향이 있고 요행을 바라며 눈이 높고 허황(虛荒)한 이상을 가지고 있어 혼담(婚談)에 애로가 많다.

겁재(劫財)는 정(情)은 많으나 외곬수가 있어 대인관계에서 융화하기가 어렵다. 그러나 일주(日柱)가 신약(身弱)하면 비겁(比劫)을 취용(取用)할 수 있으나 겁재(劫財)가 왕(旺)하면 가족이나 친구들에게 손해(損害)를 입히기도 하고 부부간에도 상대방을 멸시하는 경향이 있어 애정에는 애로(隘路)가 많다.

(2) 겁재(劫財)의 특성

겁재(劫財)는 비견(比肩)과 같이 자존심이 강하고 고집이 강하나 다른 점은 비견(比肩)이 외향적(外向的)인 반면에 겁재(劫財)는 내향적(內向的)이다.

그러므로 대인관계도 비교적 원만하고 자기주장을 너무 강하게 노출시키지도 않고 양보심도 강하게 보이기도 하지만 내부적으로는 집념이 강하여 자기고집을 끝까지 관철시키려 하면서도 상대방을 무시하기도 한다.

특히 양일간(陽日干)이 지지(地支)에 겁재(劫財)가 있으면 양인(羊刃)이라고 하여 독선적이거나 권위적인 성격이 두드러지게 나타나므로 주관이 뚜렷하고 추진력이 있어 사회적으로 명성(名聲)을 날리기도 한다.

겁재(劫財)는 옹고집이요, 노력가의 타입이라 공동사업에는 어울리지 않으며 인간관계에서는 고분고분하지 않아 대인관계가 원만하지 못하여 자기 외에는 모두 적(敵)이라고 생각하기 때문에 자기주장이 인정되지 않을 때에는 난폭한 행동을 하기도 한다.

남명(男命)은 여성(女性)을 무시하는 경향이 있어 겉으로는 친절한 것 같으나 내심(內心)으로는 항상 음흉(陰凶)한 마음을 가지고 있기 때문에 가정적으로는 폭언을 잘하여 부부생활에는 애로(隘路)가 많다.

그런데 겁재(劫財)는 모두 불길(不吉)한 것만은 아니다.

원국(原局)에 관살(官殺)이 왕성(旺盛)하였을 때 겁재(劫財)는 미인계(美人計)를 이용하여 길성(吉星)으로 되는 경우가 있는데 가령 갑목일생(甲木日生)이 왕(旺)한 경금(庚金)으로부터 극제(剋制)를 당하고 있을 경우 을목(乙木)이 있으면 을경(乙庚)이 합(合)하여 합살위귀(合殺爲貴) 또는 매씨합살(妹氏合殺)이라고 하여 흉변위길(凶變爲吉) 하게 되는 경우가 있다.

(3) 겁재(劫財)의 통변(通辯)

겁재(劫財)는 정재(正財)를 극상(剋傷)하고 처성(妻星)에 해당하기도 하고 형제, 자매, 친구, 동창생 등으로 호칭되기도 한다.

일반적으로 형제, 자매가 많으면 좋으나 명리학적으로는 형제, 자매가 많으면 흉성(凶星)으로 보는데 그 이유는 편재(偏財)를 극상(剋傷)하기 때문이다.

겁재(劫財)가 많으면 처재(妻財)를 극상(剋傷)하니 처(妻)가 견딜 수 없고 결혼도 잘 되지 않고 만약 결혼을 하더라도 극처(剋妻)를 하거나 아니면 이복(異腹) 자식을 두거나 외방(外房)에 자식을 두게 된다.

월지(月支) 또는 일지(日支)에 겁재(劫財)가 있으면 자존심이 강하여 타인(他人)을 무시하고 천시하여 일생동안 노고(勞苦)가 많고 재운(財運)도 빈약할 뿐만 아니라 승부욕(勝負慾)과 투기심(投機心)이 강하다.

겁재(劫財)가 중중하면 부친(父親)과 조별(早別)하거나 부부(夫婦)가 생사이별(生死離別)하게 되어 재혼(再婚)하기 쉬우나 만약 비견(比肩)과 겁재(劫財)가 중중하면 부모를 형극(刑剋)하거나 처운(妻運)을 손상(損傷)시키고 재운(財運)의 손해(損害)가 많다.

특히 월인견(月刃格)은 일주(日柱)가 강하고 재성(財星)이 약한데 원국(原局)에서 비견(比肩)이나 겁재(劫財)가 투출(透出)하면 극부(剋父)하거나 파재(破財)하게 된다.

일반적으로 월인격(月刃格)은 부친(父親)과 떨어져 멀리 타향에서 발전하는 것이 좋으며 일인격(日刃格)은 처자(妻子)와 떨어져 외지에서 자수성가(自手成家)하는 경우가 많다.

(4) 겁재(劫財)의 직업

원국(原局)에서 겁재(劫財)가 많으면 자유업이나 기술직 또는 봉급생활이 적합하고, 원국(原局)에서 겁재(劫財)와 양인(羊刃)이 있고 식상(食傷)이 있으면 전문적인 기술을 가진 업종이 적합하다.

원국(原局)에 겁재(劫財)와 양인(羊刃)이 있고 관살(官殺)이 있으면 파괴성이 강한 업종이나 창조성이 강한 업종이 적합하고, 원국(原局)에서 겁재(劫財)가 희신(喜神)이나 용신(用神)일 경우에는 합자(合資)나 투기업(投機業)이 적합하다.

(5) 겁재(劫財)의 행운(行運)

만약 겁재(劫財)가 길신(吉神)일 경우에 행운에서 겁재운(劫財運)이 오면 성격이 화끈해지고 말재주도 좋아지며 임기응변도 강하여 사교성이 뛰어나고 야심이 커진다.

그러므로 형제나 친구의 도움을 얻어 사업상으로 재물의 취득을 얻을 뿐만 아니라 사회적인 지위나 명예가 올라간다.

만약 겁재(劫財)가 흉신(凶神)일 경우에 행운에서 겁재운(劫財運)이 오면 남에게 지기를 싫어하는 본성이 있으므로 심리적 불안과 이중적 성격으로 처신하여 투기를 좋아하고 요행을 바라다가 매사 실패하므로 특별히 유의하여야 한다.

특히 행운(行運)에서 겁재운(劫財運)이 오면 형제, 친구, 동료직원으로 인하여 손실, 파재, 관재송사, 부부간 애로 등의 문제가 일어난다.

3. 식신성(食神星)

(1) 식신(食神)의 작용

식신(食神)은 일간(日干)이 생조(生助)해주는 오행으로 음양(陰陽)이 동일한 글자로 여명(女命)은 내가 생산하는 자식이 되며 의식주에 필요한 재물을 얻는 경제활동을 뜻하기도 한다.

사회적으로는 교육, 예술, 문화, 종교, 복지사업 등을 말하며 경제활동으로는 식품업, 제조업, 판매업, 의류업과 목장, 농장, 양어장 등 농축산업, 보건 및 의약계통의 연구사업, 의식주에 필요한 제조판매업 등을 나타내기도 한다.

식신(食神)은 일간(日干)이 생(生)해주어 재성(財星)을 생(生)해주기 때문에 식신(食神)이라고 하는 것이며, 원국(原局)에 중화(中和)를 이루면 대부대귀(大富大貴)할 뿐만 아니라 미남미녀(美男美女)도 많고 성격도 원만하다.

식신(食神)이 약(弱)하면 인성(印星)에 극제(剋制)되어 산액(産厄)이 따르거나 자식(子息) 두기가 어렵고 왕(旺)하면 융통성이 없고 예의나 도리에 벗어나면 과격하게 공격을 하며 약자를 도와주는 인정과 의리도 있다.

식신(食神)은 재성(財星)을 생조(生助)하여 사업이나 상업적 수완이 뛰어나며 관성(官星)을 제살(制殺)하여 실용적으로 용도를 변경하는 기능이 있으며 비겁(比劫)을 설기(泄氣)하여 새로운 지혜를 창출하는 예술적 재능을 가지고 있다.

(2) 식신(食神)의 특성

식신(食神)은 다재다능하고 주도면밀하며 내성적이고 감수성이 예민하다. 그러나 대인관계에서는 마음이 풍부하고 낙천적이고 유머가 있으며 취미생활도 풍부하다.

식신(食神)은 한편 온후하고 예의가 바르고 내향적으로 침묵하면서 어느 하나의 기술에 전념하여 그 깊이가 심오하고 순수하다고 할 수 있다. 예를 들면 음악, 미술, 체육, 무용 등에서 소질이 뛰어나고 미용, 헤어, 메이크업, 디자인 등의 방면에서도 성공하는 경우가 많다.

식신(食神)으 제일의 수성(壽星)이며 복성(福星)인데 원국(原局)이 신왕(身旺)하고 식신(食神)이 왕(旺)하면 의식(衣食)이 풍부하며 건강하여 여유가 있어 수명이 비교적 길다.

(3) 식신(食神)의 통변(通辯)

식신(食神)은 편관(偏官)을 극상(剋傷)하니 편관(偏官)은 남명(男命)에서는 자식이고 여명(女命)에서는 남편에 해당한다.

식신(食神)은 남명(男命)에서는 장모(丈母)이며 여명(女命)은 자식으로 호칭되기도 한다.

일반적으로 식신(食神)이 많으면 좋다고 하나 명리학적으로는 장모(丈母)나 자식이 많으면 흉성(凶星)으로 보는데 그 이유는 장모가 많다는 것은 식신(食神)이 많아 설기(泄氣)가 너무 심하여 처(妻)가 되는 자기 딸을 도와주니 자신은 항상 기진맥진해지며 또한 자식인 관성(官星)을 극상(剋傷)하니 자식에 애로가 있으며 자신은 용맹이 없어 추진력이 약하고 사업이 꺾이어 무능한 남자가 되기 때문이다.

남명(男命)에 식신(食神)이 많으면 자식이나 직업을 극상(剋傷)하여 무위도식하거나 병고단명(病苦短命)한다.

여명(女命)에 식신(食神)이 많으면 남편(男便)을 극상(剋傷)하니 남편과 생사이별하기 쉽고 자식을 위해 직업전선에서 평생 시달린다.

신약(身弱)하고 식신(食神)이 많으면 체약다병(體弱多病)하고 외화내허(外華內虛)하며 잔재주는 있으나 큰 일을 처리해 나가는 데는 실패가 많다. 만약 식신(食神)이 희신(喜神)이라면 온순하고 어질며 예술방면에 천부적 소질이 있고 현모양처로 후덕하여 남편 역시 크게 발전하게 된다.

(4) 식신(食神)의 직업

원국(原局)에 신왕(身旺)하고 식신(食神)이 왕(旺)하면 두뇌를 쓰는 연구원이나 예술방면에 소질이 있어 교수, 교원, 미술, 음악, 체육, 무용, 컴퓨터, 디자인, 미용, 학원경영 등에도 적합하다.

식신(食神)이 있고 재성(財星)이 있으면 외교관, 의약품, 음식점 경영, 식품업, 제조업, 농축산업, 재무금융업에 적합하다.

원국(原局)에서 식신(食神)과 관살(官殺)이 병행하고 있는데 관살(官殺)이 왕(旺)하면 식신제살격(食神制殺格)으로 변호사, 회계사, 의사, 기술계통에 종사하게 되고, 식신(食神)이 왕(旺)하여 제살태과격(制殺太過格)이 되면 공무원, 군인, 경찰, 경비 등 특수직종에 종사하게 된다.

(5) 식신(食神)의 행운(行運)

만약 식신(食神)이 길신(吉神)이면 총명, 온후, 겸손, 낙천적이며 감수성이 뛰어나 문학, 예술, 종교, 철학 등에 관심이 많아지며 사업상의 기획, 창조, 기술 등 지혜가 발달하게 되고 자녀의 출생 등 경사가 일어난다.

만약 식신(食神)이 기신(忌神)일 경우에는 의타심이 강하고 실천력이 부족하여 사업상 실패가 많고 자식이나 부부간에 생사이별 등이 발생한다.

4. 상관성(傷官星)

(1) 상관(傷官)의 작용

상관(傷官)은 일간(日干)을 설기해주는 오행으로 음양(陰陽)이 다른 글자를 상관(傷官)이라고 하는데 남명(男命)은 자식, 명예, 직장이며 여명(女命)에게는 남편에 해당한다.

상관(傷官)은 식신(食神)과 비슷한 성질을 가지고 있으나 관성(官星)을 상(傷)하게 하기 때문에 상관(傷官)이라고 하는데 예리한 관찰력, 추리력, 연구력, 예술적 소질과 기예를 가지고 있으며 뛰어난 화술로 연설이나 강의를 뜻하기도 한다.

반면에 상관(傷官)이 흉신(凶神)으로 작용할 때에는 실권(失權), 시비, 구설, 관재, 송사, 언행무례함을 나타내기도 하며 또한 교육, 예술, 연구, 기획, 창작, 언론, 출판, 매스컴 등과 관련된 업종에 인연이 있다.

상관(傷官)이 원명(原命)에 많으면서 신왕(身旺)하면 예술적인 소질이 많고 종교가로서 명성을 얻기도 한다. 그러나 원명(原命)이 약하면 허욕(虛慾)이 있고 인색하다.

상관(傷官)이 있고 인수(印綬)가 없으면 욕심이 많고 재성(財星)이 없으면 재능(才能)은 있으나 빈천(貧賤)하고 특히 여명(女命)은 부부애로가 있다.

또한 관성(官星)이 없으면 인품이 교만(驕慢)하고 여명(女命)은 정조관념이 강하나 상관(傷官)이 많으면 오히려 남편과 인연이 없다.

(2) 상관(傷官)의 특성

상관(傷官)이 있으면 총명하고 추리력과 화술의 재능을 가지고 있으나 허영심이 있고 자기과시욕이 강하여 남의 일에 관여하기를 좋아한다.

동료간에도 명령적인 말투로 직선적이고 남을 위하는 포용력과 배려가 부족하여 거만하게 보인다. 특히 승부욕이 강하여 수단방법을 가리지 않고 이겨야 하기 때문에 상대방에게 손해를 끼치게 하는 경우가 많다.
그러나 보스기질이 있어 한번 마음에 들거나 약한 자를 위해서는 끝까지 밀어주고 도와주는 희생정신과 동정심이 강한 면도 있다.

여명(女命)은 미모(美貌)가 뛰어나고 두뇌가 명석하지만 상관(傷官)이 태과(太過)하면 고집이 강하여 자기꾀에 자기가 넘어가는 경우가 있으며 남편복이 없으며 자식도 애로가 많다.

그러므로 상관(傷官)이 있으면 오만한 태도와 허영심을 버리고 주위환경과 조화에 노력한다면 자신의 재능을 한단계 높여 두각을 나타낼 수 있는 잠재력을 가지고 있다.

(3) 상관(傷官)의 통변(通辯)

상관(傷官)은 정관(正官)을 극상(剋傷)하는데 정관(正官)은 남명(男命)에게는 자식이고 여명(女命)은 남편에 해당하기도 한다.

상관(傷官)이 많으면 관성(官星)을 극상(剋傷)하니 자식이 없고 직업도 빈천(貧賤)할 뿐만 아니라 여명(女命)에게는 정관(正官)인 남편을 극상(剋傷)하니 남편에게 애로가 있어서 부부해로하기가 어렵다.

여명(女命)에 상관(傷官)이 있고 양인(羊刃)이 있으면 남편이 횡사(橫死)하는 경우가 있으나 신왕(身旺)하면 음악, 미술, 무용 등 예능계통에 소질이 있어 교육자(教育者)가 많다.

일반적으로 여명(女命)에 상관(傷官)이 왕(旺)하면 남편을 무시할 뿐만 아니라 생리적 요구로 남편의 건강에 영향을 주며 욕망이 크고 허영심이 강하여 남편에게 정신적 타격을 주어 단명(短命)하는 경우가 많다.

년주(年柱)에 상관(傷官)은 부모무덕(父母無德), 생사이별(生死離別)하며 상관(傷官)이 중중(重重)하면 상신(傷身)하거나 자신이 단명(短命)한다.

월주(月柱)에 상관(傷官)은 형제간이나 동기간에 우애가 없고 상관(傷官)이 중중(重重)하면 부부이별의 명(命)이며 형제지간에도 불행을 겪게 된다.

상관(傷官)과 겁재(劫財)가 중중(重重)하면 처자(妻子)와 이별하거나 음란(淫亂)의 화(禍)를 입을 수도 있다..

(4) 상관(傷官)의 직업

일지(日支)가 상관(傷官)이거나 천간(天干)에 투출(透出)하였다면 예능계통이나 기술성의 사업, 생산성 제조업 등에 적합하다.
신왕(身旺)하고 월지(月支)가 상관(傷官)이 있어 상관격(傷官格)이 되면 학문, 법관, 변호사, 학원 등에 과련된 직업에 종사한다.

상관이 있는데 재성(財星)이 있으면 기예(技藝)나 출판업, 기술생산업에 종사하며 인수(印綬)가 있으면 귀명(貴命)이며 재인(財印)이 같이 있으면 고위직(高位職)까지 진출한다.

일반적으로 예술인, 연예인, 운동선수, 기자, 교육 등 자유업에 종사하는 경우가 많다.

(5) 상관(傷官)의 행운(行運)

만약 상관(傷官)이 길신(吉神)이면 다재다능하고 총명하고 활동력이 있어 창의력을 발휘하거나 새로운 직업에 도전하게 된다.

여명(女命)은 애정문제의 진전이 있고 임신이 되거나 자식을 낳게 된다.

만약 상관(傷官)이 기신(忌神)이면 자신을 과대평가하게 되고 규범을 어기게 되고 만용하게 되어 타인과 시비가 있어 관재가 생기고 불의의 재물로 인해 송사를 겪는다.

5. 편재성(偏財星)

(1) 편재(偏財)의 작용

편재(偏財)는 일간(日干)이 극(剋)하는 오행(五行)으로 음양(陰陽)이 같은 글자를 뜻하는 것으로 조화(調和)를 이루지 못해 편재(偏財)라고 하는 것이다.

편재(偏財)는 남명(男命)에게는 아버지, 첩, 처의 형제를 나타내고, 여명(女命)에게는 아버지와 시어머니를 의미한다.

정재(正財)는 일반적으로 정당한 노력으로 얻어지는 재물이지만 편재(偏財)는 유동적(流動的)인 재물로 안정적일 수가 없으므로 편법(便法)을 쓰거나 투기성인 기질이 있기 때문에 재물을 취득하는 과정에서 비난, 원성, 시기, 경쟁, 입찰, 사기, 협박 등 강제적이거나 불법이 따르게 되는 경우가 많다.

신왕(身旺)하고 편재(偏財)가 길신(吉神)이 되면 귀인(貴人)의 도움으로 의외의 재물을 얻게 되고 화통하여 대인관계가 원만하여 사업, 무역업 등으로 대부대귀(大富大貴)한다.

그러나 신약(身弱)하면 단명(短命)하거나 빈천(貧賤)하여 부부애로(夫婦隘路)가 많다.

고서(古書)에 「출현편재 소애정처 다애첩(出現偏財 少愛正妻 多愛妾)」이라 하였는데 편재가 왕(旺)한 사람은 정처(正妻)보다 애첩(愛妾)에게 더 많은 정(情)을 주게 된다. 그러므로 재물을 낭비하지 말고 재물을 지키는데 더욱 정진해야 한다.

(2) 편재(偏財)의 특성

편재(偏財)는 활동성이 왕성(旺盛)하고 경제적 수완도 뛰어나고 사업가의 기질이 강하여 한마디로 다욕다정(多慾多情)하여 재물과 애정문제가 동시에 작용을 하는 특성이 있다.

사교성과 외교술이 능수능란하지만 동정심과 풍류로 낭비가 심한 것이 단점이라고 할 수 있으나 친구나 동료간에 의협심이 강하고 잘 어울리기도 하고 주위로부터 인기가 대단하다.

남명(男命)은 여성(女性)을 대단히 좋아하며 교제도 잘하며 무슨 일이든지 신속하게 처리하므로 취미도 많다.

여명(女命)은 친정부모로 인하여 고생이 많을 뿐 아니라 시부모와도 갈등이 많은 것이 특징이다.

남명(男命)에 인수(印綬)와 재성(財星)이 같이 있어 중화(中和)를 이루지 못하면 재인(財印)이 투전지상(鬪戰之象)으로 모처간(母妻間)에 불화가 끊이지 않아 그 중간에서 난처하게 되는 경우가 많다.

일주(日主)가 왕(旺)하고 편재(偏財)도 왕(旺)하면 사업가로 크게 성공하게 되나 편재(偏財)가 중중(重重)하여 일주(日主)가 약(弱)하면 병약(病弱)하고 빈천(貧賤)하다.

편재(偏財)가 있고 주중(柱中)에 비견(比肩)과 겁재(劫財)가 있으면 처(妻)와 인연이 없고 파산(破産)을 면할 길 없다.

(3) 편재(偏財)의 통변

편재(偏財)는 편인(偏印)을 극상(剋傷)하는데 모친(母親)에 해당한다.

편재(偏財)는 부친(父親)으로 호칭하며 아버지가 많으면 흉신(凶神)으로 보는데 그 이유는 편인(偏印)인 어머니를 극상(剋傷)하여 일찍이 조별(早別)하거나 아버지가 재취(再娶)하여 서모(庶母) 밑에서 자식들이 갖은 구박과 고통스러움을 겪으면서 자라는 환경이므로 흉신(凶神)으로 보는 것이다.

원명(原命)이 신왕(身旺)하고 편재(偏財)가 왕성(旺盛)하면 복록(福祿)이 많고 정관(正官)을 겸림(兼臨)하면 금상첨화(錦上添花)이지만 비견(比肩)이나 겁재운(劫財運)이 오면 재해(災害)를 입는다.

원명(原命)에 편재(偏財)와 겁재(劫財)가 있는데 또 다른 겁재(劫財)가 있으면 부친운(父親運)이 흉(凶)하고 처첩(妻妾)과도 인연이 영속(永續)되지 않는다.

시상편재(時上偏財)에 신왕(身旺)하고 비겁(比劫)이 없으면 대발(大發)하고 겁재(劫財)가 중중(重重)하면 가산(家産)을 탕진하거나 처첩운(妻妾運)이 박약(薄弱)하다.

여명(女命)에 편재(偏財)가 많으면 수단과 방법은 좋으나 도리어 빈천(貧賤)하고 시모(媤母)와의 갈등이 심하다.

여명(女命)에 신왕(身旺)하고 편재(偏財)가 있으면 활동성이 있고 봉사정신이 투철하고 대인관계가 원만하여 대중의 인기를 끈다.

(4) 편재(偏財)의 직업

편재(偏財)는 유동재(流動財)이므로 신왕(申旺)하고 정재(正財)나 편재(偏財)가 있으면 무역업이나 상업, 금융업이 적합하다.

원명(原命)에 상관(傷官)과 편재(偏財)가 있으면 특기적이고 모험적이며 활동적이어서 역시 무역업, 제조업, 가공업이 좋으며 식신(食神)과 정재(正財)가 있으면 공무원, 총무직, 행정직 등이 적합하다.

원명(原命)에 편재(偏財)가 있고 역마(驛馬)나 지살(地殺)이 있으면 적극적이고 도전적인 사업으로 외교, 교통, 운수, 해운 및 유통업 등이 적합하다.

(5) 편재(偏財)의 행운(行運)

편재(偏財)가 길신(吉神)이면 활동적이고 결단력이 있으며 의협심과 경제적 수완이 뛰어나 사업이 번창하고 경제적 활동범위가 확장되며 이성간(異性間)에 교제가 활발해지고 결혼도 하게 된다.

편재(偏財)가 많아 기신(忌神)이 되면 관재시비가 많고 낭비가 많아 손재(損財)가 있게 되고 사업은 속성속패하며 의외의 사고로 인하여 이성간(異性間)의 고뇌(苦惱)가 많다.

6. 정재성(正財星)

(1) 정재(正財)의 작용

정재(正財)는 일간(日干)이 극(剋)하는 오행(五行)으로 음양(陰陽)이 다른 글자를 뜻하는 것으로 조화(調和)를 이루어 길신(吉神)의 작용을 많이 한다.

정재(正財)는 남명(男命)에게는 정처(正妻), 아버지, 백부(伯父), 백모(伯母)가 되고, 여명(女命)에게는 시어머니를 의미한다.

정재(正財)는 성실하게 노력한 대가이자 공무원이나 직장인이 받는 보수로서 근검절약 정신이 배여 있으며, 정당한 취득을 뜻하므로 안정된 생활을 할 수 있다.

정재(正財)가 용신(用神)이고 신왕재왕(申旺財旺)하여 원국(原局)이 잘 조화(調和)되어 있다면 현처(賢妻)를 얻으며, 일주(日主)가 약하고 재성(財星)이 왕성(旺盛)하면 재다신약(財多身弱)이 되어 재물(財物)이나 처궁(妻宮)에 심적 고충이 많으나 그 성격이 비교적 온화하고 처에 대하여 사회활동이나 사업경영을 허가하고 인정하는 개방형이다.

정재(正財)가 태과(太過)하면 인수(印綬)를 극(剋)하기 때문에 조실부모(早失父母)하거나 공처가가 많고 여명(女命)은 직장여성(職場女性)이 많다.

원국(原局)에 재성(財星)이 태과하고 인수(印綬)가 약하면 어린 시절에 금전적 고통이나 여성(女性)으로 인하여 학업의 장애가 있거나 처(妻)와 모친(母親)과의 불화쟁론(不和爭論)이 많다.

원국(原局)에 재성(財星)이 년월(年月)에 있으면 부유한 가정에 태어나 유산(遺産)도 많이 상속을 받으나, 재성(財星)이 충형(冲刑)이 되면 재물(財物)을 유지하지 못하고 처(妻)와 해로(偕老)하기도 어렵다.

(2) 정재(正財)의 특성

정재(正財)는 성실과 신용으로 대가를 취득하는 고정재(固定財)를 뜻하며 섬세하고 자상하며 빈틈이 없고 고지식하다. 또한 재물을 가치있고 효과적으로 쓰며 가정적으로도 근검절약형이다.

정재(正財)가 있으면 명예와 신용이 있고 복록(福祿)이 있고 정의와 공론(公論)을 존중하고 시비를 분명히 하며 의협심도 강하다.

물질적인 면은 말할 것도 없고 의식주(衣食住)와 관련된 모든 사회활동이나 대인관계에도 지나치게 정직(正直)하므로 융통성이 없고 보수적이다.

직장(職場)과 가정을 통(通)하여 천직으로 알고 약속을 잘 지키며 예의(禮儀)가 올바르고 검소(儉素)한 생활로 낭비가 없고 허영심을 멀리하여 자기의 분수를 알고 알뜰하게 살아가는 형이다.

남의 재물을 부당(不當)하게 취득하거나 욕심을 내지 않으며 오로지 자기가 노력한 대가만을 바라며 투기성이 없고 근면성실한 생활을 한다.

부모(父母), 부부(夫婦), 자식(子息) 등 육친관계(六親關係)뿐만 아니라 사회적인 공익(公益)과 국가를 위하는 애국심도 강하다.

그러므로 부모에게 효도하고 자손에게 유산을 남겨주고 사회적으로 헌신하며 약속과 규범을 잘 지키며 허례허식 없이 근면, 절약, 저축을 생활신조로 하고 공사(公私)가 분명하다.

(3) 정재(正財)의 통변(通辯)

정재(正財)는 인수(印綬)를 극상(剋傷)하는데 인수(印綬)는 편재(偏財)와 같이 모친(母親)을 뜻한다.

정재(正財)는 처(妻)와 재성(財星)으로 호칭하는데 처(妻)와 재물(財物)이 많으면 흉신(凶神)으로 본다. 그 이유는 정재(正財)가 많으면 인수(印綬)인 모친(母親)을 극상(剋傷)하니 일찍 생사이별(生死離別)하는 이치와 같아 어릴 때부터 부모(父母)의 사랑 없이 배가 고프게 성장하고 빈곤하게 살아간다.

정재(正財)는 인성(印星)을 극상(剋傷)하기 때문에 인성(印星)은 학문과 명예인데 정재(正財)가 많아 학문과 명예의 뜻을 이루지 못하고 빈천(貧賤)하게 살아가는 형상이다.

년월(年月)에 정재(正財) 외에 정관(正官)이 있으면 부귀(富貴)한 가정에서 태어나고, 일시(日時)에 정재(正財)와 정관(正官)이 있으면 처자식(妻子息)의 덕이 있으며 부귀(富貴)한 명(命)으로 살아간다.

여명(女命)에 신왕(身旺)하고 재성(財星)과 관성(官星)이 있으면 남편(男便)의 명성(名聲)이 올라가고 귀부인으로 안락한 생활을 한다.

여명(女命)에 재성(財星)이 있는데 관성(官星)이 많으면 명암부집(明暗夫集)으로 부부애로가 있고 재가(再嫁)하는 경우가 많다.

정재(正財)는 식신(食神)과 같이 있으면 현처(賢妻)를 얻게 되고 처덕(妻德)도 있다. 정재(正財)가 지지(地支)에 있고 정관(正官)이 천간(天干)에 동주(同住)하면 고귀(高貴)한 명(命)이다.

(4) 정재(正財)의 직업

정재(正財)는 고정적(固定的)이고 안정적(安定的)이어서 경영형태도 내적(內的)으로 기복이 심하지 않는 업종으로 판매업, 교육문화사업, 대리점 등이 적합하다.

정재(正財)가 있는데 역마(驛馬)나 지살(地殺)이 있으면 교통이나 운수업, 무역업, 해운항만업 등 유동적인 업종에도 적합하다.

(5) 정재(正財)의 행운(行運)

정재(正財)가 길신(吉神)이면 총명하고 성실근면하며 절약성이 대단하여 낭비가 없고 신용이 있기 때문에 정재운(正財運)이 오면 사업이 점진적으로 확장되고 남녀간의 이성교제(異性交際)도 활발하여 결혼을 하거나 분가(分家)하여 새로운 살림을 하게 된다.

정재(正財)가 기신(忌神)이면 사업상 거래가 줄어들어 재산상의 손해(損害)가 많으며 속성속패(速成速敗)하는 경우도 있으며, 가정적인 불화(不和)가 일어난다.

7. 편관성(偏官星)

(1) 편관(偏官)의 작용

편관(偏官)은 일간(日干)을 극(剋)하는 오행(五行)으로 음양(陰陽)이 같은 글자를 뜻하는 것으로, 편관(偏官)은 남명(男命)에게는 자식(子息) 또는 조부(祖父)를 나타내고, 여명(女命)은 정부(情夫) 또는 시형제(媤兄弟)를 의미한다.

편관(偏官)은 일명 칠살(七殺)이라고도 하는데, 이것은 천간(天干)이 일곱번째에서 상충작용(相沖作用)을 하기 때문이며, 정관(正官)과 상대적인 개념으로서 정관(正官)은 합리적(合理的)인 수단으로 작용하고, 편관(偏官)은 투쟁적(鬪爭的)인 수단으로 작용한다.

관성(官星)은 명예(名譽)를 중요시하므로 국가(國家)는 물론 남에게 봉사하고 헌신해야 하기 때문에 원국(原局)이 강왕(强旺)함을 기뻐한다.

정관(正官)은 침착하고 온화(溫和)하며 법도(法道)와 규정을 준수하고, 편관(偏官)은 과격하고 극단적이고 경쟁적인 면이 강하다.

원명(原命)에 편관(偏官)이 중화(中和)가 되어 있으면 부귀공명(富貴功名)하고 자손에 길상(吉祥)이 있으며, 편관(偏官)이 중중(重重)하여 일간(日干)이 약(弱)하면 부모형제의 덕이 없고 고향을 떠나거나 어릴 때 질병(疾病)으로 고생하여 빈천(貧賤)을 면하기 어렵고 자식(子息福)이 없고, 여명(女命)은 남편복(男便福)이 없으며 사회활동을 해야 한다.

(2) 편관(偏官)의 특성

편관(偏官)은 의리(義理)와 인정(人情)을 중요시하여 의협심(義俠心)이 대단하고 불의(不義)는 용납하지 못하며, 성격이 너무나 단순명료(單純明瞭)하여 복잡한 것을 싫어하고 타협(妥協)이 빠르다.

그러므로 강자(强者)에게는 강(强)하고 약자(弱子)에게는 아주 약(弱)하며, 좋으면 좋다고 하고 싫으면 싫다고 하는 솔직담백한 기질(氣質)이 있다.

특히 명분(名分)에 죽고 살며 욕심이 없으며, 재물(財物)과는 인연이 없기 때문에 명예(名譽)에 손상(損傷)이 되면 결사적인 반항(反抗)과 거부(拒否)가 강(强)하다.

편관(偏官)은 독선적(獨善的)이고 자존심(自尊心)이 강하여 남을 불신(不信)함으로써 자기 자신이 직접 일을 처리하기 때문에 통솔력(統率力)이 강하고 능숙(能熟)하지만, 때로는 권모술수(權謀術數)가 뛰어나고 당돌한 행동을 할 때가 많다.

(3) 편관(偏官)의 통변(通辯)

정관(正官)은 충고(忠告)로써 나를 규제(規制)하는 것이라고 한다면, 편관(偏官)은 증오(憎惡)로써 나를 억제(抑制)하는 것이라고 보는데, 정관(正官)은 품행단정(品行端正)한 성격으로 예를 들면 판사, 공무원, 행정관 등이 되고, 편관(偏官)은 권력, 투쟁, 완강한 성격으로 예를 들면 군인, 경찰, 검사 등에 해당한다.

그러므로 정관(正官)이 관료적(官僚的)이라면 편관(偏官)은 패도적(覇道的)으로 권위의식(權威意識)과 의협심(義俠心)이 강(强)하게 복합된 강압(强壓)을 행사하면서 지나친 고집(固執)과 아집(我執)으로 모든 난관(難關)을 편법적(便法的)으로라도 극복해 나아가는 특성이 있다.

편관(偏官)은 명예(名譽), 권위(權威), 책임감(責任感)을 지나치게 강조함으로써 손해를 보기 쉬우며, 타인을 강력하게 제압(制壓)하려는 힘이 강(强)하다.

일반적으로 영웅적이거나 보수적인 기질이 있어 이해득실(利害得失)을 가리지 않고 희생적으로 남을 도와주지만, 자신을 이용하거나 억압을 하면 공격적(攻擊的)으로 변하므로 순간적인 두뇌(頭腦)도 비상하고 남을 꿰뚫어보는 통찰력(洞察力)도 대단하다.

반면에 사소한 일에 관여하거나 상하급(上下級) 관계에서 시비와 비난을 받는 행위가 많은 것은 자기 자신을 과신하는 오만 때문이다.

편관(偏官)이 만약 태과(太過)하면 식신(食神)이 제살(制殺)하거나 인성(印星)의 전화(轉化)가 필요한데, 편관(偏官)이 제복(制服)되거나 전화(轉化)가 되면 명예(名譽)와 권위(權威)가 높다.

만약 신약(身弱)하고 편관(偏官)이 왕성(旺盛)하면 비교적 과격하고 극단적이며, 고독하고 빈천(貧賤)하다.

신왕(身旺)하고 관성(官星)이 투간(透干)되어 있고 재성(財星)의 생조(生助)가 있다면 더욱 왕성(旺盛)하여 부귀겸전(富貴兼全)한 명(命)이다.

편관(偏官)이 있고 양인(梁刃)이 있으면 박력이 있고 과격하면서도 결단력이 있어 만인의 존경을 받고 지도력 있는 인물이 된다.

여명(女命)의 신약(身弱)에 왕살(旺殺)을 대기(大忌)하는데, 이것은 정관(正官)을 남편으로 하고 편관(偏官)은 정부(情夫)를 나타내기 때문이며, 인성(印星)이 살인상생(殺印相生)으로 인화(引化)하거나 비겁(比劫)의 극제(剋制)가 없으면 의지가 약(弱)하고, 특히 여명(女命)은 관살혼잡(官殺混雜)으로 일부종사(一夫從事)하기 어려우며 정조관념이 희박하여 직업전선에서 갖은 고생을 하는 경우가 많다.

(4) 편관(偏官)의 직업

편관(偏官)은 일반적으로 권위(權威) 있는 직장이거나 남을 감시(監視), 감독(監督), 조사(調査)하는 업종이 적합하며, 사업가나 상업은 지나친 독선과 아집으로 무리한 경영을 하다가 실패하기 쉬우나 특이한 기술(技術)이나 특수직(特殊職)인 경우에는 성공할 수도 있다.

일반적으로 군인(軍), 경찰(警察), 검찰(檢察), 법관(法官) 외에 감사직(監査職), 정보직(情報職), 조사직(調査職) 등이 적합하다.

(5) 편관(偏官)의 행운(行運)

만약 편관(偏官)이 길신(吉神)일 경우에는 의협심(義俠心)이 강해지고 경쟁심과 결단력이 빠르기 때문에 진취적인 생각으로 사업이 번창해진다.
그러므로 명예(名譽), 승진(昇進), 창업(創業), 권력투쟁이나 외부압력으로부터 경쟁하여 성과를 얻는다.

만약 편관(偏官)이 기신(忌神)일 경우에는 관재송사(官災訟事)나 시비구설이 많고 직장이나 동료간에 모함이 많고 적대관계를 가져오기 때문에 보복심이 강하게 작용한다.

그러므로 의외의 재산이 낭비되고 형제간에 우애가 깨지고 교통사고가 발생하고 심지어 생명의 위험까지도 암시(暗示)한다.

8. 정관성(正官星)

(1) 정관(正官)의 작용

정관(正官)은 일간(日干)을 극(剋)하는 오행(五行)으로 음양(陰陽)이 다른 글자를 뜻하는 것으로, 양일간(陽日干)이 음(陰)을 만나거나 음일간(陰日干)이 양(陽)을 만나는 경우를 말한다.

정관(正官)은 남명(男命)에게는 조부(祖父), 질녀(姪女), 자식(子息)을 나타내고, 여명(女命)은 남편(男便), 조모(祖母)에 해당한다.

정관(正官)은 순리대로 관리(管理)한다는 뜻으로 정의를 지키고 법규를 준수하는 모범 공무원과 같아서 정직, 복종, 책임, 질서, 윤리, 도덕, 신용을 의미하니 타인으로부터 신뢰와 존경을 받으며 품행이 단정함을 의미한다.

원국(原局)이 신왕(身旺)하고 정관(正官)이 왕성(旺盛)하면 관리의 재능이 뛰어나고 조직력과 통솔력이 탁월하며 반면에 신약(身弱)하고, 정관(正官)이 태왕(太旺)하면 매사에 소심하고 추진력이 약하고 시비구설이 많다.

일반적으로 신왕(身旺)하면 관(官)을 희(喜)하고 신약(身弱)하면 관(官)을 기(忌)하는데, 관성(官星)을 기(忌)하면 비겁(比劫)으로 억제(抑制)하여야 한다.

그러나 관성(官星)이 태왕(太旺)하면 비겁(比劫)을 극제(剋制)하는 것이니 형제와 인연이 없고 고집이 강하며 융통성이 없고 빈천(貧賤)한 생활을 하며, 여명(女命)은 결혼(結婚)을 늦게 하는 것이 좋고 조혼(早婚)은 불리하다.

(2) 정관(正官)의 특성

정관(正官)은 정직하고 예의범절을 잘 지키며 명예(名譽)를 소중히 여기며 매사에 공명정대(公明正大)하여 만인의 모범이 된다. 또한 형제간에 우애가 있고 부모에게 효도하며, 자녀에게는 자상하면서도 엄격(嚴格)하며, 친우간에는 신의를 지키고 부하에게는 친절하며, 국가(國家)에는 충성한다.

정관(正官)은 재물(財物)보다는 신용(信用)과 책임을 생명처럼 여겨 무책임한 행동이나 남에게 신세를 지지 않는 청렴결백한 성격의 소유자이기도 하기 때문에 타인으로부터 존경을 받게 되어 명망(名望)이 높다.

정관(正官)은 공익성(公益性)과 공명성(公明性)과 도덕성(道德性)이 강(强)하여 매사에 합리적(合理的)인 사고로 행동하고 처리함으로써 성인군자(聖人君子)와 같은 본성을 가지고 있으나, 반면에 명예욕(名譽慾)이 지나쳐 권력(權力)이나 사업상(事業上)의 실세(實勢)들에 편승(便乘)하는 바람에 위선(僞善)으로 보여 타인으로부터 시비구설을 당하기도 한다.

(3) 정관(正官)의 통변(通辯)

정관(正官)은 겁재(劫財)를 극상(剋傷)하니 겁재(劫財)는 형제, 자매, 처성(妻星)에 해당한다.

정관(正官)은 남명(男命)은 자식(子息)에 해당하고 여명(女命)은 남편(男便)으로 호칭하는데, 때에 따라서는 직업(職業), 명예(名譽), 권위(權威), 공익(公益), 충성(忠誠), 효도(孝道) 등을 나타내기도 한다.

정관(正官)의 성격은 관료주의적(官僚主義的)인 성품(性品)과 능력(能力)을 바탕으로 부정(不正)과 부패(腐敗)를 물리치고 정직한 생활 속에서 인품(人品)을 갖추어 타인으로부터 존경를 받으려는 기질이 있다.

정관(正官)이 많으면 명리학적으로는 흉성(凶星)으로 보는데, 그 이유는 형제, 자매, 친구를 극(剋)하는 형상으로 형제, 자매, 친구가 없으니 외롭고 쓸쓸한 형상이다.

여명(女命)은 정관(正官)이 남편(男便)을 의미하므로 남편(男便)의 덕(德)이 있어 부부애정이 원만하여 현모양처의 자질을 가지고 있고 내조(內助)로 남편(男便)을 입신출세(立身出世)시킨다.

그러나 관성(官星)이 많으면 남편(男便)이 많은 형상이라 남편(男便)의 통제를 많이 받을 뿐만 아니라 여러 남편(男便)의 시중을 들어야 하는 이치로 신체가 고달프고 질병(疾病)이 떠날 날이 없다.

정관(正官)이 희신(喜神)일 경우에 합거(合去)되면 강등되거나 파직당하게 되는데, 만약 관살혼잡(官殺混雜)이 되어 있을 때 하나를 합거(合去)한다면 거관유살(去官留殺)이 되거나 거살유관(去殺留官)이 되어 오히려 기뻐한다.

원국(原局)에 관인상생(官印相生)이 되면 정직하고 헌신적이며 신의와 명예가 있고, 재관인(財官印)이 모두 갖추어져 있으면 삼귀격(三貴格)이라고 하여 성실하고 학문(學問)에 조예가 깊다.

신약(身弱)인데 재관(財官)이 년월(年月)에 있다면 초년에 부모의 환경이 좋지 않아 고생하였으며 지혜가 늦게 열리고, 재관(財官)이 월일(月日)에 있으면 명예(名譽)와 재물복(財物福)이 없고 시주(時柱)에 있으면 말년이 외롭다.

신약(身弱)인데 고서(古書)에 관성(官星)이 식상(食傷)을 보면 「상관견관(傷官見官)이라 대파(大怕)한다」고 하여 흉성(凶星)으로 보고 있으나, 원명(原命)에 상관(傷官)에 비해 관성(官星)이 태왕(太旺)하면 식신제살(食神制殺)이 되어 오히려 식상(食傷)이 길성(吉星)이 되고, 관성(官星)에 비해 식상(食傷)이 태왕(太旺)하면 제살태과(制殺太過)가 되어 관성(官星)이 오히려 길성(吉星)이 되어 흉변위길(凶變爲吉)이 된다.

(4) 정관(正官)의 직업

편관(偏官)은 일반적으로 권위(權威)가 있는 직장이거나 타인을 감시(監視), 감독(監督), 조사(調査)하는 부서(部署)와 인연이 있으며, 특이한 임무를 과감하게 처리하는 특수직(特殊職)에 적합하지만, 정관(正官)은 관료주의적(官僚主義的)인 성품과 합리적(合理的)인 성격으로 국가공무원(國家公務員), 교육계(教育界), 회사 관리직이나 기획실, 총무(總務), 인사(人事) 분야에 종사하게 된다.

(5) 정관(正官)의 행운(行運)

만약 정관(正官)이 길신(吉神)일 경우에는 총명(聰明)하고 인품(人品)이 고결하고 통제능력이 탁월하여 협조와 조화를 이루게 하기 때문에 직장에서 승진(昇進), 명예(名譽)가 올라가고 시험에 합격하며, 여명(女命)은 혼인이나 연애상대가 생긴다.

만약 정관(正官)이 기신(忌神)일 경우에는 책임감이 결여되거나 범법행위(犯法行爲)를 자행하기 때문에 관재송사(官災訟事), 시비구설(是非口舌), 명예훼손, 직위의 변동이나 파직 등이 발생한다.

9. 편인성(偏印星)

(1) 편인(偏印)의 작용

편인(偏印)은 일간(日干)을 생(生)하는 오행(五行)으로 음양(陰陽)이 같은 글자를 뜻하는 것으로, 양일간(陽日干)이 양(陽)을 만나거나 음일간(陰日干)이 음(陰)을 만나는 경우를 말한다.

편인(偏印)은 남명(男命)에게는 양모(養母), 계모(繼母), 서모(庶母), 이모(姨母), 숙모(叔母), 조부(祖父) 등을 나타내며, 여명(女命)은 남명(男命)과 같이 양모, 서모, 계모, 이모, 조부 외에 손자(孫子), 시조모(媤祖母)에 해당한다.

편인(偏印)은 일명 효신(梟神) 또는 도식(倒食)이라고도 호칭하는데, 그 이유는 효신(梟神)이란 올빼미를 나타내며 올빼미는 일반 새와 달리 주간에는 잠을 자고 야간에만 활동하기 때문에 불길한 징조를 대표하는 흉조(凶兆)에서 유래되었으며, 도식(倒食)이란 밥그릇을 엎는다는 뜻으로 손재(損財), 도난(盜難), 부도(不渡), 사기(詐欺), 파직(破職) 등을 의미한다.

편인성(偏印星)은 일반적으로 임기응변이 능하고 예술 방면에 인기가 있어 야간활동에 천부적인 소질을 가지고 있으며, 평생을 통해 굴곡이 많기 때문에 좋은 기회가 있을 때마다 냉철한 판단과 인격 수양(修養)으로 신중하게 대처하도록 노력해야 한다.

(2) 편인(偏印)의 특성

편인(偏印)은 머리회전이 빠르고 기술적(技術的) 소질이 많으며, 신경(神經)이 예민(銳敏)하여 임기응변술(臨機應變術)이 특출하여 타인으로부터 인기가 대단하다.

편인(偏印)이 있으면 눈치가 있어 타인의 마음을 꿰뚫어 보는 능력이 있어 선천적으로 모든 분야에서 특수적(特殊的) 기예(技藝)의 보유자가 많이 나오기 때문에 성격(性格)도 역시 독특하다.

그러므로 조급(躁急)하면서도 완고(頑固)하여 한번 계획을 세우면 강력한 추진력(推進力)이 타인보다 왕성(旺盛)하지만 어느 정도 달성되면 권태를 느껴 새로운 목표를 다시 세우기 때문에 유명무실(有名無實)에 유시무종(有始無終)하기 쉬운 것이 결점이 될 수 있다.

(3) 편인(偏印)의 통변(通辯)

편인(偏印)은 식신(食神)을 극상(剋傷)하는데, 식신(食神)은 의식(衣食)이요, 창고(倉庫)에 해당하며, 자식(子息), 장모(丈母) 등을 나타낸다.

편인(偏印)은 남명(男命)에게는 편모, 계모, 서모, 유모, 이모 등을 나타내고, 여명(女命)에게는 남명(男命)과 같이 편모, 계모, 서모, 유모, 이모 등을 나타내며, 때에 따라서는 예술, 예능, 기술, 언론, 체육, 정보, 종교 등을 나타내기도 한다.

편인(偏印)은 기예(技藝)에 재질(才質)과 취미가 특출하여 약간의 변태적이고 새로운 아이디어를 창안(創案)하는 데는 천부적인 소질이 있으나 싫증을 자주 내며, 임기응변(臨機應變)이 능(能)하나 지구력(持久力)이 부족하다

그러므로 고생고생하면서 몇 번의 실패(失敗)를 겪으면서 목적을 달성한다.

여명(女命)은 남편(男便)이나 자녀(子女)로 인한 고심(苦心)이 많아 부부애로(夫婦隘路)가 있거나 출산(出産)한 후에도 몸이 허약(虛弱)하기 쉬우며, 친가(親家)나 시가(媤家)로 인하여 고난(苦難)이 따른다.

육친적(六親的)으로 볼 때 편인(偏印)이 원국(原局)에 중중(重重)하면 자기 주장이 너무 강하고 허명허세(虛名虛勢)를 잘하며 부모 형제와 인연이 희박하다.

원국(原局)이 신약(身弱)하고 편인(偏印)이 중중(重重)하면 노고(勞苦)가 많으며, 부모무덕(父母無德)하고 단명(短命)하기 쉽다.

(4) 편인(偏印)의 직업

편인(偏印)은 교육적인 심성(心性)이 강하고 예술(藝術), 예능(藝能), 문학(文學), 연예인(演藝人), 언론인(言論人), 연구원(硏究員), 종교(宗敎), 철학(哲學), 의약(醫藥) 등 편업(偏業)에 적합하다.

(5) 편인(偏印)의 행운(行運)

만약 편인(偏印)이 길신(吉神)일 경우에는 독창성(獨創性)이 뛰어나고 계획성(計劃性)도 우수하여 새로운 창업(創業)을 확장하거나 재물이 번창하게 되고 응시한 시험에 합격하기도 한다.

만약 편인(偏印)이 기신(忌神)일 경우에는 인내력(忍耐力)과 지구력(持久力)이 떨어지게 되고 타인과의 경쟁에서 밀려나거나 부도수표, 가옥차압 등 문서상(文書上)의 재산이 크게 손해를 입게 된다.

10. 정인성(正印星)

(1) 정인(正印)의 작용

정인(正印)은 일간(日干)을 생(生)하는 오행(五行)으로 음양(陰陽)이 다른 글자를 뜻하는 것으로 양일간(陽日干)이 음(陰)을 만나거나 음일간(陰日干)이 양(陽)을 만나는 경우를 말한다.

정인(正印)은 남명(男命)에게는 모친(母親), 이모(姨母), 장인(丈人), 외손녀(外孫女), 증손녀(曾孫女) 등을 나타내며, 여명(女命)은 모친(母親), 손녀(孫女), 증조부(曾祖父) 등을 나타낸다.

정인(正印)은 일명 인수(印綬)라고도 하는데, 인(印)은 진리를 연구하는 학문 , 교육, 수양에 해당되는 것이기 때문에 교육자(敎育者)를 대신하는 뜻으로 많이 활용한다. 그러므로 모친, 스승, 문서, 지혜, 근원, 시작 등에 해당한다.

정인(正印)의 작용은 비겁(比劫)을 생조(生助)하고 식상(食傷)을 극제(剋制)하며 관살(官殺)을 설기(泄氣)하는 기능이 있기 때문에 신약명(身弱命)에는 보약(補藥)이 되어 품성이 총명하고 인자하며 담백해진다.

정인(正印)이 희신(喜神)이 되면 학문을 중시하고 인정이 있으며 책임감이 있고 정신적 바탕이 되는 종교나 학문과 명예가 크게 발전하고 만인의 신방을 얻어 부귀공명(富貴功名)을 얻는다.

(2) 정인(正印)의 특성

정인(正印)은 지혜가 있고 총명하며 인정과 의리가 있을 뿐만 아니라 연구심이 강하고 온후하며 다정다감하다.

한편 보수적이면서 학문이 뛰어나고 종교와 도덕을 중요시하여 군자대인의 품격을 갖추고 있다.

정인(正印)이 있으면 윗사람을 공경(恭敬)할 줄 알고 아랫사람을 돌봐주는 자비심(慈悲心)도 강하고 재물(財物)보다는 문화재(文化財), 유물(遺物), 서화(書畵), 골동품(骨董品), 고서(古書) 등에 관심이 높다.

정인(正印)이 있으면 자존심이 강하고 자기 자신을 과시하기 때문에 조금이라도 무시를 당하면 두 번 다시 상대를 하지 않는다.

정인(正印)이 있으면 국가 공무원이나 공공기관과 인연이 있고 부정과 비리를 배척(排斥)하고 욕심을 자제하면서 정도(正道)와 자애심(慈愛心)을 가지고 있으면서 교육자적인 품성으로써 대인관계를 원만(圓滿)하게 처리해 나아간다.

(3) 정인(正印)의 통변(通辯)

정인(正印)은 상관(傷官)을 극상(剋傷)하는데, 상관(傷官)은 조모(祖母), 외조부(外祖父)를 타나낸다.

정인(正印)은 남명(男命)에게는 모친, 이모, 장인 등을 나타내고, 여명(女命)은 모친, 사위, 큰고모, 증조부 등을 타나낸다.

때에 따라서는 학자, 교육자, 언론인, 발명가, 창업자 등을 나타내기도 한다.

정인(正印)이 왕성(旺盛)하고 재성(財星)이 중중(重重)하면 모처(母妻)가 불화(不和)하고, 재성(財星)이 약(弱)하면 부친(父親)이나 처궁(妻宮)이 허약(虛弱)하다.

정인(正印)이 태과(太過)하거나 없어도 모친(母親)과 인연이 없고 지손궁(子孫宮)에 이상이 있다.

정인(正印)이 재성(財星), 관성(官星)과 같이 있으면 명상(名聲)을 떨치게 되고 여명(女命)은 남편(男便)과 자식복(子息福)이 있다.

여명(女命)에 정인(正印)이 태왕(太旺)하면 남편(男便)과 인연이 없고 자식덕(子息德)이 없으며, 시부모(媤父母)와도 불화(不和)하게 되며, 신장(腎臟)이나 자궁(子宮)에 질병(疾病)이 있게 된다.

(4) 정인(正印)의 직업

정인(正印)은 학문(學問)과 지혜(智慧)가 있고 연구심이 강하고 매사에 정직하고 성실한 품성이기 때문에 교육자(教育者), 공무원(公務員), 예술인(藝術人), 연구원(硏究員) 등이 적합하다.

(5) 정인(正印)의 행운

만약에 정인(正印)이 길신(吉神)일 경우에는 지혜(智慧)가 높고 심성이 더욱 고와져서 타인으로부터 존경과 신뢰를 얻게 될 뿐만 아니라 독창성(獨創性)과 계획성(計劃性)이 뛰어나 창업(創業)을 하거나 응시한 시험에 합격하게 된다.

만약에 정인(正印)이 기신(忌神)일 경우에는 편인(偏印)의 경우와 같이 인내력(忍耐力)과 지구력(持久力)이 떨어지고 독립정신(獨立精神)이 결핍되어 타인에게 의지하게 되며, 문서상(文書上)의 손재(損財)를 보거나 시험이나 구직(求職)이 어렵고, 특히 여명(女命)은 자식(子息) 때문에 고통을 겪게 되거나 모친(母親)의 건강에 이상이 생긴다.

제12장 왕쇠강약론(旺衰强弱論)

제1절 일주강약(日主强弱)의 의의와 구분

일주(日主)의 강약 구분은 운명(運命)을 감정(鑑定)하는 데 있어 가장 중요한 관건(關鍵)이 된다.

일주(日主)의 강약(强弱)을 판단해야만 사주(四柱)의 중화(中和) 또는 조화(調和)를 시킬 수 있는 오행(五行)을 용신(用神)으로 정(定)하여 성격(性格), 직업(職業) 질병(疾病), 육친관계(六親關係), 길흉화복(吉凶禍福) 등 인생의 제반문제(諸般問題)를 상담(相談)하는 데 필수적인 열쇠를 확보할 수 있다.

또한 일주(日主)의 강약(强弱)에 따라 길성(吉星)도 흉성(凶星)이 될 때가 있고 흉성(凶星)이 길성(吉星)이 될 때도 있으며, 육신(六神)으로 볼 때도 정인(正印)이 변하여 편인(偏印)이 되고, 편인(偏印)이 정인(正印)으로, 편관(偏官)이 정관(正官)으로 정관(正官)이 편관(偏官)으로, 편재(偏財)가 정재(正財)로, 정재(正財)가 편재(偏財)로, 상관(傷官)이 식상(食傷)으로, 식상(食傷)이 상관(傷官)으로 변화하는데, 이것은 모두가 상대적(相對的)인 개념에 의해서 변화하고 있기 때문이다.

따라서 일간(日干)이 강왕(强旺)하면 편(偏)도 정(正)이 되고, 일간(日干)이 쇠약(衰弱)하면 정(正)도 편(偏)이 되는 것이다.

예를 들면 사주원국(四柱原局)에 관살(官殺)이 있을 때 강왕자(强旺者)는 법(法)을 집행하고 관리하나, 신약자(身弱者)는 법(法)의 다스림을 받아야 하는 것이며 재성(財星)이 있을 때 일간(日干)이 강왕(强旺)하면 현처(賢妻)가 되고 일간(日干)이 쇠약(衰弱)하면 악처(惡妻)가 되는 이치와 같은 것이다.

그렇다고 일간(日干)이 너무 강왕(强旺)하면 오히려 파재(破財). 손처(損妻) 조실부모(早失父母) 등의 흉사(凶事)가 일어나고 일간(日干)이 너무 쇠약(衰弱)하면 병고(病苦) 빈천(貧賤) 부모무덕(父母無德)의 흉운(凶運)을 만나게 되는 것이다.

다시 말하여 일주(日主)의 왕쇠(旺衰)에 의하여 일주(日主)가 왕(旺)하고 조화(調和)가 잘 이루어져 있다면 흉살(凶殺)이 있어도 흉성(凶星)의 작용이 약화(弱化)되고 사주(四柱)가 조화(調和)를 이루고 길신(吉神)이 있다면 더욱 좋은 길명(吉命)이 되는 것이다.

일주(日主)의 강약(强弱)은 사주원국(四柱原局)에서 비겁(比劫)이 있거나 인수(印綬)가 많으면 유근(有根)이라고 하여 일주(日主)의 세력이 왕성(旺盛)하게 되고 관성(官星) 재성(財星) 식상(食傷)이 많으면 쇠약(衰弱)하게 된다고 보는 것이다.

이 때에 주의할 것은 천간(天干)의 비겁(比劫)은 지지(地支)에 있는 비겁(比劫)보다 약(弱)하며, 또한 천간(天干)의 인성(印星)은 역시 지지(地支)의 인성(印星)보다 약(弱)하다는 점이다.

따라서 천간의 비겁(比劫)이나 인성(印星)은 지지(地支)에서 생조(生助)하여야만 자기 역할을 다하는 것이다.

특히 지지(地支)를 볼 때에는 암장(暗藏)된 지장간(支藏干)을 살펴 천간(天干)이 득령(得令), 득지(得地), 득세(得勢) 여부를 판단해야 한다.

다시 말하여 인비(印比)가 양적(量的)으로 아무리 많다 하더라도 지지(地支)에 뿌리가 없거나 서로 멀리 떨어져 있으면 세력(勢力)이 약(弱)하다고 보는 것이며 질적(質的)으로는 지지(地支)에 득국(得局)을 이루고 있으면 세력(勢力)이 더욱 왕성하여진다.

예를 들어 해수(亥水)는 인(寅)이나 묘미(卯未)를 만나면 인해합목(寅亥合木)이나 해묘미목국(亥卯未木局)으로 변화한다.

그러나 해월(亥月)이면서 신유금(申酉金)으로 생조(生助)하여주면 완전하게 목국(木局)으로 변화하지 못하며, 신금(申金)은 사(巳)나 자진(子辰)을 만나면 사신합수(巳申合水)나 신자진수국(申子辰水局)으로 변화한다.

그러나 신월(申月)이 토금(土金)으로부터 왕(旺)하게 생조(生助)를 받으면 자수(子水)를 만나도 완전한 신자수국(申子水局)으로 변화되지 않는다.

또한 인월(寅月)이면서 수목(水木)으로부터 왕(旺)한 생조(生助)를 받으면 오화(午火)를 만나도 완전한 인오화국(寅午火局)으로 변화되지 않으며 사월(巳月)이면서 목화(木火)가 왕(旺)하면 유금(酉金)을 만나도 완전한 사유금국(巳酉金局)으로 변화되지 않는다. 이것은 월지(月支)가 월령(月令)을 얻어 주중(柱中)에 미치는 영향이 크기 때문이다.

이와 같이 강약(强弱)은 주중(柱中)의 오행(五行)을 살펴 과다불급(過多不及)과 합국(合局)의 변화에 따라 세력(勢力)도 역시 변화하는 것이다.

좀더 구체적으로 말하면 천간(天干)은 남편이 되고 지지(地支)는 처(妻)가 되기 때문에 지지(地支)끼리의 합국(合局)보다 간지(干支)끼리의 부부합(夫婦合)이 우선하여 작용하는 것이다.

예를 들어 경진(庚辰)이라면 인목(寅木)이나 묘목(卯木)이 있어도 경금(庚金) 때문에 인진목국(寅辰木局)이나 묘진목국(卯辰木局)으로 변화되지 않으며, 임인(壬寅)이라면 오화(午火)나 술토(戌土)가 있어도 임수(壬水) 때문에 인오화국(寅午火局)이나 인술화국(寅戌火局)으로 변화되지 않으며, 병술(丙戌)이라면 신금(申金)이나 유금(酉金)이 있어도 신술합금(申戌合金)이나 유술합금(酉戌合金)이 되지 않으며, 무술(戊戌)이라면 오화(午火)나 인목(寅木)이 있어도 오술화국(午戌火局)이나 인술화국(寅戌火局)으로 완전하게 변화되지 않으며, 갑자(甲子)라면 진토(辰土)나 축토(丑土)가 있어도 자진수국(子辰水局)이나 자축수국(子丑水局)으로 완전하게 변화되지 않는다.

따라서 인목(寅木)은 원국(原局)에서 목(木)이 많으면 목(木)으로, 화(火)가 많으면 화(火)로 변하고, 사화(巳火)는 화(火)가 많으면 화(火)로, 금(金)이 많으면 금(金)으로 변하고, 신금(申金)은 금(金)이 많으면 금(金)으로, 수(水)가 많으면 수(水)로 변하고, 해수(亥水)는 원국(原局)에서 수(水)가 많으면 수(水)로 목(木)이 많으면 목(木)으로 변하고, 진토(辰土)는 목(木)이 왕(旺)하면 목(木)으로 토(土)가 많으면 토(土)로 변하고, 술토(戌土)는 화(火)가 왕(旺)하면 화(火)로 토(土)가 많으면 토(土)로 변하고, 축토(丑土)는 금(金)이 왕(旺)하면 금(金)으로 토(土)가 많으면 토(土)로 변하고, 미토(未土)는 화(火)가 많으면 화(火)로 목(木)이 많으면 목(木)으로 변한다.

이와 같이 과다(過多)나 합국(合局)의 작용에 따라 세력(勢力)이 변화되기 때문에 일주강약(日主强弱)의 구분(區分)은 득령(得令), 득지(得地), 득세(得勢)에 대한 확실한 개념을 알아야 제대로 판단할 수 있고, 그런 연후에 용신(用神)을 정확하게 분석할 수 있다.

제2절 유근(有根)의 의의와 강약(强弱)

〈 표 12-1 〉 녹근(祿根), 착근(着根), 통근(通根)

구 분(區 分)	일 주(日 主)
녹 근(祿 根)	甲寅, 乙卯, 庚申, 辛酉
착 근(着 根)	丙午, 丁巳, 戊辰, 戊戌, 己未, 己丑, 壬子, 癸亥
통 근(通 根)	甲辰, 乙未, 丙寅, 丁未, 戊午, 己巳, 辛丑, 壬申

일반적으로 유근(有根)이란 뿌리가 있다는 뜻으로, 천간(天干)이 지지(地支)에 동류(同類)의 기(氣)가 있어 일간(日干)이 생조(生助)를 받는다는 뜻이다.

유근(有根)에는 녹근(祿根), 착근(着根), 통근(通根)이 있는데, 녹근(祿根)은 건록(建祿)에 해당하는 지지(地支)를 얻는 것이며, 착근(着根)은 일간(日干)과 일지(日支)의 오행(五行)이 동일한 것을 얻었을 때이며, 통근(通根)은 일지(日支)에 암장(暗藏)된 중기(中氣)의 오행(五行)과 같은 경우를 말한다.

또한 지지(地支)에서 기준할 때 지지(地支)의 오행(五行)이 천간(天干)에 표출(表出)되어 있으면 투간(透干) 또는 투출(透出)이라고 표현한다.

유근(有根)에도 강약(强弱)이 어느 위치에 있는가를 먼저 살펴야 하는데, 일간(日干)의 경우에는 월지(月支)에 유근(有根)되어 있는 것이 가장 강(强)하고 다음에는 일지(日支), 시지(時支), 년지(年支) 순으로 강(强)하다.

같은 월지(月支)에 유근(有根)되었다 할지라도 강약(强弱)이 있는데, 건록(建祿)이나 제왕(帝旺)에 해당하는 오행(五行)이 가장 강하고, 그 다음에는 장생지(長生支)이고, 마지막에는 지장간(支藏干) 순(順)이다.

지장간(支藏干)에서도 강약(强弱)의 순서가 있는데, 정기(正氣), 중기(中氣) 여기(餘氣) 순으로 강약(强弱)이 구분되며, 특히 녹왕지(祿旺支)에서도 자오묘유(子午卯酉)가 가장 강(强)하다.

예를 들어 일간(日干)이 갑목(甲木)이나 을목(乙木)인 경우에 묘목(卯木)이 제일 강(强)하고, 그 다음이 인목(寅木)이고, 그 다음으로 생지(生支)인 해자수(亥子水)이고, 마지막으로 고장지(庫藏支)로서 진중(辰中) 을목(乙木)과 계수(癸水)이고, 다음이 축중계수(丑中癸水)이고, 그 다음이 미중을목(未中乙木)이 되는 것이다.

제3절 일주(日主)의 강약(强弱)을 판단하는 기준

〈 표 12-2 〉 일주(日主)와 득령월 조견표(得令月 早見表)

일간(日干)	오행(五行)	득령월(得令月)
갑을(甲乙)	목(木)	亥 子 寅 卯 辰
병정(丙丁)	화(火)	寅 卯 巳 午 未
무기(戊己)	토(土)	巳 午 辰 戌 丑 未
경신(庚辛)	금(金)	辰 戌 丑 未 申 酉
임계(壬癸)	수(水)	申 酉 亥 子 丑

1. 득령(得令)과 실령(失令)

득령(得令)이란 다른 말로 득시(得時) 또는 시령(時令)이라고 하며, 일간(日干)이 월지(月支)에 뿌리를 얻었다는 뜻이다.

반대로 실령(失令)이란 실시(失時)라고도 하며, 일간(日干)이 월지(月支)에 뿌리가 없다는 뜻이다. 여기에서 뿌리라는 것은 인수(印綬)나 비겁(比劫)을 얻었다는 뜻이다.

즉 득(得)이란 얻었다는 뜻이요, 령(令)이란 월령(月令)을 말하며, 월령(月令)은 주중(柱中)에서 가장 강(强)하기 때문에 월령(月令)에 의하여 강약(强弱)이 좌우(左右)되고 있다.

다시 말하여 일간(日干)이 월지(月支)에서 인비(印比)인 왕상(旺相)을 얻어 통근(通根)이 되면 득령(得令)이라고 하고, 일간(日干)이 월지(月支)에서 식재관(食財官)인 휴수사(休囚死)가 되면 통근(通根)이 되지 않아 실령(失令)이 되는 것이다.

예를 들어 갑을목(甲乙木) 일간(日干)이 인묘월(寅卯月)에 태어났다면 비겁(比劫)으로써 득령(得令)이 되는 것이며, 해자월(亥子月)에 태어났다면 인수(印綬)로써 득령(得令)이 되는 것이다.

만약에 갑을목(甲乙木) 일간(日干)이 신유월(申酉月)에 태어났다면 관성(官星)으로써 실령(失令)이 되는 것이며, 사오월(巳午月)이나 진술축미월(辰戌丑未月)에 태어났다면 식상(食傷)이나 재성(財星)이 되어 실령(失令)이 되는 것이다.

이와 같이 월지(月支)를 중요시하는 것은 월령(月令)으로서 부모(父母)의 자리이며, 대운(大運)을 결정(決定)하는 자리이기 때문이다.

2. 득지(得地)와 실지(失地)

〈표 12-3 〉 득지(得地) 조견표(早見表)

일간(日干)	甲 乙	丙 丁	戊 己	庚 辛	壬 癸
비겁(比劫)	寅 卯	午 巳	辰戌丑未	申 酉	子 亥
인수(印綬)	亥 子	寅 卯	巳 午	辰 戌 丑	申 酉
암장(暗藏)	辰 未	戌 未	寅	巳	辰 丑

득지(得地)란 일간(日干)이 일지(日支)에 뿌리를 얻었다는 뜻이다. 다른 말로 득근(得根), 유근(有根), 착근(着根)이라고도 하며, 육신(六神)으로는 비겁(比劫)이나 인수(印綬)일 경우를 만한다.

이와 반대로 일지(日支)에 뿌리가 없으면 무근(無根)이라고 하며, 육신(六神)으로는 식상(食傷), 재성(財星), 관성(官星)일 경우를 말한다.

특히 득지(得地)는 암장지지(暗藏地支)를 잘 확인해야 하며, 암장지지(暗藏地支) 중에서 일간(日干)의 뿌리가 되는 비겁(比劫)이나 인수(印綬)가 있으면 득령(得令)이나 득지(得地)로 인정해야 한다.

예를 들면 갑진일주(甲辰日柱)일 경우에 진토(辰土) 중에 을목(乙木)이 있고 춘절(春節)의 토(土)가 되어 갑목(甲木)이 뿌리를 내릴 수 있어 득지(得地)가 되는 것이다.

을미일주(乙未日柱)는 미중을목(未中乙木)이 있고 6월의 토(土)로서 이미 하절(夏節)의 퇴기(退氣)가 되어 을목(乙木)의 뿌리로서 득지(得地)가 되는 것이다.

병술일주(丙戌日柱)는 술중정화(戌中丁火)가 있어 득지(得地)가 되며, 정미일주(丁未日柱)는 미중정화(未中丁火)가 있어 득지(得地)가 되며, 임진일주(壬辰日柱)는 진중계수(辰中癸水)가 있어 득지(得地)가 되며, 계축일주(癸丑日柱)는 축중계수(丑中癸水)와 신금(辛金)이 있어 득지(得地)가 되는 것이다.

3. 득세(得勢)와 실세(失勢)

득세(得勢)란 일간(日干)이 월지(月支)와 일지(日支)를 제외한 나머지 천간(天干)과 지지(地支)로부터 생조(生助)나 생부(生扶)를 받고 있는 것이다.

즉 육신(六神)으로는 일간(日干)이 비겁(比劫)이나 인수(印綬)를 만난 경우를 득세(得勢)라고 하고, 식상(食傷), 재성(財星), 관성(官星)을 만났을 경우를 실세(失勢)라고 한다.

특히 주의할 것은 천간(天干)의 비겁(比劫)과 인수(印綬)는 지지(地支)에 유근(有根)이 되어 있어야 하며, 만약 무근(無根)이거나 형충(刑冲)으로 피상(被傷)되어 있으면 득세(得勢)라고 볼 수 없는 것이다.
또한 지지(地支)에 유근(有根)이 되어 있다 하더라도 합국(合局)으로 세력(勢力)이 변화되어 일간(日干)에 도움이 되지 못하거나, 다봉수제(多逢受制)로 인하여 피상(被傷)되었다면 일간(日干)을 생조(生助)할 능력이 없으니 득세(得勢)라고 볼 수 없는 것이다.

예를 들어 갑을일주(甲乙日主)가 월지(月支)와 일지(日支)를 제외한 타주중(他柱中)에서 수목(水木)의 생부(生扶)를 받는 경우이거나, 병정일주(丙丁日主)가 월지(月支)와 일지(日支)를 제외한 타주중(他柱中)에서 목화(木火)의 생부(生扶)를 받는 경우이거나, 무기일주(戊己日主)가 월지(月支)와 일지(日支)를 제외한 타주중(他柱中)에서 화토(火土)의 생부(生扶)를 받는 경우이거나, 경신일주(庚辛日主)가 타주중(他柱中)에서 토금(土金)의 생부(生扶)를 받은 경우이거나, 임계일주(壬癸日主)가 타주중(他柱中)에서 금수(金水)의 생부(生扶)를 받는 경우 등을 득세(得勢)라고 하여 일주(日主)가 신강(身强)해지는 것이다.

〈 표 12-4 〉 일주(日主)와 득세 조견표(得勢 早見表)

日 主	득 세(得 勢)
甲 乙	월지(月支), 일지(日支) 외 주중(柱中)에서 수목생부(水木生扶)
丙 丁	월지(月支), 일지(日支) 외 주중(柱中)에서 목화생부(木火生扶)
戊 己	월지(月支), 일지(日支) 외 주중(柱中)에서 화토생부(火土生扶)
庚 辛	월지(月支), 일지(日支) 외 주중(柱中)에서 토금생부(土金生扶)
壬 癸	월지(月支), 일지(日支) 외 주중(柱中)에서 금수생부(金水生扶)

제4절 일주강약(日主强弱)을 구분하는 원칙

〈 표 12-5 〉 일주강약(日主强弱) 구분 조견표

최강(最强)	득령(得令), 득지(得地), 득세(得勢)
중강(中强)	득령(得令), 득세(得勢), 실지(失地)
강(强)	득령(得令), 득지(得地), 실세(失勢)
약변강(弱變强)	실령(失令), 득지(得地), 득세(得勢)
최약(最弱)	실령(失令), 실지(失地), 실세(失勢)
중약(中弱)	실령(失令), 실세(失勢), 득지(得地)
약(弱)	실령(失令), 실지(失地), 득세(得勢)
강변약(强變弱)	득령(得令), 실지(失地), 실세(失勢)

일주(日主)의 강약(强弱)을 구분하려면 득령(得令)과 실령(失令), 득지(得地)와 실지(失地), 득세(得勢)와 실세(失勢) 등을 정확하게 구분하여야 하며, 녹근(祿根), 착근(着根), 통근(通根) 등의 조건을 갖추었는지를 판단하여야 한다.

일주강약(日主强弱)의 구분은 원칙적으로 세분한다면 신강(身强)인 경우에 최강(最强), 중강(中强), 강(强), 약변강(弱變强)으로 구분하고, 신약(身弱)인 경우에 최약(最弱), 중약(中弱), 약(弱), 강변약(强變弱)으로 구분한다.

그러나 일반적으로 최강(最强), 중강(中强), 신약(身弱), 최약(最弱)으로 구분하는데, 득령(得令), 득지(得地), 득세(得勢) 중에 세가지 조건을 갖추고 있으면 최강(最强)이라 하고, 두가지 조건을 갖추고 있으면 중강(中强)이라 하고, 한가지 조건만 갖추고 있으면 신약(身弱)이라 하고, 세가지 조건을 모두 잃으면 실령(失令), 실지(失地), 실세(失勢)라고 하여 최약(最弱)이 되는 것이다.

한편으로는 육신(六神)을 기준으로 할 때 비겁(比劫)과 인수(印綬)가 많으면 신강(身强)하고, 관살(官殺), 재성(財星), 식상(食傷)이 많으면 신약(身弱)이 되는데, 관살(官殺)과 식상(食傷)의 관계에서 사주(四柱)에 관살(官殺)이 왕(旺)하여 일간(日干)이 극제(剋制)를 당하고 있을 때 식상(食傷)이 관살(官殺)을 극제(剋制)하여 일간(日干)이 관살(官殺)로부터 수제(受制) 당함을 막아줌으로써 뿌리가 없이 일간(日干)을 보호하여 준다.

만약 관살(官殺)이 없고 식상(食傷)이 왕(旺)하면 오히려 설기처(泄氣處)가 되어 일간(日干)을 약(弱)하게 하는 것이다.

그러므로 주중(柱中)에서 식상(食傷)과 관살(官殺)을 대비(對比)하여 관살(官殺)보다 식상(食傷)이 왕(旺)하면 신왕(身旺)으로 간주하고, 반대로 관살(官殺)이 많으면 신약(身弱)으로 간주한다. 격국용신론(格局用神論)의 식신제살격(食神制殺格)과 제살태과격(制殺太過格)에서 다시 논(論)한다.

예를 들어 갑을목(甲乙木) 일주(日主)가 경신금(庚辛金)으로부터 금극목(金剋木)을 당하여 신약(身弱)이 되는 것은 당연하나, 병정화(丙丁火) 식상(食傷)이 있을 때는 화극금(火剋金)하기 때문에 금극목(金剋木)을 막아줌으로써 목일주(木日主)가 보호를 받으나, 금관살(金官殺)이 없으면 목생화(木生火)가 되어 식상(食傷)으로 목기(木氣)를 설기(泄氣)하게 되어 더욱 약(弱)하게 되는 것이다.

제5절 최강(最强)과 최약(最弱)

〈 표12-6 〉 종(從)의 종류

종왕(從旺)	비겁(比劫)으로 신왕(身旺)
종강(從强)	인성(印星)으로 신강(身强)
종아(從兒)	식상(食傷)으로 신약(身弱)
종재(從財)	재성(財星)으로 신약(身弱)
종살(從殺)	관성(官星)으로 신약(身弱)

일간(日干)의 세력(勢力)이 극단적으로 강(强)하거나 극단적으로 약(弱)할 경우에 일간(日干)을 중심으로 강(强)한 세력(勢力)을 따라가거나, 일간(日干)을 버리고 한쪽으로 치우친 강(强)한 오행(五行)으로 따라가는 것을 종(從)이라고 한다.

종(從)을 하는 경우에도 비겁(比劫)이나 인성(印星)으로 종(從)하는 경우와 식상(食傷), 재성(財星), 관성(官星)으로 종(從)하는 두가지 경우가 있다.

또한 지지(地支)가 순수(純粹)하게 육합(六合)이나 삼합국(三合局)으로 이루어진 경우에 붙여진 이름이 있는데, 예를 들면 목일주(木日主)가 전지지(全地支)에

목국(木局)으로 이루어지면 곡직격(曲直格), 화일주(火日主)가 전지지(全地支)에 화국(火局)으로 이루어지면 염상격(炎上格), 토일주(土日主)가 전지지(全地支)에 토국(土局)으로 이루어지면 가색격(稼穡格), 금일주(金日主)가 전지지(全地支)에 금국(金局)으로 이루어지면 종혁격(從革格), 수일주(水日主)가 전지지(全地支)에 수국(水局)으로 이루어지면 윤하격(潤下格)이라고 부른다.

제6절 신강사주(身强四柱)와 신약사주(身弱四柱)의 예(例)

1. 최강(最强)한 사주(四柱)

乙	庚	甲	己
酉	申	戌	酉

辛 庚 己 戊 丁 丙 乙
巳 辰 卯 寅 丑 子 亥

경금(庚金)이 술월(戌月)에 득령(得令)하고 좌하(坐下)에 득지(得地)하였으며, 전지지(全地支)가 신유술금국(申酉戌金局)으로 최강(最强)이 사주(四柱)로서 종왕격(從旺格)에 속하고 종혁격(從革格)의 특성을 가지고 있다. 용신(用神)은 토금수(土金水)이고 기신(忌神)은 목화(木火)이다. 유술(酉戌)이 있고 양인(羊刃)이 년월지(年月支)에 있고, 일지건록(日支建祿)이 중중(重重)하여 의약(醫藥)·법조(法曹)와 관련된 직업과 인연이 있다. 방사선과 교수로 재직하고 있는 여명(女命)의 사주(四柱)이다.

丙	甲	丙	甲
寅	子	寅	子

癸 壬 辛 庚 己 戊 丁
酉 申 未 午 巳 辰 卯

갑목(甲木)이 인월(寅月)로 득령(得令)하고, 좌하(坐下)에 득지(得地)하고, 시지인목(時支寅木)과 년주(年柱)인 갑자(甲子)로 득세(得勢)하여 최강(最强)한 사주(四柱)로서 종왕격(從旺格)이다, 목화통명(木火通明)의 특성을 가지고 있다. 용신(用神)은 수목화(水木火)이고, 기신(忌神)은 토금(土金)이다. 정월왕목(正月旺木)에 양병화(兩丙火)의 꽃이 만개하여 그 향기가 천지(天地)를 진동(振動)하여 동량지재(棟樑之材)로서 명진사해(名振四海)하고 국가의 재목(材木)으로 공헌함이 틀림없다. 사실 교육계(教育界)에서 명망(名望)이 높았던 것은 원국(原局)에서 재관(財官)보다는 식상(食傷)이 왕성(旺盛)하며, 교육계(教育界)와 관련된 문곡성(文曲星)이 발달하였기 때문이다.

庚	丙	丙	丁
寅	戌	午	未

己 庚 辛 壬 癸 甲 乙
亥 子 丑 寅 卯 辰 巳

병화일주(丙火日主)**가 화왕절**(火旺節)**인 오월**(午月)**에 양인**(羊刃)**으로 득령**(得令)**하고 일지정화**(日支丁火)**에 득지**(得地)**하고 있는데, 인오술화국**(寅午戌火局)**에 오미화**(午未火)**가 가세**(加勢)**하여 천지화기**(天地火氣)**로 최강사주**(最强四柱)**가 되었고, 또한 전지지**(全地支)**가 삼합화국**(三合火局)**으로 염상격**(炎上格)**이 되었다. 시상경금**(時上庚金)**은 왕화**(旺火)**에 소용**(消溶)**이 되어 버렸다. 그러므로 용신**(用神)**은 수목화**(水木火)**이고, 기신**(忌神)**은 토금**(土金)**이다. 목화통명**(木火通明)**으로 앞 예**(例)**와 같이 교육계**(敎育界)**에 인연**(因緣)**이 있었다.**

乙	庚	辛	戊
酉	辰	酉	申

戊 丁 丙 乙 甲 癸 壬
辰 卯 寅 丑 子 亥 戌

경금일주(庚金日主)**가 금왕절**(金旺節)**인 유월**(酉月)**에 태어나 득령**(得令)**하고 진토**(辰土)**에 득지**(得地)**하였으며, 월일지**(月日支)**에 양인**(羊刃)**이 중중**(重重)**하여 신왕**(身旺)**하다. 그러나 전지지**(全地支)**가 신유**(申酉)**와 진유**(辰酉)**합금국**(合金局)**으로 종왕격**(從旺格)**에 속하고 종혁격**(從革格)**의 특성을 가지고 있다. 용신**(用神)**은 토금수**(土金水)**이고 기신**(忌神)**은 목화**(木火)**이다. 경금**(庚金)**이 유금양인**(酉金羊刃)**으로 생살권**(生殺權)**과 인연**(因緣)**이 있는 법조계**(法曹界)**에서 종사**(從事)**하였다. 양인**(羊刃)**은 작용력이 강**(强)**하여 위치에 따라 부르는 명칭이 다르다. 즉, 월지**(月支)**에 있으면 양인**(羊刃)**, 일지**(日支)**에 있으면 일인**(日刃)**, 시지**(時支)**에 있으면 귀인**(歸刃)**이라고도 한다.**

2. 중강(中强)한 사주(四柱)

丁	甲	丁	辛
卯	辰	酉	亥

庚 辛 壬 癸 甲 乙 丙
寅 卯 辰 巳 午 未 申

갑목일주(甲木日主)**가 유월**(酉月)**에 태어나 실령**(失令)**은 하였으나 년지**(年支)**의 해수**(亥水)**가 신금기**(辛金氣)**를 설**(泄)**하여 갑목**(甲木)**을 생조**(生助)**하고 일지**(日支)**의 진중계수**(辰中癸水)**와 시지**(時支)**의 묘목양인**(卯木羊刃)**이 있어 약**(弱)**하지 않다. 오히려 득지**(得地), **득세**(得勢)**가 되어 약변위강**(弱變爲强)**으로 신왕**(身旺)**한 사주**(四柱)**이다. 그러므로 용신**(用神)**은 관재식**(官財食)**인 금토화**(金土火)**이고, 기신**(忌神)**은 인비**(印比)**인 수목**(水木)**이다. 원국**(原局)**에서 식상**(食傷)**이 왕성**(旺盛)**하여 교육계**(敎育界)**에 인연**(因緣)**이 있었다.**

庚	庚	己	乙
辰	申	卯	未

壬 癸 甲 乙 丙 丁 戊
申 酉 戌 亥 子 丑 寅

경금일주(庚金日主)**가 목왕절**(木旺節)**인 묘월**(卯月)**로 태어나 실령**(失令)**은 하였으나 일지**(日支)**에 신금**(申金)**으로 득지**(得地)**하였고 시주**(時柱)**의 경진**(庚辰)**이 득세**(得勢)**하여 신강**(身强)**한 사주**(四柱)**이다. 년월지**(年月支)**에서 묘미목국**(卯未木局)**이 되고 년상을목**(年上乙木)**이 투간**(透干)**되어 재성**(財星) **역시 강**(强)**하다. 그러므로 용신**(用神)**은 관재식**(官財食) **화목수**(火木水)**이고, 기신**(忌神)**은 인비**(印比)**인 토금**(土金)**이다. 본명**(本命)**은 신왕재왕**(身旺財旺)**으로 부귀명**(富貴命)**의 사주**(四柱)**이다. 특히 묘미목국**(卯未木局)**이 재성**(財星)**으로 을목**(乙木)**이 투출**(透出)**하여 사업가**(事業家)**로서 성공하였다.**

壬	丙	甲	丙
辰	寅	午	戌

辛 庚 己 戊 丁 丙 乙
丑 子 亥 戌 酉 申 未

병화일주(丙火日主)**가 화왕절**(火旺節)**인 오월**(午月)**에 태어나 양인**(羊刃)**으로 득령**(得令)**하고 좌하득지**(坐下得地)**하였으며, 목화**(木火)**가 투출**(透出)**하여 신강**(身强)**하다. 지지**(地支)**가 인오술화국**(寅午戌火局)**에다 인진목국**(寅辰木局)**으로 최강**(最强)**이 되어 염상격**(炎上格)**이 될 것 같으나 진중계수**(辰中癸水)**가 있고 임수**(壬水)**가 투출**(透出)**되고, 또 진토**(辰土)**는 수고**(水庫)**가 되어 대적**(對敵)**할만 하여 신강**(身强)**한 사주**(四柱)**이다. 용신**(用神)**은 관재식**(官財食)**인 수금습토**(水金濕土)**이고, 기신**(忌神)**은 인비**(印比)**인 목화**(木火)**이다. 시상일위귀격**(時上一位貴格)**이나 재성**(財星)**인 금기**(金氣)**가 없어 서운하다. 그러나 대운**(大運)**이 금수운**(金水運)**으로 흘러 길명**(吉命)**이다. 초중운**(初中運))**에 군인**(軍人)**이었으나 말년**(末年)**에 목화통명**(木火通明)**으로 교육계**(敎育界)**에 재직하고 있다.**

戊	戊	癸	癸
午	辰	亥	卯

丙 丁 戊 己 庚 辛 壬
辰 巳 午 未 申 酉 戌

무토일주(戊土日主)**가 해월**(亥月)**에 출생하여 실령**(失令)**은 하였으나 좌하진토**(坐下辰土)**에 득지**(得地)**하였고, 시주**(時柱)**에 무오**(戊午)**로서양인**(羊刃)**을 득**(得)**하여 득세**(得勢)**하니 중강**(中强)**이 된 사주**(四柱)**이다. 용신**(用神)**은 관재식**(官財食)**인 목수금**(木水金)**이고, 기신**(忌神)**은 인비**(印比)**인 화토**(火土)**이다. 원국**(原局)**에서 계수재**(癸水財)**가 해수**(亥水)**에 득근**(得根)**되어 재왕**(財旺)**하고, 해묘목국**(亥卯木局)**으로 관왕**(官旺)**하고, 무토일간**(戊土日干)**이 오화**(午火)**로 시상양인**(時上羊刃)**까지 되어 부귀명**(富貴命)**이 틀림없다. 사업가**(事業家)**로서 취재**(取財)**에 성공하여 한때 정계**(政界)**에 진출한 바 있다.**

3. 신약(身弱)한 사주(四柱)

己	乙	辛	癸
卯	丑	酉	丑

戊 丁 丙 乙 甲 癸 壬
辰 卯 寅 丑 子 亥 戌

을목일주(乙木日主)**가 금왕절**(金旺節)**인 유월**(酉 月)**에 태어나 실령**(失令)**하였고, 년월지**(年月支) **가 유축**(酉丑)**으로 합금국**(合金局)**하고, 신금**(辛 金)**이 투간**(透干) **되어 금기**(金氣)**가 왕**(旺)**하여 일간을목**(日干乙木)**이 절목**(折木)**되기 직전에 있다. 다행히 시지묘목**(時支卯木)**에 의지**(依支)**하여 약**(弱)**한 득세**(得勢)**로서 신약**(身弱)**한 사주**(四柱)**이다. 용신정법**(用神定法)**에서는 관살**(官殺)**이 왕성**(旺盛)**하여 병**(病)**이 될 경우에는 병**(病)**을 극제**(剋制)**하는 식상**(食傷)**이 약**(藥)**이 된다. 이러한 경우를 식신제살격**(食神制殺格)**이라고 한다. 따라서 용신**(用神)**은 인비식**(印比食)**인 수목화**(水木火)**이고, 기신**(忌神)**은 관재**(官財)**인 금토**(金土)**이다. 대운**(大運)**이 수목**(水木) **방향으로 운행**(運行)**하여 일생이 무난하였다. 원명**(原命)**이 신약**(身弱)**하더라도 대운**(大運)**이 길운**(吉運)**으로 흐르면 신강**(身強)**하면서도 대운**(大運)**이 흉운**(凶運)**으로 가는 명조**(命造)**보다 훨씬 좋은 길명**(吉命)**이다.**

壬	丙	壬	庚
辰	子	午	申

己 戊 丁 丙 乙 甲 癸
丑 子 亥 戌 酉 申 未

병화일주(丙火日主)**가 화왕절**(火旺節)**에 태어나 양인**(羊刃)**으로 득령**(得令)**은 하였으나 일주좌 하**(日主坐下)**에 자수**(子水)**로 실지**(失地)**하였고, 신자진수국**(申子辰水局)**에 양임수**(兩壬水)**가 협 공**(挾攻)**으로 극제**(剋制)**당하여 실세**(失勢)**로 신 약**(身弱)**이되었다. 이러한 경우를 선강후약**(先强 後弱)**한 사주**(四柱)**라고 한다. 월지오화**(月支午火)**가 자오충발**(子午冲拔)**되지 않은 것은 자수**(子水)**는 자진합수**(子辰合水)**가 되었고 병화**(丙火)**가 양인**(羊刃)**으로 화기**(火氣)**가 당령**(當令)**하였기 때문이다. 용신정법**(用神定法)**에서는 관살**(官殺)**이 왕성**(旺盛)**하여 병**(病)**이 될 경우에는 병**(病)**을 극제**(剋制)**하는 식상**(食傷)**이 약**

(藥)이 된다. 앞의 예(例)와 같이 식신제살격(食神制殺格)이다. 용신(用神)은 인비식(印比食)인 목화토(木火土)이고, 기신(忌神)은 관재(官財)인 수금습토(水金濕土)이다. 대운(大運)마저 금수운(金水運)으로 흘러 길명(吉命)이다.

丙	庚	己	壬
戌	午	酉	寅

丙 乙 甲 癸 壬 辛 庚
辰 卯 寅 丑 子 亥 戌

경금일주(庚金日主)가 금왕절(金旺節)인 유월(酉月)에 태어나 양인(羊刃)으로 득령(得令)하였 으나 일지오화(日支午火)에 실지(失地)하였고, 인오술화국(寅午戌火局)에 병화(丙火)마저 투출 (透出)되어 화왕(火旺)으로 실세(失勢)하였다. 그러므로 일간경금(日干庚金)이 소용(消溶)되기 직전에 있다. 앞의 예(例)와 같이 선강후약(先强後弱)한 사주(四柱)이다. 왕화(旺火)를 소화(消火)시키는 수기(水氣)가 우선 필요하다. 이러한 경우를 용신정법(用神定法)에서는 식신제살격(食神制殺格)이라고 하여 용신(用神)은 인비(印比)와 식상(食傷)으로 금습토(金濕土)와 수(水)이고, 기신(忌神)은 관재(官財)인 목화(木火)이다.

癸	壬	辛	辛
卯	寅	卯	丑

甲 乙 丙 丁 戊 己 庚
申 酉 戌 亥 子 丑 寅

임수일주(壬水日主)가 목왕절(木旺節)에 태어나 실령(失令)하였고 일주좌하(日主坐下)에 실지 (失地)하였으며, 인묘목국(寅卯木局)으로 식상 (食傷)이 왕성(旺盛)하여 신약(身弱)하다. 천간 금수(天干金水)가 인수(印綬)와 비겁(比劫)이 되어 신강(身强)하게 볼수 있으나 시간계수(時干 癸水)는 수생목(水生木)으로 설기(泄氣)되었고, 월간신금(月干辛金)은 개두(蓋頭)가 되어 허약(虛弱)하고, 년간신금(年干辛金)만이 축토(丑土)에 착근(着根)을 하여 금생수(金生水)할 수 있어 신약(身弱)한 사주(四柱)이다. 용신정법(用神定法)에서는 식상(食傷)이 왕성(旺盛)하여 병(病)이 되는 경우에는 병(病)을 극제(剋制)하는 관살(官殺)이 약(藥)이 된다. 이러한 경우를 제살태과격(制殺太過格)이라고 한다. 용신(用神)은 인비관(印比官)인 금수(金水土)이고, 기신(忌神)은 식재(食財)인 목화(木火)이다.

4. 최약(最弱)한 사주(四柱)

己	丁	辛	癸
酉	丑	酉	丑

甲 乙 丙 丁 戊 己 庚
寅 卯 辰 巳 午 未 申

정화일주(丁火日主)**가 금왕절**(金旺節)**인 유월**(酉月)**에 실령**(失令)**하고 일지축토**(日支丑土)**에 실지**(失地)**하였으며, 원국**(原局)**에서 인성**(印星)**과 비겁**(比劫)**의 생부**(生扶)**가 하나도 없어 최 약**(最弱)**이 되었다. 전지지**(全地支)**가 유축**(酉丑)**으로 금국**(金局)**이 되고, 신금**(辛金)**이 투출**(透出)**되어 완전한 금기**(金氣)**의 세력**(勢力)**이다. 따라서 금국**(金局)**을 따라가는 종재격**(從財格)**이 되었다. 용신**(用神)**은 식재관**(食財官)**인 토금수**(土金水)**이고, 기신**(忌神)**은 인비**(印比)**인 목화**(木火)**이다.**

辛	乙	辛	戊
巳	丑	酉	辰

戊 丁 丙 乙 甲 癸 壬
辰 卯 寅 丑 子 亥 戌

을목일주(乙木日主)**가 금왕절**(金旺節)**인 유월** (酉月)**에 실령**(失令)**하고 일지축토**(日支丑土)**에 실지**(失地)**하였으며, 원국**(原局)**에서 인성**(印星) **과 비겁**(比劫)**의 생부**(生扶)**가 하나도 없어 최 약**(最弱)**한 사주**(四柱)**이다. 전지지**(全地支)**가 진유합금**(辰酉合金)**, 사유축금국**(巳酉丑金局)**으로 완전한 금국**(金局)**이 되고, 신금**(辛金)**이 투출**(透出)**하여 금기**(金氣)**에 종**(從)**할 수밖에 없다. 따라서 종살격**(從殺格)**이 되어 용신**(用神)**은 재관**(財官)**인 토금**(土金)**이고, 기신**(忌神)**은 식상**(食傷)**과 인비**(印比)**인 화수목**(火水木)**이다.**

壬	丙	甲	戊
辰	子	子	申

辛 庚 己 戊 丁 丙 乙
未 午 巳 辰 卯 寅 丑

병화일주(丙火日主)**가 수왕절**(水旺節)**인 자월**(子月)**에 태어나 실령**(失令)**하였고 전지지**(全地支) **가 신자진수국**(申子辰水局)**이 되었고 시상**(時上)**에 임수**(壬水)**가 투출**(透出)**되어 수기**(水氣)**가 태왕**(太旺)**하여 병화 일간**(丙火日干)**이 화몰**(火 沒) **직전에 있다. 월간**(月干)**의 갑목**(甲木)**이 목생화**(木生火)**하여 생조**(生助)**할 것 같으나 수왕**(水旺)**으로 부목**(浮木)**이 되어 인성**(印星)**의 역할을 하지 못한다. 무토**(戊土) **역시 수왕**(水旺)**에 토류**(土流)**되어 종살격**(從殺格)**이 되었다. 용신**(用神)**은 재관**(財官)**인 금수**(金水)**이고, 기신**(忌神)**은 인비겁**(印比劫)**과 식상**(食傷)**인 목화토**(木火土)**이다.**

丙	庚	壬	壬
子	子	子	辰

乙 丙 丁 戊 己 庚 辛
巳 午 未 申 酉 戌 亥

경금일주(庚金日主)**가 수왕절**(水旺節)**인 자월**(子 月)**에 실령**(失令)**하였고 전지지**(全地支)**가 신자 진수국**(申子辰水局)**에 양임수**(兩壬水)**가 투출** (透出)**되어 수기**(水氣)**가 태왕**(太旺)**하다. 원국**(原局)**에서 인성**(印星)**이나 비겁**(比劫)**의 생부**(生扶)**를 전혀 얻을 수 없어서 실지**(失地)**, 실세**(失勢)**가 되어 종**(從)**할 수박에 없다. 따라서 종아격**(從兒格)**이 되었다. 용신**(用神)**은 비식재**(比食財)**인 금수목**(金水木)**이고, 기신**(忌神)**은 관인**(官印)**인 화토**(火土)**이다. 여명**(女命)**의 사주**(四柱)**로서 시상병화**(時上丙火)**가 기신**(忌神)**이 되는데, 수왕**(水旺)**에 화몰**(火沒)**되어 화관**(火官)**이 무용지물**(無用之物)**이 되었다. 본명**(本命)**은 독신**(獨身)**으로 종교계**(宗敎界)**에서 입산수도**(入山修道)**하고 있다.**

제13장 생극제화론(生剋制化論)

제1절 생극제화(生剋制化)의 의의(意義)

〈 표 13-1 〉 오행(五行)의 생극제화(生剋制化) 도표

일주(日主)	생극제화(生剋制化)	
甲乙(木)	태강목(太强木): 곡직(曲直) 태약목(太弱木): 종세(從勢)	수다목부(水多木浮) 화다목분(火多木焚) 토다목절(土多木折) 금다목단(金多木斷)
丙丁(火)	태강화(太强火): 염상(炎上) 태약화(太弱火): 종세(從勢)	목다화몰(木多火沒) 토다화회(土多火晦) 금다화식(金多火熄) 수다화몰(水多火沒)
戊己(土)	태강토(太强土): 가색(稼穡) 태약토(太弱土): 종세(從勢)	화다토초(火多土焦) 금다토변(金多土變) 수다토류(水多土流) 목다토붕(木多土崩)
庚金(金)	태강금(太强金): 종혁(從革) 태약금(太弱金): 종세(從勢)	토다금매(土多金埋) 수다금침(水多金沈) 목다금결(木多金缺) 화다금용(火多金鎔)
壬水(水)	태강수(太强水): 윤하(潤下) 태약수(太弱水): 종세(從勢)	금다수탁(金多水濁) 목다수축(木多水縮) 화다수탕(火多水湯) 토다수색(土多水塞)

오행(五行)의 생극제화(生剋制化)는 격국용신(格局用神)을 연구하는 데 필수적인 기초가 되며, 사주원국(四柱原局)의 전반적인 강약(强弱), 병약(病藥), 진가(眞假), 태과(太過), 불급(不及), 조후(調候) 등을 판단하는 데 귀중한 역할을 한다.

앞장에서 설명한 바와 같이 왕쇠강약(旺衰强弱)과 불가분의 관계에 있는데, 인수(印綬)와 비겁(比劫)이 많으면 강왕(强旺)하고 관성(官星), 재성(財星), 식상(食傷)이 많으면 쇠약(衰弱)한 것이다.

따라서 자연현상(自然現象)의 조화이치(調和理致)에 의하여 생성소멸(生成消滅)을 하면서까지 균형(均衡)을 유지해나가고 있는 것이다. 마찬가지로 인간이 태어날 때 타고난 조화(調和)와 부조화(不調和)를 판단해서 조절해나가는 것이 또한 인간의 지혜라고 생각할 수 있다.

<표 13-1>에서 일간(日干)을 중심으로 한 오행(五行)의 생극제화(生剋制化)의 원리를 설명하면 다음과 같다.

(1) 갑을일간(甲乙日干)이 전지지(全地支)가 인묘진(寅卯辰)이나 해묘미(亥卯未)로 이루어지면 종왕(從旺)이 되어 목기(木氣)로 종세(從勢)되어 곡직격(曲直格)이라고 하며, 전지지(全地支)가 신유술(申酉戌)이나 사유축(巳酉丑)이 되고 경신금(庚辛金)이 투출(透出)되면 금기(金氣)로 종세(從勢)되어 종살격(從殺格)이 성립되고 전지지(全地支)가 진술축미(辰戌丑未)가 되고 천간(天干)에 무기토(戊己土)가 투출(透出)되면 종세(從勢)가 되어 종재격(從財格)이 성립되고, 전지지(全地支)가 사오미(巳午未)나 인오술(寅午戌)이 되고 천간(天干)에 병정화(丙丁火)가 투출(透出)되면 화기(火氣)로 종세(從勢)되어 종아격(從兒格)이 된다.

일반적으로 갑을일간(甲乙日干)이 수기(水氣)가 너무 많으면 나무가 뜨는 형상으로 수다목부(水多木浮)가 되고, 화기(火氣)가 많으면 목(木)이 타는 형상이 되어 화다목분(火多木焚)이라 하고, 토기(土氣)가 많으면 목(木)이 절(折)되는 형상으로 토다목절(土多木折)이 되며, 금기(金氣)가 많으면 목(木)이 끊어지는 형상으로 금다목단(金多木斷)이 되는 것이다.

(2) 병정일간(丙丁日干)이 전지지(全地支)가 인묘진(寅卯辰)이나 해묘미(亥卯未) 또는 사오미(巳午未)나 인오술(寅午戌)로 목화국(木火局)으로 이루어지면 종왕(從旺)이나 종강(從强)이 되어 염상격(炎上格)이 되고, 전지지(全地支)가 해자축(亥子丑)이나 신자신(申子辰)으로 수국(水局)이 되고 천간(天干)에 임계수(壬癸水)가 투출(透出)되면 종살격(從殺格)이 되며, 전지지(全地支)가 신유술(申酉戌)이나 사유축(巳酉丑)으로 금국(金局)이 되고 천간(天干)에 경신금(庚辛金)이 투출(透出)되어 있으면 종재격(從財格)이 되며, 전지지(全地支)가 진술축미(辰戌丑未)로 토국(土局)이 되고 천간(天干)에 무기토(戊己土)가 투출(透出)되어 있으면 종아격(從兒格)이 된다.

일반적으로 병정일간(丙丁日干)이 목기(木氣)가 많으면 화기(火氣)가 꺼지는 형상으로 목다화몰(木多火沒)이 되며, 토기(土氣)가 많으면 화기(火氣)가 설기(泄氣)되어 불이 희미해지는 형상으로 토다화회(土多火晦)가 되고, 금기(金氣)가 많으면 화기(火氣)가 수제(受制)당하여 금다화식(金多火熄)이 되는 것이며, 수기(水氣)가 많으면 화(火)가 꺼지는 형상으로 수다화몰(水多火沒)이 된다.

(3) 무기일간(戊己日干)이 전지지(全地支)가 진술축미(辰戌丑未)로 토국(土局)이 되면 가색격(稼穡格)이 된다. 그리고 전지지(全地支)가 인묘진(寅卯辰)이나 해묘미(亥卯未)로 목국(木局)이 되고 천간(天干)에 갑을목(甲乙木)이 투출(透出)되어 있으면 종살격(從殺格)이 되고, 전지지(全地支)가 해자축(亥子丑)이나 신자진(申子辰)으로 수국(水局)이 되고 천간(天干)에 임계수(壬癸水)가 투출(透出)되어 있으면 종재격(從財格)이 되며, 전지지(全地支)가 신유술(申酉戌)이나 사유축(巳酉丑)으로 금국(金局)이 되고 천간(天干)에 경신금(庚辛金)이 투출(透出)되어 있으면 종아격(從兒格)이 된다.

일반적으로 무기일간(戊己日干)이 화기(火氣)가 많으면 흙이 메마르고 타는 형상으로 화다토초(火多土焦)가 되며, 금기(金氣)가 많으면 토기(土氣)가 설기(泄氣)되어 토기(土氣)가 희석(稀釋)되어 색깔이 변질되는 형상으로 금다토변(金多土變)이 되고, 수기(水氣)가 많으면 흙이 씻겨 떠내려가는 형상으로 수다토류(水多土流)가 되고, 목기(木氣)가 많으면 흙이 파헤쳐져 무너지는 형상으로 목다토붕(木多土崩)이 된다.

(4) 경신일간(庚辛日干)이 전지지(全地支)가 신유술(申酉戌)이나 사유축(巳酉丑)으로 금국(金局)이 되면 종왕격(從旺格)이면서 종혁격(從革格)의 특성을 갖게 되며, 전지지(全地支)가 사오미(巳午未)나 인오술(寅午戌)로 화국(火局)을 이루면 종살격(從殺格)이 되며, 인묘진(寅卯辰)이나 해묘미(亥卯未)로 목국(木局)이 되고 천간(天干)에 갑을목(甲乙木)이 투출(透出)되어 있으면 종재격(從財格)이 되고, 전지지(全地支)가 해자축(亥子丑)이나 신자진(申子辰)으로 수국(水局)이 되고 천간(天干)에 임계수(壬癸水)가 투출(透出)되어 있으면 종아격(從兒格)이 된다.

일반적으로 경신일간(庚辛日干)이 토기(土氣)가 많으면 토생금(土生金)으로 금(金)이 파묻히는 형상으로 토다금매(土多金埋)가 되고, 수기(水氣)가 많으면 금(金)이 오히려 가라앉는 형상으로 수다금침(水多金沈)이 되며, 목기(木氣)가 많으면 쇠가 오히려 결함이 생기는 형상으로 목다금결(木多金缺)이 되고, 화기(火氣)가 많으면 쇠가 녹아내리는 형상으로 화다금용(火多金鎔)이 된다.

(5) 임계일간(壬癸日干)이 전지지(全地支)가 해자축(亥子丑)이나 신자진(申子辰)으로 수국(水局)이 되면 윤하격(潤下格)이 되며, 전지지(全地支)가 진술축미(辰戌丑未)로 토국(土局)이 되고 천간(天干)에 무기토(戊己土)가 투출(透出)되면 종살격(從殺格)이 되고, 전지지(全地支)가 사오미(巳午未)나 인오술(寅午戌)로 화국(火局)이 되고 천간(天干)에 병정화(丙丁火)가 투출(透出)되어 있으면 종재격(從財格)이 되고, 전지지(全地支)가 인묘진(寅卯辰)이나 해묘미(亥卯未)로 목국(木局)이 되고 천간(天干)에 갑을목(甲乙木)이 투출(透出)되어 있으면 종아격(從兒格)이 되는 것이다.

일반적으로 임계일간(壬癸日干)이 금기(金氣)가 많으면 금생수(金生水)가 되어 수(水)가 맑지 않고 흐려지는 형상으로 금다수탁(金多水濁)이 되고, 목기(木氣)가 많으면 수기(水氣)가 설기(泄氣)되어 물이 줄어드는 형상으로 목다수축(木多水縮)이 되고, 화기(火氣)가 많으면 물이 끓는 형상으로 화다수탕(火多水湯)이 되고, 토기(土氣)가 많으면 물의 흐름을 막을 수 있는 형상으로 토다수색(土多水塞)이 된다.

제2절 생극제화(生剋制化)의 길흉(吉凶)

1. 신왕(身旺)하면 관성(官星)이 길(吉)

· 목 왕 득 금(木 旺 得 金) : 동 량 지 재(棟 樑 之 材)
· 화 왕 득 수(火 旺 得 水) : 수 화 기 제(水 火 旣 濟)
· 토 왕 득 목(土 旺 得 木) : 방 성 소 통(方 成 疏 通)
· 금 왕 득 화(金 旺 得 火) : 방 성 기 물(方 成 器 物)
· 수 왕 득 토(水 旺 得 土) : 방 성 지 소(方 成 池 沼)

일주(日主)가 왕(旺)하다는 것은 사주원국(四柱原局)에서 비겁(比劫)이나 인수(印綬)가 많다는 것을 의미하며, 일주(日主)가 천간(天干)과 지지(地支)에 득령(得令), 득지(得地), 득세(得勢)가 되어 있다는 뜻이다.

따라서 일주(日主)가 왕(旺)하면 일주(日主)인 나를 극(剋)하여 주는 관살(官殺)이 있어야 기쁘다는 것이다.

일주(日主)가 왕(旺)하면 아집(我執)이 강(强)하고 유아독존적(唯我獨尊的)으로 오만불손한 행동으로 대인관계에서 원만하지 못하기 때문에 이를 조정하고 조화시켜 주는 통제능력을 갖추게 하는 역할을 관살(官殺)이 한다는 뜻이다.

관살(官殺)은 일주(日主)가 왕(旺)할 때에는 관리의 품격이고 자손(子孫)도 잘 되며, 여명(女命)의 경우에는 남편복(男便福)이 있어 남편(男便)을 출세시키기도 한다.

예를 들어 일주별(日主別)로 설명한다면, 다음과 같다.

목일주(木日主)가 강왕(强旺)한데 관살(官殺)인 금기(金氣)를 만나면 강한 나무를 제재(製材)시켜 대들보로서 동량지재(棟樑之材)를 활용할 수 있도록 하는 것이다.

화일주(火日主)가 강왕(强旺)한데 관살(官殺)인 수기(水氣)를 만나면 오뉴월 뙤약볕에 소나기를 만난 것과 같이 만물(萬物)을 다시 소생시켜 균형발전을 이루게 하는 것으로서 수화기제(水火旣濟)가 되는 것이다.

토일주(土日主)가 강왕(强旺)한데 관살(官殺)인 목기(木氣)를 만나면 황폐한 대지 위에 조림(造林)을 형성하여 울창한 산림(山林)이 되도록 하는 역할을 하는 것으로서 소통(疏通)을 시켜주는 것이다.

금일주(金日主)가 강왕(强旺)한데 관살(官殺)인 화기(火氣)를 만나면 용광로에 무쇠를 제련(製鍊)시켜 그릇으로 쓸 수 있도록 하는 기물(器物)을 만드는 역할을 하는 것이다.

수일주(水日主)가 강왕(强旺)한데 관살(官殺)인 토기(土氣)를 만나면 풍부한 물을 막아서 댐이나 호수를 만들어 발전소나 농수용(農水用)으로 활용할 수 있도록 지소(池沼)를 만드는 것이다.

(1) 목왕득금(木旺得金) 동량지재(棟樑之材)의 예(例)

庚	甲	丁	己
午	子	卯	卯

庚	辛	壬	癸	甲	乙	丙
申	酉	戌	亥	子	丑	寅

묘월(卯月)에 갑목(甲木)이 득령(得令)하고 일지(日支)에 득지(得地)하고 년지(年支)에 묘목(卯木)으로 득세(得勢)하여 신왕(身旺)하다. 갑목(甲木)이 지지(地支)의 묘묘(卯卯)로 양인(羊刃)이 중중(重重)하고, 자묘형살(子卯刑殺)이 있어 생살권(生殺權)을 가진 직업과 과 인연이 있는 것을 암시한다.

시상(時上)의 경금(庚金)이 오화(午火)에 절각(截脚)이 되어 있지만 천간(天干)이 목생화(木生火), 화생토(火生土), 토생금(土生金)으로 생조(生助)를 받아 경금칠살(庚金七殺)이 왕(旺)하여 시상일위귀격(時上一位貴格)에도 손색이 없다.

신왕(身旺)하면 관성(官星)이 길신(吉神)이므로 길신(吉神)은 금토화(金土火)인 관재식(官財食)이고, 기신(忌神)은 수목(水木)인 인비(印比)가 된다.

57세인 신유대운(辛酉大運)에 4성장군(四星將軍)으로 승진(昇進)하게 된 것은 목왕(木旺)을 동량지재(棟樑之材)로 만들 수 있는 관성(官星)인 신유금(辛酉金)을 만났기 때문이다.

원명(原命)에서 양인격(羊刃格), 삼형살(三刑殺), 시상일위귀격(時上一位貴格) 등 무관(武官)으로서 3요소(三要素)를 갖춘 전형적인 군인(軍人)의 사주(四柱)이다.

(2) 화왕득수(火旺得水) 수화기제(水火既濟)의 예(例)

壬	丙	甲	丙
辰	申	午	寅

辛 庚 己 戊 丁 丙 乙
丑 子 亥 戌 酉 申 未

병화일주(丙火日主)가 화왕절(火旺節)인 오화(午火)에 득령(得令)하고, 인오(寅午)가 화국(火局)을 이루고 년월상(年月上)에 갑목(甲木)과 병화 (丙火)로 득세(得勢)하여 신왕(身旺)하다.

왕화(旺火)에 의하여 만물(萬物)이 고갈(枯渴)되어 있는데, 시상임수(時上壬水)가 일시지(日時支)로 신진수국(申辰水局)에 득왕(得旺)하여 신왕관왕(身旺官旺)한 사주(四柱)이다.

길신(吉神)은 수금토(水金土)인 관재식(官財食)이고, 기신(忌神)은 목화(木火)인 인비(印比)이다.

원명(原命)에 인오화국(寅午火局)이 되고 신진수국(申辰水局)이 되어 오화(午火)가 인신충(寅申沖)을 약화(弱化)시킴으로써 탐합망충(貪合忘沖)이 되게 하여 유정지충(有情之沖)이 되었다.

신왕(身旺)하면 관성(官星)이 길신(吉神)이므로 왕성(旺盛)한 임수(壬水)가 시상(時上)에 투출(透出)되어 시상일위귀격(時上一位貴格)으로도 손색이 없다.

강직한 성격의 공직자로서 국가의 요직(要職)에 근무하고 있으며, 대운(大運)마저 금수용신(金水用神)으로 운세(運勢)가 길운(吉運)이다.

본명(本命)은 화왕득수(火旺得水)로서 수화기제(水火既濟)가 되어 조화(調和)와 균형(均衡)을 갖춘 길명(吉命)이다.

(3) 토왕득목(土旺得木) 방성소통(方成疏通)의 예(例)

甲	戊	戊	己
寅	辰	辰	巳

辛 壬 癸 甲 乙 丙 丁
酉 戌 亥 子 丑 寅 卯

무토일주(戊土日主)가 토왕절(土旺節)인 진월(辰月)에 출생하여 득령(得令)하고, 일지진토(日支辰土)에 득지(得地)하고, 년주기사(年柱己巳)에 득세(得勢)하여 신왕(身旺)하다. 신왕(身旺)하면 관재식(官財食)인 목수금(木水金)이 길신(吉神)이고, 기신(忌神)은 인비(印比)인 화토(火土)가 된다.

월일지(月日支)에 있는 진토(辰土)는 습토(濕土)로서 나무를 잘 키울 수 있는 높고 넓은 고원지대(高原地帶)로 왕목(旺木)이 필요한데, 다행히 시주(時柱)에 갑인목(甲寅木)이 있고, 인진목국(寅辰木局)이 있어 금상첨화(錦上添花)의 형상(形象)이다.

본명(本命)은 시상일위귀격(時上一位貴格)으로 국가의 동량지재(棟樑之材)로서 고위공직(高位公職)에 근무하게 된다.

원국(原局)에서 왕토(旺土)에 왕목(旺木)을 키울 수 있는 수기(水氣)가 부족(不足)한 것 같으나, 갑목(甲木)이 자랄 수 있는 3월토(三月土)에다가 진중계수(辰中癸水)가 중중(重重)하여 충분하게 득근(得根)할 수 있다.

비겁(比劫)으로 신왕(身旺)하여 유아독존(唯我獨尊)할까 염려가 되나 목관살(木官殺)로 통제(統制)하여 주니 정직하고 고결(高潔)하다.

대운(大運)마저 수목(水木)으로 운행(運行)하여 길명(吉命)임에는 틀림이없다.

(4) **금왕득화**(金旺得火) **방성기물**(方成器物)**의 예**(例)

丙	庚	辛	癸
戌	午	酉	丑

甲	乙	丙	丁	戊	己	庚
寅	卯	辰	巳	午	未	申

경금일주(庚金日主)**가 금왕절**(金旺節)**인 유월**(酉月)**에 태어나 득령**(得令)**하고, 일지오화**(日支午火)**에 실지**(失地)**하였으나, 년월축토**(年月丑土)**가 유축금국**(酉丑金局)**이 되고, 년월상**(年月上)**의 신금계수**(辛金癸水)**가 좌하**(坐下)**에 득세**(得勢)**하여 신왕**(身旺)**하하다. 신왕**(身旺)**하면 길신**(吉神)**은 관재식**(官財食)**인 화목수**(火木水)**이고, 기신**(忌神)**은 인비**(印比)**인 토금**(土金)**이 된다.**

시상병화(時上丙火)**가 일시지**(日時支)**의 오술화국**(午戌火局)**에 득왕**(得旺)**하니, 관성**(官星)**도 역시 왕성**(旺盛)**하다. 그래서 신왕관왕**(身旺官旺)**하여 시상일위귀격**(時上一位貴格)**으로 손색이 없다.**

완금장철(頑金丈鐵)**이 용광로**(鎔鑛爐)**에 멋지게 제련**(製鍊)**되어 아름다운 기물**(器物)**을 만들 수 있는 귀명**(貴命)**이다.**

한편으로는 경금(庚金)**이 유월**(酉月)**이면 양인격**(羊刃格)**으로 생살권**(生殺權)**을 가지고 있으면서 시상편관**(時上偏官)**이 왕성**(旺盛)**하여 국가의 중추적인 인물로서 고관직**(高官職)**이다.**

금기(金氣)**에 비**(比)**하여 화기**(火氣)**가 다소 부족하지만 대운**(大運)**에서 목화운**(木火運)**을 만나 균형**(均衡)**을 이루어 길명**(吉命)**임에는 틀림이 없다.**

(5) 수왕득토(水旺得土) 방성지소(方成池沼)의 예(例)

庚	壬	壬	壬
戌	戌	子	申

己	戊	丁	丙	乙	甲	癸
未	午	巳	辰	卯	寅	丑

임수일주(壬水日主)가 수왕절(水旺節)인 자월(子月)에 출생하여 득령(得令)하고, 신자수국(申子水局)하고, 천간(天干)으로 금수(金水)가 투출(透出)하고 득세(得勢)하여 신왕(身旺)하다. 신왕(身旺)하면 길신(吉神)은 관재식(官財食)인 토화목(土火木)이고 기신(忌神)은 인비(印比)인 금수(金水)이다.

일시지(日時支)에 술중무토(戌中戊土)가 있어 관성(官星)으로 통제(統制)할 수 있는 능력이 있어 아름다운데, 술중정화(戌中丁火)마저 있고 재관(財官)이 암장(暗藏)되어 금상첨화(錦上添花)가 되어 귀격(貴格)이 되었다.

상류(上流)에서 금생수(金生水)로 수원(水源)이 풍부(豊富)한데, 일시지(日時支)인 하류(下流)에서 입지조건(立地條件)을 잘 선정하여 토극수(土剋水)로서 제방(堤防)을 만들고, 완벽한 토목공사로 많은 물을 저장하는 큰 호수(湖水)를 만들어 다목적댐이 될 귀명(貴命)이다.

본명(本命)은 수기(水氣)에 비(比)하여 토기(土氣)가 부족한 것은 사실이나, 대운(大運)에서 목화운(木火運)으로 운행(運行)하고, 재고(財庫)와 관고(官庫)가 중중(重重)하여 부귀겸전(富貴兼全)한 길명(吉命)이다.

2. 신왕(身旺)하면 재성(財星)이 길(吉)

· 목 왕 득 토(木 旺 得 土)	송 백 봉 춘(松 栢 逢 春)
· 화 왕 득 금(火 旺 得 金)	금 은 보 석(金 銀 寶 石)
· 토 왕 득 수(土 旺 得 水)	건 토 비 옥(乾 土 肥 沃)
· 금 왕 득 목(金 旺 得 木)	실 용 장 식(實 用 裝 飾)
· 수 왕 득 화(水 旺 得 火)	수 화 발 전(水 火 發 電)

목일주(木日主)가 강왕(强旺)한데 재성(財星)인 토기(土氣)를 만나면 빽빽한 초목(草木)을 넓은 들판에 옮겨 심는 형상(形象)이니, 자연적으로 나무는 활기차게 잘 자랄 수 있어 송백(松柏)이 춘절(春節)을 만난 것과 같아 큰 재목(材木)이 되는 것은 당연하다.

화일주(火日主)가 강왕(强旺)한데 재성(財星)인 금기(金氣)를 만나면 완금장철(頑金丈鐵)이 용광로(鎔鑛爐)에 제련(製錬)되어 금은(金銀)과 같은 보석(寶石)이 만들어지는 형상(形象)이다.

토일주(土日主)가 강왕(强旺)한데 재성(財星)인 수기(水氣)를 만나면 바짝 마른 건토(乾土)에 감로수(甘露水)가 내려 토지(土地)가 습윤(濕潤)되니 만물(萬物)을 성장발전(成長發展)시키는 비옥(肥沃)한 대지(大地)가 된다는 이치이다.

금일주(金日主)가 강왕(强旺)한데 재성(財星)인 목기(木氣)를 만나면 예리(銳利)한 연장으로 나무를 잘 다듬어 건축자재(建築資材)를 만들고 목공예기술(木工藝技術)로 장식품(裝飾品)을 만들어 경제적인 가치를 높이는 이치와 같다.

수일주(水日主)가 강왕(强旺)한데 재성(財星)인 화기(火氣)를 만나면 한류(寒流)가 난류(暖流)를 만나는 조경수역(潮境水域)과 같은 형상(形象)으로, 고기가 많이 잡혀 경제적(經濟的) 수익(收益)을 올리는 대화퇴(大和堆) 어장과 같은 곳이라고 비유(比喩)할 수 있으며, 수력발전소(水力發電所)를 만들어 많은 전기(電氣)의 공급량(供給量)을 높이는 이치와 같다.

(1) 목왕득토(木旺得土) 송백봉춘(松柏逢春)의 예(例)

甲	甲	甲	甲
子	戌	戌	申

辛 庚 己 戊 丁 丙 乙
巳 辰 卯 寅 丑 子 亥

갑목일주(甲木日主)가 토왕절(土旺節)인 술월(戌月)에 태어나 실령(失令)하고, 일지술(日支戌)에 실지(失地)하였으나, 천간(天干)에 비겁(比劫)이 왕(旺)하고, 시지(時支)의 자수(子水)와 년지신중(年支申中)의 임수(壬水)가 일주(日主)를 도우니 신약(身弱)하지 않다. 길신(吉神)은 관재식(官財食)인 금토화(金土火)이고, 기신(忌神)은 수목(水木)이 된다. 안타까운 것은 대운(大運)이 기신(忌神)인 수목운(水木運)으로 향하고 있다는 점이다.

초년(初年)인 을해(乙亥), 병자(丙子) 대운(大運)에 불길(不吉)하였으나, 정축운(丁丑運)에 결혼을 하고 운세(運勢)가 나아지기 시작하여 무인대운(戊寅大運)에 부동산 사업으로 많은 재산(財産)을 모았다.

천간(天干)의 비겁(比劫)이 태왕(太旺)하여 형제(兄弟)나 부모덕(父母德)이 없고 부인과도 원만하지는 못하였다.

본명(本命)은 목왕득토(木旺得土)로서 월일지(月日支)의 재성(財星)인 술토(戌土)가 중중(重重)하여 재산을 증식하였기에 송백(松柏) 나무가 봄을 만난 것과 같은 형상(形象)이다.

길신(吉神) 중에서도 관성(官星)이 되는 신금(申金)은 절각(截脚)이 되어 약(弱)하고, 식상(食傷)이 되는 술중정화(戌中丁火) 역시 약(弱)하다.

그래서 재성(財星)인 술중무토(戌中戊土)를 우선적으로 취용(取用)하게 되는 것이다.

(2) **화왕득금**(火旺得金) **금은보석**(金銀寶石)**의 예**(例)

庚	丙	癸	乙
寅	午	未	酉

丙 丁 戊 己 庚 辛 壬
子 丑 寅 卯 辰 巳 午

병화일주(丙火日主)**가 하절**(夏節)**의 퇴기**(退氣)**가 되는 미월**(未月)**에 태어나 미중정화**(未中丁火)**에 득근**(得根)**하고, 좌하오화**(坐下午火)**에 득지**(得地)**하고 인오미**(寅午未)**로 화국**(火局)**이 되어 있는데, 을목**(乙木)**까지 투출**(透出)**되어 신왕**(身旺)**하다.**

신왕(身旺)**하면 길신**(吉神)**은 관재식**(官財食)**인 수금토**(水金土)**이고, 기신**(忌神)**은 인비**(印比)**인 목화**(木火)**이다. 관성계수**(官星癸水)**는 미토**(未土)**에 절각**(截脚)**되어 있지만 년지유금**(年支酉金)**의 생조**(生助)**를 받고 있다.**

식상미토(食傷未土)**는 오미화국**(午未火局)**으로 동화**(同化)**되어 있어 결국 재성경금**(財星庚金)**을 건왕**(健旺)**한 길신**(吉神)**으로 쓸 수밖에 없다.**

시간경금(時干庚金)**은 개두**(蓋頭)**로 되어 있어 약**(弱)**하다고 볼 수 있으나, 년지유금**(年支酉金)**이 먼 거리에 있지만 미월유금**(未月酉金)**이라 약**(弱)**하지 않다.**

병화일간(丙火日干)**이 월일지**(月日支)**에 미토**(未土)**, 오화**(午火)**로 양인**(羊刃)**이 중중**(重重)**하여 생살권**(生殺權)**과 인연이 깊다. 현재 치과병원을 경영하면서 많은 재산을 증식하고 있다.**

무인대운(戊寅大運)**에 무계합화**(戊癸合火)**되고 인오화국**(寅午火局)**으로 불길**(不吉)**한데, 임오년**(壬午年)**에 병임충**(丙壬沖)**, 인오화국**(寅午火局)**으로 화태왕**(火太旺)**하여 길신임수**(吉神壬水)**가 충발**(沖拔)**되어 관재송사**(官災訟事)**가 있었다.**

(3) **토왕득수**(土旺得水) **건토비옥**(乾土肥沃)**의 예**(例)

壬	戊	戊	庚
戌	申	寅	戌

乙	甲	癸	壬	辛	庚	己
酉	申	未	午	巳	辰	卯

무토일주(戊土日主)**가 목왕절**(木旺節)**인 인월**(寅月)**에 태어나 실령**(失令)**하고, 일지신금**(日支申金)**에 실지**(失地)**하였으나, 년월지**(年月支)**에 인술화국**(寅戌火局)**이 되고, 월간무토**(月干戊土)**가 투출**(透出)**되어 신약**(身弱)**하지 않다. 신왕**(身旺)**하면 무토일간**(戊土日干)**의 재성**(財星)**은 수기**(水氣)**가 되므로 시간임수**(時干壬水)**가 일시지**(日時支)**의 신술금국**(申戌金局)**에 득왕**(得旺)**되어 재성**(財星)**이 왕성**(旺盛)**하다. 이것을 신왕재왕**(身旺財旺)**이라고 한다.**

인월(寅月)**은 한기**(寒氣)**가 아직 남아 있으나, 인중병화**(寅中丙火)**와 술중정화**(戌中丁火)**로 인술화국**(寅戌火局)**이 되어 토질**(土質)**이 보온**(保溫)**되어 있고, 수기**(水氣)**가 충분**(充分)**하여 윤토**(潤土)**로서 능력이 충분하다.**

년월지(年月支)**가 인술화국**(寅戌火局)**이 되고 년일지**(年日支)**가 신술금국**(申戌金局)**이 되어 인신충**(寅申沖)**이 약화**(弱化)**되어 아름답다. 이것을 탐합망충**(貪合忘沖)**이라고 한다.**

갑신대운(甲申大運)**에 갑경충**(甲庚沖), **인신충**(寅申沖)**으로 천충지충**(天沖地沖)**이 되어 대수술을 받았다. 을유대운**(乙酉大運)**에는 천합지합**(天合地合)**으로 지병**(持病)**으로 고생하다가 병술대운**(丙戌大運)**에 병경충**(丙庚沖), **병임충**(丙壬沖) **되어 불록지객**(不祿之客)**이 되었다.**

토왕득수(土旺得水)**하면 건토**(乾土)**가 비옥**(肥沃)**하여 파종**(播種)**하기 좋은 옥토**(沃土)**가 되는 이치와 같다.**

(4) 금왕득목(金旺得木) 실용장식(實用裝飾)의 예(例)

丁	庚	丁	乙
丑	申	亥	卯

丁	戊	己	庚	辛	壬	癸
丑	寅	卯	辰	巳	午	未

경금일주(庚金日主)가 수왕절(水旺節)인 해월(亥月)에 출생하여 실령(失令)하고, 일지신금(日支申金)에 득령(得令)하고, 시지 축토(時支丑土)에 득세(得勢)하여 신약(身弱)하지않다. 신왕(身旺)하면 관재식(官財食)이 길신(吉神)이고, 인비(印比)인 토금(土金)이 기신(忌神)이다. 시간정화(時干丁火)는 축토(丑土)에 설기(泄氣)되고, 월간정화(月干丁火)는 왕목(旺木)의 생조(生助)를 받아 왕성(旺盛)하다.

경금일주(庚金日主)가 재성(財星)이 되는 것은 목기(木氣)인데, 년월지(年月支)에 해묘목국(亥卯木局)이 되고, 을목(乙木)이 투출(透出)되어 재성(財星) 역시 왕성(旺盛)하다. 이것을 신왕재관왕(身旺財官旺)이라고 한다.

원국(原局)에서 대부(大富)나 대귀(大貴)가 되려면 지지(地支)에 재국(財局)이나 관국(官局)이 있어야 한다. 시상(時上)에 정화정관(丁火正官)이 투출(透出)되어 길신(吉神)이 되면 시상정관격(時上正官格)으로 귀명(貴命)이 되나, 월시간(月時干)에 양정화(兩丁火)가 있어 다소 아쉽다.

사업가(事業家)로서 대성(大成)하여 한때 정치(政治)에 관여한 바 있다.

대운(大運)이 길신(吉神)이 되는 목화운(木火運)으로 향(向)하여 더욱 아름답다.

무인대운(戊寅大運)에는 무토기신(戊土忌神)이 되고 인신충(寅申冲)이 되어 있는데, 신사년(辛巳年)에는 을신충(乙申冲), 사해충(巳亥冲)으로 천충지충(天冲地冲)이 되고 사신삼형(巳申三刑殺)이 가중(加重)되어 불록지객(不祿之客)이 되었다.

(5) 수왕득화(水旺得火) 수화발전(水火發電)의 예(例)

辛	癸	丁	癸
酉	酉	巳	卯

庚	辛	壬	癸	甲	乙	丙
戌	亥	子	丑	寅	卯	辰

계수일주(癸水日主)가 사월(巳月)에 출생하여 실령(失令)하고 일지유금(日支酉金)에 득지(得地)하고 시간신금(時干辛金)이 일시지유금(日時支酉金)에 득왕(得旺)하여 일주(日主)를 생조(生助)하고 있어 신왕(身旺)하다.

신왕(身旺)하면 관재식(官財食)인 토화목(土火木)이 길신(吉神)이고, 인비(印比)인 금수(金水)가 기신(忌神)이다.

원국(原局)에서 관성(官星)인 토기(土氣)는 없고, 식상(食傷)인 묘목(卯木)은 목생화(木生火)되어 약(弱)하다. 재성(財星)인 정화(丁火)는 사화(巳火)에 득왕(得旺)하고, 년지묘목(年支卯木)이 수생목(水生木)을 받아 목생화(木生火)로 강력하게 생조(生助)하여 더욱 아름답다.

본명(本命)은 현재 성형외과를 개원하여 많은 재산을 증식하였다. 그러나 대운(大運)이 중년 이후에 불길(不吉)하니 욕심을 부리지 않도록 주의를 요한다.

원국(原局)에서 유유자형(酉酉自刑)이 있어 생살권(生殺權)과 인연이 있고 묘유(卯酉)가 있으면 의약업(醫藥業)에 종사하는 경우가 많다.

계축대운(癸丑大運)에 정계충(丁癸沖), 유축합(酉丑合)으로 천충지합(天沖地合)이 되어 관재(官災)나 변동(變動)을 암시(暗示)하고 있는데, 을유년(乙酉年)에 세업주(貰業主)와 다툼 끝에 병원을 이전하였다.

수왕득화(水旺得火)하면 발전(發電)이 일어나거나 난류(暖流)와 한류(寒流)의 조화(調和)를 이룰 수 있다.

3. 신왕(身旺)하면 식상(食傷)이 길(吉)

· 목 왕 득 화(木 旺 得 火)	목 화 통 명(木 火 通 明)
· 화 왕 득 토(火 旺 得 土)	청 백 자 기(靑 白 瓷 器)
· 토 왕 득 금(土 旺 得 金)	보 석 광 맥(寶 石 鑛 脈)
· 금 왕 득 수(金 旺 得 水)	예 봉 유 연(銳 鋒 柔 軟)
· 수 왕 득 목(水 旺 得 木)	소 통 광 명(疏 通 光 明)

목일주(木日主)가 강왕(强旺)하면 주중(柱中)에서 상식(傷食)인 화기(火氣)를 만나야 목생화(木生火)로서 세상(世上)을 밝혀줄 뿐만 아니라 목기(木氣)를 희생(犧牲)시킴으로써 강(强)한 목기(木氣)가 경직(硬直)되지 않아 부러지지 않고 나무에 꽃이 만개(滿開)한 형상(形象)이다.

화일주(火日主)가 강왕(强旺)하면 주중(柱中)에서 상식(傷食)인 토기(土氣)를 만나야 화생토(火生土)로서 열기(熱氣)를 받아 청자(靑瓷)나 백자(白瓷)를 굽는 도요(陶窯)를 만들어 온도를 조절함으로써 쓸모 있는 그릇이나 작품을 만들어 내는 것이다.

토일주(土日主)가 강왕(强旺)하면 주중(柱中)에서 상식(傷食)인 금기(金氣)를 만나야 단단하고 건조한 땅을 가색(稼穡)하게 할 뿐만 아니라 만물(萬物)을 결실(結實)하도록 하고, 금광(金鑛)이나 탄광(炭鑛)으로서의 가치를 높게 만든다.

금일주(金日主)가 강왕(强旺)하면 주중(柱中)에서 상식(傷食)인 수기(水氣)를 만나면 강직(剛直)한 예봉(銳鋒)의 기질(氣質)이 설기(泄氣)되어 부드럽고 여유만만하게 될 뿐만 아니라 금생수(金生水)로 받은 물은 유동수(流動水)가 되어 생수(生水)로 활용할 수 있는 이치와 같다.

수일주(水日主)가 강왕(强旺)하면 주중(柱中)에서 상식(傷食)인 목기(木氣)를 만나면 수생목(水生木)으로 물이 설기(泄氣)되어 부패(腐敗)되지 않고
항상 유동(流動)되고 있으며, 추운 겨울의 물이 따뜻한 봄을 만나 만물(萬物)을 성장(成長)시키는 데 필요한 조화를 이루게 하는 이치와 같다.

(1) 목왕득화(木旺得火) 목화통명(木火通明)의 예(例)

丙	甲	癸	癸
寅	寅	亥	未

丙	丁	戊	己	庚	辛	壬
辰	巳	午	未	申	酉	戌

갑목일주(甲木日主)가 해월(亥月)에 출생하여 득령(得令)하고, 일지인목(日支寅木)에 득지(得地)하고, 인해합목(寅亥合木), 해미목국(亥未木局)에 년월간계수(年月干癸水)가 투출(透出)하여 태왕(太旺)하다. 신왕(身旺)하면 관재식(官財食)인 금토화(金土火)가 길신(吉神)이고, 인비(印比)인 수목(水木)이 기신(忌神)이다.

원국(原局)에서 왕목(旺木)을 동량지재(棟樑之材)가 될 수 있도록 깎고 다듬는 금관살(金官殺)이 없어 서운하다.

재성(財星)이 되는 미토(未土)는 해미목국(亥未木局)으로 합세(合勢)하여 허약(虛弱)하다.
따라서 시상병화(時上丙火)가 일시인목(日時寅木)에 득왕(得旺)하여 설기(泄氣)가 왕성(旺盛)하여 식상(食傷)이 발달하였다. 교육자(敎育者)로서 덕망(德望)이 높았다.

왕목(旺木)에 병화(丙火)인 꽃이 만개하여 그 향기가 진동하고 있는 것과 같은 형상으로, 만인(萬人)이 존경하는 귀인(貴人)이라 갑목(甲木)이 희생하여 병화(丙火)가 온 세상을 밝게 함으로써 목화통명(木火通明)이 된 귀명(貴命)이다.

원국(原局)에서 수목(水木)이 태왕(太旺)한데, 시상병화(時上丙火)가 목다화식(木多火熄)될 염려가 있으나 일시지(日時支)의 인중병화(寅中丙火)에 득왕(得旺)하여 설기처(泄氣處)로서의 용량(容量)이 충분하다.
대운(大運)마저 금화운(金火運)으로 향(向)하여 더욱 아름답다.

(2) **화왕득토**(火旺得土) **청백자기**(青白瓷器)**의 예**(例)

己	丙	甲	丙
丑	辰	午	寅

癸 壬 辛 庚 己 戊 丁
丑 子 亥 戌 酉 申 未

병화일주(丙火日主)**가 화왕절**(火旺節)**인 오월**(午月)**에 태어나 득령**(得令)**하고, 일지진토**(日支辰土)**에 실지**(失地)**하였으나, 년월지**(年月支)**의 인오화국**(寅午火局)**에 득왕**(得旺)**하고, 년월간**(年月干)**의 병화**(丙火)**와 갑목**(甲木)**이 투출**(透出)**되어 득세**(得勢)**까지 하여 신왕**(身旺)**하다. 신왕**(身旺)**하면 길신**(吉神)**은 관재식**(官財食)**인 수금토**(水金土)**이고, 기신**(忌神)**은 인비**(印比)**인 목화**(木火)**이다.**

원국(原局)**에서 화일주**(火日主)**가 화기태왕**(火氣太旺)**이라 우선 수기관**(水氣官)**이 필요한데, 수기**(水氣)**가 없고 재성금**(財星金)**마저 없어 식상토**(食傷土)**를 길신**(吉神)**으로 취용**(取用)**할 수밖에 없다.**

시상기토(時上己土)**가 일시지**(日時支)**의 축진토**(丑辰土)**에 득왕**(得旺)**한데, 축토계수**(丑土癸水)**와 진중계수**(辰中癸水)**로서 수고**(水庫)**가 되어 화기**(火氣)**를 충분하게 설기**(泄忌)**할 수 있다.**

화기(火氣)**가 토기**(土氣)**를 가열**(加熱)**시켜 청자**(青瓷)**와 백자**(白瓷)**를 구워내는 것과 같은 형상이다.**

화태왕(火太旺)**을 화생토**(火生土), **토생금**(土生金), **금생수**(金生水), **수생목**(水生木)**으로 오기**(五氣)**가 유행**(流行)**하여 더욱 아름답다.**

병화(丙火)**가 오화**(午火)**를 보면 양인**(羊刃)**이 되어 생살권을 갖는 직업과 인연이 있고, 축중신금**(丑中辛金)**의 재금**(財金)**까지 있어 일거양득**(一擧兩得)**이 되는 부귀겸전**(富貴兼全)**의 명**(命)**이다.**
의과대학(醫科大學)**의 교수**(教授)**로서 덕망**(德望)**이 높았다.**

(3) 토왕득금(土旺得金) 보석광맥(寶石鑛脈)의 예(例)

辛	戊	戊	己
酉	辰	辰	巳

辛 壬 癸 甲 乙 丙 丁
酉 戌 亥 子 丑 寅 卯

무토일주(戊土日主)가 진토(辰土)에 득령(得令)하고, 일지진토(日支辰土)에 득지(得地)하고, 천간년월(天干年月)에 무기토(戊己土)가 득세(得勢)하여 신왕(身旺)하다. 신왕(身旺)하면 길신(吉神)은 관재식(官財食)인 목수금(木水金)이고, 기신(忌神)은 인비(印比)인 화토(火土)이다.

원국(原局)에서 무토(戊土)가 왕성(旺盛)하여 크고 높고 넓은 태산(泰山)인데 관목(官木)이 하나도 없어 벌거벗은 산으로 가치가 없어 하락지세(下落之勢)이다. 나무를 키울 수 있는 수기(水氣)가 있어야 하는데,월일지(月日支)의 진중계수(辰中癸水)가 사막의 오아시스와 같이 생명력(生命力)이 있는 것이다.

다행한 것은 시주(時柱)에 신유금(辛酉金)이 있어 태왕(太旺)한 토기(土氣)를 설기(泄氣)시켜 아름답다.

전지지(全地支)가 진유(辰酉), 사유(巳酉)로 금국(金局)이 되어 전체가 보석(寶石)으로 무진장하게 매장(埋藏)되어 있어 오히려 산값이 폭등지세(暴騰之勢)가 되어 귀명(貴命)이 되었다.

무토(戊土)는 진진습토(辰辰濕土)에 득왕(得旺)하고 금기(金氣)의 철분(鐵分)이 있어 만물(萬物)을 결실(結實)하게 하는 보석광맥(寶石鑛脈)의 역할로 영구히 보존할 수 있다.

전자(電子)와 관련된 사업가로서 대성(大成)하였으며, 대운(大運)마저 금수운(金水運)으로 향(向)하여 말년(末年)까지 행운(幸運)이 따른다.

(4) 금왕득수(金旺得水) 예봉유연(銳鋒柔軟)의 예(例)

丙	庚	辛	戊
子	申	酉	辰

戊	丁	丙	乙	甲	癸	壬
辰	卯	寅	丑	子	亥	戌

경금일주(庚金日主)가 금왕절(金旺節)인 유월(酉月)에 출생하여 득령(得令)하고, 좌하(坐下)의 신금(申金)에 득지(得地)하고, 년월지(年月支)의 진유합금(辰酉合金)과 년월간(年月干)의 무토(戊土)와 신금(辛金)의 도움으로 득세(得勢)하여 신왕(身旺)하다. 금태왕(金太旺)으로 금실무성(金實無聲)이 될까 염려스러울 뿐만 아니라 금다(金多)가 되어 성격이 과감하면서 냉정하고 예민하여 두렵게 느껴진다.

신왕(身旺)하면 길신(吉神)은 관재식(官財食)인 화목수(火木水)이고, 기신(忌神)은 인비(印比)인 토금(土金)이다.

원국(原局)에서 관살(官殺)인 시상병화(時上丙火)가 제극(制剋)으로 감당하기에는 역부족(力不足)으로 금다화식(金多火熄)이 되어 오히려 충발(冲拔)이 되었다. 다행히 년일시지(年日時支)가 신자진수국(申子辰水局)이 되어 금생수(金生水)로 설기(泄氣)되어 아름답다. 그래서 금다예봉(金多銳鋒)을 순화(純化)시켜 소통(疏通)이 되었다.

원국(原局)에서 신자진수국(申子辰水局)이라 수다금침(水多金沈)이 되거나 금수종아격(金水從兒格)으로 판단하기 쉬우나, 경금(庚金)이 금왕절(金旺節)이고, 신유(申酉)와 진유(辰酉)로 금기(金氣)가 왕성(旺盛)하여 수기(水氣)로 완전하게 변화되지 않는다. 이것을 종이부종(從而不從)이라고 한다.

교육계(敎育界)에서 봉직(奉職)하였으며, 대운(大運)마저 수목운(水木運)으로 운행(運行)하여 귀명(貴命)이다.

(5) 수왕득목(水旺得木) 소통광명(疏通光明)의 예(例)

壬	壬	壬	壬
寅	子	子	申

己	戊	丁	丙	乙	甲	癸
未	午	巳	辰	卯	寅	丑

임수일주(壬水日主)가 수왕절(水旺節)인 자월(子月)에 출생하여 득령(得令)하고, 일지자수(日支子水)에 득지(得地)하고, 신자수국(申子水局)하고, 천간임수(天干壬水)가 득세(得勢)하여 신왕(身旺)하다. 뿐만 아니라 임수(壬水)가 자월(子月)이라 천한지동(天寒地凍)이 되어 화기(火氣)가 필요하다.

다행히 인중병화(寅中丙火)가 있어 표류(漂流)하고 있는 임수(壬水)를 설기(泄氣)하여 왕수(旺水)가 범람(氾濫)하는 것을 막아주고 추운 겨울을 보내고 따뜻한 봄을 만난 것 같이 인목(寅木)이 일장당권(一將當權)의 역할을 하니 대견스럽다.

일반적으로 신왕(身旺)하면 길신(吉神)은 관재식(官財食)인 토화목(土火木)이고, 기신(忌神)은 인비(印比)인 금수(金水)이다.

원국(原局)에서 토관(土官)과 화재(火財)가 없는데, 식상(食傷)인 인목(寅木)이 있어 구세주(救世主)가 되었다. 인목(寅木)은 다수(多水)에 부목(浮木)이 될 것 같으나, 지지(地支)는 부목(浮木)이 되지 않으며, 인중병화(寅中丙火)가 새벽에 동트는 형상(形象)이므로 능히 왕수(旺水)를 수용(受用)할 수 있어 소통광명(疏通光明)이 된 귀명(貴命)이다.

만약 시주(時柱)가 신축(辛丑)이라면 전지지(全地支)가 신자합수(申子合水), 자축합수(子丑合水)가 되어 윤하격(潤下格)이 된다.

대운(大運)이 동남방향(東南方向)인 목화운(木火運)으로 운행(運行)하여 더욱 길명(吉命)이 된다.

4. 신왕(身旺)하면 인비(印比)가 해(害)

· 목 왕 득 화(木 旺 得 火)	목 화 통 명(木 火 通 明)
· 화 왕 득 토(火 旺 得 土)	청 백 자 기(靑 白 瓷 器)
· 토 왕 득 금(土 旺 得 金)	보 석 광 맥(寶 石 鑛 脈)
· 금 왕 득 수(金 旺 得 水)	예 봉 유 연(銳 鋒 柔 軟)
· 수 왕 득 목(水 旺 得 木)	소 통 광 명(疏 通 光 明)

일반적으로 신왕(身旺)하면 인수(印綬)나 비겁(比劫)은 기신(忌神)이 된다.

다시 말하여 목일주(木日主)가 왕(旺)한데 비겁목(比劫木)을 만나면 나무가 더욱 울창하게 되어 한정된 토양(土壤)의 영양분을 분산시키니 성장(成長)을 방해(妨害)하는 이치와 같은 것이며, 목일주(木日主)가 수기(水氣)를 만나 수생목(水生木)하여 좋은데 수기(水氣)인 인수(印綬)가 태왕(太旺)하면 나무가 뜨게 되거나 뿌리가 썩어 정상적으로 성장(成長)하지 못하는 이치와 같아서, 목왕득수(木旺得水)하거나 수다목부(水多木浮)가 되면 해(害)가 되는 것이다.

화일주(火日主)가 왕(旺)한데 비겁화(比劫火)를 만나면 불난 집에 부채질하는 격이니 화왕득목(火旺得木)은 손재(損財)가 큰 것임은 당연한 것이고, 화일주(火日主)가 목기(木氣)를 만나 목생화(木生火)를 받아 좋은데 목기(木氣)가 왕(旺)하면 작은 불에 큰 통나무를 넣어 불을 오히려 꺼지게 하는 형상(形象)으로 목다화식(木多火熄)이 되어 해(害)가 되는 것이다.

토일주(土日主)가 왕(旺)한데 비겁토(比劫土)를 만나면 토붕(土崩)이 되어 산사태가 나는 형상(形象)이거나, 땅이 너무 많고 넓어서 식목(植木)할 나무와 물이 부족한 형상(形象)이다. 토일주(土日主)가 화기(火氣)를 만나 화생토(火生土)하는 것은 좋으나, 화기(火氣)가 태왕(太旺)하면 조토(燥土)가 되어 만물(萬物)을 생육(生育)할 수 없는 것과 같은 이치로, 화다토초(火多土焦)가 되어 해(害)가 되는 것이다.

금일주(金日主)가 왕(旺)한데 비겁금(比劫金)을 만나면 용광로(鎔鑛爐)에 제련(製錬)되지 않는 고철(古鐵)이 쌓여 있는 형상이며, 금일주(金日主)가 토생금(土生金)으로 생조(生助)를 받는 것은 좋으나, 토기(土氣)가 태왕(太旺)하면 금(金)이 흙속에 묻혀 빛을 잃어버리거나 방치되어 무용지물(無用之物)이 되는 형상으로, 토다금매(土多金埋)가 되어 해(害)가 되는 것이다. 일반적으로 조토(燥土)는 토생금(土生金)을 하지 못하고, 충형(冲刑)이 있거나 지지(地支)에 합금(合金)이 있으면 매금(埋金)되지 않는다.

수일주(水日主)가 왕(旺)한데 비겁수(比劫水)를 만나면 홍수(洪水)가 나서 수재(水災)를 당하는 형상(形象)이며, 수왕(水旺)한데 금생수(金生水)로 만수(滿水)가 된 댐이나 저수지(貯水池)가 범람(氾濫)하는 이치와 같다. 수일주(水日主)가 금인수(金印綬)로부터 금생수(金生水)를 받는 것까지는 좋으나, 금기(金氣)가 너무 많으면 철분(鐵分)이 과다(過多)하여 탁수(濁水)가 되니, 식수(食水)로도 부적합할 뿐만 아니라 초목(草木)에도 성장발육(成長發育)에 저해(沮害)가 되어, 금다수탁(金多水濁)은 해(害)가 되는 것이다.

(1) 목왕득수(木旺得水) 수다목부(水多木浮)의 예(例)

乙	甲	壬	壬
亥	子	子	申

己	戊	丁	丙	乙	甲	癸
未	午	巳	辰	卯	寅	丑

갑목일주(甲木日主)가 수왕절(水旺節)인 자월(子月)에 출생하여 득령(得令)하고, 좌하자수(坐下子水)에 득지(得地)하고, 전지지(全地支)가 신자합수(申子合水)로 수국(水局)이 되어 있는데, 천간(天干)이 수목(水木)으로 투출(透出)돼 수기태왕(水氣太旺)하여 부목(浮木)이 되었다.

갑목(甲木)이 천한지동(天寒地凍)으로 수목(水木)이 응결(凝結)되고 음지(陰地)의 동목(凍木)으로 꽁꽁 얼어붙어 나무로서의 역할(役割)을 상실하고 있다.

더욱 더 안타까운 것은 화기(火氣)가 전혀 없어 광합성(光合成)작용이 부실하여 나뭇잎만 무성(茂盛)하나 꽃이 피지 못하여 열매를 맺지 못하는 무화과(無花果)나무에 불과하다.

일반적으로 인수(印綬)가 많으면 신왕(身旺)하여 좋지만 지나치게 많으면 오히려 해(害)가 되는 것이니, 다자무자(多者無者)의 원리로서 많은 것은 결국 없는 것과 같은 이치(理致)이다.

갑목(甲木)은 수생목(水生木)만 있고 설기처(泄氣處)인 화기(火氣)가 전혀 없어 뿌리가 썩어 고사(枯死)될까 염려된다.

다시 말하여 인수(印綬)인 어머니가 과도한 자식(子息) 사랑으로 자식이 인간구실을 하지 못하게 한 원인이 되고 있다.

한편으로는 종강격(從强格)으로 보아 수목(水木)이 오히려 길신(吉神)으로 작용할 수 있는 것으로 판단하기 쉬우니, 자세히 살펴보아야 한다.

(2) 화왕득목(火旺得木) 목다화식(木多火熄)의 예(例)

戊	丁	乙	癸
戊	巳	卯	卯

戊	己	庚	辛	壬	癸	甲
申	酉	戌	亥	子	丑	寅

정화일주(丁火日主)가 목왕절(木旺節)인 묘월(卯月)에 출생하여 득령(得令)하고, 좌하사화(坐下巳火)에 득지(得地)하였고, 년월지(年月支)인 묘묘(卯卯)가 천간(天干)의 수목(水木)으로 투출(透出)되어 득세(得勢)까지 하여 신왕(身旺)하다.

목다화식(木多火熄)이 될까 염려가 되나, 왕목(旺木)을 소통(疏通)시켜주면서 일주정화(日主丁火)를 설기(泄氣)하는 무술토(戊戌土)가 있어 다행히 아름답다.

신왕(身旺)하면 길신(吉神)은 관재식(官財食)인 수금토(水金土)이고, 기신(忌神)은 인비(印比)인 목화(木火)인데, 원국(原局)에서 수목(水木)이 응결되어 습목(濕木)으로서 과감하게 일주(日主)를 수생목(水生木)하지 못하는 것이 아쉽다.

관성수(官星水)는 수생목(水生木)되어 허약(虛弱)하고 재성금(財星金)은 하나도 없어 서운한데, 다행하게도 식상토(食傷土)가 왕성(旺盛)하여 교육(敎育)이나 예능(藝能) 쪽에 소질이 있다.

33세인 신해대운(辛亥大運)은 금수운(金水運)으로 길신(吉神)이 들어왔으나 을신충(乙辛冲), 사해충(巳亥冲)으로 천충지충(天冲地冲)이 되어 직장변동이 많았으나 어렵게 정착하여 현재 교수(敎授)로 재직하고 있다.

원국(原局)에서 묘유술(卯酉戌)이 있으면 의약계(醫藥界)에 인연이 많고, 진사술해(辰巳戌亥)가 있으면 천문성(天門星)이 있어 활인업(活人業)에 종사하는 경우가 많다.

목다화식(木多火熄)이 되어 불길(不吉)할 것 같으나 대운(大運)이 수금운(水金運)으로 운행(運行)하여 다행한 귀명(貴命)이다.

(3) 토왕득화(土旺得火) 화다토초(火多土焦)의 예(例)

癸	戊	癸	丙
亥	戌	巳	戌

戊	丁	丙	乙	甲	癸	壬
子	亥	戌	酉	申	未	午

무토일주(戊土日主)가 화왕절(火旺節)인 사월(巳月)에 출생하여 득령(得令)하고, 좌하술토(坐下戌土)에 득지(得地)하였으며, 년주(年柱)인 병술(丙戌)에 득세(得勢)하여 신왕(身旺)하다. 신왕(身旺)하면 길신(吉神)은 관재식(官財食)인 목수금(木水金)이고, 기신(忌神)은 인비(印比)인 화토(火土)이다.

관성목(官星木)은 없으며, 재성(財星)인 월간계수(月干癸水)는 무계합(戊癸合)으로 합거(合去)되었고, 시간계수(時干癸水)가 해수(亥水)에 득근(得根)하여 재성(財星)이 왕성(旺盛)하다.

초년(初年)인 오미화운(午未火運)에 곤고(困苦)하였으며, 갑대운(甲大運)에 경찰(警察)에 투신(投身)한 것은 갑목관(甲木官)이 길신(吉神)이기 때문이다.

그후 갑신(甲申), 을유(乙酉) 대운에는 승승장구(乘勝長驅)하다가 병술(丙戌) 대운에는 토왕득화(土旺得火)가 되어 고전(苦戰)하였으나 정해(丁亥) 대운 경진년(庚辰年)에는 승진(昇進)이 되었다.

임오년(壬午年)에는 병임충(丙壬冲), 오술화(午戌火)로 임수(壬水)가 충발(冲拔)되고, 화왕(火旺)으로 비위(脾胃)에 해당되는 무토(戊土)가 토초(土焦)되어 위암(胃癌) 수술을 받았고, 계미년(癸未年)에는 무계합화(戊癸合火), 오미합화(午未合火)로 화토(火土)가 기신(忌神)이 되어 재수술(再手術)을 받았는데, 병술년(丙戌年) 을미월(乙未月)에 화다토초(火多土焦)로 불록지객(不祿之客)이 되었다.

(4) 금왕득토(金旺得土) 토다금매(土多金埋)의 예(例)

庚	庚	戊	己
辰	辰	辰	未

辛 壬 癸 甲 乙 丙 丁
酉 戌 亥 子 丑 寅 卯

경금일주(庚金日主)가 진월(辰月)에 출생하여 득령(得令)하고, 일지진토(日支辰土)에 득지(得地)하였고, 전지지(全地支)가 토국(土局)으로 되어 있는데, 천간(天干)마저 토금(土金)으로 태왕(太旺)하여 종강격(從强格)이 된 명(命)이다.

종격(從格)은 세력(勢力)에 따라가야 하는 특성이 있어 인비(印比)인 토금(土金)이 길신(吉神)이고, 왕자의설(旺者宜泄)의 원리에 의해서 식상(食傷)인 수기(水氣)도 길신(吉神)이 된다.

반대로 기신(忌神)은 왕세(旺勢)를 거슬리게 하는 재성목(財星木)과 관성화(官星火)가 되는 것이다.

원국(原局)에서 금왕(金旺)인데 인수토(印綬土)가 태과(太過)하여 토다금매(土多金埋)가 될까 염려가 된다.

괴강(魁罡)이 중중(重重)하여 자존심이 강하고 고집(固執)도 강하였다. 서울 A병원 외과에 근무하던 중 1997년 병인대운(丙寅大運) 정축년(丁丑年)에 괌 KAL기 추락사고 때 희생되었다. 병인대운(丙寅大運)은 목화기신(木火忌神)으로 불길(不吉)한데, 병경충(丙庚冲), 인진목국(寅辰木局)의 천충지합(天冲地合)으로 형액(刑厄)을 암시(暗示)하고 있었으며, 정축년(丁丑年)은 정화관(丁火官)이 기신(忌神)이고, 축진파(丑辰破), 축미충(丑未冲)으로 충파(冲破)가 중중(重重)하여 형액(刑厄)을 면(免)하기 어려웠다.

본명(本命)은 교수직(敎授職)을 희망했으나, 정신과 의사인 부친(父親)의 강압적인 권유로 의사가 된 것은 재성(財星)인 목기(木氣)가 없어 부친(父親)과는 인연이 없었던 것이다.

(5) 수왕득금(水旺得金) 금다수탁(金多水濁)의 예(例)

庚	癸	庚	戊
申	酉	申	申

丁 丙 乙 甲 癸 壬 辛
卯 寅 丑 子 亥 戌 酉

계수일주(癸水日主)가 금왕절(金旺節)인 신월(申月)에 태어나 득령(得令)하고, 좌하유금(坐下酉金)에 득지(得地)하였고, 연월일시(年月日時)의 전지지(全地支)가 금국(金局)으로 되어 있는데, 월시간(月時干)에 경금(庚金)이 투출(透出)되어 득세(得勢)까지 하니, 신왕(身旺)이 지나쳐 최강(最强)이 되어 종강격(從强格)이 되었다.

일반적으로 종격(從格)은 세력(勢力)을 따라가야 하므로 인비(印比)와 식상(食傷)이 길신(吉神)이고, 재관(財官)이 기신(忌神)이 된다.

그러나 본명(本命)은 금다(金多)로 철분(鐵分)이 과다(過多)하여 식수(食水)나 농작물(農作物)에 쓸 수 없는 탁수(濁水)나 폐수(廢水)와 다름없다. 이렇게 무용지물(無用之物)이 된 원인을 제공한 것은 금인수(金印綬)이다. 따라서 금병(金病)을 제거(除去)하는 화재성(火財星)이 약(藥)이 되는 것이다.

일간계수(日干癸水)는 금인수(金印綬)인 어머니로부터 과잉보호를 받아 계수(癸水)로서의 임무를 상실하게 되어 결국 무능력자가 되는 것이다.

대운(大運)마저 금수운(金水運)으로 운행(運行)하여 더욱 안타까우나 말년(末年)인 병인대운(丙寅大運)에 가서야 잠깐 행운(行運)의 빛을 보게 되니, 철들자 말자 망녕이라는 말이 여기에 해당되는 것이다.

원국(原局)에서 토관성(土官星)이 허약(虛弱)하니 자식복(子息福)도 없고, 화재성(火財星)도 없어 조실부모(早失父母)하거나 처복(妻福)까지 없는 불행(不幸)한 명(命)이다.

만약 지지(地支)가 신유금(申酉金)이나 사유축(巳酉丑) 등 합국(合局)으로 이루어졌다면 청백지수(淸白之水)가 되어 귀명(貴命)이 틀림없다.

5. 신약(身弱)하면 관성(官星)이 흉(凶)

· 목 약 득 금(木 弱 得 金)	금 다 목 절(木 多 木 折)
· 화 약 득 수(火 弱 得 水)	수 다 화 몰(水 多 火 木)
· 토 약 득 목(土 弱 得 木)	목 다 토 붕(木 多 土 崩)
· 금 약 득 화(金 弱 得 火)	화 다 금 용(火 多 金 鎔)
· 수 약 득 토(水 弱 得 土)	토 다 수 색(土 多 水 塞)

일반적으로 신약(身弱)이라면 인수(印綬)나 비겁(比劫)보다 관살(官殺), 재성(財星), 식상(食傷)의 세력(勢力)이 강(强)할 때 상대적으로 비겁(比劫)이 되는 일주(日主)가 극제(剋制), 또는 설기(泄氣)를 당할 때를 말한다.

목일주(木日主)가 약(弱)한데 금기(金氣)인 관살(官殺)이 왕(旺)하면 약한 나무에 열매가 너무나 커서 가지가 찢어지는 형상이고, 계절(季節)로 보면 금(金)은 가을로서 찬 서리에 의하여 낙엽지고 고사(枯死)되어 성장(成長)이 정지(停止)되거나, 또는 낫이나 톱으로 자를 수 있는 나무를 전기톱을 사용하여 오히려 쓸모없는 나무로 만들기 때문에 목기(木氣)가 약(弱)하면 금기(金氣)가 흉(凶)이 되는 것이다.

화일주(火日主)가 약(弱)한데 수기(水氣)인 관살(官殺)이 왕(旺)하면 밝은 낮보다 어두운 밤이 길어 양지(陽地)보다는 음지(陰地)가 많아 추운 겨울밤을 지내거나 어둠 속에서 헤매는 것과 같고, 모닥불을 피워 모기를 쫒으려는데 갑자기 소낙비가 쏟아져 불이 꺼지는 형상과 같아, 수극화(水剋火)로 몰화(沒火)가 되는 것과 같은 것이다.

토일주(土日主)가 약(弱)한데 목기(木氣)인 관살(官殺)이 왕(旺)하면 지반(地盤)이 튼튼하지 못한 곳에서 자라난 큰 나무가 태풍(颱風)이나 비바람에 뿌리가 뽑혀 넘어지는 형상이거나, 화초(花草)를 심은 화분(花盆)에 관상목(觀賞木)을 심어서 자란 나무에 화분(花盆)이 깨지는 형상과 같다. 또는 전답(田畓) 주위에 나무가 울창하여 심은 곡식이 햇빛을 받지 못해 음지(陰地)의 전답(田畓)으로 흉작(凶作)을 초래하는 형상으로, 결국 나무가 너무 많으면 땅이 붕괴(崩壞)된다는 것이다.

금일주(金日主)가 약(弱)한데 화기(火氣)인 관살(官殺)이 왕(旺)하면 용광로(鎔鑛爐)에 무쇠를 넣으면 엿가락 녹듯이 쇠가 녹아 없어지는 것과 같고, 전류(電流)는 강(强)한데 전선(電線)이 약(弱)하여 터지는 것과 같으며, 가을에 수확을 하는 과일이 여름에 너무나 기온이 높거나 긴긴 장마로 인하여 꽃이 제대로 피지 못한다면 좋은 결실(結實)을 보지 못하는 것과 같은 것이다.

수일주(水日主)가 약(弱)한데 토기(土氣)인 관살(官殺)이 왕(旺)하면 적은 물이 많은 흙에 의해 흡수되어 고갈(枯渴)되면 그나마 물 속에 살던 고기가 말라 죽게 된다. 또한 수심(水深)이 깊지 못하여 물이 증발되거나 탁수(濁水)가 되고 종내는 물이 부패(腐敗)가 되어 물의 생명을 잃어버리게 되는 것이다.

(1) 목약득금(木弱得金) 금다목절(金多木折)의 예(例)

丁	甲	辛	戊
卯	申	酉	辰

戊	丁	丙	乙	甲	癸	壬
辰	卯	寅	丑	子	亥	戌

갑목일주(甲木日主)가 금왕절(金旺節)인 유월(酉月)에 출생하여 실령(失令)하고, 좌하신금(坐下申金)에 실지(失地)하고, 연월일지(年月日支)가 신유(申酉), 진유(辰酉)로 금기(金氣)가 태왕(太旺)한데, 천간(天干)의 무토(戊土), 신금(辛金)이 투출(透出)되어 실세(失勢)까지 되어 최약(最弱)이 되고 보니, 금관살(金官殺)에 종(從)할 것 같으나, 시지인목(時支寅木)에 착근(着根)하여 신약(身弱)이 되었다.

일간갑목(日干甲木)은 추절지목(秋節之木)으로 이미 닉엽지고 뿌리기 부실하여 영양공급을 제대로 받지 못하여 고사(枯死)하기 직전에 있다.

일간목(日干木)에 비해 금기(金氣)인 열매가 과중(過重)하여 가지가 찢어지기 직전에 있는 형상과 같고, 또한 암석(岩石) 위에 있는 송백(松柏)과 같아 강풍(强風)에 절목(折木)되기 쉬운 명(命)이다.

신약(身弱)이라 인비(印比)인 목화(木火)가 길신(吉神)이고, 관재식(官財食)인 금토화(金土火)가 기신(忌神)이 되나, 금관살(金官殺)을 극제(剋制)하는 화식상(火食傷)도 희신(喜神)으로 쓸 수 있다. 이것을 식신제살격(食神制殺格)이라고 한다.

본명(本命)은 재살태왕(財殺太旺)에 살왕신쇠(殺旺身衰)로 금목상전(金木相戰)하는 형상이라, 비록 관록(官祿)은 약(弱)하지만 대운(大運)이 길신(吉神)인 수목(水木)으로 운행(運行)하여 고생(苦生) 끝에 낙(樂)이라는 옛말이 여기에 해당된다고 본다.

(2) 화약득수(火弱得水) 수다화몰(水多火沒)의 예(例)

庚	丙	壬	壬
寅	子	子	申

己	戊	丁	丙	乙	甲	癸
未	午	巳	辰	卯	寅	丑

병화일주(丙火日主)가 수왕절(水旺節)인 자월(子月)에 출생하여 실령(失令)하고, 좌하자수(坐下子水)에 실지(失地)하고, 연월일지(年月日支)가 신사수국(申子水局)이 되어 있는데, 천간(天干)의 년월시(年月時)가 경금(庚金),임수(壬水)로 투출(透出)되어 수기(水氣)가 태왕(太旺)하다.

원국(原局)에서 병임충(丙壬沖)되고 수왕(水旺)으로 몰화(沒火)가 될 것 같으나, 다행하게도 시지인목(時支寅木)에 득근(得根)하여 의지처(依支處)가 되고 있다.

신약(身弱)이라 인비(印比)인 목화(木火)가 길신(吉神)이고, 관재식(官財食)인 수금토(水金土)가 기신(忌神)이 되나, 수관살(水官殺)이 태왕(太旺)하면 토식상(土食傷)이 제극(制剋)하여 길신(吉神) 작용을 하는 것이다. 이 때는 반드시 조토(燥土)를 써야 한다.

원국(原局)에서 화쇠수왕(火衰水旺)이라 살왕신쇠(殺旺身衰)가 되어 태양(太陽)의 열기(熱氣)는 약화(弱化)되고, 또한 천한지동(天寒地凍)으로 한밤중에 꽁꽁 얼어붙은 강을 건너는 형상이다. 그래서 만사가 동결(凍結)이요, 가도가도 끝이 없는 망망대해(茫茫大海)를 항해(航海)하여 나가는 선장(船長)과 같은 심정이다.

본명(本命)도 재살태왕(財殺太旺)으로 수화상전(水火相戰)이라 관록(官祿)은 초년(初年)에 약(弱)하지만, 대운(大運)이 길신(吉神)인 목화(木火)로 운행(運行)하여 착실하게 성장(成長)하는, 대기만성(大器晩成)하여 말년(末年)에 항구 찾아 편안하게 정박(碇泊)하는 노력형이다.

(3) 토약득목(土弱得木) 목다토붕(木多土崩)의 예(例)

乙	戊	乙	癸
卯	戌	卯	卯

戊	己	庚	辛	壬	癸	甲
申	酉	戌	亥	子	丑	寅

무토일주(戊土日主)가 목왕절(木旺節)인 묘월(卯月)에 출생하여 실령(失令)하고, 좌하술토(坐下戌土)에 지(得地)하였으나, 년지(年支), 일주(日柱)의 목왕(木旺)으로 실세(失勢)하여 신약(身弱)이다. 다행하게도 일지술토(日支戌土)에 착근(着根)되어 절처봉생(絶處逢生)하고 있는데, 양을목(兩乙木)으로부터 협공을 당하여 무토(戊土)가 붕괴(崩壞)되기 직전에 있다.

더군다나 나무가 무성(茂盛)하여 음지전답(陰地田畓)이 되는데, 간벌(間伐)해 줄 금기(金氣)가 없어 더욱 아쉽다.

원국(原局)에서 신약(身弱)이라 인비(印比)인 화토(火土)가 길신(吉神)이고, 기신(忌神)은 관재식(官財食)인 목수금(木水金)이지만, 왕목(旺木)을 통제(統制)하는 금기(金氣)는 오히려 길신(吉神)이 된다. 그래서 본명(本命)은 식신제살격(食神制殺格)이 되는 것이다.

정관(正官)은 본래 반듯하고 길신(吉神) 작용만 하는 것 같으나 정관(正官)이 너무 많아 신약(身弱)이 될 경우에는 살(殺)로 변하여 흉작용(凶作用)을 하게 되는 것이다.

한 가지 주의(注意)할 것은 월일시지(月日時支)의 묘술합화(卯戌合火)가 되지 않는 것은 목기(木氣)의 세력(勢力)이 강(强)하여 합이불화(合而不化)가 되어 화기(火氣)로서 역할을 못하는 것이다.

대운(大運)도 중년(中年)까지 고전(苦戰)하다가 말년(末年)인 경술운(庚戌運)에 가서야 겨우 빛을 보게 되는 명(命)이다.

(4) 금약득화(金弱得火) 화다금용(火多金鎔)의 예(例)

乙	庚	戊	戊
酉	午	午	寅

乙	甲	癸	壬	辛	庚	己
丑	子	亥	戌	酉	申	未

경금일주(庚金日主)가 화왕절(火旺節)인 오월(午月)에 태어나 실령(失令)하고, 좌하오화(坐下午火)에 실지(失地)하고, 연월일지(年月日支)의 인오화국(寅午火局)으로 실세(失勢)하여 신약(身弱)이다. 다행하게도 시지유금(時支酉金)에 착근(着根)되어 겨우 유지하고 있는데, 왕화(旺火)에 일간경금(日干庚金)이 소용(銷鎔)되기 직전에 있다.

더군다나 화왕(火旺)으로 토기(土氣)가 조토(燥土)되어 있는데, 수기(水氣)가 없어 서운하다.

원국(原局)에서 신약(身弱)이지만 인비(印比)인 토금(土金)과 식상(食傷)인 수기(水氣)가 길신(吉神)이며, 관재(官財)인 목화(木火)가 기신(忌神)이다. 이를 격국용신법(格局用神法)에서는 식신제살격(食神制殺格)이라고 한다.

원국(原局)에서 화기태왕(火氣太旺)으로 금기(金氣)가 부실하여 좋은 열매를 맺기 어렵고, 화기(火氣)인 전류(電流)가 강왕(强旺)하여 금기(金氣)인 전선(電線)이 약(弱)하여 퓨즈가 나가기 일보 직전에 있다.

년월상(年月上)의 무토(戊土)는 토생금(土生金)이 되지 못하여 일간(日干)의 도움이 되지 못하는 것은 화왕토(火旺土)에 무토(戊土)가 조토(燥土)로서 생금(生金)을 하지 못하기 때문이다.

대운(大運)이 금수운(金水運)으로 운행(運行)하여 비록 말직(末職)에 있다 하여도 성실(誠實)하게 인내력(忍耐力)으로 노력하여 말년(末年)에 행운(幸運)이 오는 대기만성(大器晩成)하는 명(命)이다.

(5) 수약득토(水弱得土) 토다수색(土多水塞)의 예(例)

丁	壬	戊	丙
未	子	戌	戌

乙	甲	癸	壬	辛	庚	己
巳	辰	卯	寅	丑	子	亥

임수일주(壬水日主)가 토왕절(土旺節)인 술월(戌月)에 출생하여 실령(失令)하고, 좌하자수(坐下子水)에 득지(得地)하였으나, 년월시간(年月時干)이 술미토(戌未土)에 득근(得根)되어 실세(失勢)하여 신약(身弱)하다. 신약(身弱)이면 인비(印比)인 금수(金水)가 길신(吉神)이고, 관재(官財)인 화토(火土)가 기신(忌神)이 되는데, 관살(官殺)이 태왕(太旺)하면 식상(食傷)이 제극(制剋)하여 길신(吉神)이 되는 것이다.

원국(原局)에서 토왕(土旺)하여 임수(壬水)가 탁수(濁水)가 되고, 작은 연못으로 수심(水深)이 얕아 작은 고기마저 살 수 없어 수기(水氣)로서 역할을 하지 못한다. 이러한 경우는 토관살(土官殺)이 태왕(太旺)하여 수기(水氣)가 수제(受制)당하여 관살태왕(官殺太旺) 또는 재살태왕(財殺太旺)이라고도 한다.

천간(天干) 정임(丁壬)이 합목(合木)으로 될 것 같으나, 정화(丁火)가 미토(未土)에 설기(泄氣)되고, 임수(壬水)는 자수(子水)에 득근(得根)하여 합이불화(合而不化)가 되어 변화되지 못하고, 병임(丙壬)이 충거(沖去)할 것 같으나, 병화(丙火)가 화생토(火生土)로 생토(生土)되었고, 지지(地支)의 술미형(戌未刑)은 왕자충발(旺者沖拔)로 더욱 왕성(旺盛)해진다.

원국(原局)에서 토관살(土官殺)을 제압(制壓)하는 목식상(木食傷)이 길신(吉神)이라 대운(大運)이 수목(水木)으로 운행(運行)하여 꾸준하게 성장하여 말년(末年)에 행복한 명(命)이다.

6. 신약(身弱)하면 재성(財星)이 병(病)

· 목 약 토 왕(木 弱 土 旺)	토 다 목 절(土 多 木 折)
· 화 약 금 왕(火 弱 金 旺)	금 다 화 식(金 多 火 熄)
· 토 약 수 왕(土 弱 水 旺)	수 다 토 류(水 多 土 流)
· 금 약 목 왕(金 弱 木 旺)	목 다 금 결(木 多 金 缺)
· 수 약 화 왕(水 弱 火 旺)	화 다 수 갈(火 多 水 渴)

일주(日主)가 약(弱)할 경우에 재성(財星)이 많을 경우로서 재다신약(財多身弱)이 된다. 이러한 경우에 비겁(比劫)의 방조(幇助)나 인수(印綬)의 생조(生助)가 있어야 길(吉)하게 되는 것이다.

목일주(木日主)가 약(弱)한데 토기(土氣)가 왕(旺)하면, 일반적으로 목극토(木剋土)를 하지만, 토왕(土旺) 되면 암석(岩石)과 같이 단단하여 나무가 뿌리를 내릴 수 없는 경우를 말하며, 땅은 넓은데 심을 나무가 적으면 그 땅은 황폐(荒廢)해져 무용지물(無用之物)이 되는 것이다.

화일주(火日主)가 약(弱)한데 재성(財星)인 금기(金己)가 왕(旺)하면, 일반적으로 화극금(火剋金)을 하지만, 금왕(金旺)이 되면 화기(火氣)가 오히려 서서히 식어가서 종내는 소멸(消滅)되는 것과, 깊은 산중 암석(岩石) 위에 있는 암자의 불빛으로 산을 찾는 사람들의 길을 안내해주는 역할을 하는 것과 같다.

토일주(土日主)가 약(弱)한데 재성(財星)인 수기(水氣)가 왕(旺)하면, 원래는 토극수(土剋水)로서 흙으로 물을 막을 수 있으나, 적은 흙으로는 많은 물을 막지 못하여 흙이 물에 쓸려가는 형상이며, 장마비로 인하여 댐이나 저수지의 물이 넘쳐 둑이 무너지는 경우와 같은 것이다.

금일주(金日主)가 약(弱)한데 재성(財星)인 목기(木氣)가 왕(旺)하면, 원래는 금극목(金剋木)이 되나, 약(弱)한 금(金)에 목왕(木旺)은 칼로 큰 나무를 자를 수 없어 오히려 칼날의 이가 빠지거나 휘어지는 형상이다.

수일주(水日主)**가 약**(弱)**한데 재성**(財星)**인 화기**(火氣)**가 왕**(旺)**하면, 원래는 수극화**(水剋火)**가 되지만, 약한 수**(水)**에 화왕**(火旺)**은 오히려 수**(水)**가 열기**(熱氣)**를 받아 증발**(蒸發)**되거나 고갈**(枯渴)**되는 경우와 같은 것이다.**

(1) 목약토왕(木弱土旺) **토다목절**(土多木折)**의 예**(例)

戊	甲	丁	己
辰	戌	卯	丑

庚 辛 壬 癸 甲 乙 丙
申 酉 戌 亥 子 丑 寅

갑목일주(甲木日主)**가 목왕절**(木旺節)**인 묘월**(卯月)**에 출생하여 득령**(得令)**하였으나, 좌하술토**(坐下戌土)**에 실지**(失地)**하고, 년주**(年柱)**인 기축토**(己丑土)**, 시주**(時柱)**인 무진토**(戊辰土)**로 실세**(失勢)**가 되어 신약**(身弱)**하여 목극토**(木剋土)**로 목기**(木氣)**가 가 토기**(土氣)**를 다스려야 하나 오히려 토기**(土氣)**의 지배를 받아야 한다.**

따라서 재다신약(財多身弱)**으로서 부모무덕**(父母無德)**하고 처복**(妻福)**도 없을 뿐만 아니라, 금전적으로 욕심**(慾心)**이 많아서 하는 사업마다 실패할 수밖에 없으며, 높은 산에 홀로 서 있는 나무와 같이 외롭고 고독하다.**

그러나 일간목(日干木)**은 묘목**(卯木)**에 득왕**(得旺)**하고 축중계수**(丑中癸水)**와 진중을목**(辰中乙木)**에 득근**(得根)**되어 아름답다.**

또한 묘진목국(卯辰木局)**이 될 것 같으나 진술충**(辰戌冲)**, 축술형**(丑戌刑)**으로 토기**(土氣)**가 약화**(弱化)**될 것 같으나, 오히려 왕자충발**(旺者冲拔)**로 토기**(土氣)**가 더욱 강렬**(强烈)**하게 되었다.**

다행하게도 목기(木氣)**가 묘월**(卯月)**에 당령**(當令)**하고 있고, 대운**(大運)**이 중년**(中年)**까지는 수목**(水木)**으로 운행**(運行)**되어 발복**(發福)**하였다.**

원국(原局)**에서 갑목**(甲木)**이 묘목**(卯木)**을 보면 양인**(羊刃)**이 되어 고집**(固執)**이 강**(强)**할 뿐만 아니라 생살권**(生殺權)**과 인연이 있는 특수직**(特殊職)**에 근무하면서 승진**(昇進)**도 잘 되었으나 신유대운**(辛酉大運)**에 묘유충**(卯酉冲)**을 당하여 퇴직**(退職)**한 명**(命)**이다.**

(2) 화약금왕(火弱金旺) **금다화식**(金多火熄)**의 예**(例)

丙	丁	辛	癸
午	酉	酉	丑

癸	甲	乙	丁	戊	己	庚
寅	卯	辰	巳	午	未	申

정화일주(丁火日主)**가 금왕절**(金旺節)**인 유월**(酉月)**에 출생하여 실령**(失令)**하고, 좌하유금**(坐下酉金)**에 실지**(失地)**하고, 월간신금**(月干辛金)**에 실세**(失勢)**하여 신약**(身弱)**하다.**

다행하게도 시주(時柱)**인 병오**(丙午)**에 득왕**(得旺)**하였으나, 화기**(火氣)**가 금기**(金氣)**에 대비**(對比)**하여 부족**(不足)**하다.**

신금(辛金)**이 득국**(得局)**으로 완금장철**(頑金丈鐵)**이라 허약**(虛弱)**한 정화**(丁火)**로는 제련**(製鍊)**할 수 없고, 금다**(金多)**로 찬 바람이 일어나 초겨울 날씨인데, 화기**(火氣)**가 부족**(不足)**하여 한랭**(寒冷)**으로 춥고 굶주려 기아선상**(飢餓線上)**에서 허덕이는 현상과 같다.**

따라서 재성(財星)**이 왕성**(旺盛)**하다고 하여 재물**(財物)**이 많아지는 것이 아니라 일간**(日干)**에 대비**(對比)**하여 지나치게 태왕**(太旺)**함으로써 다자무자**(多者無者)**의 원칙에 따라 오히려 가난한 자**(者)**가 되었다.**

원국(原局)**의 지지**(地支)**에 유유축**(酉酉丑) **금국**(金局)**에다 월간신금**(月干辛金)**이 투출**(透出)**되어 금태왕**(金太旺)**하여 재다신약**(財多身弱)**이 되었다.**

대운(大運)**이 목화운**(木火運)**으로 운행**(運行)**하여 말년**(末年)**에 재복**(財福)**이 많은 명**(命)**이다.**

(3) 토약수왕(土弱水旺) 수다토류(水多土流)의 예(例)

癸	戊	甲	丙
丑	子	午	子

辛	庚	己	戊	丁	丙	乙
丑	子	亥	戌	酉	申	未

무토일주(戊土日主)가 화왕절(火旺節)인 오월(午月)에 출생하여 득령(得令)하고, 좌하자수(坐下子水)에 실지(失地)하고, 연월일시지(年月日時支)에 자축합수(子丑合水)에 시간계수(時干癸水)가 투출(透出)하여 신약(身弱)하다. 다행하게도 월지(月支)의 오화(午火)에 득령(得令)하였으나 토기(土氣)가 수기(水氣)에 대비(對比)하여 부족(不足)하다.

무토(戊土)는 년월간(年月干)의 갑목(甲木), 병화(丙火)에 의해 목생화(木生火), 화생토(火生土)로 생조(生助)를 받고 있으며, 월지오화(月支午火)에 양인(羊刃)으로 득령(得令)하였으니, 조금만 도움이 된다면 대발(大發)할 수 있는 능력이 있다고 본다.

정대운(丁大運)에 은행(銀行)에 들어가 무술기운(戊戌己運)에 고속승진하여 지점장(支店長)까지 되었으나, 경자대운(庚子大運)에 갑경충(甲庚沖), 자오충(子午沖)으로 천충지충(天冲地冲)되어 있는데, 계유년(癸酉年)에 무계합(戊癸合)으로 무토(戊土)가 약화(弱化)되고, 유축금국(酉丑金局)으로 기신(忌神)이 되어 퇴직(退職)하였다.

원국(原局)에서 양자수(兩子水)에 의해 오화인수(午火印綬)가 협공(挾攻)당하고 있는데, 신대운(申大運)에 신사수국(申子水局)으로 기신(忌神)이 더욱 강(强)하여 오화(午火)가 충발(冲拔)되었다.

17세인 임진년(壬辰年)에 병임충(丙壬沖), 자진합(子辰合)으로 천충지합(天冲地合)이 되어 모친(母親)이 사망(死亡)한 후 고학(苦學)으로 고교(高校를 졸업 후 대학진학을 포기하고 직장(職場)을 선택한 것이다.

신축대운(辛丑大運)에 부인(婦人)마저 사별(死別)한 것은 병신합(丙辛合), 자축합(子丑合)의 천합지합(天合地合)으로 기신운(忌神運)이었기 때문이다.

(4) 금약목왕(金弱木旺) 목다금결(木多金缺)의 예(例)

乙	庚	辛	辛
酉	寅	卯	亥

61	51	41	31	21	11	1
甲	乙	丙	丁	戊	己	庚
申	酉	戌	亥	子	丑	寅

경금일주(庚金日主)가 목왕절(木旺節)인 묘월(卯月)에 출생하여 실령(失令)하고, 일지인목(日支寅木)에 실지(失地)하고, 년지해수(年支亥水)와 월지묘목(月支卯木)과 해묘합(亥卯合)으로 목국(木局)이 되어 해묘인합(亥卯寅合)으로 목국(목국)이 되고 시간을목(時干乙木)이 투출(透出)되어 목태왕(木太旺)으로 재성(財星)이 왕성(旺盛)하다.

한편 년월일간(年月日干)에 경신금(庚辛金)이 있고, 시지유금(時支酉金)에 득근(得根)되어 일간경금(日干庚金)도 왕성(旺盛)하다. 그러나 경금(庚金)은 실령(失令), 실지(失地)하고, 시지유금(時支酉金)에 겨우 의지처(依支處)를 구하고 있어 신약(身弱)이 틀림 없다.

신약(身弱)하면 관재식(官財食)인 화목수(火木水)가 기신(忌神)이고, 인비(印比)인 토금(土金)이 길신(吉神)인데, 대운(大運)이 수금운(水金運)으로 운행(運行)하여 초중년(初中年)은 고전(苦戰)하겠으나, 말년(末年)인 유대운(酉大運)부터 행운(幸運)을 기대해 볼 수 있다.

원명(原命)은 재다신약(財多身弱)이 되어 간담(肝膽) 계통에 질병(疾病)이 있을 것으로 예측(豫測)할 수가 있는데, 정해대운(丁亥大運)에 정화기신(丁火忌神)이고 해묘합(亥卯合), 인해합(寅亥合)으로 목국기신(木局忌神)이 되어 있다.

세운(歲運)인 갑신(甲申), 을유(乙酉)에 갑경충(甲庚沖), 인신충(寅申沖)으로 천충지충(天冲地冲)으로 갑인목(甲寅木)이 충발(沖拔)되고, 을신충(乙辛沖), 묘유충(卯酉沖)으로 을묘목(乙卯木)이 충발(沖拔)되어 간염(肝炎)으로 고생(苦生)하여 병원(病院)에 입원(入院)하였다.

(5) 수약화왕(水弱火旺) 화다수갈(火多水渴)의 예(例)

乙	壬	丁	甲
巳	申	卯	午

66	56	46	36	26	16	6
甲	癸	壬	辛	庚	己	戊
戌	酉	申	未	午	巳	辰

임수일주(壬水日主)가 목왕절(木旺節)인 묘월(卯月)에 출생하여 실령(失令)하고, 좌하신금(坐下申金)에 득장생(得長生)하여 득지(得地)하고, 목화(木火)가 왕성(旺盛)하여 신약(身弱)하다. 일반적으로 신약(身弱)하면 관재식(官財食)인 토화목(土火木)이 기신(忌神)이고, 길신(吉神)은 인비(印比)인 금수(金水)이다.

본명(本命)에서는 관성(官星)인 토기(土氣)가 없어 관직(官職)이나 자식(子息)과는 인연(因緣)이 없어 애로(隘路)가 있을 것이고, 재성(財星)인 화기(火己)는 식상(食傷)인 목기(木氣)가 목생화(木生火)로 생조(生助)를 받아 식재(食財)가 왕성(旺盛)한데, 초운(初運)에 관성(官星)인 토기(土氣)가 들어와 식재(食財)가 관인(官印)으로 식상생재(食傷生財), 재생관인(財生官印)으로 소통(疏通)시켜 귀명(貴命)이 된 경우이다.

또한 년주(年柱), 월주(月柱), 일주(日柱), 시주(時柱)가 천복지재(天覆地載)가 되고 사신(巳申)마저 형합(刑合)을 이루어 더욱 아름답다.

원명(原命)에서 재다신약(財多身弱)이 되어 천격(賤格)으로 보기 쉬우나, 사주구성(四柱構成)이나 대운(大運)과의 관계 등 자연환경(自然環境)까지도 살펴야 하는데, 식상(食傷)이 왕성(旺盛)하니 기예(技藝)가 발달하고, 사신형살(巳申刑殺)이 있으니 의대(醫大)에서 교수(敎授)를 하고 있으나, 오화대운(午火大運)에 신병(身病)관계로 미국(美國)에서 치료(治療)를 받아 완쾌되어 대학(大學)까지 마치고 귀국하였다.

그러므로 재다무관(財多無官)이 되어 자식(子息)으로 인하여 간접적으로라도 부부이별(夫婦離別)을 해야 하는 것이 운명(運命)인 것이다.

대운(大運)마저 금수운(金水運)으로 운행(運行)하여 재다신약(財多身弱)이지만 부귀명(富貴命)이 된 사주(四柱)이다.

7. 신약(身弱)하면 식상(食傷)이 해(害)

· 목 약 화 왕(木 弱 火 旺)	화 다 목 분(火 多 木 焚)
· 화 약 토 왕(火 弱 土 旺)	토 다 화 회(土 多 火 晦)
· 토 약 금 왕(土 弱 金 旺)	금 다 토 변(金 多 土 變)
· 금 약 수 왕(金 弱 水 旺)	수 다 금 침(水 多 金 沈)
· 수 약 목 왕(水 弱 木 旺)	목 다 수 축(木 多 水 縮)

일주(日主)가 약(弱)할 경우에 식상(食傷)이 많은 경우를 말하는데, 허약(虛弱)한 산모(産母)가 자식(子息)을 낳게 되면 산모(産母)는 더욱 약(弱)해져서 양육(養育)을 제대로 하지 못하면 자기의 능력을 초월하고 망각하여 중화(中和)를 잃은 결과와 같다.

이러한 경우에 비겁(比劫)이나 인수(印綬)로서 방조(幇助)나 생조(生助)가 있어야 길(吉)하게 되는 것이다.

목일주(木日主)가 약(弱)한데 화기(火氣)가 왕(旺)하면 약(弱)한 나무가 태왕(太旺)한 화기(火氣)에 분소(焚燒)되는 현상을 말한다. 어린 배추나 열무가 가뭄이 들고 햇볕이 너무 강(强)하여 결국 김장 배추나 무가 되지 못하고 말라 죽는 이치와 같은 것이다.

화일주(火日主)가 약(弱)한데 토기(土氣)가 왕(旺)하면 약(弱)한 화기(火氣)가 많은 토기(土氣)를 전부 비추어줄 수 없어 자연히 그믐달과 같이 달빛이 약(弱)하게 되는 경우와 같고, 서산에 넘어가는 저녁 노을의 빛과 같이 약해지는 이치와 같다.

토일주(土日主)가 약(弱)한데 금기(金氣)가 왕(旺)하면 적은 흙으로 많은광물(鑛物)을 보호(保護)하다 보니 토기(土氣)가 약(弱)하여 변색(變色)되는 경우와 같은 것이다.

금일주(金日主)가 약(弱)한데 수기(水氣)가 왕(旺)하면 물을 생조(生助)해주는 금기(金氣)가 부족하고 물이 태왕(太旺)하니, 오히려 물 속에 금기(金氣)가 잠겨 있는 경우와 같은 것이다.

수일주(水日主)가 약(弱)한데 목기(木氣)가 왕(旺)하면 물이 부족한데 나무가 너무 많아서 많은 양의 수분을 흡수하니, 자연 물이 고갈되어 나무 자체가 생명을 유지할 수 없게 되는 경우와 같은 것이다.

(1) 목약화왕(木弱火旺) 화다목분(火多木焚)의 예(例)

乙	甲	甲	丙
亥	午	午	寅

辛	庚	己	戊	丁	丙	乙
丑	子	亥	戌	酉	申	未

갑목일주(甲木日主)가 화왕절(火旺節)인 오월(午月)에 출생하여 실령(失令)하고, 좌하오화(坐下午火)에 실지(失地)하고, 년상병화(年上丙火)가 투출(透出)하여 실세(失勢)가 되어 신약(身弱)하다. 다행하게도 시지해수(時支亥水)에 득근(得根)하여 의지처(依支處)로서 약(弱)하지만 일간(日干)을 돕고 있다.

다른 면으로 추리(推理)하면 일간갑목(日干甲木)이 월지인목(月支寅木), 시지해수(時支亥水), 월간갑목(月干甲木), 시간을목(時干乙木)으로 수목(水木)이 왕성(旺盛)하여 신왕(身旺)할 것으로 보이나, 년지인목(年支寅木)은 인오화국(寅午火局)으로 완전한 화기(火氣)로 변화되었고, 년간병화(年干丙火)까지 투출(透出)되니, 화왕(火旺)에 설기(泄氣)가 태심(太甚)하여 목분(木焚)이 되고 있어 신약(身弱)이 되었다.

신약하면(身弱)하면 인비(印比)인 수목(水木)이 길신(吉神)이 되고, 관재식(官財食)인 금토화(金土火)가 기신(忌神)이다.

그러나 식상(食傷)이 태왕(太旺)할 때는 관살(官殺)이 길신(吉神)이라 금기(金氣)는 기신(忌神)이 될 수 없다. 이것을 격국용신법(格局用神法)에서는 제살태과격(制殺太過格)이라고 하여 신약(身弱)이지만 길명(吉命)으로 간주한다.

원국(原局)에서 식상(食傷)이 왕성(旺盛)하고, 지지(地支)에 오오자형(午午自刑)이 있어 명예(名譽)를 중히 여기고, 생살권(生殺權)을 갖는 직업과 인연(因緣)이 있는데, 대운(大運)마저 길신(吉神)인 금수운(金水運)으로 운행(運行)되어 중말년(中末年)까지 행운(幸運)이 있는 귀명(貴命)이다.

(2) **화약토왕**(火弱土旺) **토다화회**(土多火晦)**의 예**(例)

戊	丙	戊	辛
戌	午	戌	卯

辛 壬 癸 甲 乙 丙 丁
卯 辰 巳 午 未 申 酉

병화일주(丙火日主)**가 토왕절**(土旺節)**인 술월**(戌月)**에 출생하여 실령**(失令)**하고, 좌하오화**(坐下午火)**에 득지**(得地)**하고, 월시주**(月時柱)**에 무술토**(戊戌土)**에 실세**(失勢)**하여 신약**(身弱)**하다. 다행하게도 년지묘목**(年支卯木)**이 묘술화합**(卯戌火合)**이 되어 화왕**(火旺)**으로 일간**(日干)**에 득왕**(得旺)**이 되어 선약후강**(先弱後强)**이 된 명**(命)**이다.**

이러한 경우를 제살태과격(制殺太過格)**이라고 하는데, 길신**(吉申)**은 인비**(印比)**인 목화**(木火)**와 관살**(官殺)**인 수기**(水氣)**가 되며, 기신**(忌神)**은 식재**(食財)**인 토금**(土金)**이다.**

원국(原局)**에서 무술**(戊戌)**이 괴강**(魁罡)**이면서 병오**(丙午)**가 양인**(羊刃)**이 되어 생살권**(生殺權)**을 가진 특수직**(特殊職)**에 인연**(因緣)**이 있게 된다.**

정보사(情報司)**에서 간부**(幹部)**로 근무하면서 정보분석**(情報分析)**을 담당하고 있는데, 계사대운**(癸巳大運)**에 무계합화**(戊癸合火)**되고 술미형**(戌未刑)**되어 위암수술**(胃癌手術)**을 받았다.**

이러한 경우는 계수(癸水)**가 길신**(吉神)**인데, 흉작용**(凶作用)**한 것은 왕자충발**(旺者沖拔)**이 되어 수기**(水氣)**가 합거**(合去)**되었기 때문이다.**

신금재(辛金財)**가 개두**(蓋頭)**가 되어 약**(弱)**하다. 그래서 처**(妻)**와도 이혼**(離婚)**하였으며, 수관살**(水官殺)**인 자식궁**(子息宮)**이 없어 자식**(子息)**마저 이혼**(離婚)**한 처**(妻)**가 데리고 가서 무자식**(無子息)**이 되었다.**

(3) 토약금왕(土弱金旺) 금다토변(金多土變)의 예(例)

庚	己	辛	癸
午	酉	酉	丑

甲 乙 丙 丁 戊 己 庚
寅 卯 辰 巳 午 未 申

기토일주(己土日主)가 금왕절(金旺節)인 유월(酉月)에 태어나서 실령(失令)하고, 좌하유금(坐下酉金)에 실지(失地)하고, 유축금국(酉丑金局)에 경신금(庚辛金)이 투출(透出)되어 실세(失勢)까지 하니, 한없이 허약(虛弱)하여 금다(金多)가 병(病)이 되는 것이다. 다행하게도 시지오화(時支午火)가 화생토(火生土)로 득근(得根)하여 겨우 의지(依支)하고 있으나, 금왕절(金旺節)의 화기(火氣)로 금수(金水)에 대비(對比)하여 화토(火土)가 너무 약(弱)하여 신약(身弱)이 틀림 없다.

일반적으로 화토(火土)를 보충하는 인비(印比)가 길신(吉神)이고, 금수목(金水木)인 관재식(官財食)이 기신(忌神)이다.

원국(原局)에 금기(金氣)의 철분(鐵分)이 과다하여 냉기(冷氣)마저 많은 밭이라 가색(稼穡)의 공(功)을 이룰 수 없다.

특히 음지(陰地)의 전답(田畓)이고 암석(岩石)과 철광석(鐵鑛石)이 많아서 황폐(荒廢)한 토지(土地)로서 금다(金多)로 토변(土變)한 형상이다.
그러나 식상(食傷)이 태왕(太旺)하면 관살(官殺)이 오히려 길신(吉神)이 되니, 이러한 경우를 제살태과격(制殺太過格)이라고 하여 관살(官殺)인 목기(木氣)가 길신(吉神)이 된다.

대운(大運)이 목화운(木火運)으로 운행(運行)하여 천격(賤格)이 아니라 귀격(貴格)으로 선고후락(先苦後樂)한 귀명(貴命)이다.
추가한다면 식상(食傷)이 태왕(太旺)이라 예능(藝能)이 발달하고 관살(官殺)이 길신(吉神)이라 관직(官職)에도 인연(因緣)이 있을 것으로 추명(推命)한다.

(4) 금약수왕(金弱水旺) 수다금침(水多金沈)의 예(例)

丙	庚	壬	壬
子	子	子	辰

乙 丙 丁 戊 己 庚 辛
巳 午 未 申 酉 戌 亥

경금일주(庚金日主)가 수왕절(水旺節)인 자월(子月)에 태어나서 실령(失令)하고, 좌하자수(坐下子水)에 실지(失地)하고, 전지지(全地支)가 자진수국(子辰水局)인데, 년월간(年月干)에 임수(壬水)까지 투출(透出)되어 수기(水氣)가 태왕(太旺)하다. 경금(庚金)이 식상(食傷)인 수다(水多)에 의해 금침직전(金沈直前)인데, 시상병화(時上丙火)가 수왕(水旺)을 극제(剋制)하기에는 수다화몰(水多火沒)로 역부족(力不足)이다. 왜냐하면 병화(丙火)가 무근(無根)으로 허약(虛弱)하기 때문이다.

따라서 수왕(水旺)에 종세(從勢)해야 하므로 종아격(從兒格)이다. 길신(吉神)은 금수목(金水木)이고, 기신(忌神)은 화토(火土)이다.

본명(本命)은 식상(食傷)이 왕성(旺盛)하므로 종교(宗教), 철학(哲學), 등 정신세계(精神世界)와 예능(藝能), 예술(藝術), 문학(文學) 등 문예계통(文藝系統)에서 활동하는 데 인연(因緣)이 있다고 보는 것이다.

원명(原命)에서 자진수국(子辰水局)으로 금수쌍청격(金水雙淸格)이 되어 두뇌명철(頭腦名哲)하고 예리(銳利)하여 수지청즉무어(水之淸則無魚)일까 염려된다. 그래서인지 현재 양평(楊平)에 있는 암자에서 입산수도(入山修道)하고 있다.

추가하여 용신격국법(用神格局法)에 의하면 경진(庚辰), 경신(庚申), 경자일주(庚子日主)가 전지지(全地支)에 신자진수국(申子辰水局)이 성립(成立)되고 경진시(庚辰時)이면 정란격(井欄格), 갑신시(甲申時)이면 귀록격(貴祿格), 병자시(丙子時)이면 시상일위귀격(時上一位貴格)으로 귀명(貴命)이 되는 것이다.

(5) 수약목왕(水弱木旺) 목다수축(木多水縮)이 예(例)

戊	癸	丁	己
寅	卯	卯	亥

庚	辛	壬	癸	甲	乙	丙
申	酉	戌	亥	子	丑	寅

계수일주(癸水日主)가 목왕절(木旺節)인 묘월(卯月)에 태어나 실령(失令)하고, 좌하묘목(坐下卯木)에 실지(失地)하고, 전지지(全地支)에 인묘(寅卯), 해묘목국(亥卯木局)으로 식상(食傷)이 태왕(太旺)하여 신약(身弱)하다.년지해수(年支亥水)가 득근(得根)이 될 것 같으나, 해묘목국(亥卯木局)이 되고, 수기(水氣)가 한없이 설기(泄氣)되어 대단히 허약(虛弱)한 지라 목기(木氣)로 종세(從勢)할 수밖이 없는데, 이러한 경우를 용신격국법(用神格局法)에서는 종아격(從兒格)이라고 한다.

길신(吉神)은 비겁(比劫)과 식재(食財)인 수목화(水木火)이고, 기신(忌神)은 관인(官印)인 토금(土金)이다.

원국(原局)에서 계수일간(癸水日干)이 무계합(戊癸合), 정계충(丁癸冲), 기계충(己癸冲)으로 계수(癸水)가 극단적으로 허약(虛弱)하다.

계해대운(癸亥大運)에 정임합목(丁壬合木)으로 목국(木局)이 되니, 더욱 수기(水氣)가 고갈(枯渴)되어 있는데, 계미년(癸未年)부터 갑신년(甲申年) 계유월(癸酉月)에 신장암(腎臟癌)으로 사망(死亡)하였다. 계미년(癸未年)은 정계충(丁癸冲), 기계충(己癸冲)으로 계수(癸水)가 충발(冲拔)되었고, 갑신년(甲申年)은 갑기합(甲己合), 인신충(寅申冲)으로 천합지충(天合地冲)으로 형액(刑厄)이 있을 것으로 암시(暗示)하고 있다.

8. 신약(身弱)하면 인비(印比)가 길(吉)

· 목 약 득 수 목(木 弱 得 水 木)	고 목 봉 춘(枯 木 逢 春)
· 화 약 득 목 화(火 弱 得 木 火)	춘 풍 명 월(春 風 明 月)
· 토 약 득 화 토(土 弱 得 火 土)	일 월 조 명(日 月 照 明)
· 금 약 득 토 금(金 弱 得 土 金)	금 옥 만 당(金 玉 滿 堂)
· 수 약 득 금 수(水 弱 得 金 水)	명 진 사 해(名 振 四 海)

일주(日主)가 약(弱)할 경우는 관살(官殺), 재성(財星), 식상(食傷)이 왕성(旺盛)한 경우를 말하는데, 일주(日主)를 비겁(比劫)으로 방조(幇助)하거나 인수(印綬)로써 생조(生助)를 해야만 길(吉)하다는 뜻이다.

목일주(木日主)가 약(弱)한데 수목(水木)으로 생부(生扶)하여 준다면 한목봉우(旱木逢雨)로서 병들고 시들어가는 고목(枯木)이 봄날을 만난 것과 같아 고목봉춘(枯木逢春)으로 비유하기도 한다.

화일주(火日主)가 약(弱)한데 목화(木火)가 생부(生扶)하여 준다면 어두운 밤길에 등대(燈臺)와 같이 헤매는 선박(船舶)을 인도하듯이 봄바람 따라 밝은 달빛이 비추는 것과 같아 춘풍명월(春風明月)에 비유하기도 한다.

토일주(土日主)가 약(弱)한데 화토(火土)가 생부(生扶)하여 준다면 어두운 대지(大地)를 밝게 만들어 모든 만물이 생성(生成)할 수 있도록 토양(土壤)을 활기차게 만들어 주므로 일월조명(日月照明)에 비유하기도 한다.

금일주(金日主)가 약(弱)한데 토금(土金)이 생부(生扶)하여 준다면 낡은 철근(鐵筋)을 보수하여 튼튼한 건축자재로써 새로운 가옥을 지으니 금옥만당(金玉滿堂)에 비유하기도 한다.

수일주(水日主)가 약(弱)한데 금수(金水)가 생부(生扶)하여 준다면 물이 부족하여 식수난(食水難)이 되거나 폐농(廢農)되기 직전에 물이 공급되어 만물(萬物)을 풍족하게 해주니 명진사해(名振四海)에 비유하기도 한다.

(1) **목약득수목**(木弱得水木) **고목봉춘**(枯木逢春)의 **예**(例)

癸	甲	己	己
酉	辰	巳	亥

丙	乙	甲	癸	壬	辛	庚
子	亥	戌	酉	申	未	午

갑목일주(甲木日主)**가 화왕절**(火旺節)**인 사월**(巳月)**에 태어나 실령**(失令)**하고, 진중계수**(辰中癸水)**에 득지**(得地)**하고, 화토**(火土)**가 왕성**(旺盛)**하여 신약**(身弱)**이다. 다행하게도 년지**(年支)**에 수**(亥水)**가 있고, 일시지**(日時支)**에 진유합금**(辰酉合金)**으로 시상**(時上)**의계 수**(癸水)**를 생조**(生助)**하니 태약**(太弱)**은 아니다.**

년지(年支)**의 해수**(亥水)**는 사해충**(巳亥冲)**으로 해수**(亥水)**가 약**(弱)**하여 길신**(吉神)**으로 쓸 수 없고, 시상**(時上)**의 계수**(癸水)**를 길신**(吉神)**으로 써야 한다.**

원국(原局)**에 갑진일주**(甲辰日柱)**인데 토왕**(土旺)**이 되어 갑기합토**(甲己合土)**로 합화**(合化)**할 가능성이 높아 성격이 고집스럽고 편굴**(偏屈)**하며 남의 말들 듣고 수용하는 면이 부족하다.**

다행한 것은 남편의 직장이 지방이어서 부부 사이는 무난한 편이나, 천문성(天門星)**이 있어 종교**(宗敎)**에 의지하며 살아가고 있다. 갑기합**(甲己合)**, 진유합**(辰酉合)**, 사해충**(巳亥冲)**으로 합충**(合冲)**이 중중**(重重)**하여 의외로 변덕이 많다.**

대운(大運)**이 길신**(吉神)**인 금수운**(金水運)**으로 운행**(運行)**하여 무난하게 살아가는 여명**(女命)**이다.**

원국(原局)**에서 갑목**(甲木)**이 신약**(身弱)**하지만 대운**(大運)**에서 수생목**(水生木)**이 되어 시들어가는 나무가 단비를 만난 것과 같은 것이다. 따라서 일주**(日主)**가 신약**(身弱)**하다고 불길**(不吉)**한 것은 아니다.**

(2) 화약득목화(火弱得木火) 춘풍명월(春風明月)의 예(例)

丙	丙	壬	庚
申	申	午	辰

己 戊 丁 丙 乙 甲 癸
丑 子 亥 戌 酉 申 未

병화일주(丙火日主)가 화왕절(火旺節)인 오월(午月)에 태어나 득령(得令)하고, 좌하신금(坐下申金)에 실지(失地)하고, 시지신금(時支申金)과 년주(年柱)의 경진토금(庚辰土金)에 실세(失勢)되어 신약(身弱)하다. 신약(身弱)이면 인비(印比)인 목화(木火)가 길신(吉神)이고, 식재관(食財官)인 토금수(土金水)가 기신(忌神)이다. 월간임수(月干壬水)가 신진수국(申辰水局)에 득왕(得旺)하고 병화(丙火)가 월지오화(月支午火)에 양인(羊刃)이라 명예욕(名譽慾)이 대단하다.

초년(初年)에 공무원(公務員)으로 출발하여 정해대운(丁亥大運)까지는 무난하였으나, 무자대운(戊子大運)에는 무토(戊土)가 기신(忌神)이 되고, 신자진(申子辰)이 합수(合水)로 왕기(旺氣)가 되어 길신(吉神)인 오화(午火)를 충극(冲剋)하자 공직에서 물러나게 되었다.

양인(羊刃)을 충(冲)하면 더 큰 화근(禍根)이 오기 마련이라 퇴직할 때에 뇌물(賂物) 사건과 관련되어 불명예(不名譽)로 퇴출(退出) 당하였다. 그 해가 무인년(戊寅年)이라 무토(戊土)가 기신(忌神)이고, 인신충(寅申冲)으로 길신(吉神)인 인목(寅木)이 충발(冲拔)되었다. 이러한 결과는 해대운(亥大運)에 해중갑목(亥中甲木)이 갑경충(甲庚冲)하고, 해중임수(亥中壬水)가 병임충(丙壬冲)으로 길신(吉神)인 목화(木火)가 충발(冲拔)되었기 때문이다.

원명(原命)에서 금수(金水)가 왕(旺)하여 병화(丙火)가 약(弱)하게 되니 오화(午火)에 의지할 수밖에 없다. 그래서 봄바람을 타고 보름달을 밝게 비추어 주는 형상이라 춘풍명월(春風明月)이라고 비유하는 것이다.

(3) 토약득화토(土弱得火土) 일월조명(日月照明)의 예(例)

辛	戊	庚	己
酉	寅	午	酉

丁 丙 乙 甲 癸 壬 辛
丑 子 亥 戌 酉 申 未

무토일주(戊土日主)가 화왕절(火旺節)인 오월(午月)에 태어나 득령(得令)하고, 좌하인목(坐下寅木)이 인오화국(寅午火局)으로 일주(日主)를 생조(生助)하니 신약(身弱)하지는 않다. 그러나 생조(生助)해주는 화기(火氣)보다 설기(泄氣)하는 금기(金氣)가 조금 더 왕성(旺盛)하여 선강후약(先强後弱)이 되었다.

일반적으로 신약(身弱)하면 인비(印比)가 길신(吉神)이고, 식재관(食財官)이 기신(忌神)인데, 본명(本命)은 관살(官殺)에 대비(對比)하여 식상(食傷)이 태왕(太旺)하니 제살태과격(制殺太過格)이 되어 관살(官殺)이 기신(忌神)이 아니라 길신(吉神)이 되는 것이다. 따라서 길신(吉神)은 목화토(木火土)이고, 기신(忌神)은 금수(金水)가 되는 것이다.

초년(初年)인 신미(辛未), 임신(壬申) 대운(大運)에는 학업이 우수하고 총명하여 유학길에 올라 북경대학(北京大學)에 입학하였으나 금수기신운(金水忌神運)이 되어 어렵게 수료하고 귀국하였다. 그 후 갑술대운(甲戌大運)인 병술년(丙戌年)에 박사학위(博士學位)를 취득하였다. 이것은 갑기합토(甲己合土)와 인오술화국(寅午戌火局)으로 화토길신(火土吉神)이 되어 귀국 후에 대학에서 강의를 하고 있다.

원명(原命)에서 남편궁(男便宮)인 관성목(官星木)이 허약(虛弱)하여 결혼(結婚)은 늦을 것으로 추명(推命)한다. 계유대운(癸酉大運)인 기묘년(己卯年)에 기계충(己癸沖), 유유자형(酉酉自刑), 묘유충(卯酉沖)으로 인목(寅木)이 피상(被傷)되어 뇌종양(腦腫瘍)으로 수술(手術)을 받았으나 현재는 완쾌되어 있다.

(4) 금약득토금(金弱得土金) 금옥만당(金玉滿堂)의 예(例)

丙	庚	癸	癸
子	子	亥	未

庚	己	戊	丁	丙	乙	甲
午	巳	辰	卯	寅	丑	子

경금일주(庚金日主)가 냉한절(冷寒節)인 해월(亥月)에 출생하여 온 천지(天地)에 눈비가 내리는 형국(形局)이니, 경금(庚金)이 천한지동(天寒地凍)에 신약(身弱)이 틀림없다. 경금일주(庚金日主)가 간지(干支)에 설기(泄氣)가 왕성(旺盛)한데, 인비(印比)인 토금(土金)이 미약(微弱)하니 년지(年支)의 미토(未土)에 의지(依支)하고 있다.

신약(身弱)하면 비겁(比劫)인 금기(金氣)의 도움이 필요하며, 화기(火氣)는 조후(調候)의 길신(吉神)이 된다.

갑자(甲子), 을축(乙丑) 대운에는 고생(苦生)이 심하였으나, 병인대운(丙寅大運)에는 병화관성(丙火官星)이 길신(吉神)이 되어 연애결혼을 하여 남매를 두었다. 정묘대운(丁卯大運)에는 정계충(丁癸沖), 해묘미목국(亥卯未木局)으로 천충지합(天沖地合)이 되어 남편(男便)이 가출(家出)하여 애인과 동거(同居)하였다.

원국(原局)에서 시상병화(時上丙火)인 남편궁(男便宮)이 무근(無根)으로 미약(微弱)하여 남편복(男便福)이 없고 자식(子息)을 위하여 천한 일이나 궂은 일을 가리지 않고 직업전선에서 노력하고 있다.

다행한 것은 대운(大運)이 무진(戊辰), 기사운(己巳運)으로 운행(運行)되어 말년(末年)에 행운(幸運)이 기대되고 있으나, 남편(男便)은 사기사건에 연루되어 수옥(囚獄) 생활을 하고 난 후에도 가끔 부인(婦人)을 괴롭히고 있다.

(5) 수약득금수(水弱得金水) 명진사해(名振四海)의 예(例)

甲	癸	乙	壬
寅	丑	巳	辰

壬 辛 庚 己 戊 丁 丙
子 亥 戌 酉 申 未 午

계수일주(癸水日主)가 화왕절(火旺節)인 사월(巳月)에 출생하여 실령(失令)하고, 좌하축토(坐下丑土)에 있는 축중계수(丑中癸水)에 득근(得根)하고, 년간임수(年干壬水)가 진중계수(辰中癸水)에 득왕(得旺)하여 일간(日干)을 부조(扶助)하고 있으나, 왕목(旺木)에 의한 설기(泄氣)가 극심하여 신약(身弱)하다. 신약(身弱)하면 인비(印比)인 금수(金水)가 길신(吉神)이고, 식재관(食財官)인 목화토(木火土)가 기신(忌神)인데, 본명(本命)은 관살(官殺)에 대비(對比)하여 식상(食傷)이 왕성(旺盛)하니, 관살토(官殺土)도 길신(吉神)이다. 이와 같은 현상을 격국용신(格局用神)에서는 제살태과격(制殺太過格)이라고도 한다.

원국(原局)에서 식상(食傷)이 왕성(旺盛)하여 예술(藝術)이나 교육계통(敎育系統)에 인연(因緣)이 있을 것으로 추정(推定)된다. 실제로 학원(學院)에서 영어강사(英語講師)를 한 바 있다.

무신대운(戊申大運)인 39세 경오년(庚午年)에 교통사고(交通事故)로 처자식(妻子息)과 함께 사망(死亡)한 명조(命造)이다. 무신대운(戊申大運)은 무계합화(戊癸合火)로 천합지형(天合地刑)이 되어 관새송사(官災訟事)가 있을 것으로 암시(暗示)하고 있고, 경오년(庚午年)은 갑경충(갑庚冲), 을경합(乙庚合)으로 천간(天干)에 충중봉합(冲中逢合)이 되고, 지지(地支)에 인오화국(寅午火局)으로 역시 기신(忌神)이 되어 형액(刑厄)이 있을 것으로 추정하고 있는 것이다.

● 참 고 서 적

- **연해자평**(淵海子平) : **서대승**(徐大昇)
- **명리가부**(命理歌賦) : **서자평**(徐子平)
- **적 천 수**(滴天髓) : **유백온**(劉伯溫)
- **명리정종**(命理正宗) : **장남**(張楠)
- **자평약언**(子平約言) : **진소암**(陳素庵)
- **자평진전**(子平眞詮) : **심효첨**(沈孝瞻)
- **적천수 천미**(滴天髓闡微) : **임철초**(任鐵樵)
- **삼명통회**(三命通會) : **만육오**(萬育吾)
- **명리탐원**(命理探原) : **원수산**(袁樹珊)
- **명학강의**(命學講義) : **위천리**(韋千里)
- **사주 추명학**(四柱推命學) : **아부희작**(阿部熹作)
- **사주첩경**(四柱捷徑) : **이석영**(李錫暎)
- **명리요강**(命理要講) : **박재완**(朴在玩)
- **사주정설**(四柱精說) : **백영관**(白靈觀)
- **적천수 천미**(滴天髓闡微) : **예광해**(芮光海)
- **적천수 천미 해설강의**(滴天髓闡微解說講義) : **이선종**(李善鍾)
- **자평진전 평주**(子平眞詮評註) : **박영창**(朴永昌)
- **사주정해**(四柱正解) : **최학림**(崔鶴林)
- **사주세상**(四柱世上) : **서준원**(徐俊源)
- **명리대정전**(命理大正傳) : **정수호**
- **연해자평정해**(淵海子平精解) : **심재열**(沈載烈)
- **명리학**(命理學)**과 질병론**(疾病論) : **이정근**(李正根)
- **명리요론**(命理要論) : **김원희**(金元熙)
- **명리요결**(命理要訣) : **김원희**(金元熙)
- **생활역학**(生活易學) : **한중수**(韓重洙), **유방현**(柳方鉉)
- **명리학개론**(命理學概論) : **백민**(白民), **양원석**
- **사주원리요해**(四柱原理要解) : **김영진**(金靈震)
- **심명철학**(心命哲學) : **최봉수**(崔鳳秀)
- **명리학**(命理學)**의 지름길** : **이도경**(李度炅)

命理學通論 I

초판 2쇄 2014년 4월 9일
지은이 정창근
펴낸이 장석홍
펴낸곳 도서출판 장서원
주　소 서울 용산구 남영동 7-1(201호)
전화 703-5362 팩스 797-5362
등록 제 03-01213호
E-mailshjang1011@hanmail.net

정가 30,000원